黄灯

破译四象管理

胡建绩 张青 著

复旦大学出版社

序　言

人们总是在批判中国式的过马路，然而你们有没有思考过在黄灯的背后隐藏着中国式的四象思维和中国哲学。

我一直想写一本有关东方管理学方面的著作，因为作为产业经济学专业的博士生导师，虽然满意的成果很少，但多少总算有一些。而作为东方管理学专业的博士生导师，除了参与学科建设、指导学生写几篇小文章外，自己创作的有质量的著作更少。不过话说回来，相对于典型的学术著作，本书肯定属于另类，好在写的本来就是"黄灯"，只要对中国式管理、对中国文化和中国哲学有兴趣的人读后有点启发，其他读者读后感到没有浪费他们的时间，我就心满意足了。

黄灯的概念是我在十几年前给博士生讲课时提出的。我总感觉黄色与中国人很有缘。"黄为土色，位在中央"，中国人把自己看成是一群生活在黄土之上的有着黄皮肤的人。中国人崇拜黄色，黄帝被尊称为我们的祖先，黄河被称为"母亲河"，称以黄土高原为核心的地区为中原，把自己的祖国称为中国。宋朝以后，明黄色长期成为皇家的专用颜色，"以黄为贵"，黄袍、黄马褂、黄衣使者，无不与皇家有关。普通百姓只有死后才能在黄泉路上享用到一些黄纸，在活着时走在（人生）马路上，还必须考虑面对黄灯如何处理的问题。可以这么说，黄色是中华民族的主色调，是中华民族和中华文明的象征。

黄色的波长适中，是电磁波的可视光部分中的中波长部分，波长大约为

黄灯
——破译四象管理

570—590 nm，是所有色相中最能发光的色，类似熟柠檬或向日葵的颜色，给人留下轻快、透明、辉煌、充满希望的色彩印象。由于此色过于明亮，被认为轻薄、冷淡，并且性格非常不稳定容易发生偏差。红、绿色光混合可产生黄光，在自然界，黄光就是绿光和红光的叠加态（正好暗合"薛定谔的猫"的生死叠加态），稍添加别的色彩就容易失去本来的面貌。所以，黄色又是一种非常容易变化的颜色（正好暗合四象中第四象的易变）。

在中国当前的改革中，人们喜欢拿黄灯来形容种种现象。黄现象无处不在，就像有人讲"没学会闯黄灯不能说已学会开车"一样，似乎不闯一下黄灯就无法生存。这种黄灯现象通过时空的表述转换，就形成了"灰色地带"。于是，就有了"灰色收入""灰色技能""灰色员工""灰色管理者"。在黄灯现象中有不同的角色，有闯灯者、观灯者、管灯者。他们又可细分，闯灯者中有故意者、试闯者、从众者等；观灯者中有守规者、怕事者、埋怨者等；管灯者中有制度设计者、现管者、协管者等。在过马路的人群中还有一群人，他们既不属于闯灯中的从众者，也不是在观望还没过马路的人，他们中有的被潮流"被"过了马路，有的人虽未过马路，但因为某些统计需要，被潮流"被"过了马路；当然，最可怜的还是那些好不容易已过马路，或者已过了一半马路，活生生地又被潮流"被"回来的人。

用"黄灯论"来分析当代中国现象，不仅是因为我国在改革中出现了不少黄灯现象，更是因为这种黄灯现象与中国固有的文化和哲学有很深的渊源。更何况，人们在讨论和研究这一些现象以及所谓中国人的"劣根性"问题时，往往只涉及"绿后黄"（绿灯后面的黄灯），并没有涉及"红后黄"（红灯后面的黄灯）。这也成了本书想引进四象哲学和四象管理的初衷，还原一下中国人在管理中固有的文化和哲学本性。这里一定要注意，"红后黄"与"绿后黄"的区别。在四象中，"绿后黄"是"是绿是红"的阳黄，"红后黄"是"不是绿不是红"的阴黄（详见第一章）。

管理界有一个"把二看成三"的理论，认为中国人遇到一个问题的时候，不是有两个反应，而是有三个。其实，中国人遇到一个问题的时候，不是有三个反应，而是有四个。"一生二，二生三，三生万物"，这里讲的"三"不是三象，而是"中"加四象。只见三象，就像在黄灯系统中只看见"阳黄"而不见"阴黄"一样。虽然"把二看成三"的理论不同于西方的两分法，但也不是中国人思想方法的非常确切的表述。只见三象，而不见四象，对理解中国固有的文化和哲学以及理解中国式的管理是非常不利的。在研究中国人的思维时，人们往往更重视八卦和五行，而对四象的重视不够。其实，四象是连接阴阳与五行八卦的关键点，四象学说之后，出现了五行学说与八卦学说两个发展方向。八卦系统与五行系统的根源都是四象学说。

在现实的红绿灯设计当中并没有体现出红灯后面的黄灯，正说明了它的隐蔽性。其实，在中国人的思维中，它是真实存在的，有很多中国人在等红灯时，不仅看自己方向的红绿灯，而且还在观测另一方向的红绿灯（就像当前很多人总是在揣摩政策变化进程一样）。这样，另一方向的红绿灯中的"绿后黄"成了自己方向的实实在在的"红后黄"，并依此来估计过马路的时间。在四象管理中，我们可以把"绿后黄"称为阳黄（非常明显的看得见的黄），把"红后黄"称为阴黄（具有隐蔽性的黄）。绿、红灯、"绿后黄"（阳黄）和"红后黄"（阴黄）构成红绿灯的四象。黄灯是四象最直观的描述，空点是四象管理的对象，纠缠发展是四象管理的内在动力。本书试图剖析这些现象，指出黄灯现象的普遍性，揭示黄灯众相，挖掘黄灯根源，不是用西方社会科学来套中国经验与实践，而是真正研究中国经验与实践的内在逻辑，从而引起人们对中国固有的管理、文化、哲学以及当前社会上的现象进行一些新的思考。

西方管理学基础的教材的结构一般从管理的职能入手，分篇分章进行论述。在很长一段时间内，过程学派也就成了西方管理学的主流学派。中国式管理与西方强调过程中的职能管理不同，中国式四象管理的特色是一种强调软管理的"空点管理"。因此，本书的写法是尽可能防止直接与西方社会科学的具体研究对话，防止中国实践成为被西方理论选择出来的经验碎片，防止中国经验本身的复杂脉络消失。我们试图不再在管理的过程中突出职能硬手段，而是从"四象"和"空点"入手，从软管理的角度探讨四象管理的内涵、特点及主要内容。张青教授是我的老同事，他也长期从事管理学的研究与教学，在西方管理学和中国特色管理学方面都有很深的造诣。特别是在这次写作过程中，他提出的案例写作方法为本书增加了很强的可读性。要把复杂的理论用最简单的语言表述出来，是一件非常难的事。所以，本书除了案例外，还用了不少比喻（如黄灯），还写了很多大家看得见摸得着的例子，如打麻将、下围棋等。在这越来越习惯碎片化阅读的氛围下，如果读者难以一下子看懂我们的理论体系，可以先看看那些有趣的案例，或许会有启发。

本书的前四章论述了四象管理的基本概念和特点。四象管理是一个空点管理（第二章论述），它起始于"初心"（中），整合"议事"（阳管理）、"安人"（阴管理），是阴是阳的行事管理，最后跳出原来的阴阳（不是原来的阳也不是原来的阴），在发展中实现远景。也可以把四象管理简单地概括为"提出方向要求，做好议事安人"；或者为"不忘初心与发展，行事中议事安人"。四象管理的基本特点是（基于四象的）全息性（第一章）、（基于空点的）唯中性（第二章）、（基于度管理的）适度性（第三章）、（基于分型管理的）权变性（第四章）。后面的六章论述了四象管理（议事、安人、行事、发展）的最基本内容和管理艺术：以关系管理形成管理软结构（第五章）；以族商管理理顺关系组织（第六章）；以运势管理处理生态态势（第七章）；以胜势管理形成组织能力优势（第八章）；以五商管理调整个人和组织的能力结构（第九章）；以短板管理防止底线风险，并使企业滚动式发展（第十章）。第十一章写中国管理哲学，也可以说是本书的小结，描述了上述思想方法背后的哲学：纠缠发展论。

东方管理学学派是当今研究中国式管理最重要的学派之一。我能参与东方管理学的研究，首先应该感谢该学派的缔造者和旗手苏东水教授。1982年年初，我留复旦大学当教师时，就感到复旦大学的学者一直非常重视中国式管理的研究。例如，在20世纪80年代初创立国民经济管理学这门研究中国式宏观管理学科的时候，复旦大学管理系（当时还没有成立学院）就是重要的发起人。在向国家有关部门注册成立国民经济学学会时,苏东水教授为会长,我是总联络员。其后,我还跟随苏教授去申请重点学科,为在管理学院建立产业经济系打下了一定的基础,使研究中国式中观管理有了较好的发展天地。在东方管理学还没有成为一个自设的博士点时,是挂在产业经济学下作为一个方向培养学生的。2003年,东方管理学作为二级学科,在复旦大学管理学院设立博士点、硕士点;2005年开始招收研究生,复旦大学管理学院在中国式管理方面的研究又上了一个台阶。东方管理学作为一门新兴的学科,在创立期间有很多的思想碰撞。在这期间,我不仅向我的同事陆雄文教授、芮明杰教授、苏勇教授、薛求知教授、黄丽华教授、吕长江教授、凌鸿教授、项保华教授、胡君辰教授、许晓明教授、李元旭教授、姚凯教授、李绪红教授、郑琴琴教授、郁义鸿教授、骆品亮教授、李玲芳教授、蒋青云教授、范秀成教授、金立印教授、李若山教授、包季鸣教授、钱世政教授、孙谦教授、范龙振教授、方曙红教授、马成虎教授、孔爱国教授、蒋肖虹教授、徐剑刚教授、王克敏教授、刘杰教授、徐云杰教授、戴伟辉教授、张成洪教授、徐以汛教授、胡建强教授、胡奇英教授、李旭教授、宁钟教授、冯天俊教授、方军雄教授、洪剑峭教授、原红旗教授、陈超教授、劳兰珺教授、郑明教授、张新生教授、朱仲义教授、郁文教授、肖志国教授、刘刚教授、娄贺统教授、祁新娥教授、伍华佳教授、余光胜教授、彭贺教授、张洁教授、李治国教授、白让让教授、罗云辉教授、刘明宇教授、姚志勇教授、孙金云教授、罗殿军教授、唐跃军教授、赵优珍教授等每一位参与东方管理学建设和研究的同事学到很多很多的东西,而且在教学活动中,学生们的活跃思想也使我受益匪浅。

从上可见,虽然本书中的"黄灯论"、"四象管理"、"空点管理"、族垄断管理和纠缠发展论等概念,以及"态势模型""五商模型"等都是由我首先提出来的,但也是我在参与教学科研中受到启发逐渐形成的,在这次写书中也吸收了不少以前教过的硕士研究生、博士研究生和博士后的研究成果(他们有的还与我一起发表了著作和论文),所以,这些成果应该看成是复旦

黄灯
——破译四象管理

大学中那些不断探讨中国式管理理论的师生共同努力的结果。由于涉及人员众多，就不在此一一列出了，在这里对他们表示由衷的感谢。由于东方管理学是一个新兴领域，本书肯定还有很多不足之处，如有错误，当然由本人负责，并且恳请各位指正。这次写作还得到了管理学院院长陆雄文教授的关心，得到了复旦大学出版社领导和编辑的大力支持，也在此表示感谢。

胡建绩
2020 年 8 月于天目斋

目　　录

第一章　四象管理 / 001
　　第一节　黄灯与四象结构 / 001
　　第二节　四象的两个延伸：八卦与五行 / 013
　　第三节　四象管理的四大内容与十二个原则特征 / 025

第二章　空点管理 / 032
　　第一节　似无实有的"中" / 032
　　第二节　相对于时点的空点特征分析 / 045
　　第三节　空点管理方法与技巧 / 054

第三章　度管理 / 066
　　第一节　度：从女娲、伏羲的中式规矩谈起 / 066
　　第二节　无为而无不为的度管理 / 081
　　第三节　度管理原理 / 095

第四章　分型管理 / 107
　　第一节　星座与八字的分类、分型思想对比 / 107
　　第二节　分型辩证定对策 / 115
　　第三节　分型管理原理 / 122

第五章　关系管理　/ **136**

第一节　打麻将：中国式"关系"训练　/ 136

第二节　关系的分层与价值　/ 143

第三节　关系管理原理　/ 155

第六章　族商管理　/ **165**

第一节　族经营垄断：以徽州茶商管理为例　/ 165

第二节　族商经营的特征分析　/ 175

第三节　族商问题现实意义的再认识　/ 184

第七章　运势管理　/ **192**

第一节　运势四象分析　/ 192

第二节　企业运势四象模型及应用　/ 200

第三节　运势管理原理　/ 207

第八章　胜势管理　/ **217**

第一节　不战而胜的理念　/ 217

第二节　企业胜势能力四象模型　/ 226

第三节　新时代的科技界龟兔赛跑——联想与华为　/ 239

第九章　五商管理　/ **249**

第一节　个人能力五商　/ 249

第二节　团队的集体五商　/ 256

第三节　五商管理原理　/ 269

第十章　短板管理　/ 277

　　第一节　社会系统的短板与风险　/　277

　　第二节　经济系统的短板与风险　/　287

　　第三节　短板管理原理及其应用　/　292

第十一章　黄灯哲学——纠缠发展论　/ 307

　　第一节　中国哲学的核心是纠缠发展　/　307

　　第二节　中华文明中的纠缠发展思维　/　321

　　第三节　纠缠发展原理在四象管理中的应用　/　336

主要参考文献　/ 348

第一章 四象管理

黄灯是四象最直观的描述，纠缠发展是四象管理的内在动力，八卦（《周易》）和五行是古人留给我们进行四象管理最有价值的遗产。

第一节 黄灯与四象结构

一、黄灯的启示与四象

"红灯停，绿灯行"这个交通规则人人皆知。但黄灯亮时，车辆该停下还是继续行驶呢？我常常在交通路口发现闯黄灯现象，并且是以冲刺的速度闯的。有一天，我正走到十字路口，"刷"，绿灯变黄，我赶紧驻足。可抬眼望去，我被吓了一跳：只见几辆轿车比野马窜得还快，抢在黄灯红灯交替的间隙冲过横道。还有一次，我留心观察，在一个十字路口，因为有闯黄灯的人，本来有红绿灯指挥的交通变得秩序混乱。后来，交通警察出面维持了半天才恢复。又有一次，我坐在出租车上，快到路口时司机猛然加速，我问为什么，他说："快变灯了，赶在黄灯时闯过去。"就在这辆车的后边，也是一辆"争分夺秒"的出租车，吓得我一身冷汗。

黄灯成了某些人"冲刺"的号角，看那些抢黄灯的司机们比刘翔还卖力，真替他们捏把汗。"宁等三分，不抢一秒"是天天都能看到的交通标语，可为什么真正做起来却走了样。黄灯是过渡信号，是让人在走与不走之间做准备。但不少司机把黄灯等同于绿灯，这种做法无疑是在故意触犯法规。

会钻空子的人常常被看作聪明人，但在交通问题上，别太会耍小聪明，

黄灯
——破译四象管理

也千万别聪明反被聪明误。黄灯是警示符号,是在告诉通行者需要停止行进,如果通行者偏要行进,后果可能不堪设想。当然,如果政府出台法规,加大处罚闯黄灯行为的力度,将会更好地维持交通秩序。在繁忙的十字路口,机动车道上的黄灯正在闪烁,眼看着红灯即将亮起,一群行人正准备通过斑马线,本以为在这个信号警示下的机动车都会一一静止下来。出乎意料地,"呼——呼",两辆双轮摩托车对黄灯信号熟视无睹,疯狂地擦过人行横道,风一般地尾随着前面的车流,引起了路人几秒钟触目惊心的紧张。这是我们在十字路口经常可能看到的一幕。交通灯中的"黄灯"成了"加速信号灯"。

"红灯停,绿灯行",那么黄灯呢?到底是该停还是该行?不知车主们如何看待这个规定?这也引出我们的话题——黄灯到底该不该闯?

按理,黄灯(包括"绿灯闪烁"状态)是减速警告信号,表示尚未过停车线的车辆应该减速,提前做好停车准备。但是观察实际交通状况发现,无论行人还是车辆,在过路口时,看到黄灯或者绿灯闪烁,十有八九是加速前进的,这一"抢黄灯"现象十分普遍。根据发生在路口的交通事故原因分析,"抢黄灯"和"闯红灯"同样属于路口发生交通事故的主要因素,并且"抢黄灯"现象的发生率更高,所以,其危害性更是大大增加。

"路口要变灯了,快提速!"这种想法可能不少司机都存在。开车的人不愿等红灯,见到路口没有交警,就把交通指示灯的黄灯视作虚设,照样提速冲过路口。交管部门在上海市多个路口进行抽样调查的结果显示,竟然有60%以上的司机存在闯黄灯的交通违法行为,其中的绝大部分人对黄灯的认识有很大偏差,不认为会因此发生车祸。

笔者近日经过多次观察,发现许多车辆都是趁黄灯时猛提速,包括汽车、摩托车、电瓶车等。我发起这个话题就是希望大家就此事进行热议,为每一个人的平安着想。

闯黄灯算违法吗?《道路交通安全法》规定,交通指示灯的红灯表示禁止通行,绿灯表示准许通行,黄灯表示警示。黄灯亮时,已越过停止线的车辆可继续通行,未过停止线的车辆不得继续通行。机动车闯黄灯的行为属于不按交通信号灯指示通行的交通违法,应给予罚款200元并记3分的处罚。但许多驾驶人员对黄灯的认识有偏差,认为闯红灯才会处罚,因此造成闯黄灯行为频发。与此同时，一些司机认为路口黄灯与横向的绿灯有"时差"，在亮黄灯的时候，横向的交通指示灯还是红灯，因此有时间冲过路口；另一些司机却认为自己的车上了保险，即使因为闯灯发生事故，也不担心赔偿。

尽管闯黄灯看似不是严重违法，但很少有司机注意到，在路口发生的车祸中，闯黄灯是主要原因之一。调查时听到最多的就是司机们脱口而出："谁愿意等红灯啊！"而多数因闯黄灯发生撞车撞人事故的司机也都是为了图个快。笔者通过半小时观察发现，尽管每次黄灯只有两三秒钟，但半小时内就有7辆车在黄灯亮时闯过停止线。据交管部门介绍，每个月都有多起因为车辆闯黄灯引发的事故，特别是在夜间，此类事故更多。在此类事故的一些案例中，交警通过询问当事司机了解到，司机在抢灯时都心存侥幸。

另一种"抢黄灯"是抢"阴黄"，也就是另一方向的黄灯。在另一个方向开始黄灯了，就积极地准备，估计差不多了就开始过马路。我国改革开放早期抢占政策的变革预期就属于这类"抢黄灯"。例如，据说某个城市在造大桥的时候，由于某些政策的原因没有报相关部门审批，该市就借国家主要领导人来视察工作的时候，请他为这个大桥题字。很快有关部门就把这个方案补批了，这种做法是好是坏？在座的自己去评论吧。双向的"抢黄灯"往往是出现最危险事故的原因。

黄灯中的种种现象反映了中国人处事的圆通，笔者并没有自贬中国人的想法，只是想把黄灯现象与中国文化、中国传统哲学思想结合起来，探讨中国人处事背后的哲学思维。更何况，人们在讨论和研究的这些现象以及所谓中国人的"劣根性"问题时，往往只涉及"绿后黄"（绿灯后面的黄灯），并没有涉及"红后黄"（红灯后面隐藏的黄灯）。这也成了本书想引进四象哲学和四象管理的初衷，还原一下中国人在管理中固有的文化和哲学本性。

或许有人会说，我并没有看到红灯后面有黄灯啊，在现实的红绿灯设计当中并没有体现出红灯后面的黄灯，正说明了它的隐蔽性。其实，在中国人的思维中，它是真实存在的。你们是否发现，中国人当中有很多人在等红灯时，不仅看自己方向的红绿灯，而且还在观测另一方向的红绿灯。这样，另一方向的红绿灯中的"绿后黄"成了自己方向的实实在在的"红后黄"，并依此来估计过马路的时间。因此，在四象管理中我们可以把"绿后黄"称为阳黄（非常明显的黄），把"红后黄"称为阴黄（具有隐蔽性的黄，藏在红的后面）。绿灯、红灯、"绿后黄"（阳黄）和"红后黄"（阴黄）构成红绿灯的四象。

二、四象的逻辑结构

前几年，笔者看到一篇报道很有意思，是说美国科学家近日在国际星际揭秘工程发布会上正式宣布，到 1989 年为止，美国官方正式记录在册并分类的外星人就有 57 种。讲到的第一种外星人是宇莫星人，宇莫星人来自 Volf 424 Ummo 星，距地球有 14 多光年远。宇莫星人跟地球人长得很像，是人形外星人，同样有男女性别之分。笔者无法告诉你们是不是存在外星人，但有意思的是，据报道称，他们的逻辑系统跟人类不一样。人类的逻辑系统是真、假，他们的则是真、假、是真是假、不是真不是假。其实，中国人的逻辑系统真的和他们很像。

为了说明这个问题，我们还是从现在热议的中国式的过马路谈起。人们总是在批判中国式的过马路，有人甚至把它作为丑陋的中国人的典型例子。但是，你们有没有想过在这过马路的背后隐藏着中国式的思维。据说，最早过马路只有红灯与绿灯，后来在一个中国人的建议下加了黄灯，现在，我们在过马路的时候就看到了红绿黄三灯。然而，人们很少思考"绿后黄"和"红后黄"的区别，如果我们把黄灯放入宇莫星人的逻辑系统中，逻辑就产生了变化，我们来对比图 1-1 和图 1-2。

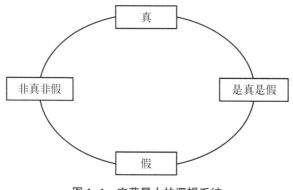

图 1-1 宇莫星人的逻辑系统

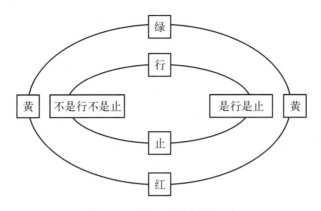

图 1-2 黄灯的四象逻辑系统

除了绿灯、红灯,绿灯后面的黄灯就变成了是绿灯是红灯。为什么这么说呢?因为在交通规则和常识中,当一个人在绿灯走到路当中遇到黄灯时,是可以继续行的,当然,也可以是因为考虑到走路比较慢,马路比较宽,选择在中岛休息一会儿,待到下一个绿灯再行。所以,绿灯后面的黄灯就成了名副其实的是绿灯是红灯,而红灯后面的黄灯完全不同,它不是绿灯也不是红灯,在任何情况下都不存在行走的可能性,除非你违反交通规则(见图 1-3)。

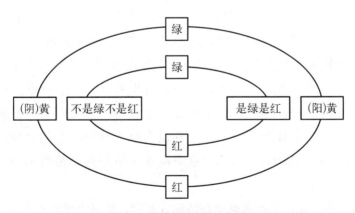

图 1-3 黄灯的四象逻辑结构

说中国人的思维与来自星星的思维十分相像,是因为在中国古代早就有四象(或称四相)的说法。然而十分可惜的是,在研究中国人的思维时,往

往更重视八卦和五行,对四象的重视不够。其实,四象是连接阴阳与五行八卦的关键点,太极生两仪,是宇宙根本力量的第一变。在这一变完成以后,就产生了一极的"阴"和一极的"阳"。然而,这两个一极的"阴"和"阳"内部仍然存在阴阳力量的作用,还是会继续演变。结果,一极的"阴"就产生了"阴中之阴"——太阴和"阴中之阳"——少阳;另一极的"阳"就产生了"阳中之阴"——少阴和"阳中之阳"——太阳。太阴、少阳、少阴、太阳是第二极的阴阳组合,统称为四象。这个过程就叫作"两仪生四象"。

"无极生太极",无名天地之始;"太极生两仪",才有了一级的纠缠发展。"两仪生四象",这就是二级纠缠发展思维。四象生五行、八卦,这就产生了全息的、动态的三级纠缠发展思维。"一生二,二生三,三生万物。"《周易》里面讲八卦、六十四卦的变化,没有涉及五行,这是因为八卦系统与五行系统是两个各自独立的系统。四象是研究中国人思维的关键,是因为四象学说之后,出现五行学说与八卦学说两个发展方向,八卦系统与五行系统的根源都是四象学说。可惜的是,笔者还没有查到宇莫星人内在逻辑系统的结构,他们的内在结构是不是会发展成我们的五行八卦,不得而知。

讲到四象,我们不能不提"薛定鄂的猫"(Erwin Schrödinger's Cat)。"薛定谔的猫"是奥地利著名物理学家薛定谔(Erwin Schrödinger,1887—1961)提出的一个思想实验,是指将一只猫关在装有少量镭和氰化物的密闭容器里。镭的衰变存在几率,如果镭发生衰变,会触发机关打碎装有氰化物的瓶子,猫就会死;如果镭不发生衰变,猫就存活。根据量子力学理论,由于放射性的镭处于衰变和没有衰变两种状态的叠加,猫就理应处于死猫和活猫的叠加状态。这只既死又活的猫就是所谓的"薛定谔的猫"。

在实验中,无论是多大概率存活或者死亡,相对于观测者来说,在未观测之前,都存在不确定性,即存在叠加态。但将参考系建立在实验对象猫身上,其结果已经确定,是客观存在的,并非以外界观测者是否观测而决定真实的结果。

分析上述后得出思考，猫和外界观测者构成两个相对的参考系，实验开启后，以猫为参考系时，其结果状态为客观的、真实的、确定的；而以外界观测者为参考系时，猫存在叠加态，这种叠加态不是客观结果，而是未被观测的状态现象。

四象分析的第一个成功之处，是把"薛定谔的猫"中的不确定性包含进去。在红绿灯的系统中，"绿后黄"既是绿，也是红，它就具有了"薛定谔的猫"中的不确定性。

"薛定谔的猫"这个实验的巧妙之处在于通过"检测器—锤子—毒药瓶"这条因果链，似乎将铀原子的"衰变—未衰变叠加态"与猫的死活叠加态联系在了一起，使量子力学的微观不确定性变为宏观的不确定性。在过马路时，是把过与不过的叠加态与红灯绿灯的叠加态联系在了一起。面对黄灯，无论是多大概率过了马路或者没过马路，相对于观测者来说，在未观测之前，都存在不确定性，即存在叠加态。但对于具体的过马路的人，其结果是确定的，是客观存在的，并非以外界观测者是否观测而决定其真实的结果。对于具体的过马路的人、过了马路的人，这个黄灯对他来说就是绿灯；对于具体的没有过马路的人，这个黄灯对他来说就是红灯。这反映了在中国人的管理思想中，不确定性的存在是个"常"态。

四象分析的第二个成功之处，反应在"红后黄"（阴黄）中。它既不是绿，也不是红，内含变革与发展。"绿后黄"反映的"象"是一种确确实实存在的"不确定性"。"红后黄"反映的是似不动而在思动的运动（变），是一种确确实实存在的"波"（变革与发展）。

"变"的必要性，在于它区别于"常"。常是宇宙的存在本身，没有常也就没有宇宙。而变者，就是"改常"之名。宇宙的现存秩序之所以需要改变，是因为它本来就在不断的变化中生成。"变"否定着旧"常"，又为新"常"的产生准备着条件。所以，"变"比"常"就具有更大程度的普遍性和合理性。从这个意义上说，"常"是规律性，"变"也是规律性，其规律性就表现在对旧"常"的否定和发展新规律。2000多年前，孔子从川流不息的现实中感悟出宇宙万物存在的"非常住性"的特色。因为"流"则不常，不常就是"变"。后来，庄子也明确地将变化与"流"联系在一起，流就是变，以流释变。"变"与"常"的互动，还表现在宇宙万物生长发展的有序性上。"有序"是"变"或"生生"的规范化和规律化，它无疑是"常"，但此"常"只存在于流变过程之中。天地间春夏秋冬、生长收藏的顺序转换无不如此。有序是流变的有序，流变是有序的流变，变常的统一表现为事物发展的必然。但有序流变的必然并不排斥"失序"而变的偶然，古今的共性都在于确认存在"失常"，即偶然性的一面。天有不测风云，人有旦夕祸福，既有平生之常，也有适遭之变。否定了偶然性的存在，也就不可能圆满地解释世界。但偶然又并非与必然绝对对立，一旦认识到偶然的原因，把握了变化的规律，偶然便又转化为必然。故从认识的最终结果和前景着眼，哲学家们大都坚守"物无妄然（偶然），必由其理""日月寒暑昼夜之变，莫不有常"的信念。道理很简单，"理"在这里就是事物变化的规律，而规律正是"常"的本质所在。换句话说，"常"是有序之变，而不等于绝对不变。朱熹在解释孔子"逝者如斯"之意时曾说："天地之化，往者过，来者续，无一息之停，乃道体之本然也。"（《论语集注·子罕》）道体的本然（常态）就是流变不息。作为哲学本体的天、道、理、性等范畴，虽有"常（不变）"的特点，但这种"不变"只是说它们作为本体或物之本质规定的属性或地位不变，因为有此不变，才有某物之变，不然，"物"已不成其为物了。

了解"变"的前提和掌握"变"的规律后就要遵循规律，在"变"中求发展，以求万事万物"生生不息"。现代宇宙学认为，我们生活的宇宙并非从来就有，它是由"无"突然"暴胀"而在大爆炸中产生。在中国哲学中，这种作为宇宙本原之"无"就是道或太极。在这里，不论是道"生"万物，还是太极"生"阴阳，"生"实质上都是"变"生，"生"是以"变"为真实内容的。无生有，虚生实，所凭借的实际上都是"变"的机制。《易传》提出"天地之大德曰生""生生之谓易"，中国哲学就是以"生生"与"变易"的"和"来解释宇宙的生成发展和日新富有的。严格意义的"生"只有在"变"作为其内在机制的前提下才有可能。就此而言，可以说是先"变"而后有"生"。庄子提出原始宇宙"杂乎芒芴之间"，只是一个混沌，初变而后有气，气变而后有形，形变而后有生，"生"在庄子看来是位于混沌和气、形之后。在气、形生成万物之后，万物之间便是相互化生，便融入"生生"的具体过程之中。在这个意义上，"变"则属于表现"生"的"象"的一方，"变化者，进退之象也"（《周易·系辞》上篇）。"象"是"生生"的实现和现实的证明。"生"在天成象，在地成形。通过变化之"象"，人们便可以认识"生生"，"生生"有"变"，才展现出无穷的样态。宇宙的生生不息，就是"变"与"生生"相互作用的现实过程。

这些思想深深地烙在中国人的文化中。以中国古代十分推崇的"舍得"两字为例，"是舍是得"的象是"常"，"不是舍不是得"的象是"生"。这也就是说，不仅要懂得"舍得"是一种人生的"常"态，更要学会不断地利用"舍得"展现无穷的"生生不息"的人生发展（见图1-4）。

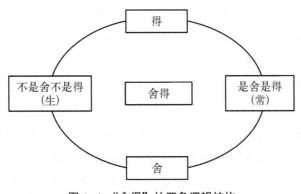

图1-4 "舍得"的四象逻辑结构

与藏象学说是中医理论体系中极其重要的组成部分一样，在管理中，象是包括企业各个组成部分功能及其活动和变化表现于外的各种映像。四象是各种映像的最概括的描述，四象管理反映了"常""变""生"等最基本的管理思想。这些思想将在下面的章节中慢慢道来。

在管理界有一个"把二看成三"的理论，认为中国人遇到一个问题的时候，不是有两个反应，而是有三个。其实，中国人遇到一个问题的时候，不是有三个反应，而是有四个。"一生二，二生三，三生万物"，这里讲的"三"不是三象，而是"中"加四象，只见三象就像在黄灯系统中，只看见阳黄而

不见阴黄。虽然"把二看成三"的理论不同于西方的两分法,但也不是中国人思想方法的确切表述。只见三象,而不见四象,对于理解中国固有的文化和哲学、理解中国式的管理是非常不利的。请看下面的案例。

中西方人收到会议通知后的不同反应及春秋战国时期的会盟

我非常喜欢听曾仕强教授讲课。因为他的课非常生动,常常会讲很多中国人生活中的实际例子。有一次,他讲到中国人收到会议通知后与西方人的不同反应。他说:"中国人把二看成三。西方人是把二看成二。我们因为受《易经》影响,会把二看成三。你问一个西方人明天那个会议你要不要参加?他只有两个选择,一个要,一个不要。而且说要的就真的去了,说不要的他就不去了。中国人会这样吗?不会。明天那个会你要不要去参加?他不会讲会,不会讲不会,他就告诉你到时候再说。他永远有第三种选择。这种人是最安全的,大家不要以为是中国人奸诈狡猾,不是他说到时候再说他再告诉你,你当这么多人面前问我,我实在不方便说。你如果想知道我要不要去,你私底下问我,我一定会告诉你。你要会听这些话,否则,就糟糕了。今天我们很难沟通,就是因为我们这一方面的默契已经快要没有了。"

收到会议通知后的不同反应,西方人只有参加与不参加,曾教授讲到了第三种反应:是参加是不参加。其实,中国人遇到一个问题的时候,不是有三个反应,而是有四个。除了参加、不参加以及曾教授讲的是参加是不参加三个反应之外,还有一个重要的不可缺少的反应是"不是参加不是不参加"。"不是参加不是不参加"是参加会议四象中的第四象。如果说前三象是紧紧围绕参加与不参加在做文章,第四象的内涵已经变成了是"生"或者"变"。参加会议四象图如图1-5所示。

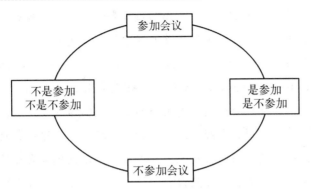

图 1-5　中国人参会决策的四象结构图

　　曾仕强教授还在《赢在中国式管理》一书中详细介绍了"把二看成三"的三分法（可、不可、无可无不可），"把二看成三才能跳出二分法的陷阱"。①其实，应该是中国人的四象（可、不可、无可无不可、不无可不无不可）已经跳出了二分法的陷阱。因为，"一生二，二生三，三生万物"。太极生两仪，两仪生四象。这里讲的"三"就是四象加"中"，而不是三象，只见三象就像在黄灯系统中只看见阳黄而不见阴黄一样。四象又产生了八卦和五行。八卦和五行代表着万物由四象而产生。中国人遇到一个问题的时候，不是有三个反应，而是有四个。如果有需要，对于反映还可以细化（如八卦），或者形成四个反应的内在的对策结构（如五行）。

　　例如，"不是参加不是不参加"这里又有两层对策思考：一是我不参加，但派我的代表参加会议；另一个是更高的层面，还可以设法使这个会议变质甚至开不成。这在中国春秋战国召开结盟大会时常常会碰到这种情况。周武王的孟津大会确定了姬周家族的共主地位，为后来的攻灭殷商奠定坚实的基础。姬周家族显然通过孟津大会认识到盟会的重要性，自周武王而后的很多帝王皆有盟会之事，尤其是到了春秋战国时期，盟会更是成为彰显诸侯列国的国际公法，齐桓公、晋文公等君主都是通过

---

① 曾仕强：《赢在中国式管理》，广东经济出版社 2010 年版，第 33—41 页。

盟会取得天子和诸侯们的认可，而后成为春秋霸主的。当然，在春秋战国时代，很多盟会都是由大国主导的战争联盟，类同于第二次世界大战时期的德黑兰会议、雅尔塔会议等，都是大国分赃或开战前的协商会。因此，参加不参加结盟大会、如何应对被邀请就变成重大的外交事件。

　　春秋战国时期的会盟通常是由一国最先提出建议或请求，再派使臣前往他国约请或游说；或经第三国的斡旋、撮合，最终促成两国或多国同意会盟，并约定会盟时间和地点。之后，各诸侯国国君按约定的时间到达举行会盟的地点，并按照盟礼的规定，通过歃血、宣誓盟书正式订立盟约，从而形成结盟的关系。通过盟礼，旨在使与会的各诸侯国形成共同的利益关系，实现在目标、策略与行动等方面的相互协调，一致对外，从而组成一个同盟整体。会盟中的首领或主持盟会的人成为盟主，盟主作为各个盟国的核心，实际具有号令或指挥其他盟国的权力。当一个国家邀请另一个国家来参加结盟大会时，被邀请国的对策就有四个方面的多种决策考虑。除了参加与不参加外，还有两大方面的可决策方案：首先是"是参加是不参加"的推脱；其次是"不是参加不是不参加"的变通，可以设法使这个会议变质（如改变议程、变参加者为掌控者）甚至开不成。中国人的四象思维在这里表现得淋漓尽致。齐桓公在鄄地（今山东省鄄城县旧城镇）与周王室大臣和诸侯国君会盟，鄄会盟是实力强大的齐国在平息郑、宋双方矛盾并征服了中原诸国的前提下，得到周天子应允而组织的。齐桓公向周天子和各个诸侯发出一个明确的信号，齐国要扛起"尊王攘夷"大旗，安内御外，唯我马首是瞻。因为是扛起"尊王攘夷"大旗，代周天子号令天下，所以也就简单了。大家都参加，鄄会盟也被称为春秋第一盟。清丘会盟就不同了，公元前597年，为联合抗衡楚国，晋国建议在清丘会盟，很多国家推脱没有参加，参加的国家也都没有派诸侯参加，只是派了大夫来，成为春秋时首次由大夫主持的会盟。虽然也结了盟签了约，但事后各国并未遵守盟约。更有趣的是鹿上会盟，这是宋襄公自导自演的一场争霸闹剧。公元前639年，在鲁国的西南、大野泽岸边的鹿上（今山东省巨野县西南）之地，

> 踌躇满志的宋襄公组织了一场志在称霸的会盟大会，东方强国齐国和南方强国楚国都参加了会盟。然而宋襄公被楚国耍了，会议完全变了味。当年秋天，宋襄公在盂地再次组织会盟。参加会盟的有楚、陈、蔡、郑、许、曹等国的国君。陈、蔡、郑、许等国是依附楚国的盟友，曹国是有仇于宋的国家，而宋国所依靠的齐国看破宋襄公的意图后，借故没有参加大会。这次会盟大会，势单力薄的宋襄公自然就成孤家寡人，楚国轻而易举地就将其抓获。最终，宋襄公的称霸梦成为以失败而告终的闹剧。宋襄公沦为楚国的阶下囚，成为历史上的笑料。

第二节 四象的两个延伸：八卦与五行

说四象是研究中国人思维的关键，是因为四象学说之后，出现五行学说与八卦学说两个发展方向。八卦系统与五行系统的根源都是四象学说。先看八卦系统。

一、四象的麦比乌斯圈裂变

"四象生八卦。"《周易·系辞》下篇云："古者包牺氏之王天下也，仰则观象于天，俯则观法于地；观鸟兽之文与地之宜；近取诸身，远取诸物，于是始作八卦，以通神明之德，以类万物之情。"

四象是中国古老文化的哲学符号。八卦成列的基础是易象，重卦的基础则在于爻变，"爻在其中矣"便是易道周流的内在动因。八卦表示事物自身变化的阴阳系统，用"—"代表阳，用"- -"代表阴，这两种符号按照大自然的阴阳变化平行组合，组成八种不同形式，叫作八卦。八卦其实也是最早的文字表述符号。八卦互相搭配又变成六十四卦，把宇宙中万事万物都装进去了，用来象征各种自然现象和人事现象。当今社会人物繁多，八卦渗透在中国文化的各个领域。这里要注意，从太极到阴阳，从阴阳到四象，从四象到八卦,从八卦到六十四卦。不是一分为二的简单裂变,而是麦比乌斯圈裂变。

什么是麦比乌斯圈裂变呢?麦比乌斯圈因 A.F. 麦比乌斯(August Ferdinand Mobius,1790—1868)发现而得名。麦比乌斯圈裂变是一种单侧、不可定向的曲面裂变。我们拿一张纸,然后裁出纸条,把纸的一端扭转 180 度,再将一端的正面和背面粘在一起,这样就做成了只有一个面的纸圈。圆圈做成后,如果我们捉一只小甲虫,放在里面让它爬。小甲虫可以不翻越任何边界就爬遍圆圈的所有部分。这无可辩驳地证明了麦比乌斯圈只有一个面(见图 1-6)。

图 1-6 麦比乌斯圈

麦比乌斯圈裂变有许多令人惊奇且有趣的特性。

如果在裁好的一张纸条正中间画一条线,粘成麦比乌斯圈,再沿线剪开,把这个圈一分为二,照理应得到两个圈,奇怪的是,剪开后竟是一个大圈。

如果在纸条上划两条线,把纸条三等分,再粘成麦比乌斯圈,用剪刀沿画线剪开,剪刀绕两个圈竟然又回到原出发点。猜一猜,剪开后是一个大圈还是三个圈儿?都不是。它究竟是什么呢?你自己动手做这个实验就知道了。你就会惊奇地发现,纸带不会一分为二,而是构成一大一小的相扣环。

有趣的是,新得到的这个较长的纸圈,却是一个双侧曲面,它的两条边界自身虽不打结,但却相互套在一起。我们可以把上述纸圈再一次沿中线剪开,这回可真的一分为二了!得到的是两条互相套着的纸圈,原先的两条边界则分别包含于两条纸圈之中,而且每条纸圈本身并不打结了。

关于麦比乌斯圈的单侧性,可如下直观地了解:如果给麦比乌斯圈着色,色笔始终沿曲面移动,且不越过它的边界,最后可把麦比乌斯圈的两面均涂上颜色,即区分不出何是正面何是反面。对圆柱面则不同,在一侧着色不通过边界不可能对另一侧也着色。单侧性又称不可定向性。以曲面上除边缘外的每一点为圆心各画一个小圆,对每个小圆周指定一个方向,称为相伴麦比乌斯圈单侧曲面圆心点的指向,若能使相邻两点相伴的指向相同,则称曲面可定向,否则,称不可定向。麦比乌斯圈是不可定向的。因此,数学界把它总结为三个奇妙处和六个特征。其中,三个奇妙处如下。

(1)麦比乌斯环只存在一个面。

(2)如果沿着麦比乌斯环的中间剪开,将会形成一个比原来的麦比乌斯环空间大一倍的、具有正反两个面的环(本书将其编号为环0),而不是形成两个麦比乌斯环或两个其他形式的环。

(3)如果再沿着环0的中间剪开,将会形成两个与环0空间一样的、具有正反两个面的环,且这两个环是相互套在一起的(本书将其分别编号为环1和环2),再沿着环1和环2以及因沿着环1和环2中间剪开所生成的所有环的中间剪开,都将会形成两个与环0空间一样的、具有正反两个面的环,永无止境……且生成的所有的环都将套在一起,永远无法分开,也永远不可能与其他环不发生联系而独立存在。

麦比乌斯环、环0和生成的所有的环的六个特征如下。

(1)麦比乌斯环是通过将正反面其中的一端反转180度与另一端对接形成的,它将正反面统一为一个面,也因此而存在一个"拧劲",我们不妨称之为"麦比乌斯环拧劲"。

(2)从麦比乌斯环生成为环0需要一个演变的裂变过程,此演变的裂变过程将"麦比乌斯环拧劲"分解成因相通或相连从而分别呈现出螺旋弧向下和螺旋弧向上两个方向"拧"的四个"拧劲"。这四个"拧劲"中的第一个和第三个将正面转化为反面,第二个和第四个再将反面转化为正面,或者是,这四个"拧劲"中的第一个和第三个将反面转化为正面,第二个和第四个再将正面转化为反面,使所生成的环0存在"正反"两个面。

(3)从麦比乌斯环生成为环0的过程,使环0具有了因相互转换而最终呈现为同一个方向上的、性质不同的四个"拧劲"。演变的裂变过程将麦比乌斯环的"麦比乌斯拧劲"分解成环0中的四个"拧劲","麦比乌斯拧劲"的"能"也被生成环0中的这四个"拧劲"的"能",但环0中的这四个"拧劲"的"能"是"麦比乌斯拧劲"的"能"的2倍,新生成的1倍于"麦比乌斯拧劲"的"能"的方向与原来的"麦比乌斯拧劲"的"能"的方向相反。

(4)从麦比乌斯环生成为环0的过程,还使环0的空间比麦比乌斯环的空间增大一倍。

（5）从环0生成环n和环n+1的过程，环0中的四个"拧劲"的"能"不会增加，但在环0的裂变中，每裂变一次会增加一个环0的空间。

（6）从环0生成环1和环2以及再裂变直至环n和环n+1后，生成的所有的环n和环n+1都将套在一起，永远无法分开，也永远不可能与其他环不发生联系而独立存在。

从麦比乌斯环的三个奇妙之处和麦比乌斯环、环0以及生成的所有的环的六个特征，我们还能得到以下奇妙的启示。

（1）无论将麦比乌斯环放在宇宙时空的任何地方，我们会发现麦比乌斯环之外的空间只能存在一个面，因此，宇宙时空的任何空间之处也只存在一个面。如果宇宙时空的任何空间之处只存在一个面，我们就可以认为宇宙时空中的任何一点与其他点都是相通的，即整个宇宙时空是相通的，任何一点都是宇宙的中心，也是宇宙的边缘，宇宙时空中的任何物质都一样，既处于宇宙的中心，也处于宇宙的边缘。

（2）宇宙时空中的任何一个点都可以通过裂变的方式无中生有地生成一个对立的阴阳两性。无论生成的这个对立的阴阳两性是否需要载体呈现出来，通过裂变的方式，无中生有地生成一个对立的阴阳两性，都需要一个比原来的空间大一倍的空间来体现这生成的、一个对立的阴阳两性。

（3）只要存在裂变，就会使原来的麦比乌斯环不再以"本来面目"存在，或者说，原来的麦比乌斯环已经不存在了。无中生有地生成的具有一个对立的阴阳两性的环0"复原"成原来的麦比乌斯环，需要化解一个对立的阴阳两性的面。

（4）从麦比乌斯环生成为环0的过程，还使环0具有了因相互转换而最终呈现为同一个方向上的性质不同的四个"拧劲"。我们得知，任何一个肯定应该是一个具有同一个方向上的、有缺口的或说成是非绝对的否定之否定的矢量（有一定方向的否定）过程。

（5）从环0生成环1和环2以及再裂变直至环n和环n+1后，所生成的所有的环n和环n+1都将套在一起，永远无法分开，也永远不可能与其他环不发生联系而独立存在。这说明宇宙万物之间存在普遍联系，而且任何一点或一个事物都与其他所有的宇宙万物相通相连，是不可分割的、不可遗漏的。

（6）宇宙万物从最终起源上来讲是没有任何差异的，均起源于只有一个面的空间或者说没有任何面的状态。因此，宇宙万物都是从无中生有中而来，只不过是在演变的过程中呈现出差异而已。

（7）在麦比乌斯环生成为环0的裂变过程中，无中生有的增加生成原有"拧劲"中的一倍的新的能量，也就是说，在新产生的一对阴阳两性关系体的过程中的裂变不遵循能量守恒原则；而之后的所有的宇宙万物的再裂变只能使宇宙的时空增大，不再生成新的能量，而且在裂变中必然遵循能量守恒原则。

（8）宇宙时空中的任何一个点都可以通过无中生有的方式第一次生成阴阳两性，然后再分别以刚生成的阴阳两性为基础生成第一次的阴阳两性的两个物质，第二次、第三次……直至永无穷尽。

当我们把上述现象作为观察世界的一种历史观，并把它与中国的纠缠发展论结合起来时，发现这一现象汇成纠缠发展论基本思想的物质基础。涵盖全息论、易变论、映像论的内容。

（1）任何空间只存在一个总系统，宇宙时空这个系统中的任何一点与其他点都是相通的，即整个系统的时空是相通的，任何一点都是全息系统的中心，也是全息系统的边缘，全息系统时空中的任何物质都一样，既处于全息系统的中心，也处于全息系统的边缘。

（2）全息系统时空中的任何一个点都可以通过裂变的方式无中生有地生成一个纠缠的阴阳两性。无论生成的这个纠缠的阴阳两性是否需要载体呈现出来，通过裂变的方式，无中生有地生成的一个纠缠的阴阳两性，都需要一个比原来的空间大一倍的空间，来体现这生成的一个纠缠的阴阳两性。

（3）只要存在裂变就会使原来的总系统不再以"本来面目"存在，或者说，原来的总系统已经裂变成有两个子系统。无中生有地生成的具有一个纠缠的阴阳两性的两个子系统"复原"成原来的系统，则需要化解一个纠缠的阴阳两性的两个子系统。

（4）从总系统裂变成有两个子系统的阴阳系统的过程，还使这个阴阳系统具有了因相互转换而最终呈现为同一个方向上的、性质不同的四个"阴阳变易"（太阳、少阴、太阳、太阴）。这个系统存在一个相生相克的网状结构。

（5）无极生二仪，二仪生四象，再生八卦、六十四卦乃至万物；万物都

将套在一起,永远无法分开。任何元素永远也不可能与系统中其他元素不发生联系而独立存在。这说明系统中元素之间存在普遍联系,而且任何元素都与系统中其他所有元素相通相连,是不可分割的、不可遗漏的。

(6)宇宙万物从最终起源上来讲是没有任何差异的,均起源于"无"的状态。因此,宇宙万物都是从"无中生有"中而来,只不过是在演变的过程中呈现出差异而已。

(7)在一生二(总系统裂变成阴阳两个子系统)时,是一个"映像"过程。之后的所有子系统的再"裂变"只能使变易更细化,不再生是一个"映像"过程。

(8)系统中的任何一个点都可以通过"无中生有"的"映像"方式第一次生成阴阳两性,然后再分别以刚生成的阴阳两性为基础生成第一次的阴阳两性的孙子系统,第二次、第三次……直至永无穷尽。"一生二,二生三,三生万物。"

(9)太极是原始,也是无穷,是宇宙原始而混沌的状态。《周易·系辞》言:"易有太极,是生两仪,两仪生四象,四象生八卦,八卦定吉凶,吉凶生大业。""易有太极",太极就是太一。此"太一"不是数学上的一,而是具有哲学意义上的、整体的、绝对的"一"。太极指宇宙最初浑然一体的元气。《说文解字》中说:"惟初太极,道立于一,道分天地,化成万物。"可见,太极既为初,为一,可化为万物,又可至于无穷。太极原是天地、乾坤、刚柔、阴阳、理气等一切相对事物的混合体,可以不断二分,但无论经过多少次的二分,其分子永远是太极,也就是"一"。

二、中国人对圆的偏爱

四象由太极裂变而来,四象又裂变成八卦、六十四卦,再继续裂变就成了一个圆。中国人对圆有特殊的偏爱,这种偏爱的背后是中国人哲学当中的全息思想。如果我们有一段圆弧,马上能推断出圆的圆周,也能知道圆的圆心何在。可见,每一段圆弧内涵了整个圆的全息。就像我们如果知道八卦当中的任意一卦,就能知道其余的七卦应该是什么;我们如果知道六十四卦当中的任意一卦，就能知道其余的六十三卦应该是什么。因为它们的基因都是阴阳，只是不同的排列组合形成整个圆周的一部分而已。

中国古代对圆的偏爱和崇尚有着久远的历史和深厚的传统，有"天圆地方"之说，春夏秋冬的往复，白天黑夜的交替，日出日落的循环，使它们直观地形成了"乾为天，为圆"。"圆"的本义为天体之圆，圆之天体。天体与圆可以说是同一个概念。古老的中国是一个农耕社会，"天"的好坏直接关系到农业收成的多寡。因此，对华夏先民来说，头顶上的"圆天"，就成了他们顶礼膜拜的对象。中国人多从宇宙天体中体味其动转不居、循环往复的圆之精神。圆的特征表现为变化循环、无往不复和相反相成，以及整体的动态平衡。

圆与"中"密切相连。《墨子》曰："圜者，一中而共长也。"自中心起，到周围的任何一点均距离相等，叫作圆。故圆又可引申为周全、完满。圆早已深深地积淀在中国人的心灵深处：家庭盼团圆；生活盼圆满；功德求圆满；手法求圆熟；开始实质性结婚称圆房，复婚称破镜重圆；生肖以十二年为周期轮回；夏历年的名称以六十年为周期轮回；尽管太阳影线最多只到半圆，但是日晷的形状必为完整的圆。圆与"中"的密切关系将在下一章详细论述。

道家说，太极生两仪。阴阳同圆。太极即一个圆，圆即无始无终，无边无际。正是在这个意义上，老子将人生和整个宇宙看作一贯的总体——圆相之体，一个具有先在性、本原性和超越性等形而上特征的混沌大圆。老子曰："昔之得一者，天得一以清，地得一以宁，神得一以灵，谷得一以盈，万物得一以生，侯王得一以为天下贞。"（《老子》第三十九章）"圣人抱一为天下式。"（《老子》第二十二章）老子还说："大曰逝，逝曰远，远曰反。"（《老子》第二十五章）

"天道圆，地道方，圣王法之，所以立天下。何以说天道之圆也？精气一上一下，圆周复杂，无所稽留，故曰天道圆。何以说地道之方也？万物殊类殊形，皆有分职，不能相为，故曰地道方。主执圆，臣处方，方圆不易，其国乃昌。"（《吕氏春秋·圆道》）

这些思想集中反映在中国人最崇拜的祖先伏羲、女娲的规矩上。它不仅反映了中国人的天地观，更反映了中国人对圆的偏爱和解决无理数的能力。"规"就是圆规，是用来画圆的工具，在我国古代甲骨文中就有"规"这个字。"矩"就像现在木工使用的角尺,由长短两尺相交成直角而成,两者间用木杠连接以使其牢固,其中,短尺叫勾,长尺叫股。矩的使用是我国古代的一个发明,山东历城武梁祠石室造像中就有"伏羲氏手执矩,女娲氏手执规"的图形。矩不仅可以画直线、直角,加上刻度可以测量,还可以代替圆规。矩的二端连接线(一个圆周)涵盖矩的三个顶点的圆的直径。

甲骨文中也有"矩"字,这可追溯到大禹治水(公元前2000年)前。这也说明矩起源于很远的中国古代。在春秋战国时期,规矩已被广泛地用于作图、制作器具了。由于我国古代的矩上已有刻度,因此,它的使用范围较广,具有较大的实用性。这些将在第三章"度管理"中有更详细的论述。

古代希腊人较重视规、矩在数学中训练思维和智力的作用,而忽视规矩的实用价值。因此,在作图中对规、矩的使用方法加以很多限制,提出了尺规作图问题。所谓尺规作图,就是只有限次地使用没有刻度的直尺和圆规进行作图。

因此,不要简单地用西方的"直尺"来量中国的"圆",例如,不要拿部分国人的"神经质恐惧"来全盘否定中国的全息思维;中国人的全息思维讲究的是一个完整的系统,不能用西方人简单的直线式的三段论来看中国的同心圆的全息分析法。中国人的"防人之心不可无"是建立在"害人之心不可有"的基础上的。"害人之心不可有,防人之心不可无"是中国人带有"圆通"性质的处世之道(这就是阴阳观),其本质体现了中国人的善良。更何况在受到一百多年的欺侮之后,部分国人患上"神经质恐惧"症也没什么可奇怪的。随着国力的增强,受无端的欺侮少了,这一病症自然会大大减少。

又如,不要因为部分中国人的"天性懦弱,从不敢据理力争"来否定中国"无争"的竞争观;不要把中国人特有的"关系"处理方法与艺术,一棍子打成"惨烈的窝里斗"。拿西方人对着干的竞争观来要求中国人的"无争"竞争观,是一种典型的拿"直尺"来要求"圆规"。"无争"观将在第五章详细论述。

其实,中国人真的很大气,因为中国哲学中存在全息思想。中国人的姓名是姓在前名在后,不像西方人名在先姓在后,这说明中国人十分重视"姓"这个整体。中国人写信也是先写国再写市与具体的路与号,写日期是先写年再写月、日;西方人却反之,写信先写具体的路与号,再写城市与国家,写日期是先写日、月，再写年。从买卖东西找钱来看，西方人也是先找小钱，再找大钱；中国人是先找大的然而才找小钱，大的清楚了，不必再计较小的呢。

由于中国人的纠缠发展思维从四象发展到八卦、六十四卦，这样在中国人的眼里黄灯不再仅仅是黄灯，而是黄灯反映出来的一种全息，也就是图1-7所示的红绿灯系统。克隆技术的产生已经证明了全息的科学性，所以，这种全息思维是一种非常科学的思维，这或许与中华民族是一个农耕民族有关吧！在种庄稼的全过程当中，在每一个环节中都必须反映这种全过程，才能得到更高的收益。

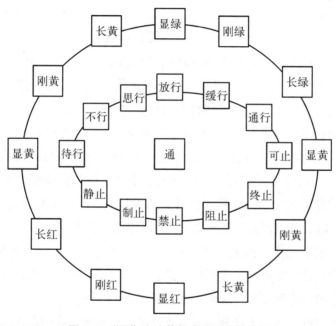

图1-7 "通"中决策的全息思维结构图

在交通管理当中，由于有这种"见黄不仅是黄"的全息思维，中国人是最容易接受待等区这种设计的。

三、四象与五行结构

中国古人真的很聪明。相传伏羲氏用木杆（圭表）测量了地球围绕太阳循环的周期是365天，在这个周期中，出现了两种现象：从冬至到夏至是阳升阴降，从夏至到冬至阴升阳降，二者以冬至、夏至为中心轴，在平面图中，可以看出分别是在左右两边上下运动，故称阴阳两仪。两仪更深层的意义是指事物永远在阴阳两个方面之间转化，故老子在其著作中描述万物负阴而抱阳时，还描述了存在负阳而抱阴这种物化现象。两仪即阴阳生四象，四象在《易经》中是指阴阳消长的四个特征，即太阳、少阳、太阴、少阴，又可以引申为四时、四方与四国等。

四象学说的出现，有助于古人认识客观世界。"象"就是以"象"类物，是古人的一种分类和分析事物的方法，是一种认识世界的手段和方法。四象是指少阴、老阳、少阳、老阴，分别可以代表春、夏、秋、冬和生、长、老、死四类事物和现象，将事物和现象分成四个阶段、四种相联系的情况。为了更便于理解，古人又用四种常见的事物代替上述四象。这四种常见的事物就是金、木、水、火。具体代替方法就是：金代表少阴；火代表老阳；木代表少阳；水代表老阴。"木火金水"就是后来五行学说中的四行（缺少"土"行）。"木火金水"代替少阳、太阳、少阴、太阴以后，就不再是具体的生活中的这四种常见事物，它们变成了四象，被人为地赋予了概念，变成了哲学理论上的东西。以后，当古人认为其他事物和现象分别与木、火、金、水类似时，就可以分别被归类于"木火金水"四象了。

这里一定要注意，四象从春、夏、秋、冬和生、长、老、死发展到木、火、金、水，是一个哲学思想上的飞跃。只有这个飞跃，才能使得四象摆脱只有时间序列的这种联系，从而有可能发展成为五行。

与印度把世界本原力量分为地、火、风、水不同，我国古代的四象则是太阴——水；少阳——木；少阴——金和老阳——火。而且还多了一个介于这四象之间的中间状态——土。水、火、木、金、土就是我国传统上常说的五行。

四象加"土"的原因在于，四象学说确立和应用后，古人就会思考下列问题：（1）四分法比较简单，四分法之后，如何更细致地分类事物？事物类别之间的关系和变化规律是什么？（2）四象分类和变化的原因是什么？四分的细化就导致了前面所说的八卦学说的产生；深层次的讨论规律的问题就导致五行学说的产生。四象加"土"既解决了四象的本源问题，又可以解决事物类别之间的关系和变化规律。从这个角度讲，广义的四象管理包括八卦的全息管理和五行逻辑管理。

五行相生相克可通过图1-8来表示。五行相生是指：金生水；水生木；木生火；火生土；土生金。五行相克是指：金克木；木克土；土克水；水克火；火克金。

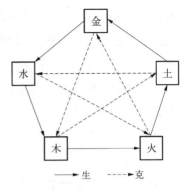

图1-8 五行相生相克图

古代徐大升曾写过一篇名为"论五行生克制化宜忌"的经典命理论文，更详细地分析了五行相生相克的辩证关系，可具体描述如下。

金：金旺得火，方成器皿。金能生水，水多金沉；强金得水，方挫其锋。金能克木，木多金缺；木弱逢金，必为砍折。金赖土生，土多金埋；土能生金，金多土变。

火：火旺得水，方成相济。火能生土，土多火晦；强火得土，方止其焰。火能克金，金多火熄；金弱遇火，必见销熔。火赖木生，木多火炽；木能生火，火多木焚。

水：水旺得土，方成池沼。水能生木，木多水缩；强水得木，方泄其势。水能克火，火多水干；火弱遇水，必不熄灭。水赖金生，金多水浊；金能生水，水多金沉。

土：土旺得水，方能疏通。土能生金，金多土变；强土得金，方制其壅。土能克水，水多土流；水弱逢土，必为淤塞。土赖火生，火多土焦；火能生土，土多火晦。

木：木旺得金，方成栋梁。木能生火，火多木焚；强木得火，方化其顽。木能克土，土多木折；土弱逢木，必为倾陷。木赖水生，水多木漂；水能生木，木多水缩。

《三命通会》中对徐子平的五行命学进行了进一步研究和阐述，更深刻、更全面地论述了五行之间的相克相生关系，并强调世间万物都讲究折中与平衡，过与不及都不利于平衡，最终追求一种和谐。例如，五行者，往来乎天地之间而不穷者也，是故谓之行。北方阴极而生寒，寒生水；南方阳极而生热，热生火；东方阳散以泄而生风，风生木；西方阴止以收而生燥，燥生金；中央阴阳交而生湿，湿生土。其相生也，所以相维，其相克也，所以相制，此之谓有伦。火为太阳，性炎上；水为太阴，性润下；木为少阳，性腾上而无所止；金为少阴，性沉下而有所止；土无常性，视四时所乘，欲使相济得所，勿令太过弗及。

从徐子平在《渊海子平》和万民英在《三命通会》中对五行关系的论述可以看出，他们都强调平衡。任意两行之间不管是相生还是相克，都不能过或不及，必须要保持力量的平衡，只有这样，才能发挥良性的作用；如果力量失衡，就会产生恶性的作用，甚至造成严重的伤害。

五行有两大原则。第一个原则是相生相克，金生水、水生木、木生火、火生土、土生金，这是相生的轮回；金克木、木克土、土克水、水克火、火克金，这是相克的轮转。第二个原则是五行可以串联万事万物，比方说，五行可以配五方，东南西北中；可以配五色，青白赤黑黄；可以配五声，宫商角徵羽；还可以配五味，酸甜苦辣咸，等等。

把万事万物连成一个大网络，这是我们先人对宇宙万事万物认识的知识基础，大家现在学了科学，对这个有怀疑，但是在古代，这就是人们理解世界最关键的基础，在这个基础上还产生了一整套知识和技术。

当四象发展到五行时，中国人的思维就变成一个动态的纠缠发展思维了，"我"进入这个系统，如图1-9所示。

"红后黄"就有了两个含义，就是第一个周期的结束，同时又成了第二

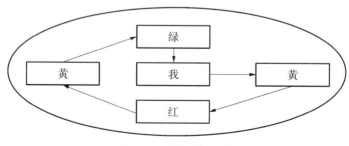

图1-9　黄灯的五行图

个周期的起点（可见，认为"红后黄"不存在是一个多大的可悲问题），这两个含义可以反映在五行的生克关系中，如图 1-10 所示。

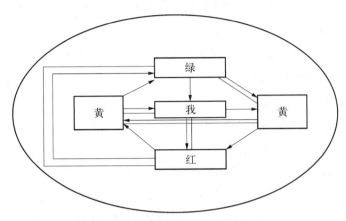

图 1-10　黄灯的五行生克结构图

图 1-10 中，单线为生，双线为克。当"我"的意志过分强大的时候，我反克"红后黄"，跳出本系统，在更高的层面思考和解决问题，或许这也成为忽视红绿灯系统的一种潜在的纠缠发展思维风险。

笔者不想对中国式的过马路作全面的评价，只是想对黄灯的系统作一个分析，给大家带来新的思考，从而认识到中国民族作为一个农耕民族，有一种非常特有的纠缠发展思维方式。首先，要看到这种纠缠发展思维方式的先进性与科学性，同时也要注意这种思维不当使用的不足之处。然后，利用中国的这些纠缠发展思维方式的特点，来引导人们更好地遵守交通规则。针对中国人的思维，进行相关制度的设计，例如，把红灯后面隐藏的黄灯看成暗黄色，以示与前面的黄灯相区别，可能会好多了。这就能很好地体现中国四象理论当中少阴与少阳的区别了。纠缠发展思维方式将在第十一章中详细论述。

第三节　四象管理的四大内容与十二个原则特征

四象思维应用到管理中，就产生了四象管理。四象管理是完全不同于西方管理体系的中国式的管理体系。四象管理的主要内容包括：方向管理、议事管理、安人管理、行事管理。四象管理于西方的管理有什么区别呢？笔者认为，最大的区别在于，相对于西方的管理中的目标管理，中国管理强调方向管理；相对于西方的管理中的决策管理，中国管理强调议事管理；相对于西方的管理中的组织管理，中国管理强调安人管理；相对于西方的管理中的执行管理，中国管理强调行事管理。其实，四象管理无法与西方管理学作这么简单的比较分析，四象管理并不存在西方管理学中的那些相应的管理职能。这里主要是为刚接触四象管理的人先有一个简单的印象，具体的本质性的区别将在后面作进一步的论述。

在四象管理中，方向管理中强调的是初心、愿景和发展；议事管理中强调的是全息、复杂和满意；安人管理中强调的是关系、人和规矩；行事管理中强调的是运势、权变和补缺。同时，初心原则、愿景原则、发展原则、全息原则、复杂原则、满意原则、关系原则、人和原则、规矩原则、运势原则、权变原则、补缺原则构成四象管理的最大特征。

下面从这十二个原则来谈谈四象管理与西方管理的区别，以及中国式管理的特征。

一、方向管理中的初心原则、愿景原则和发展原则

四象来源于太极，所以，四象管理的起点是太极（初心）。中国人办企业的目的和西方人有点不同，赚钱往往不是初心，而是作为一种手段。例如，将在第六章中讲到的大部分的族商是为了家族的兴旺，就像当官一样，可以光宗耀祖。

在理论上太极是始也是终，有怎样的始就有怎样的终。在管理上来讲就是愿景，愿景不是目的，而是努力的方向。因此，族商的愿景是把企业办成百年老店，从而光宗耀祖，家族兴旺。

上述两点使得中国企业更强调发展，更强调社会责任。由于太极是始也是终，生产就必须是连续性的，也就是说，中国人、中国的企业更强调再生产，这里有物的再生产，更有人的再生产。把企业的再生产看成像传宗接代

一样，希望世世代代传承。所以，执行四象管理的企业非常讲究诚信，更强调社会责任。

西方的管理学认为管理的第一个环节是确定目标，西方管理学强调的是目标管理，通过管理完成任务达到不同阶段的目标，强调的是时间坐标。四象管理强调的是方向管理。方向管理包括不忘初心、为愿景奋斗、在发展中实现自我（当然这是个"大我"，"大我"在第五章、第六章中有较多的论述）。这里的初心、愿景和发展不是时间概念，而是一个空间概念，"大我"在这个空间中有始有终有变化。

二、议事管理中的全息原则、复杂原则和满意原则

四象管理与西方的管理学相比，强调的是议事管理，而不是决策管理。这是因为在整个管理过程中，管理者面对的是一个整体的决策者，不仅仅是主要的管理者，每一个参与管理过程的人都要成为决策者，并且要做的首要任务是进行非程序型决策，而不是程序型决策。这一点在现代的科学技术发展过程中和管理理论的发展中，越来越变成人们的共识了。很多劳动（包括管理劳动）越来越由机器代替。以前，人们认为机器人能够干一切程序性决策的劳动，现在发现，机器人也能干那些由非程序性决策、通过试错转化为程序性决策的事。所以，随着科技的发展，在劳动过程当中的每一个劳动者也变成了一个要解决非程序性决策的劳动者。从理论上讲，知识经济时代就是一个解决非程序性决策的劳动者占主体的时代。管理解决程序性决策的劳动者和管理解决非程序性决策的劳动者的本质区别在于：前者只要由管理者作出决策，被管理者只要根据作出的决策按程序执行就可以了，被管理者是一颗螺丝钉；后者可不行，被管理者本身就是整个管理体系当中的活的细胞。这就使得四象管理中不再是决策管理，而是议事管理。通过议事，被管理者也成为议事和行事过程中的决策者。这是人类向知识经济时代发展的一种必然要求。在中国古人的农耕劳动中，由于天时和地理的不断变化，农业劳动必须随着这些具有不确定性的环境条件，相应地不断议事，作出一些非程序性的决策。而不是像近代工业化中那样先作出一些决策，然后组织执

行即可。这可能是歪打正着了，中国古人的这个议事管理思想，在新的发展时期产生了新的作用。当然，这也有可能是社会发展的一种周期性变化的体现。古典的、直接与复杂的天地打交道的那些思想方法，在后工业化时代，正在把那些工业化时代产生的化繁为简的所谓的科学的种种方法，又纳入那些新的全息复杂的体系当中，形成一个更加完善和更加全面的体系。

由于管理者面对的是一个整体的决策者，议事管理中必须贯彻全息原则、复杂原则和满意原则。全息原则要求每一个人都要有全局观念，不能就事论事地去考虑问题。那些工业化时代产生的化繁为简的所谓的科学的种种方法必须服从于全息的原则，为全息管理服务。

在知识经济时代和准知识经济时代，四象管理面对的是一个复杂的管理系统。这个系统表现为：（1）该类复杂系统是非程序性决策为主的劳动者介入其中的复杂系统。（2）该类复杂系统中的以非程序性决策为主的劳动者个体具有随机性、不确定性和非线性；个体之间相互影响、不断进化；系统本身及其组成部分受环境影响，随环境的变化而变化；反过来，系统又影响环境。（3）该类复杂系统具有多层次关系结构，这一多层次关系结构不再是简单的分类。而必须用"型"管理的思想方法来分析其关系结构，以便于每个层次的需要能随时协调。（4）该类复杂系统的组成成分中具有非程序性决策的智能，其组成部分中含有专家的经验、智慧、思维。需要有五行八卦这种类型的逻辑工具。（5）该类复杂系统具有自组织性、自适应性、动态性和自我补缺性。

面对的一个复杂的管理系统的另一个要求，就是议事中必须实施满意管理。一是考虑问题的角度多了，涉及的范围广了，议事必然有个度。二是只有进行满意管理了，才能给第一线的人在行事中有更多的发挥主观能动作用的空间。

三、安人管理中的关系原则、人和原则和规矩原则

关系是中式管理的结构。管理关系的三大原则是：学会做人、学会安人、学会无争。做人是基础，安人是目标，无争是境界。如果你是一个会做

人的人，又有无争的境界，你在管理中就一定能达到安人的目标。

不管是对"大我圈"、运势圈，还是对环境圈，都要以人为本，以"和"为宗旨。安人强调"以人为本"，注重实现人与自然、人与社会以及人与人的关系的和谐发展，即人的成长、成熟与生存质量。"关系""和"在本书的第五章中有较多论述。

安人管理的最高境界是按"规矩"的"无为而治"，即自动化管理。善于把真正能量的规矩变成一种企业文化。核心文化规定了企业（包括各种缘圈）的耐久性，它如同是把企业黏结起来穿越时空的黏合剂。核心文化（规矩）是一个企业的最基本和持久的信念，它具有内在性，被企业内的成员所看重，独立于环境、竞争要求或管理时尚。核心越来越规定了企业存在的理由，它是企业努力的目标，可以通过连续追问来理清，核心文化必须被企业成员共享，它的设定是一个企业自我发现的过程，是企业成员自我看重未来显像的作用，它将激发成员按照核心文化进行变革与进步。

四、行事管理中的运势原则、权变原则和补缺原则

在四象管理中，行事管理是议事（阳管理），是安人（阴管理），是"常"。因此，行事管理最大的特点是要兼顾"中"，即"议事""安人"和"发展"（见图1-11）。

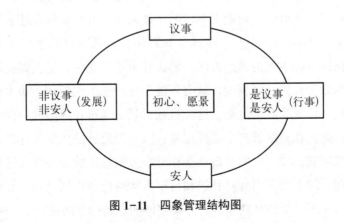

图1-11　四象管理结构图

一定要注意,不要用西方主流管理学派中的过程学派的思想去理解四象管理,它不是一个过程管理。行事管理与西方管理学中的执行管理最大的不同在于:前者有能动作用,它的主要工作仍然是议事和安人;后者是根据既定的计划来按部就班地执行。因此,行事者的心中必须始终要有一个"中",行事管理中必须按照"中"来正确处理议事(阳管理)和安人(阴管理)之间的关系。

执行运势原则、权变原则和补缺原则的目的,就是为了正确处理议事是安人之间的关系。运势原则就是在行事中要随时随地地分析"我"周围的运势来议事,从而正确行事。权变原则就是根据运势得到的议事结论,通过"我"的积极性(权变策略),使得议事更加完善,行事更加圆满。补缺原则更是要发挥"我"的慧眼的作用,不断地发现和改善缺口,使得企业在行事中得到滚动发展。补缺原则由中国人的底线思维和滚动发展思维所构成。

一个由长短不同的木板制作的木桶能装多少水,不是由木板的平均长度决定,更不是由最长的木板决定,而是由最短的木板决定,即所谓的木桶原理。短板的无处不在、无时不有,说明其存在的必然性。在中国古人的农业劳动中,怕的不是在某一个农业劳动环节中比不过人家,怕的是在某个农业劳动环节中有重大的失误。农业劳动的收益往往由最差的农业劳动环节决定,搞不好可能会颗粒无收(就是中国人的底线思维)。在反复的农业劳动中,不断地改进最差的农业劳动环节成了获取更多收益的关键。

短板对于人、群体、企业等不同的主体来说,究竟是机会还是风险,取决于人的心态与认知。因此,在四象管理中,补缺的目的不仅仅是为了纠偏。补缺更是一种发展的思想方法,短板环节是变化的,这正如将木桶中最短的一块木板加高到一定程度,就有可能会使得原来次短的一块木板变成新的最短木板,即成为新的短板。这个过程,就是通过补缺形成一种滚动发展的趋势。因此,在补缺管理中必须注意:(1)制定补缺和整个行事方案的前提的可靠性问题;(2)早期发现补缺和行事方案修正的必要性问题和优化的可能性问题;(3)有无引起对补缺和行事方案与行事规划总体进行重新评价的问题。(4)下一步的补缺和行事方案整体的重新运筹问题。

综上所述，四象管理与西方主流管理学派中的过程管理学派完全不同，四象管理是一个空点管理（下一章论述）。它起始于"初心"（中）。通过整合议事、安人、是阴是阳的行事管理，最后跳出原来的阴阳（不是原来的阳也不是原来的阴），在发展中实现远景。也可以把四象管理简单地概括为：提出方向要求，做好议事安人。或者为"不忘初心与发展，行事中议事安人"。

第二章 空点管理

四象管理就是空点管理。中国式管理就是管理者在空点对管理对象进行四象管理。如果说四象管理是从管理者的角度对管理属性的描述，空点管理就是从管理对象的空间角度对管理属性的描述。太极即空点，空点（太极）是始，也是终。空点是"中"，也是全部。四象是一个空点结构的最简单的映像，五行与八卦反映了空点的关系与全息。"时间只是长短周期的循环，空间才是大小区域的全息"，与西方按照时点来处理问题不同，空点管理的最大特点就是中国人主要是按照空间点来处理问题的。这里的空间点，可以按照顺序处理，更可以按照多维时空来进行安排（管理）。

第一节 似无实有的"中"

一、从河南人的"中"谈起

十多年前，笔者刚刚做河南大学的兼职教授，在与河南师生的接触中，发现他们最喜欢讲的一个字是"中"。这引起了笔者这个研究中国式管理的人的极大兴趣。如果找出一个字代表河南，"中"是最合适的一个字了。无论赞赏别人时，还是被对方拒绝时，都会使用"中"这个词。在河南，"中"现在主要表"好""行""得劲"的意思。

"中"字首先是一种象形文字，是一个极其古老的汉字。大致经历了由甲骨文、金字、小字、楷书的演变。最早本意为旗，又引申为左右之中而有中间之义，古人的观念，九州即为天下，河南在地理上位于我国中部，"中原"即"天下之中"。"中"成为一个方位词，处于中原的河南早早的就与"中"这个方位字结缘了。

在《辞源》中，"中"的字义极其丰富，它的解释有20多个，但没有一个是贬义的。在哲学上"中"又有和谐的意思，"和"是中国哲学的核心思想（这在本书的后面有详细的论述）。久而久之受中庸思想影响的中原地区人们在言谈之中，自然就离不开"中"了。作为河南方言的一部分，有学者推断"中"字在北宋时期基本定型，河南人言谈之中频繁用"中"，并延续到现在。

一个词的使用频率越高，其背后的文化内涵也越深厚。在河南方言中，"中"字无疑是最有丰富文化内涵的一个。"中"这个词还是一个图腾，就是我们非常熟悉的太极图。这一点将在下面详细论述。

上一章讲了中国人特别喜欢圆，这也是中国人的天下观的反映。在分析圆的时候，我们往往只看到圆周，其实，有圆周必然有圆心。就像我们在放风筝的时候一样，往往只看到风筝，而忽略了放风筝的人。放风筝的人是风筝的"中"。

中国古代的宇宙观，跟其他国家和民族很不一样。古代中国人有一个宇宙想象叫作天圆地方，就是天圆如倚盖，地方如棋局，即天是圆的，像斗笠一样，地像围棋棋盘一样。天的中心在哪里呢？古人想象是在北极。古人认为大地的中心在哪儿呢？"洛者，天之中也"，洛阳是大地的中心。这是因为这套观念形成的时候，大概是东周，那时候王都在洛阳。所以，古代中国人以洛阳为中心。想象中一圈圈放大，这就是大地的形状，所以，有"九服"或者"五服"的说法，每服五百里，两边各有五百里，就是一千里，"五服"就是五千里，大地就是这么方方的。这里形成的一个观念很重要，就是越在中心的人，文明程度就越高；越在边上的人，文明程度越低，这就是南蛮、北狄、东夷、西戎，中国很早就形成了"华夷观念"，认为中国人是文明人，周围人是野蛮人，野蛮人要接受文明人的教化，就形成了与"中"相关的"亚"字（中加四方）。这是一套"天下观念"，即以我为中心想象世界。这个想象和观念逐渐发展，不仅成为一种民族志、地理志里面的文化观念，也形成了政治制度，即朝贡体系。从秦汉到隋唐，不断有外族进来，汉族也是逐渐吸纳、融合、杂糅了其他民族才形成的。中国文化是复数的文化，不是单数的文化。

上面的观念反映在中国文化的很多方面。例如，在汉朝的墓葬礼中，视死如生。皇帝的墓葬为"亚"字形；王的墓葬为"中"字形；侯的墓葬为"甲"字形。这些表示了皇帝掌握天下，除了中之外还有九州（中加四方九州）；王掌握国家；侯控制一方。

方圆是我们生存的空间，文明人是方圆的"中"。这又形成了中国人"天人合一""以人为本"的基本观念。这个"中"的本质是什么呢？就是延续5 000年不倒的中华文明。当代中国人稍微用心就能分辨秦朝简牍上的文字，再仔细点甚至能够读出青铜器上的铭文。中国的文字、语法、思维逻辑其实并没有变，中国是一个早已成熟的文明体系。这个似无实在的"中"始终没变。

圆心似无实在。有与无是中国哲学中经常讨论的问题之一。有与无是否同属实在？有与无谁是根本？这些问题的讨论，始于老子。老子认为无是有之根本，有生于无，他说："天下万物生于有，有生于无。"（《道德经》）认为一切物皆源于有，而有本于无。然有无二者并非辩证法中的对立关系，而是一种在空点中统一的关系。

老子说："无，名天地之始；有，名万物之母。故常无，欲以观其妙；常有，欲以观其微。此两者，同出而异名，同谓之玄，玄之又玄，众妙之门。"（《道德经》）无是天地之始的名字，有是万物之母的名字。无是物之根本的原始，而不能生成万物；有能生成万物，而为万物的母亲。观无中的有，有中的无，然后知有无非绝对的对立，而实同出于一个共同的本源道（空点），不过一个叫天地之始，一个叫万物之母，分别指的是道生万物的历程的两个阶段。

老子又说："有无相生。"有生于无，无亦生于有。万物没有不复归其根，即没有不归于无的。由无而有，亦由有而无。老子认为有无同出于道，道则是超乎有无而作为有无的根本。中国哲学的系统论中的有无被道统摄，这个道就是中国哲学最根本的本源性概念，也是中国哲学的活水源头，在四象管理中，我们把它称作空点。

庄子最注重有与无的统一，他认为有亦可说是无，无亦可说是有。无是有此无，更可有无无。庄子说："有'有'也者，有'无'也者，有'未始有无'也者，有'未始有夫未始有无'也者，俄而有无矣，而未知'有''无'之果孰'有'孰'无'也。"（《庄子·齐物论》）有之前是无，无之前有无无，更有无此无无。凡无皆是一有，有与无实际上不是截然判分的。庄子又说："孰能以无为首，以生为脊，以死为尻，孰知死生存亡之一体者？"（《庄子·大宗师》）由无转而为有，由有复转而为无，有无乃一历程的前后阶段。庄子的见解超越了老子的观点，老子认为有以无为根本，庄子则认为无是有的根本，无无是无的根本，而未有无。无又是无无的根本，如此推导下去，可以无穷无尽。实际上，无也是有，有也是无，没有必要作分别。

庄子又说："光曜问乎无有曰：夫子有乎，其无有乎？光曜不得问而熟视其状貌，省然空然，终日视之而不见，听之而不闻，抟之而不得也。光曜曰：至矣，其孰能至此乎？予能有无矣，而未能无无也。及为无有矣，何从至此哉？"（《庄子·知北游》）有无不如无无，无无才是究竟。有无仍不免于有，无无方为纯粹无有。他又说："因其有而有之，则万物莫不有；因其无而无之，则万物莫不无。"（《庄子·秋水》）万物都有有的方面，也都有无的方面，而有与无是统一的。庄子在杂篇中说："有乎生，有乎死，有乎出，有乎入，入出而无见其形，是谓天门。天门者，无有也。万物出乎无有，有不能以有为有，必出乎无有。而无有一无有，圣人藏乎是。"（《庄子·杂篇·庚桑楚》）一切的有，皆出于无有，无有是根本。此不言无而言无有，言无不免有此无，言无有则纯然无所有，故说无有一无有。

中国哲学中的系统论实质上是无的境界，它是对道的领悟而非语言的表述，它是一种有无的规则，是一种智慧的交融。

黑格尔在《小逻辑》中把"纯"当成逻辑学的开端，他认为纯有既是纯思又是无规定性的单纯的直接性，而最初的开端不能是任何间接性的东西，也不能是得到了进一步规定的东西。黑格尔进一步解释说，只要我们能够简单地意识到开端的性质所包含的意义，那么，一切可以提出来反对用抽象空洞的存在或有作为逻辑学开端的一切怀疑和责难，就都会消失。存在或有可以界说为"我即是我",为绝对无差别性或同一性等等。只要感觉到有从绝对确定性,亦即自我确定性开始,或从对于绝对真理的界说或直观开始的必要,这些形式或别的同类形式就可以看成必然是最初的出发点。如果我们宣称存在或有是绝对的一个谓词,我们就得到绝对的第一界说,即"绝对就是有。"

黑格尔认为不应老停滞在单纯的"有"的阶段,这当然是很对的。但认为我们意识中别的内容好象是在"有"之旁和在"有"之外似的,或把"有"与某种别的东西等量齐观,说有"有",某种别的东西也"有",那就未免太缺乏思想了。真正的关系应该是:有之为有并非固定之物,也非至极之物,而是有辩证法性质。"有"的对立方就是无。总结起来,"有"是第一个纯思想,无论从任何别的范畴开始(如从我即是我、绝对无差别或从上帝自身开始),都只是从一个表象的东西,而非从一个思想开始;而且这种出发点就其思想内容来看,仍然只是"有"。

黑格尔的哲学以有为逻辑起点,试图解释宇宙与人生,我们不能说这种观点不具有高明之处,但它与中国哲学的有无相比显然是不同的,中国哲学的有无论始终没有把有无作为逻辑起点来看待,一开始就是从全局的角度,从整个是空点的角度来辨析有无;黑格尔则站在一维时空的逻辑推理角度确定有为逻辑起点,这种一惯性时空的思维是西方哲学的特性。

中国哲学的有无是现实空点的有无,是无处不在的有无,是世人皆能感知和领悟的有无。它是道(空点)的表现形式,是四象来源于太极并且发展为八卦和五行运行的基础。

二、空点中的映像与广义存在性

在似无实有的"中"(空点)中,看似圆周是有,中是无。事实上,四象(包括八卦)在《周易》形成以后不过是"中"的映像。这里就成了"中"是有,映像是无。

太极(空点)生两仪,是宇宙根本力量的第一变。在这一变完成以后,就产生一个一极的"阴"和一极的"阳",也就是说形成了空点中的映像"阴"和映像"阳"。这两个一极的映像"阴"和映像"阳"内部仍然存在阴阳力量的作用，还会继续演变。结果，一极的映像"阴"就产生了"阴中之阴"——太阴映像和"阴中之阳"——少阳映像；一极映像的"阳"就产生了"阳中之阴"——少阴映像和"阳中之阳"——太阳映像。太阴、少阳、少阴、太阳是第二极的阴阳映像组合，统称为映像四象。这个过程就叫作"两仪生四象"。这个过程也是"中"的映像向四象演变的过程。四象学说之后，出现五行学说与八卦学说两个发展方向。八卦系统与五行系统的根源都是四象学说。这也是"中"的映像向复杂化演变的过程。五行系统是显"中"以后，描述"中"与映像之间的逻辑关系。八卦系统是描述映像的进一步细化。

"中"的映像向复杂化演变的过程是一个渐变的过程。在这个渐变的过程中，阴阳始终是纠缠的，需要根据天时地理不断地调整管理的方法。这就决定了管理的"中"比管理的过程更重要，管理的艺术比死的规定更重要；进而产生了中国的四象理论。阴阳纠缠发展理论将在第十一章详细论述。

根据第一章和这一章的太极裂变分析，我们可以得出以下结论：（1）太极即空点；（2）四象是一个空点结构的映像；（3）五行与八卦反映了空点的关系与全息，也是一个空点结构的映像；（4）空点是始，也是终。

空点活力存在于阴阳纠缠。观测空点必须从映像开始。四象内含着关系（五行）和全息（八卦）。中国式管理可以从研究"象学"（映像学）开始，从关系和全息角度来研究中国管理的特色。因此，中国式管理可以称作四象管理。四象及其发展过来的五行八卦成了中国人推演世界时空各类事物关系的重要工具。

映像的特点是使得空点的广义存在性有了可观性。四象中的映像不是狭义上的存在，而是一种广义的存在。例如，过马路，你在绿灯时过去了，绿灯当然存在。但是，黄灯、红灯并未与你相遇，它们是否存在呢？从广义上讲是存在的，因为黄灯、红灯与绿灯同处在一个空点之内。这就是广义的存在性。就像我们原来并不认识世界上的暗能量与暗物质，但它们是客观存在的，或许就像红灯和黄灯一样，有危险性，甚至当你真正遇到了这些暗能量与暗物质的环境，有可能你就不存在了。

空点的广义存在性是中国古人对世界认识的重要依据。它是通过全息思维对现实（狭义）世界的广义存在的补充。中国古人是朴素的广义的唯物主义。不仅仅承认看得见的世界，还承认一个广义的全息的世界。

空点映像的广义存在性可以概括为如下两个公理。

（1）空点映像的发展是广义存在的。任何系统都有一个产生的过程，"无中生有，有生一，一生二，二生三，三生万物"，只要你处在这个发展过程中的任何一个顺序段，整个空点映像的发展过程就是广义存在的。

（2）空点映像的全息是广义存在的。空点映像的系统有三方面组成：本原（中）、子系统、元素。子系统统一在一个整体系统内，是一个整体的一部分。元素是系统的基本单位，相互间存在直接的与间接的各种关系。元素间可以进行易变，易变的基础是元素内在的关系。只要你知道任何一个元素的存在，整个空点映像的全息就是广义存在的。

在中国古人的眼里，形成一个广义存在的世界四象：除了阳间和阴间，还有梦境和梦想。在这里，阳间是个存在，是"中"（世界）的映像；阴间、梦境和梦想也是"中"（世界）的映像，是世界全息的一部分。它是一种广义的存在（见图2-1）。

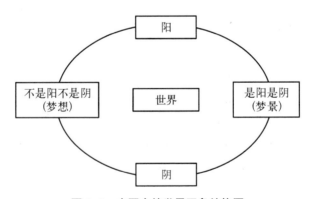

图2-1　中国人的世界四象结构图

除了阳间之外，我们来看看中国古人是怎样看待阴间、梦境和梦想的。

1. 中国人的阴间与西方人的上帝

在中国空点映像哲学中，阴间和阳间都是"中"（空点）的映像，阴间作为映像是一种实实在在的存在物，视死如生。因为只有阴间，这个圆才能完整，才能完成一个实实在在的麦比乌斯圈。在这个完整的麦比乌斯圈里，人生是阳的半圈，阴间是阴的半圈，阳半圈与阴半圈互为因果，阳半圈的"孽"必须通过阴半圈的"消孽"来抵消。有了阴半圈的"消孽"才能顺利地找个好人家，否则，很可能进入"牲畜道"，来世回阳变狗变猪。反之亦然，阴间积德的猪狗、豺狼来世也有可能成为人类，就像好心的"白蛇"，积德成为白娘娘一样。

在大部分西方文化中并不是如此，他们的发展是单向的，他们认为除了天堂并没有其他可去的地方，否则，就在这个世界上消失了，只有个别极坏之人，有可能成为魔鬼。在中国古人的逻辑里，这种想法是极荒谬的。你们想想，如果人不断地上天，而没有出路，天堂不就人口爆炸了吗？如果现在不爆炸，终有一天是会爆炸的。单向逻辑的制度设计在中国文化中是无法想象的。

有人可能会说，在中国古人的眼里也有天堂，而且是九重天。要知道，在中国古人的眼里，天堂与地狱互为阴阳，而不是与阳间互为阴阳，只有极少数人进入天堂。而且在中国古人眼里，天堂虽好，不会死、能长生，但因此少了人间的快乐与幸福，少了人伦亲情。于是就有"七仙女下凡""牛郎与织女"的故事，人生虽短，但幸福指数高于天堂。所以，天堂只是中国古人世界观中的二极映像（是空点映像的进一步细化），天堂与地狱都是"不是阳间不是阴间"的"梦想"与阳间和阴间集合产生二极的映像，天堂是只有个别的愿意为"三界"作出"人伦牺牲"的"神"的工作地点。其实，在中国的文化中也隐约地讲到"神"也有可能有产生、发展与变化的周期。就像大部分中国人承认有"未来佛"，包括弥勒佛将在未来接班的说法。

这里要强调的是，在很长的一段时间内，包括在目前大部分中国人的心目中，仍然认为阴间是一个实实在在的存在。阴间是一种映像，因此它是一种存在。有阳必有阴，这是不可质疑的，你看不到不等于不存在。就像暗物质与负物质，我们没遇到过，但现代物理学通过高端实验已证实其客观存在一样，大部分中国人的潜意识里承认另半圈的客观存在。

或许有人会说，承认阴间的存在是一种迷信。我们不去争议这些问题。我们也可以换一个角度，从这样的角度去看，有一点可以肯定的是，在中国人的思维当中，有阳必有阴，有你现实存在的今天（阳），也必然会有你还没有出生和你已经过世的客观存在的世界，正因为中国人承认这个没有我的世界（阴）的客观存在，才形成了中国人十分强调传承的文化观念。

2. 是阳是阴的梦境和映像

与强调阴间是映像一样，在不少中国人眼里，梦境也是映像。因此，不仅有"日有所梦、夜有所思"之说，更有"梦是反的"这一观念。在这里，梦成了醒时的映像，日间醒着、夜间梦着成了一个圈的各一半。所以，在中国人的相学里解梦成了一门大学问。但基本原则是完全遵循映像原理的。中国有不少民间故事是描写夜间之梦的。在《聊斋志异》中的故事情节就大量出现在夜间。那时不仅鬼会入梦，而且画像中的美女会下来。这时画像与梦均成了最好的映像，甚至在"先人"的托梦中，把阴间与梦间巧妙地联系起来了。

但在西方人那里，梦境只是一种幻像，它不是一种"存在"。长期以来，中国人认为阴间和是阳是阴的梦境都是映像，是一种广义"存在"。由于西方人的哲学的发展观是单向的，所以，他们在科幻电影中对梦境的处理基本上也是直线式的，中国则认为本体与映像都是一个圆（空点）的组成部分。所以，大部分西方人的眼里是从"梦中醒来"，中国人强调的则是从梦中"回"。我小时候经常看到弄堂里贴着一些小纸条，上面写着"天灵灵、地灵灵，我家有个夜哭郎，过路的人们读一遍，一觉睡到大天亮"。这种纸条是大人为家中小孩夜间做噩梦、惊梦夜哭而写的，在这些人的心中，小孩刚刚从阴间投胎到人间，眼睛能看到来自阴间的各种鬼魅，是因为见到了这些鬼魅而夜哭。因此，写此纸条的目的不仅仅是希望小孩不要夜哭，更是希望小孩不要在梦中被那些鬼魅带走灵魂，读纸条的人多了，阳气就会增加，出走的灵魂就能战胜阴气而安全回来。

3. 不是阳不是阴的梦想：周庄梦蝶

梦想不同于梦境。在中国古人的世界全息中，梦境是阳是阴，梦想不是阳不是阴。中国古时候有"庄周梦蝶"的寓言故事："不知周之梦为胡蝶与，胡蝶之梦为周与？"庄子本人没有给出答案，这也成了那些爱好哲学者的争议之处。其实，这个问题很好回答，我们来看图2-2。

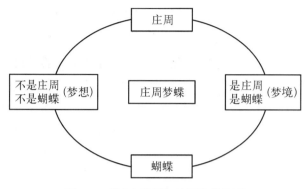

图 2-2 "周庄梦蝶"的四象结构图

蝴蝶和庄周两个中的哪一个才是更本真的存在？我们知道，"此在"是海德格尔（Heidegger）用来专门代替"人"的一个术语，为的就是剔除过去哲学和科学附加在人身上的那些生物学、社会学等属性，仅仅聚焦于人与存在的关系。在海德格尔看来，只有此在能谈得上"本真"和"非本真"，因为只有此在能对存在有所领会，同时也有能力"遗忘"存在。蝴蝶存在，但它的存在只管翩翩起舞，只有变为庄周，它才能对存在发出问难，才能怀疑存在是否是一场梦。假如说庄周的存在是一场梦，蝴蝶的存在只能是梦中之梦。虽然都是梦，仍然有层次上的差别。所以笔者认为，不管庄子同不同意，海德格尔最终会选择庄周作为问题的答案。庄周是一种更特殊的存在。此种特殊的存在，我们可以称之为海德格尔《存在与时间》里的"此在"。

笔者认为庄子其实对谁梦到谁的问题并不感兴趣，那么庄子本人会怎么想呢？到底是庄周梦蝶还是蝶梦庄周，这个问题重要么？不重要。庄子根本也没想解答这个问题，重要的是庄子想从这个寓言里表达他对道的理解。所谓"本真"，在庄子而言更无从谈起，庄子所关心的一定是：何者更接近大道？海德格尔也许会同情那个茫然无措、徘徊于有无之间的庄周；庄子本人则会觉得，与其纠结于存在与非存在的疑难，不如将它们都抛在脑后而相忘于江湖，那只翩然自适的蝴蝶应当是他更钟意的梦想。

其实，庄子的思想就是空点思想。庄子也好，蝴蝶也好，他们都是空点当中的映像，处在同一个空点，梦是庄子，也是蝴蝶。梦中那翩然自适的梦想才是庄子想说的道。一定要注意梦境和梦想是完全两种不同的概念。如果你不了解梦在中国人思维当中的地位,你就无法真正了解中国的文化。

西方存在主义思想讨论的很多想法,其实中国人在古代已经涉及并且有比较完整的理论。当然,空点理论与存在主义的理论还是有很大区别的。例如,在对人的看法上,空点理论强调"大我",而不是存在主义强调的绝对的个体;在人与人之间的关系上,空点理论强调和谐,而不是存在主义强调的"他人就是地狱";在对虚无的看法上,空点理论强调人是这个空点的一部分,人是整体的一部分,必须为整体(包括环境)负责,而不仅仅是存在主义认为的:"自由是人的宿命,人必须自由地为自己作出一系列选择,正是在自由选择的过程中,人赋予对象以意义,但人必须对自己的所有选择承担全部责任。"在对存在与本质关系上,空点理论认为存在与本质处在同一个空点当中,而不是存在主义认为的"存在先于本质"。

三、空点全息映像的唯中性:中国画中的意境美

为什么空点映像的全息是广义存在的?为什么每一个空点元素都存在相同内涵的全息?那是因为它们有同一个"中",是从"中"发展而来,又是始终为"中"服务的。这一点在中国画的意境美中反映得特别突出。

中国画将中华民族传统的、独特的文化素养、思维模式、哲学理念和美学思想集于一身,经历数千年的发展和完善,形成了一种具有中华民族深厚文化的独特艺术形式。意境是中华民族传统美学思想的重要概念,是中国画的至高审美准则,更是中国画追求的一种艺术境界,是形与神、虚与实、动与静、有与无的和谐统一。历代优秀的中国画均以其独有的笔墨语言向世人展示了中国画的意境美,表现出中国画的独到之处。意境美是中国画的核心所在,是中国画的精髓,是中国画的灵魂。

宋徽宗赵佶的政绩不甚显著,在艺术上却是一个很有成就的书画名家。他创立了一个画院,广泛招收画家。画家进入画院,必须经过考试,主考评画的就是他自己。下面讲几个宋徽宗评画的小故事,来体会一下中国画的特色。

有一次,宋徽宗摘取古人的两句诗作为画题,要新来的画家作画。题目是

"野水无人渡，孤舟尽日横"，应考人一般都画着：傍岸一只小船，船舷间或舱篷上停着几只鸟雀，有的应考人还画了两只小鸟斜翅飞往船舱中，以示无人。然而，这些画均被认为"与题不切"。被认为画得最好的，却画了一个船夫倦睡在船尾上，身旁还丢着一根短笛。题为"无人"，却何以画上一个人呢，这就牵涉到审题的问题。仔细推敲，原诗所说的"无人"，并非说船上没有人，而是说没有渡河的人。而这幅画上的情景，正好表明了这层意思：荒郊野水，终日没有过路的渡人，船夫等得疲倦不堪，以致丢下竹笛，睡着了。这样岂

图 2-3 《野水无人渡，孤舟尽日横》

不是更加突出了孤舟的寂寞和环境的荒僻安静（如图 2-3 所示）。

在图 2-3 中，无人与有人互为阴阳，"是无人是有人"指没有渡河的人与倦睡船夫，"不是无人不是有人"的野水孤舟更加深了这层含义，"无人"与"有人"的关系如图 2-4 所示。

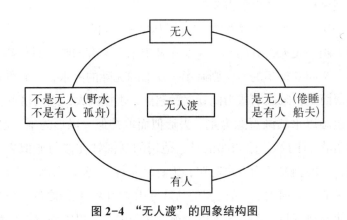

图 2-4 "无人渡"的四象结构图

黄灯
——破译四象管理

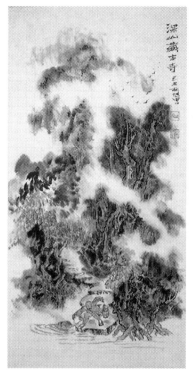

图 2-5 《深山藏古寺》

有一次,宋徽宗出了一个画题"深山藏古寺"。多数人在古木苍葱的乱山中画了古寺的一角,或露出幡竿一支。只有一位画家画了一个小和尚在山脚下的小溪边挑水。徽宗看了,说此画不画古寺而古寺自在画中,巧妙地点出了"藏"字,应评为第一(见图2-5)。

有一次,宋徽宗出了一个画题"踏花归来马蹄香"。一般画家的画法都是踏花归来,马蹄上还残留着一些花瓣,用以体现"马蹄香"的题意。可是,有一位画家围绕马蹄画了两个飞舞的蝴蝶,以示其香。徽宗看了,说这幅画对"马蹄香"的体现是最好的,因而评为第一。

还有一次,宋徽宗出了一个名为"竹索桥边卖酒家"的考题,不少考生画的都是密密竹林中隐隐露出一座小酒店。尽管这些考生用心良苦,画得细致入微,纤毫毕现,但都被认为画得平庸。考生李唐独辟蹊径,不在描绘酒店上下功夫,却在桥边竹林之中,别出心裁地画一竿酒旗迎风招展,结果独占鳌头。

还有一次,宋徽宗的考题是"万绿丛中一点红"。考生们有的在绿柳掩映的楼台上画一美人,有的画一少女在林中采桑,有的画一只仙鹤立于万年林中……有个叫刘松年的考生则画了一片浩瀚无际的海水,一轮红日在水天交接处喷薄而出,宋徽宗认为此画立意超群,规模阔大,应列榜首。

东方绘画以水墨画写意为主,去形似而取神似,以形为辅,取意为主。我们看看齐白石的虾、徐悲鸿的马,他们的画都妙在似与非似之间。白石老人曾说,他的画要"为万虫写照,为百鸟张神",要自己画出自己的面目。张择端的《清明上河图》、黄公望的《富春山居图》、顾恺之的《洛神赋图》,个个都是从宏观着眼。东方艺术以主观主义为中心,以宏观视野仰观世界。

中国画强调的意境，实际上是禅宗极大地推动社会审美层次发展的结果，意境和禅境在本质上有着一致性。何为禅境？正如青原惟信禅师所说："老僧三十年前未参禅时，见山是山，见水是水，及至后来，亲见之时，有个入口，见山不是山，见水不是水，而今得个休歇处，依然见山是山，见水是水"。

西方绘画以油画写实为主，力求逼真，追求实体，先求体而后追意。达·芬奇笔下的蒙娜丽莎、拉斐尔笔下的圣母像都是形象逼真、微观入手。西方艺术以客观主义为核心，以微观视角俯瞰世界。

立体主义（Cubism）是西方现代艺术史上的一场运动，也是一个流派，立体主义的主将是毕加索和布拉克，他们从多角度来描写对象物，将其置于同一个画面之中，以此来表达对象物最为完整的形象。物体的各个角度交错迭放造成许多垂直与平行的线条角度，散乱的阴影使立体主义的画面没有传统西方绘画的透视法造成同一时点的三维空间错觉。背景与画面的主题交互穿插，让立体主义的画面创造出一个二维空间的绘画特色。后来，这一流派甚至发展到把同一物体的几个不同方面组合在同一画面上，借以表达四维空间。就其时空观来说，仍然是基于几个时点的三维空间组合。立体主义是富有理念的艺术流派。它主要追求一种几何形体的美，追求形式的排列组合所产生的美感。

综上可见，西方画的立体主义是把时点固定来追求完整的形象。中国画着眼于空间，追求藏在画里的意境。从这个角度上也可以说，西方画的立体主义是一种基于时点分析法的画，而中国画是基于空点分析法的画。

第二节　相对于时点的空点特征分析

与西方的时点分析方法不同，中国人用的是空点分析法。要搞清楚什么是空点分析法，首先要搞清楚什么是空点。空点是相对于时点而言的一个概念。这可以从中国古时候的观象授时分析谈起。"观象授时"语出《尚书·尧典》："历象日月星辰，敬授民时。"华夏先民是通过观天象来授时——宣布国家行政和民间百姓生产劳动所依靠的时令。与西方天文学有很大不同,观象授时十分形象地描述了原始民族的天文学知识,表达了先民制历依据天象的事实。这里,"象"是主要的,"时"不过是"象"的一个顺序。并且"象"的顺序在一定条件下可以产生新的关系组合。相对于时点的空点具有以下特征。

一、强调空间(圆全息),而非强调同时(时间点)

在有规律地调配年、月、日的历法产生以前,中国古代漫长的岁月都是观象授时的时代。我国现存典籍《春秋命历序》《尔雅·释天》《汉书律历志》《尚书·尧典》《夏小正》《逸周书·时讯解》《夏小正考证》等中都有不少天文历法、观象授时的记述。《春秋命历序》曰:"天地开辟,万物浑浑,无知无识;阴阳所凭,天体始于北极之野……日月五纬俱起牵牛;四万五千年,日月五纬一轮转;天皇出焉……定天之象,法地之仪,作干支以定日月度。"《盘古王表》曰:"天皇始制干支之名以定岁之所在。"《尔雅·释天》曰:"太岁在甲曰阏逢,在乙曰旃蒙……太岁在寅曰摄提格……在在丑曰赤奋若。"

从河南省濮阳市西水坡原始宗教遗存的探索可以发现,中国先民在公元前5000年已学会了立表测影,并据此确定空间和时间,原始的历法已经产生,他们可以观测北斗和二十八宿星象,这意味着中国天文学的二十八宿体系及以五宫为框架的天文体系都已建立。他们对宇宙有着自己的想象,建立了天圆地方的原始宇宙学说。战国时,根据观象授时已形成完整的二十四节气。这是一套农事历,指导农耕生产。每一节气均与二十八宿、北斗的运行、土圭测影长度、各地物候相关联。在这里,时间只是长短周期的循环,空间才是大小区域的全息。观象授时形成中国特有的思维模式,纪时与方位均将干支、阴阳、五行、八卦有机地结合在一起。

中国古代的文明创造并没有因时间的悬远而失去价值,在工业文明的今天,几千年前的天人合一的宇宙观更突显出其可持续发展的优秀理念,这对于重塑中华文明,重树民族自信与文化自信非常重要。"时间只是长短周期的循环,空间才是大小区域的全息"的思想与当今物理学的有些观点十分相像。这些观点认为时空是统一的，甚至认为时间本身是不存在的。当今的一般的西方经济管理的研究方法，都是先把时点固定进行静态研究，我们把这种研究方法称为时点分析法。为了研究四象管理，我们采用了与西方经济管理研究相对应的空点与空点分析法两个概念。

当代物理学认为物质具有波粒两重性。在传统的西方理论中，比较侧重"粒"，认为在一定的时点上，事物是固定的、清晰可见的。在中国的东方观念当中，强调的是"波"，任何东西都是活的、运动着的。而且这个运动着的"波"是全息的一部分，就像一个圆。它的圆周不管怎么分割，分割下来的"波"的曲度能反映整个圆圈的面貌。这种物质观反应在时空观上，西方的做法是把时间固定，然后来分析空间；在东方，思考问题时着眼于空间。这就产生了两种不同的分析方法：时点分析法和空点分析法。在西方的经济管理学里面，应用的是时点分析法，因此就产生了静态分析、比较静态分析和动态分析。与西方不同的中国管理思维采用的是空点分析法，也就相应地产生了空点（个体）的活性分析、空点间（局部）的关系分析和空点整体（全局）的全息分析。

简单来说，与西方的（对象）细化和（手段）既定路线化思维模式不同，中国古人的空点思维方法是（对象）综合分析和（手段）关系分析。

人类的基本思维方法有很多不同的分法。西方的思维模式都有两个基本的前提或者叫公理：（对象）细化和（手段）既定路线化。具体讲就是：（1）将一个复杂的情形分解为各个单独的部分，并且将它们与现有知识、经验和价值观联系起来，使得人们能够识别这些部分。（2）运用一定的逻辑思维方式将一个复杂的问题进行一定范围内的纵深挖掘。虽然从线性思维发展到所谓的平行思维出现了很多新的思考方法，如水平思考法、侧向思考法、横向思考法、逆向思考法等，但绝大部分仍然是把主要研究对象换一个角度，或者把原来的既定路线换成新的路线，再把对象进行细化而分析。从本质上讲，没有改变前面所讲的（对象）细化和（手段）既定路线化两个基本前提。时点分析法就是以这两个前提条件为基础的。

其实，空点管理并不难懂。当夜晚推开窗户时，你看到了月亮星星和对面的楼房、马路上的人群。想一想，你看到的这些客观存在世界是在同一时

点的吗？不是。它们只是在同一个（映像）空间。我们把这个同时反映在我们大脑中的映像（这个空间的不同时间点的物质）加以管理，就成了空点管理。简单一点讲，一切围绕着同一个"中"，能够联系在一起的空间就是一个空点。因此，空点管理的两大前提是：（对象）综合分析（全息化）和（手段）关系分析（多路径化）。

二、强调空点多维的关系性，而非同时间点的连续性

与时点分析中的时点关系的连续性不同，空点中的元素空点是相对独立的，它们不仅可以是非连续的，还可以产生多维的联系性、管理的多路径性。四象的多维联系性是从四象发展到五行的理论基础和依据。

从《盗梦空间》来看"回"与"返"

不知你是否看过一个叫《盗梦空间》的电影。如果按中国人的逻辑，一定不会像他们那样，因为中西方对梦的看法不同。笔者在博客中曾对该电影作过一个评论。下面摘录了一部分供大家欣赏。

基于西方的文化与哲学，电影基本是直叙，直白的因果关系也不难懂。剧情我们可以将其分成三段。

第一段是从开始到主角科布（Cobb）及其同伴从高速列车上逃跑，分了以下两个层次。

（1）主要讲科布在梦中盗取日本人齐藤（Saito）想法的行动。这一段描述了两个问题：存在梦中梦结构；可以利用梦中梦窃取一个人的想法。后面这个问题又带来一个新问题：如果存在着梦中梦，又如何知道醒来时是回到了现实中，而不是掉入另一个梦呢。

（2）齐藤请科布团队帮忙植梦改变费舍尔（Fisher）的想法。其中，

重要的是通过科布及其团队向新人阿里阿德涅（Ariadne）展示如何造梦、验梦以及盗梦的原理。

第二段的潜入梦的部分是故事的高潮，分为五个层次：（1）在飞机上，众人（包括费舍尔）入梦；（2）第一层梦境；（3）第二层梦境；（4）第三层梦境；（5）第四层梦境。

第三段的结局也分为两个层次：（1）科布最后救出齐藤；（2）科布回到家中。

为了下面分析方便，我把以上时点分别用以下符号表示 A1、A2；B1、B2、B3、B4、B5；C1、C2。

或许是巧合，《盗梦空间》中第二段的五个主要空间正好与中国易学中的五行相对应。我们不妨从五行的角度来分析一下《盗梦空间》中的五个空间，来评判一下《盗梦空间》的逻辑关系，顺便领略一下东西方思维的不同。

五行作为一个系统，是有其内在逻辑结构的，如果我们把 B1、B2、B3、B4、B5 分别视为有内在结构的五个空间，来看一下会有怎样的结果。众人在飞机上入梦为空间 1，即 B1；第一层梦境为空间 2，即 B2；第二层梦境为空间 3，即 B3；第三层梦境为空间 4，即 B4；第四层梦境为空间 5，即 B5。下面用五行来分析五个空间结构。如果把飞机上前后的设计梦境与准备进入梦境的世界设为"金"空间（B1 与 A2 在"金"空间，C1、C2 当然也在"金"空间）；第一层（梦境）B2，在追逐的汽车里一直到进入水中即"水"空间；第二层（梦境）B3，在旅馆及其电梯里即"木"空间；第三层（梦境）B4，雪堡内外的交火、年轻和年长掌门人的交锋为"火"空间；第四层（梦境）B5，就是主角夫妇苦心经营的理想乐土的"土"空间（"土"空间还应该有 A1，这在后面解释）。

把五行相生相克应用到五个空间就是：B1 生 B2，B2 生 B3，B3 生 B4，B4 生 B5，B5 生 B1。

在《盗梦空间》中，根据梦中梦的设计，进入多层次梦，即 B1 生 B2、B2 生 B3、B3 生 B4、B4 生 B5 已没问题了。问题是怎样从梦中返回，于是《盗梦空间》设计了所谓的协同刺激（synchronize a kick），也就是说要在各层同时刺激才能把梦中人唤醒。例如，对于在第四层梦境活动的人需要在第一至第四层同时刺激（kick）才能使其在第一层苏醒；如果只在第三和第四层刺激，则其会在第三层苏醒；如果中间有某层没有同时刺激，比如只在第一、第二和第四层刺激或者只在第一和第二层刺激，则活动在第四层的梦中人不会苏醒，这也就是所谓的错过刺激（miss a kick）。所以，当片中小组计划侵入深层梦境的时候，每一层必须留人醒着负责刺激，而且用音乐的结束来指定同时刺激的时刻。印度人留在第一层负责刺激，他们进入了第二层的酒店，小帅哥留在第二层负责刺激，其余又进入了第三层梦境的雪堡，目的是让年轻掌门人见到他们设计出来的父亲而接受想法。就在即将成功的时候，科布的妻子的影子再次出现搅局，开枪击中了年轻掌门人，这时候年轻掌门人没死，只是昏迷，情急之下，小女孩提出把年轻掌门人嫁接入科布的第四层梦境，在那里用刺激，加上第三层的电击把年轻掌门人唤醒。于是，小女孩和科布进入科布的第四层梦境，在那里小女孩把年轻掌门人刺激回了第三层梦境（同时第三层梦境有人对他的身体电击）。第三层梦境世界的爆炸刺激，第二层梦境的电梯刺激，第一层梦境的落水刺激同时进行。小女孩、小帅哥、印度人等人成功脱险回到飞机上。因此，这三个人的逻辑路线是：$B1 \to B2 \to B3 \to B4 \to B5 \to B4 \to B3 \to B2 \to B1$（应该是$C1$，$C1$是否一定完全是$B1$，这里有个小小的漏洞）。简单地讲，这三人采用的是"返"回原路的办法。

问题是主角科布和日本人齐藤怎么办。电影设计了一个迷失域（limbo），迷失域不是一个梦境，也不因人而异。只有在服用加强型药物而且又在梦境中死去时才能进入。迷失域里面的时间无穷尽，而且这个世界里只有之前到过这里的人留下的一些场景碎片，在日本人去之前只有科布夫妇到过，所以在电影开头结尾的日本人的迷失域里的房子和之前科布对他进行盗梦时给他造的一样。进到迷失域里面一旦死亡就会回到现实，但问题是在迷失域里记忆会丧失，记不得这种方法，所以，进入迷失域是不得已的选择。日本人死在第三层梦境世界，跳过第四层直接进入迷失域。我认为这个迷失域设计从艺术角度来讲是可以的，但从逻辑上讲有缺陷。在电影中，这是阿里阿德涅设计的"镜子迷宫"的逻辑，人在二面镜前不受镜中幻象影响有两个办法：一是把眼光从层层的幻象中收回，"返回"直接看现实；二是把镜子打碎，不管你看到第几层幻象，都直接回到现实。可谓直接简单。但也像打破玻璃一样，破坏了五个世界的内部结构的严密。这是西方人的"收缩"思维，但如果采用中国的五行的发散思维，可能更严密、更有可看性。可以设法让日本人进入第四层梦境（设计一个负的"土"空间），再"生"到B6（C1、B1）。

我们再从五行中的"克"的逻辑出发，把电影中的"层层相克"改造到基于中国五行哲学中的"隔层相克"，看看会有什么奇妙的变化。

如果说电影中的迷失域的存在勉强解决了"返"的问题，在《盗梦空间》中各层间的相互影响关系就是简单的。在电影中只是简单地假设了上下层梦境有关系，上一层梦境中的盗梦设计会影响下一层梦境的情景，下一层梦境中的刺激能使人回到上一层，这就难以说明为什么第三层梦境植入思想才有意义；人的"潜意识"在哪层梦中才能发挥作用在电影中没清晰地交代，这种简单可能与西方人的"收缩型"思维有关。如果我们在《盗梦空间》中用中国的五行思想改造一下，可能会更精彩。从五行间"生"的角度看，上一层（梦境）中的设计会影响下一层（梦境）中的基本状况；从五行间"克"的角度看，五行相克：金克木，木克土，土克水，水克火，火克金。某一层（梦境）会"克"下面隔层（梦境），也就是说在飞机上入梦后，坐在飞机上的人的"潜意识"将影响第二层梦境（大楼里）；进入第一层梦境中反映的"潜意识"会影响第三层梦境；以此推算，第三层梦境中如能给某人植入"潜意识"，这一"潜意识"将在第五层（梦境）中发挥作用；在五行中，第五层（梦境）等于第0层，同属于"金"空间（将在后面进一步阐述）。同样属于"土"空间的负一层（梦境）将会影响属于"水"空间的第一层梦境，电影中主角夫妇的世界既是负一层（梦境），又是第四层（梦境）就好理解了，在第一层梦境中，负一层梦境中产生的"潜意识"会影响第一层梦境就很有逻辑性了。第一层（梦境）是小女孩设计的，但入梦人的负一层梦境中的"潜意识"会干扰这一设计是必然的，主角会把"夫妇世界"中的"潜意识"带入，日本人会把上次梦中对主角的"坏印象"带入，年轻掌门人也会把在盗梦训练中的"潜意识"带入。可见第一层（梦境）的"混乱"很难免。

如上分析，每一层（梦境）不仅受上一层设计的影响，又要受上隔层"潜意识"的"干扰"。这一层产生的设计又会影响下一层的梦境，而它产生的"潜意识"（不管是自然产生的还是有意识植入的）会严重干扰甚至破坏下隔层梦境。就第三层（梦境）来说，它不仅受第二层设计的基本情况制约，还会受第一层"潜意识"的"干扰"，它也可以进一步设计第四层，更重要的是它可以产生"潜意识"，只有使年轻掌门人在第三层（梦境）中产生新的"潜意识"，才能使属于"金"空间的0层（梦境）情况产生变化。

如果我们把中国哲学中的麦比乌斯圈式历史观加进去，我们会发现该电影的结局将是：以梦境始，以非现实终。

看了一些关于《盗梦空间》的影评，讨论《盗梦空间》的结局的人不少，其中的重点问题是主角到底是不是回到了现实。我认为这个命题从五行角度来看意义不大，因为从表面看各层（梦境）通过"生"会形成一圈，但一圈下来不是简单地回到原点。在五行中用"+""—"表示同一"行"（火、土、金、水、木）的阴阳二面的不同。形象一些讲，这个圈不是一个一般的圈，而是一个麦比乌斯圈。从电影中的迷宫设计来讲，阿瑟（Arthur）的楼梯和阿里阿德涅画的迷宫并不复杂，而后科布教授遇到阿里阿德涅时，把世界折成一个盒子状的结构。大地变成了盒子的内表面，天空位于盒子的中心，世界变得像万花筒一样颠来倒去，但要注意这个盒子状空间形成的圈也不是麦比乌斯圈，或者说只有用五行逻辑相对应的麦比乌斯圈才能真正反映五个相联系的空间。

如果用以上启示很通俗地来解释《盗梦空间》，我们就能得出以下结论。

（1）所谓的五个空间只存在一个"面"，五个空间中的任何一点与其他点都是相通的，即五个空间的时空是相通的，任何一点都是五个空间的中心，也是五个空间的边缘，五个空间中的任何物质都处于五个空间的中心，也都处于五个空间的边缘。这也正是《盗梦空间》的魅力所在，就像电影中把火车上的开战作为开始一样，同样可以在雪堡或"乐土"上开始，可以从不同的任意一点去展开想象，可以从主角的幸福生活去考虑，也可从日本人的任务完成与否去思考，还可从新老掌门人的关系去做文章。

（2）五个空间中的任何一个点都可以通过裂变的方式无中生有地生成一个对立的阴阳两性。如果我们把《盗梦空间》中的第一层意思加进去，还存在一个《盗梦空间》中的负一层（梦境）。这个梦境是主角对日本人的盗梦，在五行中同属于"土"空间，这是通过裂变的方式，无中生有地生成的一个对立的"乐土"与"焦土"（片头激烈战斗）的阴阳两性。

（3）《盗梦空间》中存在属于"火"空间的负二层（梦境），这是主角为了从"乐土"空间中出来，必须在负二层梦境中给妻子植入相应的"潜意识"，可惜的是，《盗梦空间》中没有交代夫妻双方是怎样进入负二层的，这在逻辑上也是一个大漏洞。

（4）五个空间从最初起源上来讲是没有任何差异的，均起源于只有一个"面"的空间或者说没有任何"面"的状态。因此，也可以说五个空间都是从无中生有中而来，只不过是在演变的过程中呈现出差异而已。只要存在裂变，就会使原来的麦比乌斯圈不再以"本来面目"存在，或者说，原来的麦比乌斯圈已经不存在了。从飞机上来到美国的空间已不再是原来的"金"空间。或许这就是五行中反映的中国人的"万事万物、无始无终"的观念。

笔者曾与一个朋友说，开发一个基于五行空间的"盗梦"网络游戏一定超级好玩。这一网络游戏，可以通过盗梦、植梦设计多人共玩的多层博弈游戏，甚至可分为商场盗梦、交友盗梦等；如能开发，肯定比"种菜"更有趣、更刺激、更有挑战性；不再半夜"偷菜"，而是"梦"中"偷心"。

三、强调空点的唯中的同质性，而非不同时点的异质性

在中国有一个大家非常熟悉的成语——盲人摸象。"盲人摸象"的故事出自《大般涅槃经》，比喻看问题总是以点代面、以偏概全。寓言讽刺的对象是目光短浅的人。有人观察事物，只看到事物的一小部分，就自以为看到了整个事物，可以说他是"盲人摸象"。在这个大家熟悉的成语背后，还有一个更深层次的中国式的思想方法。其实，这些盲人讲的都没有错，他们描述了局部的表面的情况。无论是大象的长牙、大象的大耳朵、大象的大腿、大象的尾巴，背后都有一个共同点，就是即使没有看到大象的全貌，通过DNA的分析，也可以得出它们都是大象的一部分。也就是说，中国人的思想方法，强调的是跳出他们的表面的一些分析，必须认识到这些不同部分的同一性。首先看到长牙齿是大象的长牙齿，耳朵是大象的大耳朵，大腿是大象的大腿，尾巴是大象的尾巴。这样才能得出一个正确的结论。这就是中国人强调的唯"中"（大象）的同质性。

西方的时点研究方法与中国的空点研究方法非常不同，很容易细化地进一步研究这些牙齿、耳朵、大腿、尾巴的基本结构，而忽视它们的共性。

第三节　空点管理方法与技巧

从管理对象空间的特点来看，空点管理承认对象的全面性和复杂性，因此，空点管理方法与技巧的一个重要工作，就是要应用中国式的方法和技巧来应对这些全面性和复杂性，使得全面性和复杂性与方便操作性得到平衡。

一、空点管理的（四象）降维法

如果说空点管理是从管理对象的空间角度对管理属性的描述，四象管理就是从管理者的角度对管理属性的描述。因此，空点管理方法与技巧主要就是利用四象管理方法与技巧来进行管理。

其实，降维法我们时时刻刻在用。实际的事物通过不同的感官反映到我们大脑里，是有很大时差的。眼睛用的是光，鼻子用的是味，耳朵用的是声音。我们知道光的传播、声音的传播、味道的传播的速度是不一样的，这就要通过我们的大脑进行处理。你想想，这些光、声音和味道都是多维的，这些多维加起来更是高维，不处理不降维行吗？

我们通过画图把实在的物品画在图纸上，就是最典型的降维法。空点管理降维的最典型做法，是把客观存在的多维的甚至是高维的万物降为四象，"一生二，二生三，三生万物"，在空点管理中，四象为三，由它生成万物，用四象进行管理就是把万物还原为三。

在后面的章节中，我们会介绍很多四象管理的具体方法。这些方法从本质上讲都起到了降维的作用。例如，五商模型和态势模型就是典型的降维后的四象模型。在世界上没有两个完全相同的人，也没有两个完全相同的环境，五商模型和态势模型就是把高维的复杂的研究对象降维为低维的相对简单的四象模型，从而便于分析，并且作出进一步的决策。

二、空点圈层管理的圈层法

西方的圈层最早源于地理学，后被政治学、经济学与社会学引用到各自的研究领域，形成不同模式下的圈层理论，其创始人是德国经济学家杜能。杜能在研究产业布局时，借助地理学的圈层概念，以城市为中心向外辐射将产业布局分为自由式农业、林业、轮作式农业、谷草式农业、三圃式农业和畜牧业六个农耕圈层。在产业经济学中把它称作杜能圈。

杜能的圈层理论并没有形成完整意义形态上的概念学科化，它只是一种静态的简单复制，没有具体分析圈层内部的社会关系和社会要素之间的互动。中国的圈层理论是在研究中国农村社会结构中提出的，后来有人在房地产营销中提出了圈层营销的概念。费孝通先生指出，中国传统农村社会是通过差序格局组织的。差序格局不仅是人际关联的方式，也是农村社会结构的基本特征。在这一格局中，每个人都以自己为中心，通过血缘和地缘关系建构出一个属于自己的圈子。这个圈子的中心是自己，从自己往外一波波地推出，被圈子的波纹所推及的就发生联系。在差序格局的支配下，个人的行动必须遵循相应的伦理道德规范，形成一种礼治秩序或曰伦理本位的社会。

费孝通的差序格局是通俗版的圈层理论，具有了圈层社会体系的雏形，但是费老并没有对此进行完整的和理论上的分析与概括，导致其后来逐渐演变为宏观上关于中国人际关系研究的一种理论支撑。

具有本土特色的圈层组织，在圈层内领导以纵向的差序关系为导向，将具有先赋关系的下属化为圈内而进行直接互动，"这种互动是基于'拟亲缘化'的信任、支持和面子等的交换，互动关系的质量水平对组织绩效起关键影响作用"。费孝通的差序格局形成了我们将在第五章所讲的"五缘"圈层关系的理论基础。

这里讲空点的圈层性，不仅仅在描述人际关系，而是强调空点的思维结构：空点的全息中有一种圈层性。具体讲就是，由于存在空点（圆）的同心层次性，在利用这种空点思维结构时，就产生了双层圈层空点（圆）的对应思考法、空点圈层的内圆旋转法和元素管理的网状映像法。

1. 空点圈层的对应思考法

中国人的思维与西方人的"对立统一"思维（只考虑事物的正反两方面）有很大的不同。中国人的思维是一种空点全息思维：在确定一个"本原"（中）后，马上会同时反映出一个同心圆的空点全息图。这或许与中国是一个农耕古国有关，一年有二十四节气，当决定庄稼该不该种下去时，必须考虑以后节气的情况，这样才能有更好的收成。

如前面所论述的，中国人的思维结构可用一个同心圆来描述。圆心是"本原"，即思维的中心问题，外圈是条件（环境），内圈是人的行为。我们还是以过马路为例。圆心是"通"（通过马路），外圈是红绿的信息状况，内圈是人的行为状况。这个圆心与外内圈构成一个圈层的对应思维的基本构架。

之所以用"圆"来描述上述结构，是因为无论是内圆还是外圆，其圆周上的点在理论上是可以细分的，例如，"通"同心圆结构中的外圆，"一生二"，可"通"否的条件可分为"绿灯"和"红灯"；然后是"二生三"，绿、红、黄：在圆上表现为绿灯、黄灯、红灯、黄灯。"三生万物"，于是，"通"的条件系统就可细分为显绿、刚绿、长绿、显黄、刚黄、长黄、显红、刚红、长红、显黄、刚黄、长黄。当然，在理论上还可以进一步细分，只要你认为需要。这里要注意，在这个圆周上的细分（"变"）是渐进性的。当然，"通"思维系统的内圈也是可以细分的。首先，"通"的行为可分为"行"与"止"，再细分为放行、可止、禁止、待行；然后细分为放行、缓行、通行、可止、终止、阻止、禁止、制止、静止、待行、不行、思行。当然，还可以再进一步地无限细分下去。这里还要注意一个问题，内外圆上细分从理论上讲是对应的，有一个外圆点的条件，就应该有一个内圆点的行动对策，否则，就可称该思维结构不完善（见图2-6）。

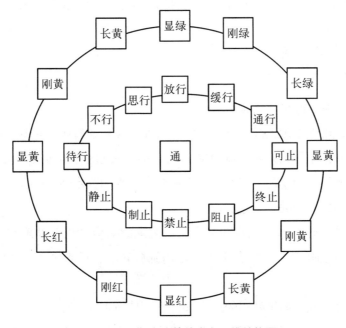

图2-6 "通"中决策的全息思维结构图

罗　盘

罗盘又叫罗经仪，由天池（指南针）、天心十道和内盘构成，整个圆盘可以来回转动，是风水师在堪舆时用来立极定向的测量工具。罗盘主要由位于盘中央的磁针和一系列同心圆圈组成，每一个圆圈都代表着中国古人对宇宙大系统中某一个层次信息的理解。罗盘的内盘就是紧邻指南针外面那个可以转动的圆盘。内盘面上印有许多同心的圆圈，一个圈就叫一层。各层划分为不同的等份，有的层格子多，有的层格子少，最少的只分成8格，格子最多的一层有384格。每个格子上印有不同的字符。罗盘有很多种类，层数有的多，有的少，最多的有52层，最少的只有5层。罗盘的外盘为正方形，是内盘的托盘，在四边外侧中点各有一小孔，穿入红线成为天心十道，用于读取内盘盘面上的内容。罗盘的各种内容分别印刻在内盘的不同盘圈（层）上，是罗盘的主要构成部分。各派风水术都将本派的主要内容列入罗盘上，使中国的罗盘成了中国术数的大百科全书。

2. 空点圈层的内圆旋转法

如果仅仅把中国人的空点圈层的艺术性和技巧性看成只有像罗盘一样的对应性，就把中国人的智慧看简单了。这是因为把内外圆的点（元素）连通起来，并非只是简单的一一对应，而需要有很强的艺术性，这也是西方人最难理解中国式思维的地方。

这里的逻辑艺术性包含两层含义：艺术的对应性误差处理和艺术的条件的预期间变化处理。前者主要采用内圆旋转法；后者主要采用网状的映像法。

我们会发现，如果外圆的点十分肯定，是静止的，且内圆的对应性十分明确，那么在同心圆的内圆上马上就能找出相应的行动点。这里不是像有些西方人认为的,"中国人就是喜欢把简单的问题复杂化",而是我们面对的问题本身是复杂的,这里的复杂性往往使内外圆的简单对应性产生误差,笔者把它称作空点的映像性误差。例如,由于外圆可以细分,客观上也是可以无限细分,而不是静止的。还是拿种庄稼为例,如果什么节气做什么事都能及时完成那很好办,但要是完不成怎么办,气候有变化怎么办。因此,静止的对应思维往往难以解决变动的变化。这里至少会产生内外圆对应性上的误差。

条件的信息不完整性与不对称性的客观存在,也使对应性产生极大误差。中国人有一句基本可称为公理的谚语:"天有不测之风云",一个庄稼人不充分地做好相应的变通准备行吗?

本原(中)根据不同的人也是可以细分的,这也会产生不同人之间的内外圆的对应性的结构性误差。例如,在以"行"为本原(中)的系统中,有人想"急于行",有的想"安全行",这也会产生结构性误差。在前者的结构中,内圆会产生一个逆时针的旋转角度,后者则相反,会产生一个顺时针的旋转角度。这就产生了所谓的"度"管理。在这个"度"管理中,角度的大小往往与它们的"急于度"或"安全度"成正比。有的读者可能知道上海交通管理中的一个大发明:待转区,即转弯的车辆在黄灯时可进入待转区,绿灯一到马上可转行,这样实际上是把"可行"的时间提前了。十字路口全绿灯的设计更是跳出了原有的圈层,处于"变"的思维层面了。

左转弯待转区和十字路口全绿灯

从字面上理解,"左转弯待转区"的意思就是"等待左转弯的区域"。待转区是最合理、最富有人性化的一个创举。左转弯待转区专门设置在路面较为宽阔,而且又设有多相位交通信号灯的路口,简单说就是繁忙的十字路口。在直行绿灯而左转红灯时,左转车辆可以越过停车线提前进入待转区等候。一旦左转绿灯亮起,待转区的车辆可以更快地

黄灯
——破译四象管理

通过。而在左转待转时没有越过停车线进入待转区的车辆，才需要注意左转灯是否变黄。设置待转区的目的，是为了增加左转车道的蓄车量，减少驾驶员左转通过路口的等待时间，在左转通行的时间内，让更多的左转车顺利通行，提高路口的通行能力。

不少市民在过路口的时候都会遇到这样的情况：绿灯亮起，穿越路口，但不得不避让转弯的车辆。但在上海繁华的淮海路与黄陂路的十字路口，最先试行"十字路口全绿灯"措施。每隔一个信号灯周期，四个方向的人行信号灯同时亮起绿灯，在整整30秒时间里，两条交叉干道的车辆全部停驶。

由四条人行横道线围成的"真空"区域内，行人可以任意穿行，无须避让转弯的车辆。行人原本需两次过街、直角穿行才能到达马路的斜对面，如今可以斜行穿越马路。30秒的"任意行"时间过后，人行信号灯转为红灯，行人全都处于禁行状态，两分钟后等待下一次"任意行"的来临。据测算，30秒内行人完全能够从十字路口的任何一角抵达其余三处。交警说，实施这种办法主要出于两个方面的考虑：一是确保守法行人的通行权；二是可以省去要去马路对角行人两次过街的麻烦。由于效果好，这个办法已经在其他路口推广。

3. 空点元素管理的网状映像法

"宁等一分不抢一秒"，这是交通规则中最常用的口号之一。为什么要做到"宁等一分不抢一秒"呢？这是因为"十次事故九次快，一次纯属意外"。从思维方式讲，正如前面分析的，要增加"安全度"，在"行"的全息图中，内圆应该适当地向顺时针旋转一个小角度，这一个适当小角度就是"宁等一分"，如果在全息图中内圆不适当地逆时针旋转了一个角度，哪怕是"一秒"，其后果就是"十次事故九次快"了。

由于我们处于一个政治、经济、社会、体制等翻天覆地变化的时代，造成人们对未来预测的极大反差，这就会导致人们行动的极大反差。我们还是从交通管理中的灯人系统来分析，如果存在一个相对清晰的灯的信息系统，人们只会像上面讲的内外圆旋转的小误差。可惜的是，当前人们面临的情况不是这样的，至少有以下这三种情况。

（1）有些原来的红灯变成了绿灯，有些原来的绿灯变成了红灯（在现实生活中就是，有些原来认为不合理不合法的东西现在被认为是合理合法的；反之，有些原来认为是合理合法的东西现在被认为是不合理不合法的）。

（2）常常是长期处在黄灯中，不知道下面是红灯还是绿灯。

（3）明明是绿灯后的黄灯，突然又出了一个绿灯；明明是红灯后黄灯，突然又来了一个红灯。

这些现象往往使人难以简单地作出决策，这就会产生网状映像法，然后根据网状映像法和内圆旋转法这两个方法选出最大可能点作为第一方案，并把其他映像点作为备选方案，做好相应的防范措施。

我们还是来看图2-6，来试分析一个有趣的现象。如果我们处于"长红"，而且预测这个"长红"不是简单的渐变，很可能是个突变（在中国算命中可称作变卦），我们来看看中国人的思维结构是怎样的。根据网状映像原理，它的正映像是"长绿"，侧映像是"刚黄"（包括红后刚黄与绿后刚黄），这样，这个中国人至少有四个可选方案（说是至少，因为没包括以这四个方案通过内圆旋转法产生的次方案）：静止、不行、通行、终止。这就形成四大类人：闯灯者、试闯者、追随者和观望者。认为将来一定是"长绿"的勇敢者将采用强制通行策略；预测将来"绿"大于"红"（少红或称少阴）者，会采用试闯策略，试闯不行就会随时终止；预测虽然将来会"绿"、但暂时是"红"大于"绿"者（少绿或称少阳），会采用追随策略，暂时不行；预测"红"还会存在很长时间者（这里即包括认为不会变者，更包括认为很远的将来才会变者），会采取观望策略。从理论上讲，这四种策略难以简单地评价其优劣，因为"红"与"绿"有着这一模型外的价值判断，这里只是分析思维的逻辑过程。

三、空点管理的组合优选法

空点空间的特点是强调空点元素的内在联系性，而非强调它的程序性，

——破译四象管理

怎样利用这种内在联系性形成内在的组合优势？下面介绍两种实用方法：用"型"选优法和多因素统筹法。

（一）用"型"选优法

空点元素组合管理可以从分类管理和分型管理的区别谈起。简单地讲，分类管理是一种低维的划分类型的方法，用几个甚至只是一个十分明确的标准来进行划分。而分型管理是一种高维的划分类型的方法，它不仅应用一群指标，而且要分析这群指标中的内在联系，从而找出指标中的主要决定因素和因素间的联系机构，以此来决定它们的型。这些区别可以从东西方的算命思想方法中看出来，在这里不评论所谓的科学性，只是想立足两种不同文化比较它们的不同思维方法。先来看西方人的星座算命，西方人的星座算命用的是公历的日期，明确地划分出12个星座，把一切人归纳到这12个类当中。优点是指标明确、划分清楚，但缺点非常明显——所有的人只有12组命运。中国人的算命方法很多，但重要的共同点有一个，那就是一人一命。先以与西方的星座算法相对应的占星术为例，占星术可以通过每个个体对应的主位星来判别这个个体的运势，通过寻觅每个个体对应的主位星、主位星的明暗水平以及主位星的位置来做肯定。也就是说，占星术可以针对到每个个体。这样不是很麻烦吗？其实，在中国人的算命当中，也有分类型的，但仍然是一人一命。例如，五行算命术把人群分成金命、木命、水命、火命、土命，在这些命下又可细分。

按照阴阳五行说，人世万物都是阴阳化生，天地、日月、山川、四时以及君臣、男女、夫妇都是阴阳相生，而人世万事万物又都是由金、木、水、火、土五种元素或能量构成，阴阳五行相生相克，构成了自然、社会、人事的变化。预卜人的命运，就是我们俗称的四柱命理，也叫批八字。八字也叫四柱（年柱、月柱、日柱、时柱），每柱两个字，上为天干，下为地支，正好八个字，所以称为八字。天干地支分属金、木、水、火、土五行，五行金生水，水生木，木生火，火生土，土生金，循环相生；金克木，木克土，土克水，水克火，火克金，循环相克，这样，依据生辰八字所属五行的旺相休因以及阴阳五行的生抑止化、刑冲合害，人出生后呼吸的第一口空气（这口空气所在时间的天体运转就是阴阳五行）就决议了这个个体的"命"，他走过的每一刻所属的阴阳五行，就是他的"运"。"命""运"结合起来就是他的终身。懂得八字预测的人，可以依据这个个体每一时间的五行变化来揣测他的命运，这就是八字预测。为了分类型便于掌握其中的规律，可以把人群又分成金命、木命、水命、火命、土命。要注意的是，在这些"命"的划分当中，并不是采用简单的加权平均化，而是通过四柱中的五行的相生相克关系来确定关键因素。

（二）多因素统筹方法

初中语文课本中有一篇讲述华罗庚关于烧开水得出的统筹方法的文章。文中讲了三种烧水泡茶的过程，第一种是这样的：先洗水壶，然后烧水。在烧水的时候可以洗茶壶、洗茶杯、拿茶叶，这样做完以后只要等待水烧开就好。这样的过程只需花费16分钟。第二种是这样的：先洗水壶，再洗茶壶、茶杯、拿茶叶，然后烧水，再泡茶。这样的过程共花了20分钟。第三种是这样的：先洗水壶，再烧水，然后拿茶叶、洗茶壶、洗茶杯，最后泡茶。这样的过程花费的时间也是20分钟。很显然，第一种对时间的安排很是得当，所以节约了很多时间，后面两种方法没有合理利用时间，于是浪费了时间，这篇课文让人们初步了解了统筹方法就是要把一件事的工序安排合理从而节约时间的道理。俗话说，时间就是财富。懂得如何合理地利用时间真的很重要，统筹方法就是合理安排时间的方法。

在农业生产中，庄稼的生长周期是固定的。有机肥料从收集到能用的时间也是固定的。农具从首次使用到损坏以及修复也是有看得见的周期变化的。在日常的劳动作休中如何处理？这里就有一个空间的顺序安排。空点多因素统筹方法与统筹法基本相同。但是它不仅仅要合理安排时间，而是根据"中"来统筹空点当中多因素多资源的一种办法。根据各工作具体的需要，不仅对时间要作出安排，而且对人力、设备、原料等资源也要作出相应的安排。特别是当主要工作线找到以后，应以积极的态度，在非主要工作上挖掘潜力，力求节约。在不影响总工期和不超出有限人力、设备、原料等资源的条件下，向非主要工作环节抽调资源。

——破译四象管理

合婚"六冲"的化解

八字合婚当中确实存在不少的迷信因素,但也不能一概而论全部打死。以"六冲"为例子,里面是不是有中国古人长期经验的一些积累?几乎每个人都有这么一种感觉:有时体力充沛,情绪饱满,精神焕发;有时浑身疲乏,情绪低落,精神萎靡。在日常生活中,迥然不同的两种情况是怎么在同一个人身上发生的呢?

不知道你们是否看到过这样一个报道,经过科学家的长期研究,发现人存在人体生物节律(生物钟),对人的自我感觉影响最大的三个因素是体力、情绪和智力,而且体力、情绪和智力的变化是有规律的。一个人从出生之日起,到离开世界为止,这个规律自始至终不会有丝毫变化,不受任何后天影响,这个规律就是人体生物节律,它又称为生物三节律,即体力节律、情绪节律、智力节律。人体生物节律的活动周期起伏变化为:(1)智力的每个周期为33天;(2)情绪的每个周期为28天;(3)体力的每个周期为23天。变化规律是一条波浪形曲线,周而复始,直至生命终止。曲线位于中线上方时为高潮期,此时,人们会感到精力旺盛,情绪高涨,思维敏捷,工作学习效率高;曲线位于中线下方时为低潮期,此时,人们会觉得情绪不佳,力不从心,思维迟钝,工作和学习效率低。人体生物节律查询可以应用于优生。事实证明,夫妇双方曲线都处高潮期时所孕的小孩多健康聪明。

现在问题来了,生物三节律反应的生命总周期是多少呢?有的科学家的研究是11.63年。我国有一位伟人曾经说过这样的话,"73,84,阎王不请自己去",中间相隔的就有11.63。

11.63年也就是接近12年。之间的差或许就是经验数字的误差,或者是为了便于计算,这无从考证。12的一半是6,这就产生一个非常有趣的现象:如果婚姻中的两者相差六岁,每12年中,其中一人前

6年是情绪朝上的趋势，后6年是情绪朝下的趋势；另一个人正好相反。这种情绪上高低的反差可能会造成两者之间的不协调，如果不注意，这样的一对比别的年龄差的一对更加容易出问题。或许，这就是从经验的大数定律当中得出的"六冲"的物质基础。因此，"六冲"并非完全是迷信，随着大数据科学的进一步发展，总有一天能够证明它的真伪。如果存在所谓的"六冲"，如何解决"六冲"可能会带来的不利因素呢？首先要了解碰到夫妻属相"六冲"并没有那么可怕，不要相信其中的迷信的心理暗示，而要了解所谓的性格不合只是情绪曲线走向的问题，只要承认人的情绪高低的客观存在性。其次要更多地互相理解，互相了解对方的情绪高低处。特别要注意对方的"双重临界日"（人体中的两个节律的临界日是同一天）和"三重临界日"（若三个节律的临界日是同一天）；控制好自己的"双重临界日"和"三重临界日"。最后要形成情绪、体力、智力相补，或许会比别人的婚姻生活更和谐、更幸福。

"双重临界日"和"三重临界日"就是多因素。体力显示临界期人易患疾病，情绪显示临界期人容易冲动，智力显示临界期人的思维反应比较慢。如果按照这三个因素来进一步细分处理，效果会更好。

第三章 度 管 理

清朝的极盛时期数乾隆时代。史学家把乾隆列为历代明君之一,原因在于他汲取了汉哲所著《周易》中的"知柔、知刚、知微、知彰"的真谛,运用之妙,存乎一心,创造出治国安邦的"四知统卸术",把九州管理得井井有条,被誉为"乾隆盛世"。其中,"刚"与"柔"这两种管理手段运用在管理世界中时,多半先想到"刚","刚"不行再用"柔"。其实,《周易》所强调的先"柔"后"刚"的辩证统一观,顺序不可逆;同样,"微"与"彰"的关系也不例外,要先"微"而后"彰"。"微"者,"小"也,意指微观思维;"彰"者,"大"也,意指宏观思维。先"知微"后"知彰"的寓意深邃,微观搞活是规律,但要活而不乱,必须从宏观上加以调控,所以,两者的关系仍属辩证中的统一。笔者认为,仅有微观没有宏观,问题难以避免;仅有宏观没有微观,则极易陷入虚无和幻想,必将背离实事求是的轨道。治理国家和管理企业只是对象不同,它们必须遵循的规律是一样的。知柔、知刚、知微、知彰,关键在于柔与刚、微与彰两者之间"度"的恰当把握。

第一节 度:从女娲、伏羲的中式规矩谈起

一、规矩与度量的四层含义

伏羲和女娲是华夏始祖和创始之神,在众多出土的相关文物中,都记载着"女娲持规、伏羲持矩"的景象,如图3-1所示。作为人首蛇身的女娲和

伏羲二人紧紧地缠绕在一块，女娲手持规、伏羲手持矩。规是用来画圆形和弧形的圆规，矩是折成直角的曲尺，可用于做直线和直角，曲尺上有刻度，可用于量长短、高低、深浅。《周髀算经》中记载："平矩以正绳，偃矩以望高，覆矩以测深，卧矩以知远，环矩以为圆，合矩以为方。"

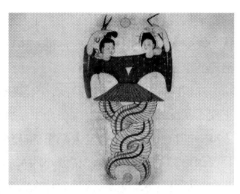

图3-1　女娲伏羲执规矩

利用规和矩来测量、绘制圆方的论述在中国古代典籍中很常见，如"欲知平直，则必准绳；欲知方圆，则必规矩"（《吕氏春秋》）；《史记》中记载大禹治水过程中"左准绳，右规矩"，即大禹利用准绳和规矩测量平直方圆以确定治水的方案。"规矩者，方圆之器也，矩以制方，规以制圆，依规矩而方圆乃成"，没有规和矩，即使能力再强，也不可能作出圆形和方形，正如《孟子》的《离娄章句上》中所阐述的："离娄之明、公输子之巧，不以规矩，不能成方圆。"人们逐渐将规矩引申为法则、章程、制度、规范等具有约束和指导意义的行事标准，将方圆引申为事物或要实现的目的，认为正如"不以规矩，不成方圆"一样，如果不依照相关标准行事，则什么事情也做不成。

"规者，所以规圆器械，令得其类也。矩者，所以矩方器械，令不失其形也。规矩相须，阴阳位序，圆方乃成。"（《新校本汉书》志，卷二十一上律历志第一）"度"不仅是制定客观世界的标准，而且也在规范为人行为的准则。因为有规矩，所以阴阳有序，世界有序。① 正因为如此，中国自春秋战国时期开始，不论是儒家还是法家，无不重视规则与标准的制定。

孔子的学生问孔子一个问题："如果让你管理国家，你会怎样做？"孔子回答："我要做的第一件事情就是规范语言。"秦始皇统一六国后的第一件事情就是听从李斯的建议，统一语言文字和度量衡，促进了全国各地经济文化

---

① 胡雄伟、卢丽丽、张元林：《标准之始祖——浅析"伏羲女娲规矩图"》，《标准生活》2010年第2期。

的交流和发展。一个是儒家,一个是法家;一个是理想,一个是现实,但都认为需要统一度量衡,统一标准。由此足见标准的语言和统一度量衡对国家治理的重要性。

晚清时期,太平天国动乱,大清王朝以举国之力供养训练了一百多年的正规军队绿营兵不堪一击,一介书生曾国藩仅花一年时间训练出的湘军却成了唯一能抗衡并最终平定太平军的队伍。为什么湘军就能所向披靡呢?原来是曾国藩喜欢逆向思维。在创建湘军的时候,他并没有去想湘军怎么才有战斗力,而是先来分析绿营兵为什么没有战斗力。通过对比发现,绿营兵败就败在制度缺陷上,于是着手进行团队制度建设,最后取得了辉煌的战绩。同样的人,不同的制度,可以产生不同的文化和氛围并形成差距巨大的结果。

从伏羲和女娲"规矩"图还可以看到女娲和伏羲二者紧紧地缠绕在一起,伏羲为乾(天)、为阳,女娲为坤(地)、为阴。伏羲手拿矩(地方),意味着阳中有阴,女娲手拿规(天圆),意味着阴中有阳。这种阳中有阴、阴中有阳的布局体现了道家的阴阳鱼图的阴阳纠缠发展思想。这说明规和矩相互依赖,互相转化,例如,一些刚性的制度随着时间的发展可以转化为柔性的规范,而一些柔性的规范也会变成刚性的制度。从功能视角来看,正如阴阳组合在一起才构成事物的阴阳纠缠发展整体,规和矩共同构成了完整的中国管理中的规矩体系。因而,度的第一层含义指的是规则、标准等衡量的尺度。

就企业管理而言,企业的标准按照标准化对象可划分为技术标准和管理标准,二者存在作用对象相同但作用点不同的联系,如表3-1所示。

表3-1 企业标准体系[①]

技 术 标 准	管 理 标 准
基础标准	管理基础标准
(1)产品标准;(2)基础设施和能源标准;(3)环境标准	生产经营管理标准
(1)设计标准;(2)工艺标准;(3)检验和试验标准;(4)信息标识、包装、搬运、储存、安装、交付、维修、服务标准	技术管理标准
设备和工艺装备标准、安全标准	工作标准

---

① 李春田:《标准化概论》(第六版),中国人民大学出版社2014年版,第45页。

一般认为，技术标准是对基础术语、产品、基础设施设备、环境、设计工艺等技术事项所制定的统一规定，既指作为一种信息产品的标准文件，又指具体的技术规定，还指各种复杂程度不一、有形或无形地对技术操作的描述，但主要是指依附于产品的技术规定。

在当今技术迅猛发展的时代，高新技术企业间的技术标准之争极其普遍，技术标准竞争的核心就是要争夺专利和专有技术都适用的市场，取得该行业的话语权，并从技术竞争阶段过渡到市场份额的竞争阶段，从而谋取最大的经济利益。例如，伴随着光存储和高清碟机的更新换代，高清碟机的技术标准竞争从未停止过。从最初的LD、CD，到后来的VCD、DVD，再到最新的HD、DVD和BD播放器，每一种高清碟机的诞生，无不是激烈的标准竞争之后的产物。

管理标准是管理机构在其管理范围内行使管理职能而制定的统一规定，指对标准化领域中需要协调统一的管理事项所制定的标准。实质上是统一规定的管理及技术要求，对管理事项中的有关重复性事物和概念所作的规定，是提高管理效率、实现有序化和降低运营成本的工具。

作为规则、标准的度，从内涵来看，依据应用领域不同而表现为技术标准，如解决物与物之间的设备运行标准、人与人之间关系的人力资源管理标准、人与事结合的流程标准。作为规则、标准的度，从量的规定性来看，则体现为点、上限、下限与区间四种不同形式。

（1）点。毕达哥拉斯学派是古希腊一个政治、宗教、数学合一的秘密团体，这个学派对五角星情有独钟，甚至将五角星作为团队成员的标志。因为五角星的每条边都有迷人的比例特性：每条边的小段与大段的长度之比恰好等于大段与全段的长度之比，比值约为0.618。这个数被文艺复兴时期的画家达·芬奇称为"黄金数"。这个比例在日常生活中随处可见：人的肚脐位置是人体总长的黄金分割点，人的膝盖是肚脐到脚跟的黄金分割点，华罗庚的优选法也与此有关，该数因反映了自然界的规律而成为标准。

（2）上限。根据国家环保要求，城镇污水处理设施建设的标准如表3-2所示，其标准的规定采用的就是上限：对应相应的级别，其上限值是不能突破的。

表 3-2　污水处理厂污染物排放国家标准（单位：mg/L）

标　准	COD	BOD_5	氨　氮	总　氮	总　磷
一级 A	50	10	5（8）	15	0.5
一级 B	60	20	8（15）	20	1
二级标准	100	30	25（30）	/	3
三级标准	120	60	/	/	5

（3）下限，即所谓的底线思维。鉴于餐饮业运营的基石是食品安全，西贝餐饮创始人贾国龙反复强调："食品安全要做到全链条、无盲点。从农田、饲养基地到餐桌全链条做到食品安全无盲点，力求做到食品安全零事故。"这是下限要求，不能突破。

当然，实际中的标准往往是将上限与下限结合起来加以运用，起到了很好的效果。经营一家公司从本质上来讲，最基本的商业逻辑特别简单而直观：如果全公司的人都能以两个标准作为行动指南，并贯彻到每天的实际工作中，公司在运营方面一定不会出现太大问题，盈利状况也会得到改善。这两个标准就是：销售最大化、费用最小化。其实，企业不需要直接以利润率作为追求目标，只要付出努力将销售最大化、费用最小化做彻底，利润作为努力的结果自然就会产生。这说明转变思维，追根溯源，将上限与下限思维灵活结合，才是管理正道。

（4）区间。既有上限要求，又有下限限制，只有在上限与下限之间运行，才符合标准要求。2008 年金融危机爆发以后，世界经济复苏缓慢，我国经济经过 30 年的快速发展，进入了经济增速换挡期、结构调整阵痛期、前期刺激政策消化期"三期叠加"的特定阶段。

以 8% 的年度固定经济增长率为核心目标的年度宏观调控体系的问题也逐渐显现，如对投资等政府刺激政策过度依赖。为促进经济结构调整，保证我国经济持续快速发展，应对后危机时代国内外的复杂形势，新一届政府创造性地提出宏观调控的新思路，即区间管理。[1] 构建了经济增长和通货膨

---

[1] 肖楠：《李克强：创新宏观调控之道》，《第一财经日报》2014 年 3 月 6 日。

胀区间，下限是经济增速不低于 7.5% 左右，上限是城镇登记失业率不超过 4.6%，CPI 不超过 3.5% 左右。在这个区间内，尽可能最大限度地释放改革红利。

中国政府在严格坚守保证就业增长底线的情况下，对经济增长和通货膨胀两个指标赋予同等重要的权重，这意味着政府不以牺牲其他目标为代价来实现经济增长，通过主动调整投资，推动资源配置扭曲的、房地产等虚拟经济推动的和以环境污染为代价的过高的经济增长模式的转变。

经济增长和通货膨胀是年度目标，是年度实现值，而非年度预测目标，也非月度、季度指标的预测或者实际值。这意味着政府并不一定严格要求各月度、季度经济增长与通货膨胀都处于指标区间，而允许它们围绕目标有所波动，通过适度的宏观调控政策，确保结构调整、经济波动，同时最大限度并在较短时间内释放改革红利，确保宏观年度目标实现，政府致力于经济结构调整、经济增长方式转变，最终实现较高质量和较高速度的增长的统一。

在《女娲伏羲执规矩》中，规和矩的属性完全相反，一圆一直，一柔一刚，一宽容一肃重。两端是刚性的矩和柔性的规，一端极刚，一端极柔，按照老子的物极必反规律，"曲则全，枉则直，洼则盈，敝则新，少则得，多则惑"（《道德经》第二十二章）。过刚、过柔都不会导致事情的好结果，在规和矩的执行时，存在一个度的把握。在原则问题上，应像矩一样正正方方，来不得半点模糊；同时，还要根据实际情况允许存在转圜的余地，展现出规的圆融。这便有了度的第二层含义：测度。测量程度、强度、限度、裂度、适度、是否恰到好处等，是事物允许变化的空间，在这个空间内，不会对事物的本质造成影响。超过这个空间，事物就会发生变化。简言之，度是维系事物自身平衡和事物之间的关系良性互动并达到统一的存在。华为的灰度管理之中的"灰度"正是这种含义。

任正非看战略与目标，面对黑天鹅、灰犀牛或蝴蝶效应，既不盲目乐观，也不盲目悲观，未来有阳光灿烂，也有疾风骤雨，既不左倾冒进，也不右倾保守。有灰度，方能视野开阔，把握不确定性，看清未来的方向，认清未来发展的战略目标。基于灰度理论，任正非为进入"无人区"的华为指明了未来的方向："坚定不移的正确方向来自灰度、妥协与宽容"，"不能依据不同的时间、空间掌握一定的灰度，就难有合理审时度势的正确决策"。其实，灰度就是一种黄灯。

在笔者看来，度还有第三、第四层含义。第三层含义是程度。通过测度，即度量的过程，将事物的实际状态与标准进行比较，并获得与标准符合程度的判断。如质量管理过程中对产品质量检验、人力资源管理中对员工进行 KPI 评价考核的过程。"轮匠执其规矩，以度天下之方圆"（《墨子·天志》上篇）之中的"度"表达的正是这个含义。有标准、规则的度，人们的行为、行动有了导向和标尺，但实际中人们干活做事的实际效果如何，则需要按照标准、标尺进行度量，才能知道其实际完成的程度，从而为工作指明方向。这个度量实质就是实际与标准比较的过程。

由此不难看出，没有标准、标尺的度，进行度量缺乏依据；反之，有了标准、规则，缺乏度量过程，作为度的标准就成为摆设。

第四层含义是根据度量的结果，对实际运营过程进行纠偏时，就存在适度问题：过了，造成资源浪费；不够，达到标准需要继续努力，造成时间浪费。这就是度的第四层次含义：适度。这个实际与标准比较的过程，通过纠偏使得标准不断易变（适度和进步），充分体现了四象管理中黄灯（灰度）的动态性和开放性。度的四层含义关系如图 3-2 所示。

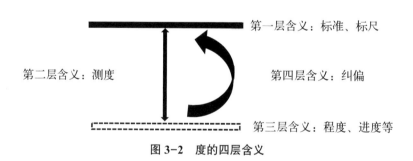

图 3-2　度的四层含义

二、企业"度"的四象管理

度的四层含义既是中国人思考和解决问题的过程，也是构成企业度管理的依据。企业"度"的四象管理如图 3-3 所示。

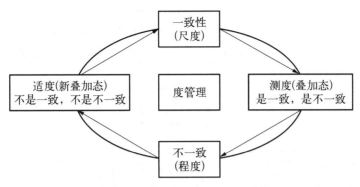

图 3-3　企业"度"的四象管理

从图 3-3 可见，度管理应该包括尺度（标准）管理、测度（检查）管理、程度（评判）管理和适度（纠偏）管理四个方面。"不以规矩，不成方圆"，度管理就是一种以规矩为准绳，通过尺度、测度、程度、适度四象来进行标准、检查、评判、纠偏的全过程管理。

度管理不仅是中国企业的满意决策管理，也是中国人进行日常决策的最常用方法。

华为人力资源的四象"度"管理

华为因为自主创新取得骄人的业绩而为世人瞩目，探寻其成功之道，向华为学习自然值得提倡。但在我看来，企业成功都是企业内外因素共同作用的产物，任何厚此薄彼的看法都是不客观和不科学的。比如，吴春波教授[①]提出华为的灰度看待员工、灰度看未来以制定战略、灰度处理企业中的矛盾关系、灰度培养和选拔干部、灰度把握企业发展节奏、灰度看待与竞争对手的关系。因此，有人就认为灰度管理是华为成功的秘诀，这未免有些片面，真正理解华为的成功，必须系统全面地分析。华为的人力资源不是简单的灰度，而是全面的四象"度"管理，包括尺度

（标准）管理、测度（检查）管理、程度（评判）管理和适度（纠偏）管理四个方面。现以华为的人力资源管理为例予以说明（见图3-4）。

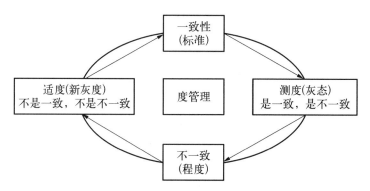

图3-4　华为人力资源管理的四象管理

1.人力资源绩效管理的标准——尺度（标准管理）

无规矩不成方圆，人力资源绩效管理也不例外。它首先需要相应的度，即绩效管理的标准。为此，华为构建了包括企业的能力评价、岗位评价、态度评价和贡献评价的"四位一体"的价值评价体系①，为华为的人力资源绩效管理提供了科学的依据与标准。

第一，潜能与任职资格评价体系。华为在1996年左右就引进了国外的任职资格标准，这套标准主要用于干部选拔和岗位晋升，即员工在担任某个岗位之前必须要具备这个岗位的潜能要求，符合其任职资格标准。

第二，职位评价体系。这套体系主要是通过采用海氏法并结合华为的实际情况建立起来的岗位人力价值评估，用来评价员工在这个岗位上的责任和风险承诺。

第三，价值观认同与态度评价体系。这套体系用于评价员工的态度

---

① 彭剑锋：《华为人力资源管理四大法宝对国企人力资源管理改革的启示——国企人力资源机制创新应如何向华为学习》，《中国人力资源开发》2014年第8期。

和价值观认同状况，通常在分配股权和评价一名员工是否可以提拔为领导者时会运用这套评价体系。

第四，绩效评价体系。这套体系的作用是对员工贡献进行评价，保证企业的工资、奖金分配都有依据。

有了这套标准，员工想提工资、得奖金、参加岗位晋升任职资格的评价，都有了相应的依据和标准。想参加岗位竞聘，首先要有任职资格的认证和岗位技能的培训；要获得任职资格认证，又要先参加相关的培训；而想参加培训还有一个前提，就是之前三年的绩效考核必须达到12分，如果条件不满足，就不允许参加，当然也就没有后续加薪升职的资格。有了这套标准，华为可以做到发奖金、发工资和参加培训都不是领导说了算，而是制度说了算，是这套评价体系说了算。

有了这套标准，人力资源和部门管理者在做绩效考评时，依据人力资源管理系统上的记录及其上司评价、项目业绩等指标来讨论决定继续聘用、降级或者晋升，在关键业绩指标（Key Performance Indicator，KPI）和员工任职资格的界定下，可最大限度地避免人情或感性等因素导致的企业人力资源管理体系内任职不合理、不公平、不合适的现象。

2.人力资源绩效管理的考评——测度（检查管理）

全面、客观地测度人力资源绩效，科学的测度指标是前提，准确的测度信息是基础，公平、公正的测评主体是关键。

（1）测度指标的确定。华为人力资源绩效测度指标的设定围绕其战略展开，体现其战略性。面对复杂快变的外部环境，战略目标是华为发展的导向，是其在经营过程中所要达到的市场竞争地位和管理绩效的目标，是华为高层、中层、基层员工绩效考核的指南。华为通过将战略目标结合企业不同层次业务活动的特点，转换为其相应的KPI，并通过KPI层层分解落实，建立华为员工业绩测度的KPI指标体系。转化过程如图3-5所示。

如公司的KPI（利润、人均收入、客户满意度、销售订货额/发货/收入、销售净利润）分解到产品线KPI（销售收入、新产品销售比重、

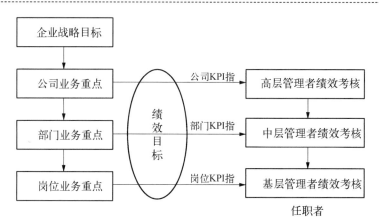

图 3-5 华为战略目标与绩效测评指标关系

销售毛利率、税前利润、重点产品故障率、客户满意度），再分解到 PDT（Product Development Team，产品开发团队）的 KPI [销售收入、新产品销售比重、项目进度偏差率、IPD（Integrated Product Development，集成产品开发）流程符合度、重点产品故障率、客户满意度]。

（2）测度指标值的确定。如果说测度指标的设定为华为员工业绩管理提供了方向，测度指标值的确定则为员工绩效测度提供量的依据，二者结合，构成员工绩效评价的前提。

作为高科技企业，知识在华为发展中的贡献比重大，科技人员为华为的核心，但他们的考评不同于一般工人，因为科学研究与技术开发的成果难以量化，完成的不确定性大，其完成进度、水平只有从事开发的科技人员最清楚，其绩效的完成主要依赖于科技人员的责任心与积极性。

华为基于绝大多数员工是愿意负责和愿意合作的，是高度自尊和有强烈成就欲望的假设，充分尊重并相信科技人员，对测评指标值的确定采用承诺制来调动他们的积极性，为企业作出更大的贡献。其过程是：管理者与员工双方就目标及如何达到目标进行充分的沟通，以达成共识来加以确定。其沟通内容包括：员工考核的内容和标准；期望员工达到的业绩标准；衡量业绩的方法和手段；实现业绩的主要控制点；管理者在下属达成业绩过程中应提供的指导和帮助；出现意外情况的处理方式；员工个人发展与改进要点与指导等。通过沟通后，员工的承诺内容包括：结果目标的承诺（如服务客户满意度、初验完成率、工程质量系数、客户问题解决率）；执行措施承诺（工程质量保证体系运作、增值服务挖掘等）；团队合作承诺（员工的培养、配合区域经理完成一次地区电信恳谈会、周边满意度等），以形成员工在目标指引下的自我管理，形成自我激励和约束。

3.人力资源绩效管理的评估——程度（评判管理）

（1）评判主体。绩效测评的内容和工作目标相关，涉及定量、定性指标，华为是通过客观考核和主观评估来实现的，目的是将"优"和"劣"区分开来，确保公平回报，激励大多数人。"考"主要是计算KPI得分，KPI指标自上而下地分解到各个系统、各个岗位，通过计算测试员工是否完成指标，有相关测度的数据作为依据，客观性、公正性易于做到；"评"主要是主管述职评分，由主管向上级汇报团队工作，根据情况打分。涉及主观评估部分，是人力资源绩效测评之中的难点。

为了做到相对公平，华为采用内部专家与外部专家相结合的方法加以解决。人力资源部每季度对各部门的绩效考核情况进行检查，重点检查绩效辅导、绩效评估过程，采用自检与抽检相结合的方式，同时，华为专门聘请"两弹一星"专家、党政机关退休干部、事业单位离休干部组成的第三方专门对绩效考核的公平性、客观性进行访谈，并对公司员工的投诉和突发事件进行处理。

（2）评判信息。华为在对人力资源绩效测评的过程中，以日常管理中的观察、记录为基础，注意定量与定性相结合，强调以数据和事实说话。管理者必须在下属绩效形成过程中予以有效的指导，并把下属在业绩形成过程中存在的比较突出的问题、良好的表现以及管理者的指导如实地随时记录在"行为指导记录"中，以便为实施绩效管理积累客观依据。各级主管在考核时，收集和记录员工行为/结果的关键事件或数据，测评时必须做好评价记录。

4. 资源绩效管理结果处理——适度（纠偏管理）

华为人力资源绩效管理结果处理的适度，体现为人性假设的灰度、考核结果应用的灵活度、考核处理具有温度。人力资源绩效管理结果处理的适度，是度管理中最具中国管理特色的环节，这不仅影响到员工的积极性，影响企业标准体系的改进，更会影响企业文化的易变方向。

（1）人性假设的灰度。华为一直认为人性是复杂的，不是非黑即白的，在人力资源管理过程中应该顺应人性而不是扭曲人性。《华为基本法》明确提出："金无足赤，人无完人；优点突出的人往往缺点也很明显。"华为从来没有要求自己的员工是完全没有问题的人。只要员工能够完成组织的任务，不违反基本的社会道德和法律，对于一些性格的不足、犯一些不触及原则问题的错误以及有自己的想法等，华为都是非常宽容的。

同时，华为了解人的本性就是不想吃亏甚至是逐利的，华为不跟员工讲情怀，而是秉持着"决不让雷锋吃亏，奉献者定当得到合理的回报""员工的人均年收入高于区域行业相应的最高水平"以及"在报酬与待遇上，坚定不移地向优秀员工倾斜"等原则，严格基于员工为公司作的贡献还以相应的报酬。根据员工的绩效水平相应地给予员工工资和奖金，强调员工获得的回报是存在差异的，而这些差异就来自员工为公司作的贡献，多劳多得，不劳不得，以此激励员工持续奋斗。

简言之，华为的人性假设是灰度的，尊重人的自利性，实行差异化利益，对员工宽容大度，但如果触及底线，绝不姑息。

（2）考核结果应用的灵活度。华为重视绩效测评结果的应用，并将其作为员工晋升、调薪等方面的主要依据。但半年绩效考核的结果不与工资挂钩，主要作为人员培训、任命、调薪、评优和岗位匹配等的参考依据，年度绩效主要与年终奖挂钩，绩效等级为D的没有年终奖。根据绩效产生的时间特点，分别与不同的利益指标挂钩，体现出相应的灵活度。同时，半年与年度之间存在时间差，为员工在努力完成本年度的绩效提供了弹性空间。

按照市场的竞争规律，优胜劣汰，对华为公司的新陈代谢、保持活力和实现持续发展十分必要。淘汰的比例过少，起不到应有的效果；淘汰的比例过高，华为的庞大规模会造成大量员工失业，不仅对华为本身的员工队伍稳定、企业形象维护不利，还会引起不必要的社会问题。因而，关键在于比例的把握，华为将这个比例确定为年度评定在后5%，正是综合考虑这两方面因素作出的选择。

（3）考核处理具有温度。考核结束后，各级主管必须与每一位下属进行考核面谈，肯定业绩，指出不足，为员工职业能力和工作业绩的不断提高指明方向；讨论员工产生不足的原因，区分下属和管理者应承担的责任，以便形成双方共同认可的绩效改善点，并将其列入下年度（或考核周期）的绩效改进目标。任何员工对自己的考核结果不满，均可以在一周内向上一级主管投诉，也可以直接向人力资源部投诉。接到投诉的主管或人力资源部，在接到投诉后一周内，组织有关人员对投诉者进行再次评估。如投诉者对再次评估仍不满意，可以进入劳动争议处理程序。无论是对考核结果合格以上员工的成绩肯定、未来努力方向的指定，还是对不满意结果的员工，都给予说话的机会。对员工合法利益的尊重，体现了华为绩效考核结果处理的温度。

综上所述，尺度（标准）管理、测度（检查）管理、程度（评判）管理和适度（纠偏）管理，构成了华为的人力资源绩效管理的四象"度"管理。四象加上度管理这个"中"，形成了度管理的五行。这度管理中的五行同样有相生相克的关系（见图3-6，图中单线为生，双线为克）。

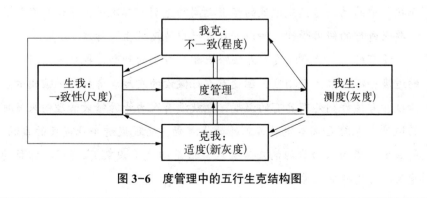

图3-6　度管理中的五行生克结构图

华为的人力资源绩效管理与其他管理一样，首先需要规矩，为绩效管理提供依据与标准，否则，绩效管理无法正常进行，举步维艰。正因为这样，华为聘请国外专家，制定人力资源绩效管理四大评价体系，为其人力资源部门及员工提供绩效管理的第一"度"——尺度。这是度管理中的标准管理。标准管理是度管理的基础，所以，在五行中标准管理"生"度管理。

光有标准，没有测度，尺度难以发挥作用。只有通过实际测度，也就是将人力资源实际中的所作所为与标准进行对比，才能了解和掌握员工对组织的实际贡献程度。华为通过设立科学的测度指标，提供准确的测度信息，聘请公平、公正的测评主体来构造其"三位一体"的测度体系，为其全面、客观地测度人力资源绩效提供保证。这是华为人力资源管理的第二"度"——测度。对尺度掌握的好坏会影响测度的好坏，所以，在五行中尺度"克"测度。

测度以后就要评判，所以，在五行中测度"生"评判，这是华为人力资源管理的第三"度"——程度。它告诉我们华为人力资源管理当下的水平。测度的好坏会影响我们的工作改进，所以，在五行中测度"克"适度。

人力资源绩效管理的目的，是要根据实际测度的结果，将员工对组织的贡献与报酬挂钩起来，建立激励机制，让员工产生为企业不断奋斗的动力。所以，在五行中程度"生"适度，人力资源绩效管理滚动发展的关键在于人力资源绩效管理结果处理的适度，这是华为人力资源管理的第四"度"——适度。因此，这里的纠偏管理有两层意思，首先是纠正执行中的结果与预先设置的标准之间的差别，其次是为了适应发展的需要而进行的纠偏管理。所以，在五行中适度"生"标准。

没有标准，没有测度，无法给出相对准确的判断，也就无法有把控的适度；有标准，有测度，但没有人性假设的灰度、考核结果应用的灵活度、考核评判处具有的温度，也就没有人力资源绩效管理结果处理的适度，也就无法实现对员工的最优激励，实现促进企业发展的目的。简言之，华为人力资源的灰度管理应该是四度（四象），可以把它称为华为人力资源的四象度管理。

第二节　无为而无不为的度管理

《道德经》第四十八章记载："无为而无不为。取天下常以无事，及其有事，不足以取天下。"意思是，如果能够做到无为，即不妄为，任何事情都可以有所作为。治理国家的人，要经常以不骚扰人民为治国之本，如果经常以繁苛之政扰害民众，那就不配治理国家了。无为就是不做任何违反自然规律、有损道德规范、违反社会法则、有害众生的事。简言之，无为不是什么都不做的不作为，而是不妄为、不乱为，顺应客观态势、尊重自然规律的作为。这就是在一定的规矩下按照度办事。因此，无为乃是一种在一定的规矩的度下立身处世的态度和方法，而无不为是指不妄为所产生的效果，无为的效果是在一定的规矩的度下无所不为，只要顺应自然规律（自然规矩），遵循社会道德法规（社会规矩），在这个度内，做什么事都能成功。

一、上善若水

在这个度管理内，怎样顺应规矩把事都做成功呢？必须要有水的思维，水的手段，在度内，见缝插针，善于刚柔结合，化刚为柔，把争化为不争的关系处理，也就是中国古人讲的上善若水。

《道德经》第八章记载："上善若水。水善利万物而不争，处众人之所恶，故几于道。居，善地；心，善渊；与，善仁；言，善信；政，善治；事，善能；动，善时。夫唯不争，故无尤。"意思是：最善的人好像水一样。水善于滋润万物而不与万物相争，停留在众人都不喜欢的地方，最接近于道。最善的人，居处最善于选择地方，心胸善于保持沉静而深不可测，待人善于真诚、友爱和无私，说话善于恪守信用，为政善于精简处理，处事能够善于发挥所长，行动善于把握时机，把握度。最善的人所作所为因为有不争的美德，所以没有过失，也就没有怨咎。

许多成功的中国本土企业，其成功之道和管理精髓都很好地体现了

"水"的思维。对腾讯来说，"水"即沉潜蓄势，一贯以产品为基，迭代推进，沉潜务实，伏地而行，其领导风格随和温润，沉稳内敛；对小米科技来说，"水"即顺势而为，包容开放，倾听用户，社区为基，坚持真材实料、专为中国人习惯设计的经营原则，凭借"专注、极致、口碑、快速"的经营理念，几年内就已发展成为在技术、产品、服务、商业模式等方面极具颠覆性创新的移动互联网企业。[1]

在海尔的管理中，"水"的特质更是体现得淋漓尽致。

一直以来，海尔强调必须与客户零距离，鼓励并支持员工满足客户的个性化需求，这一理念逐渐形成了"人单合一"的商业模式。为了激发员工的活力，深化"人单合一"模式，海尔转型为平台组织，为员工自行创新、孵化并成立小微企业，实现自己当老板的目标提供资源支撑，实现水利万物，滋养众生。

秉承着"世界就是我们的研发中心"的百川汇海的开放理念[2]，"海尔应像海，唯有海能以博大的胸怀纳百川而不嫌其细流；容污浊且能净化为碧水"。[3] 从20世纪90年代开始，海尔就展开对开放创新的探索，建立线上与线下融合的开放式创新平台，汇聚、吸收全球创新资源，实现海尔的持续创新。线下，海尔依托在全球的十大研发中心，以及根据用户痛点随时并联的n个研发触点，形成了"10+n"开放式创新体系，实现了"用户需求、创新资源在哪里，研发就在哪里"。线上，海尔的开放式创新平台HOPE可触及的全球一流资源节点达380万家，注册用户40多万，平均每年产生创意超过6 000个，支撑着海尔的产品和技术的持续领先。

海尔的国际化战略和全球化战略，本质上是本土化战略。因为政治、经济、社会、文化等宏观因素迥异，海尔在各个国家和地区开拓市场的时候，

---

[1] 陆亚东、符正平：《"水"隐喻在中国特色管理理论中的运用》，《外国经济与管理》2016年第1期。
[2] 海尔官网，http://www.haier.net/cn/open_innovation/contact_us/，最后浏览日期：2020年4月15日。
[3] 胡国栋、李苗：《张瑞敏的水式管理哲学及其理论体系》，《外国经济与管理》2019年第3期。Zhou Y, "Haier's Management Model of Rendanheyi: From Sea to Iceberg", *Management and Organization Review*, 2017, 13（3）.

始终秉持着"研发本土化、销售本土化、生产本土化"的"三化"战略,雇佣本地员工,从而零距离地贴近本地用户,以满足当地消费者的个性化需求。考虑到巴基斯坦电力不足,海尔为巴基斯坦人民生产可接蓄电池的空调;考虑到美国人喜欢吃比萨,海尔为美国人生产专门有一层可放比萨的冰箱。诸如此类,不胜枚举,正因为海尔充分尊重当地消费者的偏好,在很多国家,当地消费者以为海尔是他们本国的品牌。海尔这种因地制宜的权变战术,就像水一样,在不同的山河湖沼中形状各异,但又与环境紧紧地贴合在一起,完美地体现了孙子所说的"兵无常势,水无常形;能因敌变化而取胜者,谓之神"(《孙子·虚实篇》)的特点。

为企业员工创新、创业成立小微企业提供资源支持的平台,体现了海尔"水利万物,滋养众生"的胸怀;开放创新平台吸收、整合、同化企业外部资源为其所用,体现了海尔"海纳百川,开放包容"的气魄;在国际化战略实施中实现开发、销售、生产本地化,则体现了"水无常形,随机应变"的灵活性。在海尔的经营管理模式中,"水"的思维随处可见。

在企业管理过程中,领导人将自身定位为"水",须具体"善"在:面对剧烈变动的经营环境,应"心,善渊;动,善时",即保持沉着冷静,有节奏有规划地应对来自组织内外部的各种挑战,做到"心如止水",展示泰山崩于前而色不变的魄力,为员工增强信心。在把握市场机会和利用市场机会时,做到"动,善时",即把握正确的时机迅速出击。

任用员工时,应该"居,善地;事,善能",即管理者应该明确自身的角色和能力,做好自己的本职工作,在其位,谋其政,不过多地干涉上司、下属及同事的工作,也不给他们增加麻烦,并且充分相信自己的员工,给员工以机会,让员工发挥他们的专长。

与员工相处时,应"与,善仁;言,善信",即与员工相处,做到真诚、友爱、无私、信守承诺,而不是以领导的威严,强迫员工做其不愿意做的事情,或者对员工区别对待,以及承诺过的事情选择性忘记。

在制定企业的规章制度时,应"政,善治",既要保持刚性的制度,以保障组织流程、组织管理有条不紊地运行,又要尽量给予员工自由发挥的空间,放松对员工的人性及其在特定情境下权变的约束,寻求制度刚性与柔性的平衡。

在利益面前,具有不与员工争利的气度,具有奉献精神,为员工提供发展的平台,鼓励员工"茁壮成长";在利益分配的过程中,不压榨员工,不侵占属于员工的利益;在面临危险的时候,领导者还应该"处众人之所恶",率先迎难而上,为员工撑起一片天。

二、无理数不等于没有理的数

从规矩的产生就可以看出中华民族是最早、最善于正确认识无理数的民族,由规计算的圆周,由矩计算的弦,基本上都是无理数。中国人把"天地"看成一个无理数,用规矩来描述这个无理数的"理"。中国人也是一个最善于用度来处理无理数的民族,通过度把无理控制在有理之中,把水疏导在理之中。

无理数也称无限不循环小数;与之相对应的是有理数,有理数由所有分数、整数组成,总能写成整数、有限小数或无限循环小数。无理数的小数部分虽然杂乱无章,同时无法测度,但并不等于无理数没有意义。因为无理数具有实实在在的功用,例如,用以表示面积为2、3、5、6等的正方形的边长;存在于有理数之间,并与有理数一起共同体现数的连续性;更重要的是,无理数的出现推动了柏拉图将数字本身与计数对象分离开来,发现了有形对象在某种程度上的非存在性以及无形对象在某种程度上的存在性,进而提出可感世界与可知世界、意见与真理相互区别的"分离学说"。[①] 因此,无理数的出现既丰富了人们对数的理解,也完善了人们对世界的认知,让人们更加清楚地认识到实数系统的混沌特征。这主要体现在以下几个方面。

(1)非线性。从实数系统的角度来看,有理数是具有明确的结构、有章可循的数,有自己的计算规则,有理数相加减仍为有理数,有理数相乘除可能是有理数,也可能是无理数;相反,无理数也拥有自己的运算规则,无理

---

① 方向红:《论无理数的哲学意义——基于柏拉图和胡塞尔的研究》,《南京大学学报》(哲学·人文科学·社会科学)2015年第3期。

数相加减仍为无理数，无理数相乘除可能是无理数，也可能是有理数；换而言之，既然无法直接从运算推论出它们一定是有理数或无理数，这个转换之间存在非线性机制。

（2）分形特征。系统的部分与整体具有严格意义上的自相似性，任意取出一部分，都具有与整体完全一样的结构。无理数存在于有理数之间，而有理数也存在于无理数之间。有理数是一个个明确的、有章可循的数，若其可视为确定状态，无理数则可视为不确定的状态。于是，实数系便出现确定状态和不确定状态彼此交错的现象，确定转为不确定，不确定转为确定，确定来自不确定，又会形成新的不确定，确定的状态每隔一段时间就会出现，很快又转为不确定状态，每个局部的确定与不确定转化与总体的确定与不确定具有相似性。

（3）具有初值敏感性。系统长期行为敏感地依赖于初始条件，是混沌系统区别于其他运动体制的本质特征。混沌系统的长期行为取决于系统的动力学规律和初始状态。当无限循环小数中的最后一个数不产生循环时，也就是第一个不产生循环的数，带来整个数从有理数变成了无理数的突变。

正如《道德经》第四十章所言："反者道之动，弱者道之用。天下万物生于有，有生于无。"有理数与无理数、确定状态与不确定状态之间的运动规律，就像是道的运动规律，是一种循环往复的运动使得两者交替出现，也是一种"无生于有，有生于无"的互相转化的规律，呈现出你中有我、我中有你的共存状态。其中，混沌状态是值得人们关注的，因为存在一个度、临界点、区域、空间，而导致系统产生质变。

1945年年底，随着抗日战争的胜利，中国的局势发生了极大的变化。国民党军队在美国的支持下，力图全面控制大城市和交通线，东北铁路沿线已被国民党军队占领。在此情况下，毛泽东代表中共中央提出了"让开大路，占领两厢"的重大战略决策，转向建立巩固的东北根据地，发动群众，积蓄力量。这一方针由中国共产党东北局和东北人民解放军有效地实现了，从而迎来了三年后中国共产党在东北的全面胜利。这一战略决策体现出卓越的战略思想。

"让开大路，占领两厢"战略不仅体现了一种积极的战略意图，即着重于未来的发展,而且还表现出在薄弱处寻求新的生长点的创新意识。厢者,边缘空间也,是远离结构中心的那一部分,传统结构最为薄弱的区域,是一种结构向另一种结构过渡的区域。在结构的核心地带,结构本身的特性最为突出,其自身的凝聚力最大,是一个系统的最稳定地带,难以突破;而边缘空间是一种混合空间,其结构趋向混沌,为革命提供了最合适的条件,同时又具有物质、信息等的交流便利。

在创新领域也存在这样的混沌状态,需要人们把握其度,适时地促使其向确定方向变化。创新是创意市场化的过程,但在这个过程的初级阶段,产品开发者并不十分清楚客户群体有哪些、他们真正需要什么以及如何向他们销售,只是假定自己了解客户需要的新产品特征,在个人假设的基础上进行新产品开发。同时,在这个初级阶段,客户自己也不清楚自己的真实需求是什么,产品应该具体包括哪些特征,即便知道,有时也难以用语言清楚地表达出来,用科学的术语来讲,这时的新产品开发处于混沌阶段。在此情况下,新产品开发有两种模式。

(1)传统的瀑布开发法,即微软的软件开发模式。如图3-7所示:先花几个月时间做计划;然后是设计,又是几个月的时间;再是开发,可能仅仅占整个周期的24%甚至更少;最后是浩瀚的工程的测试。在微软,没有测完的产品是不可以发布的。产品发布以后,才是用户真正使用这个产品的开始。按照这种开发模式,每个windows新版本开发至少需要两年。

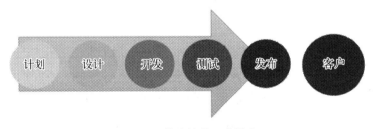

图3-7 传统软件开发模式

这种产品开发方法只适合那些拥有已知客户群体的成熟企业,不适合新产品的开发。新产品的市场未做调查,不清楚产品特征是否吸引客户,通常这个过程要持续一到两年之久。因缺少与客户之间的直接沟通,开发者始终不清楚这些产品特征是否为客户所需要，当产品成型交付到客户手中后，发现存在差异需要进行再修改，不但成本高昂，而且费时费力，甚至有可能给企业带来灭顶之灾。更糟糕的是，它还会导致严重的工程技术浪费，当客户表示对新产品特性不感兴趣时，数百小时的工作付之东流，上万行代码转眼间变成垃圾。

（2）迭代式，是通过迭代的方式将创意市场化的过程，并进一步通过市场反馈对产品进行快速调整。先开发最小可行产品，然后快速试验、反复试错、不断调整，最后推出符合用户需要的新产品。强调增量、迭代过程，通过快速反复试错的方式实现科学发明和市场反馈相结合的过程。其中的关键有两个。

一是最小可行产品。这是混沌状态的突破点，相对于产品功能大而全，最好完美无缺，它强调那些最为重要、不可或缺的产品特征，将其放在客户面前，可确定开发者是否了解客户问题，能否定义解决方案的核心元素，从而迅速地确定产品开发的方向。拿创意与客户交流，比较抽象，缺乏实物，难以获得准确的需求信息；与拿完整产品与客户交流相比，它赢得了时间，避免了浪费。最小可行产品是创意从不确定的混沌状态进入产品定型的确定状态的关键，这就是产品开发过程中关键的度。

二是互动。在开发过程中，开发者与客户之间不断地进行沟通，根据客户的需求加以调整，完成整个开发流程，这样开发出来的产品完全符合市场的需要。互联网上的互动和面对面的互动，可以迅速接触到数以百计甚至数以千计的客户，不仅可以提高产品开发的速度和效率，缩短开发时间，更重要的是帮助产品符合市场需求度、提高市场的认可度，真正实现创意的市场化。

正是雷军团队找到适合互联网时代的软件开发模式，采用"单点突破—试错—用户反馈负面口碑—再迭代—再试错—直到正面口碑"的开发流程，并顺势而为，将单点做到极致，才取得了小米手机经营的成功。

图3-8显示了小米的软件开发模式，这个模式的中心是客户，他们提供部分软件的新功能需求，也帮助小米进行大量的软件测试，发现小米软件存在的问题。更令人称道的是小米的执行力，他们快速推出新软件，在这个

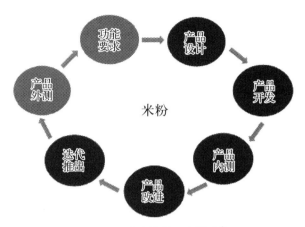

图 3-8 小米软件开发模式①

过程中不仅改善软件,也发展"发烧友"的队伍。同样,小米用这种迭代的方式来做硬件。小米手机的开发是一个开放创新、客户参与、不断迭代的过程,使小米旗舰手机的开发与销售取得成功,如表 3-3 所示。

表 3-3 小米手机迭代开发过程及其业绩②

时　　间	迭 代 过 程	业　　绩
2011 年 8 月 29 日	小米手机 1 工程版	1 000 台
2011 年 12 月 18 日	小米手机 1 首发	3 小时内销售 10 万台
2011 年 10 月到 2012 年 8 月底	小米手机 1 代(包括 1S 和青春版)	790 万台
2012 年 9 月 22 日	小米手机 2 工程版	2 600 台 10 秒售罄
2012 年 10 月 30 日	小米手机 2 代首发	2 分 5 秒 5 万台售罄
2012 年 10 月至 2014 年 2 月底	小米手机 2 代(包括 2S、2A)	1 513 万台
2013 年 9 月 9 日	小米手机 3 工程版首发	/
2013 年 11 月 11 日	小米手机 3 代首发	销售 11 万台
截至 2014 年 2 月底	/	3 371 万台

---

① 董洁林:《迭代创新:小米能走多远?》,《清华管理评论》2014 年第 6 期。
② 小米官方网站,http://www.mi.com/about/history,最后浏览日期:2021 年 4 月 6 日。

三、快半拍与慢半拍

在度的处理中,除了要处理空间的宽度,轻重的程度,还必须注意时间的速度。

在《论语·学而篇》中,孔子认为在言行方面应该三思而后行,保持谨慎。"子张学干禄。子曰:'多闻阙疑,慎言其余,则寡尤;多见阙殆,慎行其余,则寡悔。言寡尤,行寡悔,禄在其中矣。'"面对子张要学习谋取官职的办法,孔子说,要多听,有怀疑的地方先放在一旁不说,其余有把握的也要谨慎地说出来,这样就可以少犯错误;要多看,有怀疑的地方先放在一旁不做,其余有把握的也要谨慎地去做,就能减少后悔。说话少过失,做事少后悔,官职俸禄就在这里了。快半拍或者慢半拍指的是反应、动作或思想之类的比别人快一点或者慢一点,三思而后行固然能够使事情考虑得更加周到、全面,提高行动的成功率;但是,在时间紧迫的情况下,则可能因为三思而酿成大祸,需要急中生智,快刀斩乱麻。因此,对不同的情况究竟快半拍还是慢半拍,同样存在一个度的把握。

案 例

曹操远征乌桓,诛杀袁绍二子

《三国志·魏书·郭嘉传》记载:曹操打败了占据冀、青、幽、并四州的袁绍,杀了袁绍长子袁谭,袁绍的另外两个儿子袁尚、袁熙逃走,投奔辽河流域的乌丸族首领蹋顿单于。蹋顿乘机侵扰汉朝边境,破坏边境地区人民的正常生产和生活。曹操有心想要去征讨袁尚及蹋顿,但有些官员担心远征之后,荆州的刘表乘机派刘备来袭击曹操的后方。

郭嘉分析了当时的形势,对曹操说:"你现在威震天下,但乌丸仗着地处边远地区,必然不会防备。进行突然袭击,一定能消灭他们。如

果延误时机，让袁尚、袁熙喘过气来，重新收集残部，乌丸各族响应，蹋顿有了野心，只怕冀州、青州又要不属于我们了。刘表是个空谈家，知道自己才能不及刘备，因此不会重用刘备，刘备不受重用，也不肯多为刘表出力。所以，你只管放心远征乌丸，不会有后顾之忧的。"

曹操于是率领军队出征。到达易县（今属河北省）后，郭嘉又对曹操说："用兵贵在神速。现在到千里之外的地方作战，军用物资多，行军速度就慢，如果乌丸人知道我军的情况，就会有所准备。不如留下笨重的军械物资，部队轻装，以加倍的速度前进，趁敌人没有防备时发起进攻，那就能大获全胜。"

曹操依郭嘉的计策办，部队快速行军，直达蹋顿单于驻地。乌丸人惊慌失措地应战，一败涂地。最后蹋顿被杀，袁尚、袁熙逃往辽东后也被太守公孙康所杀。

金立始终慢人一步，最终导致破产①

2018年12月19日，昔日国产手机巨头、销量大户金立正式宣布破产，在一夕之间崩塌。破产的关键原因在于，在最关键节奏上，它始终慢人一步。

金立手机由刘立荣在2002年创办，有过相当辉煌的时期。在功能机发展最为繁荣的2006年到2008年期间，金立连续在国内击败天语、波导等同行而蝉联国内的销量冠军，成为名副其实的国产手机第一品牌。

然而，随着3G网络开始在社会普及，其他通讯公司纷纷发力适应市场之时，金立还沉浸在销量冠军的高光中，并没有借助3G的春风适

---

① 《让金立最终走向破产死局的关键一步：慢人一步》（2018年12月21日），搜狐网，http://www.sohu.com/a/283499436_100280362，最后浏览日期：2021年1月19日。

时地进行业务升级,错过了第一次市场机会。无独有偶,在智能手机出现的第二个风口之时,金立又比其他同行晚了两三年推出自己的智能手机,再次失去市场机会。

如果说3G时期的金立反应迟钝,对市场预测错误造成市场失利,然而尚有老本;在接下来的智能手机市场份额争夺战中,金立则彻底失去了话语权,销量被小米、OPPO等全面赶超。

曹操听信郭嘉建议,兵贵在神速,战机对战斗成功非常关键,在袁尚、袁熙未喘过气的情况下,部队轻装,以加倍的速度前进,趁其不备,进行突然袭击,从而消灭了他们;金立的破产则无声地诉说慢半拍的深刻教训。商业竞争如逆水行舟,不进则退,缺乏前瞻眼光,不能准确地把握市场节奏,只能一步又一步地溃败,直至坠入深渊。由此看来,快半拍效果显著;但过于强调快半拍,则有可能陷入冲动、考虑不周的被动局面之中;慢人一步可能会错失良机,但是也具备更多的谨慎等特征。总之,关键是要依赖实际情形而把握其间的度。

四、度与巧用潜规则

潜规则又称灰色规则、内部章程、非正式制度等,与其相对应的是显规则、正式规则。人们既会使用潜规则来解释诸如权钱交易、性交易、弄虚作假等违法违纪或是违背社会道德的丑陋现象,此时其是贬义的;也会使用潜规则来描述各种职业交往技巧、人际交往经验、为人处世观念等相关的经验之谈与使用技巧,此时其是中性的;还会用它来描述一些有违现行主导价值观或是不能公开宣称的价值观念、行为方式以及通行于某个领域内的不太为外人所知的规律性行为,此时其也有可能是中性的。[1] 不管其是贬义的还是

---

[1] 参见吕小康《社会转型与秩序变革:潜规则盛行的社会学阐释》,南开大学,2009年博士学位论文。

中性的，它都是大多数人处于利害格局中趋利避害现实计算的结果。[1]

潜规则却又是广泛认同、实际起作用的，人们必须"遵循"的一种规则，这种行为约束依据当事人双方（各方）给对方带来利益或者给对方带来的伤害能力，在社会行为主体的互动中自发形成，可以使互动各方的冲突减少，降低交易成本。在一定的条件下，减少管理成本。

既然有显规则，就有潜规则存在的空间，这意味着显规则的本身存在某种不足或漏洞，需要潜规则加以补充。潜规则产生的原因主要有以下四个方面。

一是利益的诉求。[2] "天下熙熙，皆为利来；天下攘攘，皆为利往。"逐利的本性会驱使人们努力寻找制度的漏洞，凭借手头具有的资源无视社会道德而实施潜规则。潜规则产生的根本原因在于人对利益无止境的追求。

二是信息不对称。由于知识壁垒或者是信息壁垒的存在，局外人无法了解某件事情的具体情况，信息不对称便极有可能催生潜规则的出现。这种因为信息不对称产生的潜规则多出现在行业之中，例如，由于信息的失真，消费者难以观察到商品的具体信息，从而产生一些约定俗称的行业潜规则，如前皇明太阳能集团董事长黄鸣揭露大部分小的太阳能厂家采用全氯氟烃做发泡剂的行业潜规则。

三是正式制度的不健全。颁布正式制度的目的在于规范人的行为，但是环境的多变性以及人的行为的复杂性，导致根本无法制定出满足所有情境的规章制度。如果一定要制定出满足所有情境的正式制度，显然需要付出巨大的成本和精力，事实上也不可能，因为事情总是处于变化之中，制度只能不断完善，而不可能完美无缺。在一些情境下，制度的空白为潜规则的滋生提供了土壤。

四是违法成本低于违法收益。即使是在有着正式制度的地带，当人们发现违反制度的成本小于获得收益时，潜规则同样会出现。在这种情况下，

---

[1] 刘曼琴、于达：《行业潜规则的形成与规制：基于演化博弈的分析》，《产经评论》2014 年第 6 期。
[2] 闫明雄：《潜规则、制度和经济秩序》，《经济学动态》2013 年第 8 期。

如果执法机构的执法手段令人不敢越雷池半步，基于这种情况产生潜规则的可能性会大大降低；如果执法机构的执法力度疲弱，让潜规则实施者发现违规带来的收益远远大于要付出的成本，就会在正式制度地带衍生诸多潜规则。

按照存在形式，规则可以分为显规则与潜规则。前者是人们公开认可的行为约束，后者是人们私下认可的行为约束，因为背离了正义观念或正式制度的规定，侵犯了主流意识形态或正式制度所维护的利益，而不得不以隐蔽的形式存在。但当事人对隐蔽形式本身也有明确的认可，通过这种隐蔽，当事人将正式规则的代表屏蔽于局部互动之外，或者，将代表接入私下交易之中，凭借这种私下的规则替换，换取正式规则所不能提供的利益。

显规则与潜规则都是人们认可的规则，不同的是，前者以公开形式存在，后者以隐蔽方式或者习惯的方式存在；前者维护主流利益，后者维护一部分人的利益。背离正式规则有两种情况：一是背离正义观念、社会道德规范，如导演潜规则女演员，这种潜规则应该摒弃；二是背离正式制度的潜规则，则存在使用的合理空间。因为潜规则获得的利益未必就与正式规则获得利益之间形成冲突，同时，有一些习惯的存在对显规则有很强的补充作用。显规则也不能覆盖所有的情境，从动态的角度来看，当社会条件发展成熟时，潜规则可以变成显规则；显规则与潜规则之间并不是完全对立的，既可相互兼容，也可相互转化，当显规则逐渐变成一种约定俗成的习惯或者风俗，显规则就有可能转化潜规则。由此看来，潜规则可以使用，不赞成不等于反对，使用潜规则的关键在于对度的把握。因此，把潜规则完全污名化是没有必要的。

总之，显规则不能覆盖所有的情境，这为潜规则的存在留下空间，同时，为人们利用潜规则达到自己的目的创造了机会。在潜规则未能变成正式的显规则之前，尽量减少潜规则的使用无疑是明智之举，但若反其道而用之，巧妙地利用潜规则，让其为正当的目标服务，也不失为智慧。现在来看看春秋时期的著名人物晏子如何巧妙地利用官场潜规则来实现地方治理的目的。

黄灯
——破译四象管理

齐国贤臣晏子巧用官场潜规则[①]

《晏子春秋》记载了一段晏子善用官场潜规则的故事。

齐景公派晏子去东阿当领导,在晏子领导东阿的第三年,齐景公把他召回来训斥了一顿。

齐景公说:"我还以为你挺有本事呢,派你去治理东阿,现在你竟把东阿给我搞乱了。你回去好好反省反省吧,寡人要狠狠处理你。"晏子的态度极好,立刻表示改正,他说:"请允许我改弦更张,换一个办法治理东阿。如果三年治理不好,我情愿以死谢罪。"齐景公同意了。三年之后,在晏子上来汇报税收工作的时候,齐景公迎上前去,祝贺道:"好极了!你治理东阿很有成绩嘛!说说你是如何取得这么好的成绩的?"

晏子回答说:"从前我治理东阿,堵住小路,关紧后门,邪民很不高兴;我奖励勤俭孝悌的人,惩罚小偷坏人,懒民很不高兴;我断案不偏袒豪强,豪强很不高兴;您左右的人来求我办事,合法我就办,不合法就拒绝,您的左右很不高兴;我侍奉权贵不超过礼的规定,权贵们也不高兴。邪民、懒民、豪强这'三邪'在外边说我的坏话,您的左右和权贵这'二谗'在里边进我的谗言,三年内坏话就灌满了您的耳朵。

"后来,我小心地改变了政策,不堵小路,不关后门,邪民很高兴;不奖励勤俭孝悌的人,不惩罚小偷坏人,懒民很高兴;断案时讨好豪强,豪强们很高兴;您的左右求我办事,我一概答应,您的左右很高兴;侍奉权贵超过了礼的规定,权贵们很高兴。于是,'三邪'在外边说我的好话,'二谗'在里边也说我的好话,三年内好话就灌满了您的耳朵。现在东阿的老百姓有一半在挨饿,您反而迎上来祝贺我。我这人傻,治理不了东阿,请您准许我退休,给贤能的人让位。"说着连连磕

[①] 吴思:《潜规则:中国历史中的真实游戏》,复旦大学出版社 2009 年版,第 102 页。

> 头，请求退职还乡，齐景公听了，从座位上走下来道歉说："请你一定勉力治理东阿。东阿是你的东阿，我不再干涉了。"

在这个案例中，晏子巧用潜规则的"巧"体现在以下三个方面。

（1）不与潜规则正面对抗，而是借力打力。在无法对抗潜规则之时，晏子转换思维，因势利导，利用潜规则，借力打力，等待时机成熟，确保自己目标的实现。

（2）精于潜规则使用过程中的成本与收益的比较。晏子顺应潜规则的成本是三年的时间里东阿人民有一半在挨饿，收益是从此之后领导相信他，认同他正确的治理方法，他可以在接下来的时间很快将东阿重新变得富足。其收益显然大于成本。

（3）正确把握度。潜规则毕竟不是正式的制度，在暂时无法获得公众认可时，"与潜规则共舞"的行为就是容忍模糊、混沌的存在，巧用潜规则的实质是一种度管理。

在中国人的日常生活和管理中，用规矩代替规则，这不仅仅是字面上的不同，而是在中国文化中更强调柔性，规矩是一种更加具有柔性（度）的行动规范。因此，规矩包含具有一定柔性的显规则（显规矩）和更具有柔性的潜规则（潜规矩），是这两者的叠加态。当然，由于文化的不同，规矩是以"以人为本"为基础的，它更具有柔性；而规则是"以事为本"的。这个区别在这里就不展开论述了。

第三节　度管理原理

一、规矩是显规则（显规矩）和潜规则（潜规矩）的叠加态

我们总结一下前面的分析，从四象管理的角度来看规矩、潜规则之间的关系，如图3-9所示。

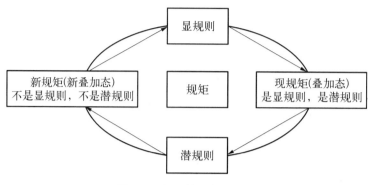

图 3-9 规矩的四象结构图

在中国的企业管理中，规矩可以分为显规则（显规矩）和潜规则（潜规矩）两仪。这就是说，在显规则中必然存在潜规则的因子，因为，任何显规则的制定，不可能脱离企业历史和传统文化。企业历史和传统文化必然影响显规则的制定，违背企业历史和传统文化的显规则，在执行当中必然受到很大的阻力，完全违背潜规则的显规则，可能会形同虚设。反之，潜规则中也有显规则的因子，因为潜规则的存在会受到显规则的制约。可见，在实际的管理中，显规则和潜规则是互相纠缠发展的。这样，作为显规则和潜规则的叠加态——规矩成了企业管理中人们遵守的最高行为准则。

可见，中国人讲规矩，把刚性管理和柔性管理结合起来了。这是一种"以人为本"管理理念的最好体现。它充分强调人的能动作用，只要不超出一定的度，人们可以在管理执行中根据实际情况来不断地调整自己的做法。

形成一个良好的规矩，必须从显规则（显规矩）和潜规则（潜规矩）两方面同时抓，遵守显规则，把握潜规则的度，并且在两者的易变中，促使人们把显规则（显规矩）变成一种习惯，逐渐向潜规则（潜规矩）方面转化。可见，中国人讲规矩，不仅能使每一个人在一定的度下充分发挥能动作用，也便于让逐渐形成的企业文化在开放性的易变中充分发挥出最大的效用。从长远看，在四象管理的开放性的发展中，规矩是形成企业文化的基础。形成良好规矩的度管理就是企业文化管理。从这个角度上讲，企业文化管理就是一种每一个员工自觉把规矩作为最高行为准则的管理方式，一种"无为而无不为"的度管理方式。

二、度是规矩中处理显规则和潜规则的叠加态的最高准则和技巧

规矩是企业管理中人们遵守的最高行为准则,也是度可以在企业管理中发挥作用的依据。可见,度管理就是要在规矩中处理好显规则和潜规则的叠加态。

1. 适度的满意决策就是最优决策

传统服装行业竞争非常激烈,近些年库存积压严重,全行业利润率持续走低。红领集团的经营业绩却在这个大背景下逆市上扬,其原因是它依靠大规模服装定制的生产系统和配套的商业模式。红领集团经过11年的时间,总投入资金2.6亿元,对整个制造系统和软件系统进行了全面改造和升级,才得以满足绝大多数人西装定制的效果。

西贝的主打菜品最初以莜面产品为主,之后演化为西北民间菜、西北菜、羊肉,最后又回归到莜面品类。同时,西贝经过认真研发和反复内试,对原有菜品进行精简,将原来菜单上的120多道菜,先是精简到66道,后又减至45道,推出少而精的菜单。

在生产与运营管理领域,生产的方式分为大规模生产与大规模定制两大类。其中,前者以福特汽车等制造企业为代表,后者以戴尔电脑的PC定制模式为代表。红领既没有选择完全定制化,也没有选择完全规模化作服装,而是选择大规模定制;西贝既没有做个性化,也没有做大众化餐饮,而是将原来菜单上的120多道菜精简到45道。他们都未选择最优,而选择了次优,换言之,是适度满意而不是最优。

基于"经济人"假设的最优决策,是指决策者可从全部可行性方案中选出能实现目标的最优方案,其前提条件是:(1)决策者了解与组织活动有关的所有信息,能够找到实现目标的全部方案;(2)决策者对组织在某段时间内要达到的结果具有一致而明确的认识,有能力识别所有信息的价值,能准确计算每个方案产生的结果并作出最优选择。但在决策实际中,决策者所面临的主客观条件很难达到,决定了最优的决策难以实现。

就企业管理决策而言,首先,组织内部部门之间的横向壁垒以及纵向层

黄灯
——破译四象管理

级壁垒会产生信息的失真，导致决策者不可能获得所有与组织活动相关的信息。即使不存在信息失真的情况，受制于人的生理客观规律的限制，决策者也不可能记住并理解所有与组织活动相关的信息。

其次，即使决策者了解了所有的信息，也不可能识别所有信息的价值并做出完美的方案，因为市场环境瞬息万变，导致识别信息的价值就变得极为复杂。

再次，决策者也没有能力精确计算出每个方案产生的结果。不仅仅决策者不可能预测每个方案的结果，即使是计算机，受制于计算能力的限制，也无法模拟出每种方案的结果。

最后，高管团队成员由于工作经验、教育经历的不同，导致管理者认知存在显著差异，也许在某个特定时刻决策者们会对目标达成一致，但是绝大多数时候的决策都是高管成员们彼此之间妥协的结果。

基于上述分析，不难看到，最优决策只能无限靠近，但很难完全实现。即使具备所有信息，掌握分析信息的能力，也拥有预测所有结果的计算能力，高管团队也达成一致，若寻找最理想方案的过程花费大量的时间和成本，与获得的收益相比，仍是得不偿失；同时，在快速变革的市场环境中，这与及时响应市场需求的原则相悖。

因此，采取满意决策对企业而言才是正确的决策。满意决策是指在现实条件下，用满意标准选择一个合适的方案，追求一个符合目标的决策。与限制环境而认为人有无限理性的最优决策理论不同，相反，满意决策理论放松对环境的限定，承认环境的复杂性和变动性，同时严格了对人的限制。① 显然，满意决策理论对环境和人的思考更为贴近现实，强调考虑当前面临的环境，基于已有的资源和能力，选择一个满意的方案本身就可以视为当前状况下的最优决策。

基于上述对上善若水、无为而无不为、快半拍和慢半拍、无理数不等于没有理的数以及巧用潜规则等内容的分析，满意决策包括以下特征。

---

① 方齐云：《完全理性还是有限理性——N.A.西蒙满意决策论介评》，《经济评论》1994年第4期。

（1）满意决策的核心在于适度。这个度指处理事情会保留一定的程度，追求处事的得当，尽量不去追求极端，只要做到令大家都满意即可。就像孔子在饮食中所强调的"肉虽多，不使胜食气；唯酒无量，不及乱"以及孙子的"围师遗阙，穷寇莫追"。如果过于强调追求极致，可能产生物极必反的不良后果，诚如《周易·丰》所载："日中则昃，月盈则食。"因此，适度的状态可以由儒家推崇的过犹不及来体现，即过多和过少都不好。如何做到适度，则可以参照道家的思想，如《道德经》第九章的"持而盈之，不如其已；功成身退，天之道也"，即执持盈满，不如适时停止，一件事情做得圆满了，就要含藏收敛，这才符合自然规律。也就是说，如果想达到适度的状态，就应该适可而止。

（2）适度的满意决策强调刚柔并济，并不是毫无原则的过犹不及。正如女娲伏羲持规矩图所传达的寓意，对于一些原则性的问题，就应该像矩一样方方正正，毫不妥协。例如，在企业管理实践过程中，涉及契约精神、诚信道德等问题，是绝对不能含糊的。进一步而言，适度的满意决策是在基于一定的原则底线的前提下，追求规的柔性，从而尽量使利益相关者满意。例如，在刚性的规章制度前提下，尽量给员工自由发挥的空间，以激发员工的创造力。

（3）适度的满意决策承认并鼓励模糊的存在。正如无理数的小数部分杂乱无章，显现出一片混沌状态，但是无理数的存在有其意义。在企业决策中同样如此，内外部环境的动态变化、决策者能力有限、计算机计算能力有限、企业的资源能力有限，导致企业不可能了解所有情况使得企业时刻处于确定状态，也就是说，混沌状态无可避免。适度的满意决策隐含着对模糊状态存在的承认，否则，就不是适度的满意决策，而是适度的最优决策了。

（4）适度的满意决策接纳并利用事物的极端。如前所述，没有极端的存在，也就没有适度的概念。在企业中存在诸多互相对立的关系，如灵活与效率、探索式创新与利用式创新、长期利益与短期利益等。每对关系的两端，对于企业而言都必不可少，以探索式创新与利用式创新为例，若企业一直进行利用式创新而放弃探索式创新，企业迟早会因创新水平不足而被市场淘汰；同样，若企业持续地只做探索式创新而忽视利用式创新，企业则会因为

面临高成本、高风险、高不确定性、长周期等因素，导致资金链断裂，企业无以为继而破产。可见，满意决策本身就是在极端之间做选择，即根据企业内外部资源能力禀赋以及环境变化，阶段性地、动态地选择某一极，或者在两极之间投入不同比例的资源能力，但无论是前者还是后者，都可以视为是满意决策对两极的统一和利用。

2. 快半拍优于慢半拍

对于企业管理来讲，快半拍还是慢半拍的选择关键依赖于实际情形并把握其间的度。

快半拍能够获得先发优势。《史记·项羽本纪》中提出"先发制人，后则为人所制"，企业管理也是如此。比竞争对手快半拍，企业可以获得先发优势。主要体现在：先行者有机会制定行业标准，把握行业的话语权，封杀竞争对手的技术；可以率先建立后来者往往难以打破的客户品牌忠诚度；可以抢先和顾客建立合作伙伴关系，使之面临较大的转换成本而套牢客户；可以获得规模经济和学习效应，降低生产成本，提高产品质量，拉开与后来者的距离；可以率先获得某些重要的资源，而对某些重要资源的控制往往会强化先行者在产业链中的话语权，这对后来者的进入起到一定的威慑作用。[①]

快半拍面临导致企业失败的诸多不确定性。首先，先行者需要承担巨大的先行成本，且之后的收益有可能小于成本，而导致快半拍战略失败。这些成本包括与消费者相关的大量的信息收集、整理、分析工作，也包括新技术、新产品、新服务的研发成本等。其次，进入新的领域意味着之前的管理方法可能不再适用，因此，变更组织内部管理流程甚至是组织架构也是常有的事情，而这种变更也会面临失败的风险。再次，由于客户需求的不确定，先行者相比后来者更有可能犯错，提供不能满足客户预期的产品，从而丢失客户对企业的期望和信任。最后，先行者可能会因为对市场的错误预估，错误地配置企业的资源和能力组合并采取错误的部署战略，这一决策不仅浪费企业的资源和能力，也有可能导致企业陷入危机。

既然快半拍存在风险，选择慢半拍，以后发制人的方式实现后来者居上

---

① 汪莲：《开拓者优势研究（上）》，《外国经济与管理》1999 年第 9 期。

不失为一种策略。更何况后来者进入同样存在后发优势，主要体现在：可以以更低的成本推动品牌成长，相比先行者不仅仅要发展自己的品牌，还需要在市场中普及与产品相关的知识，后来者只需要承担产品推广的成本；经过先行者的探路，后来者对于市场中的需求已有一定程度的了解，因此，后来者创新性地推出更加符合消费者预期的产品，能够迅速占领先行者的市场份额。经过先行者的铺垫，后来者对于这一新市场有了更多了解，面临更少的不确定性，资源和能力的投入部署也会更加有的放矢，所以，如果后来者能够在先行者的基础上进一步创新，提供更加满足消费者需求的产品，后来者很有可能超越先行者，获得更大的市场份额。在一些行业如个人电脑（苹果公司对微软公司）、录像机制造业（美国的 Beta 制式对日本的 VHS 制式）等，第一、第二名入市者的最终成功率都比较小，第三、第四名的成功率都比较高，第五、第六名的成功率却又降低了。①

　　但这并不意味着慢半拍就比快半拍更好。先行者的市场份额被后来者赶超的根本原因在于先行者未能根据市场环境的变化及时调整战略导向、变更资源和能力的投入部署决策，导致后来者抢占先机，迎头赶上。反之，既然市场中存在后来者，就说明这一市场是有利可图且值得开拓的，这也就从侧面反映先行者率先开拓新市场的战略是对的。即使先行者的市场份额落后于后来者，也不一定就能说先行者失败了，更多情况下先行者仍然占据一定的市场份额，是行业领先者之一。进一步来说，一家企业很难独占一个市场，假如真的独占，那就违反《中华人民共和国反垄断法》了，因而一个市场上是允许并鼓励多家企业竞争的，对于先行者而言，只要不出现巨大的战略失误，先行者总归是能在市场中占有一席之地的。

　　在牙膏行业，人们往往只记得高露洁、中华、黑人、云南白药、佳洁士、冷酸灵等几个知名品牌，也就是说，在一个行业中，往往是排前几名的企业占据了市场的绝大多数份额。因此，如果企业不快人一步，成为行业的前几名，那才是真正的慢半拍，等到市场份额都被瓜分完了再入局，那才是真正的无利可图，悔之晚矣。因此，快半拍好于慢半拍。

---

① 汪莲：《开拓者优势研究（上）》，《外国经济与管理》1999 年第 9 期。

3. 不要轻易破坏潜规则

利益的诉求、信息不对称、正式制度的不健全、违法成本低于违法收益等会导致潜规则的产生，可以巧用潜规则来实现曲线救国，但是，潜规则毕竟不是正式规则，与主流的价值观念、正式制度形成冲突。是否可以破坏潜规则呢？回答问题之前，先来看一个实际案例。

2019年7月，山西省洪洞县62岁的韩女士患了脑梗，需要做支架手术。但韩女士所在的洪洞县人民医院是个小医院，医疗条件有限，无法做这台手术。于是，主治医生和患者商量，可以请北京天坛医院的专家前来"飞刀走穴"（飞刀手术是指一些一线城市有经验的医生利用自己的休息时间，飞到二三线城市或者县城为病人做手术），但需要1万元的专家劳务费。协商结果是韩女士及其家人同意，手术如期进行。手术后，韩女士女儿当场付给专家1万元的劳务费。这本是一件皆大欢喜的事情，但万万没想到，韩女士家属对手术过程中付给专家劳务费的情节进行了偷拍，随后曝光并投诉到卫生局。卫生局很快成立调查组，将主治医生停职，并退还患者1万元的劳务费。不仅如此，还同意给患者免费再做一次手术。韩女士一家依靠这种"黑吃黑"的手法，获得了莫大的胜利。①

现在思考两个问题：专家"飞刀走穴"是医疗行业的公开秘密，属于潜规则，是否有存在的合理性？若不合理，就应该破坏；若有存在的合理性，患者家属将这一过程录像并举报，破坏了这一潜规则，其后续的影响又将如何？

（1）潜规则的合理性。作为行业的潜规则，医生"飞刀走穴"显然不符合现有的正式制度规范，但其出现与存在，源于我国当前医疗资源分配不均，优质的医生资源聚集在一线城市的大医院，二三四线城市医院则比较缺乏。但二三四线的患者有看病的需求，尤其是一些大病，当地医生无法为病患提供手术，就不得不前往一线城市的大医院求医，病患不仅付出高昂的时间成本和经济代价，还往往因为对城市不熟及挂号、住院等方面安排不周而

---

① 360doc 图书馆：《比"潜规则"更可怕的是不讲规则》（2019年2月25日），新浪网，http://www.360doc.com/content/19/1021/11/58964632868136695.shtml，最后浏览日期：2021年1月19日。

耽误疾病的治疗，甚至舟车劳顿导致病情加重，"飞刀手术"则为患者很好地解决了这一问题。

对一线城市的专业医生来说，他们利用自己的休息时间去做"飞刀手术"，既没有影响其日常工作，又能把稀缺的医疗资源共享到二三四线城市，应该是两全其美的好事。由此看来，"飞刀走穴"的潜规则并不是陋规，相反，它具有一定的存在合理性。

首先，可以降低病患的治疗成本，增加医生的收入，实现病患与医生的双赢。如果北京专家不到山西，患者只能到北京求医，面临的车旅费、住宿费、挂号检查费等费用加起来可能不止1万元，且不一定能够及时挂号找到合适的专家，舟车劳顿还会耽误甚至加重患者病情，专家"飞刀"显然利好患者。北京专家到山西给患者进行手术，可以获取1万元的劳务费，还能获得济世救人的社会满足感。

其次，对市场失灵的一种补充。在当前我国医疗资源分配不均的现实情况下，"飞刀走穴"可以较好地缓解这种困境。丁香园的调查显示，55%的受访医生认为"所在医院医生走穴现象普遍"，近三成医生表明"本人曾经走穴"[①]，这说明在现阶段，二三四线城市存在相当大的医疗市场，"飞刀走穴"行为在一定程度上可以推动医疗资源向二三四线城市流动，实现市场的供求平衡。

最后，反映现存正式制度的不完善，促进正式规则的改进优化。医生之所以不通过正式的院际会诊为患者治疗，是因为目前医生外出会诊的规定仍沿用2005年7月1日起施行的《医师外出会诊管理暂行规定》。费用方面的规定为："在当地规定的基础上酌情加收"，而一般主任医师在当地会诊，收费标准为100元到200元，外埠会诊300元到400元不等。这个定价明显不符合当前的物价水平，更不用说医院还要提取部分管理费用。很多单位的会诊费用是医院和医生三七开，这样，医生拿到的酬劳就更低了。但是，如果医院会诊费用收取得比这个标准高太多，院方又担心出现违规，往往不敢收

---

① 以静制动：《无耻！请外地医生做手术，做完就举报》（2019年9月30日），雪球网，http://www.360doc.com/content/19/1021/11/58964632868136695.shtml，最后浏览日期：2021年1月19日。

取,也就不可能开发票。① 通过正式途径进行手术获取报酬太低,导致"飞刀走穴"成为医疗行业公开的秘密。

这一潜规则的存在恰恰说明了现有制度的不合理,需要改进。事实上,这一潜规则也正在推动我国现行医疗制度的改进。例如,广东省一直在探索医生多点执业制度,其2016年实施的《广东省卫生计生委广东省中医药局关于医师多点执业的管理办法》明确提出建立医师全省区域注册制度,意味着医生在一个执业点注册,即可在全省执业。同时,鼓励医疗机构设置全职和兼职岗位,建立更灵活的用人制度,让医生真正"自由起来"。

(2)破坏潜规则的后果。破坏潜规则意味着打破了一种人们私底下约定俗成的交易方式,若这种交易方式是肮脏的,如权钱交易、权色交易等陋规,显然不利于社会发展,应该取缔。但如果打破一种社会发展过程中经过各利益相关主体暂时妥协认可的中性甚至良性的潜规则,如"飞刀走穴",那么结果又将如何呢?

在博弈论中,在一个稳定的环境中,各方之所以共同建立一种互相之间的平衡,是因为各方遵循同一种秩序原则。若有人单方面改变了自己的地位,整个平衡都要被打破。不到自己能够绝对掌握局势的时候,如果贸然打破平衡,势必要受到其他各方的群起围攻。所以,遵循一个秩序,既是维护他人,也是保护自己。同样,在实力足以改变这种平衡的时候,原有的这种共同建立秩序的合作性博弈就要被非合作性博弈所取代,朝着建立一个新秩序的目标而行动。

图3-10是"飞刀走穴"医生与病人之间相互博弈的过程,在病人遵循潜规则、讲求诚信不告发医生的情况下,作为理性人,医生在面临"飞刀"与"不飞刀"的选择时,会选择前者,在此情况下可以实现医患双赢,皆大欢喜;若在病人不遵循潜规则而告发医生的情况下,作为理性人,医生在面临"飞刀"与"不飞刀"的选择时,面临灰色收入被没收、工作丢失等惩罚与无灰色收入的选择时,肯定会选择后者,在此情况下,病人也得不到医治。

---

① 《"飞刀"尴尬如何破局》(2019年12月10日),百度,https://baijiahao.baidu.com/s?id=1652478205113996510&wfr=spider&for=pc,最后浏览日期:2021年1月19日。

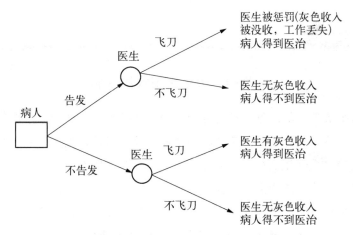

图 3-10　病人与医生之间的博弈

在上述案例中，病患家属贸然打破潜规则，导致北京医生与承担中介角色的当地主治医生都受到了相应的惩罚。这一结果导致很多一线城市的医生专家，此后不会再为二三四线城市的病患们进行"飞刀"手术，二三四线城市的病人损失更大。

现实中，此事一经爆料，很多之前有过"飞刀走穴"经历或有"飞刀"意向的医生都表示不会再去"飞刀走穴"。这意味着，二三四线城市的病患者将因此失去很好的治疗，甚至是活命的机会，只能通过转院的方式寻求一线城市医院的治疗，不仅要承受更多的舟车劳顿之苦，而且要承担更多的经济负担。

从医患博弈的整体来看，合作性博弈下的秩序稳定是一个主流，但是，这个主流一次又一次地被非合作性博弈下改变规则的行为所冲击。冲击过后，导致一个新规则的建立，医患在新的秩序下再次开始合作性博弈，周而复始，循环往复。之所以会出现这种局面，正是合作性博弈中各方都要维护秩序稳定，只有其中一方的力量完全可以改变局势时，才能完成从合作性博弈到非合作性博弈的转化。

由此看来，在新的正式制度还没有推行之前，良性的潜规则弥补着正式制度的不足，若贸然打破博弈各方共同遵从的私下规则，结果往往是弊大于利。因此，不要贸然打破现有的潜规则。

懂规矩：大名之下难以久居

春秋末年，越王勾践在范蠡和文种的辅佐下，苦身劳力二十年，深谋远虑，终于灭掉吴国，而且兵临中原，号令诸侯，成为霸主。灭吴之后，越国君臣设宴庆功，群臣皆乐，唯独越王勾践面无喜色。

机警聪慧的范蠡察微知著，立即识破了越王的心思：越王为雪会稽之耻，灭掉吴国，不惜卑身事下，愿与臣下同甘共苦，共渡艰难。如今大功告成，越王能兑现先前的诺言吗？我与文种功勋卓著，位高权重，越王对我二人能放得下心吗？

范蠡经过深思熟虑，认为大名之下难以久居，且勾践的为人是可与同患难，难与共安乐。于是，他毅然向勾践告辞，请求退隐。

勾践得知范蠡要辞退，就召见范蠡，对他说："先生若愿留在寡人身边，寡人愿与你共分越国，若不遵寡人，将身死名裂，妻子为戮！"

范蠡当然知道越王的所谓"共分越国"纯属虚语，而"身死名裂，妻子为戮"，越王是肯定做得出来的。于是，他回答道："君行其法，我行其意。"事后，范蠡不辞而别，抛弃家业，带领家眷，驾一叶扁舟，出三江而入五湖。后来定居于陶，成为巨富。

由此看来，范蠡不仅懂得潜规则的度，还会准确地把握好潜规则的度，不去贸然打破现有的潜规则，才成为后来的巨富，否则，早已成为越王勾践的刀下鬼了。可见，范蠡是一个懂规矩的人。

第四章 分型管理

位于四川省成都市的武侯祠有幅名联:"能攻心,则反侧自消,从古知兵非好战;不审势,即宽严皆误,后来治蜀要深思。"这幅对联中肯地揭示了诸葛亮治蜀中一个极为重要的管理思想:治众之法有宽有严,有文有武,但究竟当宽,还是当严?是行文还是用武?必须审时度势,据情而定,否则,就会宽严皆误,文武皆失。[①] 审时度势不仅是有效地用赏罚的治众的基本法则,它和韬光养晦(养精蓄锐、待机而动)结合起来也是企业经营管理出奇制胜的有效法宝。这一章来谈谈权变和分型管理。

第一节 星座与八字的分类、分型思想对比

一、分类与分型

大多数人天生地就有把不同对象进行排序的能力,如橘子与苹果之间的关系比西红柿与苹果之间的关系更密切。这种对不同对象的排序能力,能帮助人们依据事物的属性相近来理解周围的事物。也正是这种能力,才使得分类成为人们认识复杂世界的重要方式。

分类是指对事物按照其属性或特征划分成若干类别,即物以类聚、人以群分。分类时常以某个学科理论为基础,按照某种逻辑关系进行划分,因而,分类包括划分和归类两个环节。划分是指从总到分,从一般到具

[①] 尹毅夫、肖江等:《现代管理思维》,企业管理出版社1996年版,第183页。

体，进而有由上而下、由大到小、由整体到部分、由一般到特殊、由总论到专论等的细化过程。归类是从分到总，从具体到一般，进而有由下而上、由小到大、由部分到整体、由特殊到一般、由专论到总论的集合过程。

分型是分类的下位概念，是分类中的一种。分型比分类的要素相对简单或单一，分型是以某一特征量进行的分类。进一步而言，分类是以共性为基础，而分型是以个性为基础①，与分类相比，分型更能凸显事物之间的本质差异。例如，在高校管理中，根据能级理论，大学可分为综合院校和专业院校两大类；若依据高校承担教学与科研任务的比重不同，可进一步将其分为研究型、研究教学型、教学研究型、教学型。再如，在医学上，帕金森病可分为原发性、继发性两大类，前者又可以根据其病程、主要临床表现、遗传特性等特征进一步划分为不同型，如按病程长短分为良性型、恶性型；继发性类也同样如此。②

分类相对于分型更加模糊，只是将具有共性的事物归纳在一起，并没有触及事物的本质；分型则基于事物的个性，将不同的事物区分开来并区别对待。分类是根据对象的共同性和差异性，把对象区分为类的方法③，它的基础是对事物的共性和差异进行比较，并在此基础上将它们归入不同的类，目的是确定分析对象的范围；分型则是在分类的基础上将事物按其性质进一步作划分，以确定其类型，是分类的细化，目的是明确分析对象的本质。依据不同的标准，分类和分型的结果也会不同。

分类、分型可以认知事物之间的共性和个性，同时，通过对事物之间关系的理解，使得人们能够进行预测，因为若干关系密切的对象有着相似的预测值。换言之，若你知道这些对象中的一个预测值，就可能把它作为与它有

---

① 包玉红：《大学分类与分型标准研究》，《黑龙江教育（高教研究与评估）》2009年第12期。
② 陈斐、詹青：《帕金森病的临床分类、分型和分级》，《中国社区医师》2012年第13期。
③ 中国人民大学哲学系逻辑教研室：《形式逻辑》，中国人民大学出版社1984年版，第46页。

着密切关系的最近邻的预测值。

你也许会注意到，居住相近的人们的收入相差不大。因此，如果你邻居的年收入超过 10 万美元，你的收入或许也有这么高。如果有以下两种情况：一种情况是所有邻居的年收入都在 10 万美元以上，另一种情况是所有邻居的年收入仅为 2 万美元，那么，在前一种情况下你有一个高收入的可能性要比后一种情况大得多。当然，即使是与你最近的邻居，他们的收入也可能在很大的范围内变化，但是，如果要预测一个不相识的人的收入，而且所有对他的了解只是他周围人的收入情况，最合理的做法应该是根据他最近邻居的年收入来预测他的收入。分类在现代社会中的应用非常广泛，现在来看两个案例。

贝叶斯分类器与邮件的分类处理[①]

在网络时代，垃圾邮件每天都在增加，且发送方式变得更加狡猾，反垃圾邮件面临着挑战，传统的反垃圾邮件技术的防范效果并不令人满意。贝叶斯过滤可以根据已经发生的事件预测未来事件发生的可能性，可用于垃圾邮件的检测。

贝叶斯过滤对邮件内容的分析，不仅包括关键词在垃圾邮件中出现的概率，而且包括关键词在正常邮件中出现的概率。当一封新的邮件到达时，这封邮件的内容将被分解成字串。依据数据库中这些词的概率通过公式进行计算，用贝叶斯定理计算出的"垃圾邮件可能性"高于某个阈值时，就判定这封邮件是垃圾邮件。同时，贝叶斯过滤防范有一定的智能性，通过一定的学习方法可以对数据库词的概率进行更新，这样就可以适应垃圾邮件的变化情况。

---

① 赵卫东：《商务智能》(第三版)，清华大学出版社 2014 年版，第 113 页。

《红楼梦》作者考证

众所周知,《红楼梦》一书共120回,自从胡适作《红楼梦考证》以来,一般都认为前80回为曹雪芹所写,后40回为高鹗所续。然而长期以来这种看法一直都饱受争议。

能否从统计上做出论证?从1985年开始,复旦大学的李贤平教授带领他的学生做了这项很有意义的工作。他们创造性的想法是将120回看成是120个样本,然后将与情节无关的虚词出现的次数作为变量,巧妙地运用数理统计的分析方法,看看哪些回目出自同一人的手笔。

一般认为,每个人使用某些词的习惯是特有的。于是,李教授用每个回目中47个虚词(之,其,或,……;呀,吗,咧,罢……;可,便,就……等)出现的次数(频率)作为《红楼梦》各个回目的数字标志。之所以要抛开情节,是因为在一般情况下,同一情节大家描述的都差不多,但由于个人写作特点和习惯的不同,所用的虚词是不会一样的。利用多元分析中的聚类分析法进行聚类,果然将120回分成两类,即前80回为一类,后40回为一类,很形象地证实了《红楼梦》不是出自同一人的手笔。

之后,他们又进一步分析前80回是否为曹雪芹所写。这时,他们找了一本曹雪芹的其他著作,做了类似计算,结果证实了用词手法完全相同,断定前80回为曹雪芹一人手笔,是他根据《石头记》写成,中间插入《风月宝鉴》,还有一些别的增加成分。后40回是否为高鹗写的呢?论证结果推翻了后40回是高鹗一个人所写的看法,而是曹雪芹亲友将其草稿整理而成,宝黛故事为一人所写,贾府衰败情景当为另一人所写。

在上述案例1中,计算机将邮件的内容分解成字串,依据数据库中这些词的概率,通过公式进行计算,先计算后验概率,用贝叶斯定理计算出垃圾邮件的可能性:

$$\begin{aligned}&P(\text{垃圾邮件}|\text{关键词})\\&=\frac{P(\text{关键词}|\text{垃圾邮件})\times P(\text{垃圾邮件})}{\begin{array}{l}P(\text{词}|\text{垃圾邮件})\times P(\text{垃圾邮件})+\\P(\text{词}|\text{正常邮件})\times P(\text{正常邮件})\end{array}}\\&\geqslant \delta\end{aligned}$$

若计算关键词出现情况下垃圾邮件出现的概率高于某个阈值δ时，便判定这封邮件属于垃圾邮件；否则，属于正常邮件。

在案例2中，李贤平教授运用了基本的分类规则：同一人具有相同的虚词使用习惯，而不同的人则存在差异。按照这样的分类规则，如果《红楼梦》是同一人所写，则整个小说使用虚词的风格具有一致性；如果通过统计学检验二者存在差异，证明该书的作者就应该是二人。其思路之新颖，不能不叫人点赞。

这两个案例都属于现代分类原理在实际中的应用。

二、中国传统文化中的分型

其实，在中国的传统文化中，分类和分型的思想早就有之。现在让我们穿越时光来看一看前人是如何分类、分型的。

1. 星座的分类和分型

中国古代为了认识星辰和观测天象，把天上的恒星分成几个一组，每组合定一个名称，这样的恒星组合称为星官，也就是今天所说的星座。

各个星官所包含的星数多寡不等，少的只有一个，多的有几十个，所占的天区范围也各不相同。在众多的星官中，有31个占有很重要的地位，这就是三垣二十八宿，即中国的星座体系。

不管对于古人还是今人来说，天空中最明显的变化莫过于日、月、五行星在星空背景上的位置变化。太阳、月亮以及金、木、水、火、土五大行星在星空中似乎都沿着同一条窄带前进，这条窄带被称为黄道带。

为了观测和描绘日月五行的运动，有必要在星空中确定一些固定的标志。在日月五行里，月亮的运行最快，大约28天围绕黄道一周，古人又将

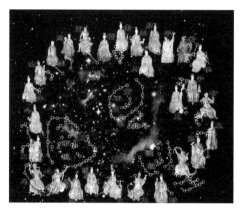

图 4-1 二十八宿图

黄道带分成 28 段,每一段称为一宿,月亮大致每天前进一宿,这就是常说的二十八宿(见图 4-1)。

太阳和月亮在星空背景上自西向东运行,二十八宿也自西向东排列,依次称为东方七宿、西方七宿、南方七宿、北方七宿。每七个为一组的宿与四象相对应,便有了东方苍龙,北方玄武,西方白虎,南方朱雀之说。

对于远离黄道和天赤道而无法用二十八宿的位置来描述的天体,古人则为其划分了三片天区,分别是紫薇垣、太微垣以及天市垣,又称之为三垣。

无论是二十八宿,还是三垣,都是古人先基于恒星所在的位置,将一定数量的恒星聚为一组,再依据月亮运行周期 28 天,将这些恒星一共分为 28 组,形成 28 星宿,再考虑它们存在的东南西北 4 个方位,进一步将 28 组聚集成 4 个大组,每个组掌管 7 个宿。三垣的划分也同样如此。每组之内有统一特征,不同组之间存在差异化特征。依据每个人所属的星座,可以预测出每个人的对应性格和运势。

2. 八字的分类与分型

我国古代习惯用天干和地支来记录农历的年、月、日和时辰。天干是指甲、乙、丙、丁、戊、己、庚、辛、壬、癸;地支是指子、丑、寅、卯、辰、巳、午、未、申、酉、戌、亥。把 10 天干和 12 地支进行组合,可得到不重复的搭配 60 对,可循环使用(也就是甲子循环)。生辰八字,简称八字,是指一个人出生时的干支历日期;年月日时共四柱干支,每柱两字,共八个字。生辰八字在中国民俗信仰中占有重要地位,中国古代的道家、星相家据此推算人的命运好坏。[1]

按照生辰时间排定的八字,一共有 $12 \times 12 \times 365 \times 12$ 种组合。面对这么

---

[1] 佚名:《"生辰八字"是怎么来的?》,《新农业》1987 年第 20 期。

多八字，推算命运存在巨大的困难。于是，古代先贤将其归纳为若干个不同类型的命格，如极向离明格、辅弼拱主格等类型。不同命格之间存在着本质的差异，因而，不同命格之人的一生有着不同的命运。

星命术基于阴阳五行相生相克理论进行推理，依据一个人的生辰八字来确定其命格。星命术认为，世界万物都具有阴阳两性，阴阳的此消彼长是由五行的相生相克引起。而人身本身是一个世界的缩影，与世界的多变相对应。由一个人的出生年、月、日、时所涵阴阳五行之气便可测知其一生命运。

人身是由五行和合而成，五行在人身的不同禀性又是由他出生时太阳的光线、地球的吸力、星宿的位置、气候的不同等多种现象决定。出生时的自然环境差异，导致五行之气的不同，进而决定了人生命运的千差万别，而五行与五方、四时存在关联。

五方是指东、南、西、北、中五个方位，五行及其代表的天干地支各有所主的方向。行的方位对于星命术来说十分重要。通过一个人的八字所包含的阴阳五行所属，可推知其所属方向，通过相生相克之理可知吉凶。例如，八字属木命的人往东最有利，往南、北也行，但不可西行，往西则木被金克；火命的人最好向南，往北则犯水；金命的人宜往西，往南则受火制；水命的人应该往北，往中央之地则不吉。

四时指春、夏、秋、冬四个季节。天干地支及五行在四时之中各有盛衰之不同表现。星命理论中以旺、相、休、囚、死分别代表五行在四季中的盛衰表现。旺是旺盛之意；相是次旺，有辅佐之意；休是休息、停止之意；囚是衰落、被阻止之意；死就是克制而无生气之意。一般来说，当令者旺、我生者相、生我者休、克我者囚、我克者死。

3. 星座和八字的分类分型思想对比

分类、分型作为人类认识世界的重要方式，还是推理、预测的基础。中国古代推理的重要推论形式，其基础就是对类的正确认知。从分类到分型，既是人们对事物认知过程的深化，也是其推理、预测能力提升的过程。但同样是分类，在不同情形下却存在差异，如星座与八字的分类、分型，主要体现在如下几个方面。

（1）思维方式。分类包括划分和归类两个环节，二者存在先后顺序，顺序不同，得到的分类结果也不一样。星座的分类分型过程是：先归类，再划分。先从恒星所在位置聚成二十八个星宿，再在星宿基础上按照方位进一步聚成4个象宿，是一个典型的从具体到抽象、从微观到宏观的归纳综合过程，其结果揭示了各个星座、象宿的共性特征，如二十八星宿与三垣，前者处于月亮运行的轨道上，后者处于太阳观行的黄道中；星座之间差异或星座内部的更深层内涵没有凸显出来。

八字的分类分型过程是：先划分，再归类。先按照出生时间的八柱进行划分，再结合阴阳五行、四时进行复杂的推演，形成各种各样的命格，再将具有相同特质的命格归为某一类型，而将不同特质的命格归为另一类型，命格之间存在显著的差别；具有典型的演绎与分解思维特点，其结果更加突出各自的个性，获得组别彼此之间的本质差异。

（2）分类依据。星座分类的依据是恒星所在的位置，再利用每个人出生时间与恒星所在的位置之间存在关联来推测人的命运；八字则直接把每个人的出生时间作为分类依据，再考虑五行、四时等多种因素来推测一个人的未来命运。

星座与八字的分类、分型虽存在上述差异，本质则是一致的。恒星所在位置与某个人的出生时间确实存在关联，但借恒星的位置或者直接采用出生时间来推测一个人的未来命运都是主观臆断，其科学性值得怀疑。一个人的命运固然与其出生及其生存的自然环境相关，更与他的生理基础、后天的努力以及所处的社会环境相关联，是多种因素相互作用的产物。因此，这种先天性、片面性的推测显然是武断的，应该摒弃。

当然，这些不是本书关注的重点。星座与八字的分类、分型，作为人们认识事物的逻辑过程，值得现代科学中聚类、分类借鉴与参考。所以，本书从认识事物的逻辑思维的高度，提出分型管理的概念，主要是为了使人们更清楚地看到，中国人认识事物的逻辑过程与西方是不同的。中国人强调影响事物的变化是多因素的，在认识事物、管理事物的过程中，通过分型管理来进行权变并确定辩证对策。所以，分型管理也是构成四象管理的重要组成部分。

第二节　分型辩证定对策

所谓辩证思维，是运用联系、发展、矛盾的观点看待世界上的事物，在此基础之上，将具体事物进行抽象概括之后，发现其内在规律，通过对这种抽象的概念进行判断、推理，演绎其变化规律来指导实践。构成辩证思维的基础是分型，因为通过它，才能对事物的认知更加全面、清晰，并能依照其个性特征进行判断和抽象，并依据分型制定出解决问题的对策。事实上，分型辩证定对策在中国古代军事战略和传统医学中早已被广泛地应用，是中国式议事管理的重要组成部分。

一、古代军事的分型辩证

《三十六计》又称三十六策，语源于南北朝，成书于明清，是中国古代三十六个兵法策略。它是根据中国古代军事思想和丰富的斗争经验总结而成的兵书，是对我国古代兵家计谋的理论概括和军事谋略提纲挈领式的汇集，依据《易经》中的阴阳变化之理及古代兵家刚柔、奇正、攻防、彼己、虚实、主客等对立关系相互转化的思想推演而成。它根据每次交战的双方兵力、士气、兵器、出师理由等不同情况，以及一个国家的军队的战略力是处于优势还是劣势，在优势或者劣势的不同情况下，将计谋分类为六套计谋：胜战计、敌战计、攻战计、混战计、并战计、败战计。前三套是处于优势所用之计，后三套是处于劣势所用之计。

策略运用的成功得力于缜密谋划，而且这种谋划是根据具体情况进行的，不能生搬硬套，否则后患无穷。道理中的方法往往是明确的，但依据现实的谋划却不是预先讲得清楚的。倘若只懂得为策略而策略，却不懂得策略的制定要依靠周密的谋划，这样的策略运用起来多数不会成功。术法计谋和应变手段，本来就出自自然规律、社会常情。

如果使用术法计谋者做事不合常规，就会引起人们的惊讶和怀疑，术法

计谋也就暴露无遗了。因为在战场上,就算同样是处于优势状态,其中打胜仗的条件也不尽相同,如果没有认真思考分析,再大的优势也会消耗殆尽。

当人们遇到具体的战况,面对三十六计,哪一条才是最合适的呢?这需要根据情况进行分类、分型,如双方兵力、出师理由、气候地势等,定型后,才能选择相应的对策。

在瞒天过海的计策中,常常是着眼于人们在观察处理世事中,由于对某些事情的习见不疑而不自觉地产生了疏漏和松懈,故能趁虚而示假隐真,掩盖某种军事行动,把握时机,出奇制胜。

在借刀杀人的计策中,是在敌人的情况已经明了,友方的态度尚未确定的情况下,利用友方的力量去消灭敌人,自己不需要付出什么力量。

在围魏救赵的计策中,围魏和救赵之间存在因果关系,围魏是手段,救赵是结果,实质是避实击虚的策略。在后世中,这条计谋被借鉴使用众多,不胜枚举。其中,曹操穰山破刘备之战是个典型的例子。

曹操穰山破刘备之战

正当曹操北伐袁绍之际,许都荀彧忽然来信告急说:"刘备现在率军已从汝南出发,欲乘机攻取许昌。"曹操立即回师迎击刘备,双方在穰山地界相遇。

曹操远途急行,兵疲马乏,战斗力尚未恢复,首战失利,只好安下营寨,与刘备坚守对峙。不管对方如何挑战,就是不出寨迎战。曹操想,刘备兵马虽然不多,但其手下关羽、张飞、赵云都是不可多得的勇将,不如设法分散其势,待我军休息已定后,再一举打败刘备。

不久,他听说汝南龚都押运粮草,即将来到刘备大营。曹操见时机已到,便立刻遣将去劫粮,同时命令大将夏侯惇率军去袭击刘备的根据地汝南,又在沿途布下伏兵,准备伏击刘备前往救援的军马。

刘备见曹操坚守营寨不出战,正在纳闷,忽听探马报告,运粮的龚都被曹军包围。刘备想,我在穰山旷野之中与曹操对峙,军中无粮怎么能行?便派张飞立即分兵去救援。接着他又获悉,夏侯惇正抄近路去攻打汝南。刘备听罢,顿时慌了手脚,心想,汝南是我得以立锥的根据地,一旦失守,我会无处可归,于是,连忙派关羽引兵救应。不到一天,探马又回报说:"张飞去救龚都,反被曹军包围;夏侯惇已攻破汝南,关羽也身陷曹军的重围。"(见图4-2)

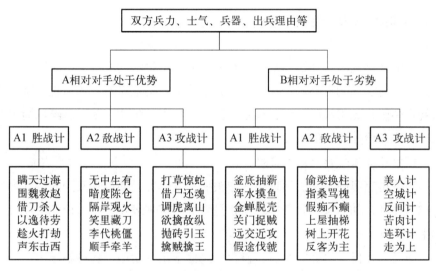

图 4-2　中国古代军事上的分型应用

此刻,刘备如同热锅上的蚂蚁,想回兵,又无处可回;想据守,营内兵力又十分空虚;想救关、张飞又力不能支。只好下令让军兵饱餐了一顿,夜里在营内虚设灯火,暗中退兵弃营而走,行"走为上"计。

曹操早已料到刘备必然会弃寨而走,提前在其后寨布下伏兵。当刘备兵马一动,四下里伏兵齐出,将刘备打得惨败。最后,刘备只得在赵云的掩护下,聚集残兵败将,投往荆州刘表去了。

战势原本对曹操极为不利,可他经过冷静分析,找到了围魏救赵的自救良方,耐心等待时机,反而变被动为主动,打败了刘备。

在战争中,及时分析双方兵力、优劣势,将对方的优势尽量分散减弱,做到以奇制胜,旁敲侧击,使对方顾此失彼,首尾不能相顾,最终不得不退兵。曹操将内外部情况进行了详细准确的分析,确定此计策最符合当时的型,最终得以成功。

《三十六计》虽是一部军事著作,但绝不仅仅具有军事上的意义和价值,其中的谋略智能尤其适合分型定策的思路,已经超出军事本身,可广泛应用于社会、人生、企业管理等各个层面。

二、中国传统医学的分型辩证

在中国传统医学知识体系中,有大量的分型诊治的案例。中医看待人体的方式、对疾病的诊断和治疗疾病,无不渗透着辩证定对策的思想。辩证论治就是中医临床思维的过程,也是中医学术特点的集中表现,已经成为中医认识疾病和治疗疾病的基本原则。

1. 中医辩证治疗的基本思想

症是指疾病的个别表面现象,如头痛、发热等。能被觉察到的客观表现则称为体征,如脉象、舌苔等。症状是疾病的客观表现,是认识和治疗疾病的主要依据。

证又称证候,由症状组成,包含疾病处于某一阶段的各种临床表现,包括病变的原因、部位、性质以及邪正关系,是机体在疾病发展过程中某一阶段的病理概括,反映出疾病发展过程中某一阶段的病理变化本质,比症状更全面、更深刻、更正确地揭示了疾病的本质。

病是疾病,一种病理过程。在一定致病因素的作用下,机体内外环境之间的动态平衡遭到破坏,导致阴阳失调、气血杂乱,表现出脏腑组织的生理功能或形态结构的异常变化和机体对环境适应能力的下降,妨碍了机体正常的生命活动,出现一系列的症状和体征,进而影响机体的活动能力,便称为疾病。

症、证、病三者既有密切联系,又有严格区别。症、证与病皆有密切关系,但疾病不是一个突出的症状和证候。每一种病都有它的发病原因和病理变化，其不同阶段的病理变化，可产生不同的证候。每种病所表现出来的证候又因人、因时、因地而异，各种不同的证候又有相应的治疗原则。可见，疾病与单一的症状和证候是不同的。

辩证是指"望而知之谓之神，闻而知之谓之圣，问而知之谓之工，切而知之谓之巧"，就是将四诊（望、闻、问、切）所收集的症状和体征资料通过分析、综合以辨清疾病的原因、性质、部位及邪正之间的关系，从而概括、判断为某种性质证候。

在中医看来，一种病可以包括几种不同的证，不同的病在发展过程中可以出现同一证候，因此，临床治疗采取同病异治或异病同治的方法来处理。

同病异治是指同一种疾病，由于发病的时间、地区以及患者机体的反应性不同，或处于不同的发展阶段，表现的证候不同，因而治法也不一样。

异病同治是指几种不同的疾病，在其发展的过程中，由于出现了具有同一性质的证，因而可以采用同一方法治疗。比如，A 患者有慢性偏头痛，B 患者有慢性胆囊炎，如果基于四诊的辨证是一样的，即为肝郁气滞、气滞血瘀，则患者的治法和方药会非常相似，甚至大致相同。

中医治病主要不是着眼于病的异同，而是着眼于证的区别。相同的证，用基本相同的治法；不同的证，用基本不同的治法，即所谓证同治亦同，证异治亦异。这种针对疾病发展过程中不同质的矛盾用不同的方法去解决的法则，就是辨证论治的精神实质。

中医治病不会局限于某一病名，而是根据证的区别来确定疾病的类型，进而对症下药。因为证候反映的是疾病发展过程中某一阶段的病理变化的本质（阴阳寒热），因而它比西医所说的症状更加全面，更深刻地揭示了疾病的本质。

2. 中医辨证治疗过程[①]

中医学"有诸内者，必形诸外"的认知原理，运用"司外揣内"的认识

---

① 醉牛988：《中医的精髓—辨证论治（二）》（2019 年 2 月 15 日），360 个人图书馆，http: //www.360doc.com/content/19/0215/08/33842124_815047821.shtml，最后浏览日期：2021 年 1 月 19 日。

方法，若这些疾病在隐匿的临床前期，仅靠中医"四诊"方法无法明确诊断，自然也无从辨证论治。所以，中医主要是利用望、闻、问、切等手段，尽可能搜集病变信息，并对客观检查结果进行分析，再结合中医对本病的一般认识加以辨治。

具体言之，中医在整体观念（人和自然相统一，人体五脏六腑相统一）的指导下，运用"四诊"对病人进行仔细的临床观察，将人体在病邪（自然界的风寒暑湿燥火、病菌微生物如病毒等及人体本身情绪的失调如喜、怒、忧、思、悲、恐、惊等）作用下反映出来的一系列症状和体征，结合地理环境、时令、气候、病人的体质、性别、年龄、职业等情况进行具体分析，从而找出疾病的本质得出辨证的结论，确定证候类型，最后确定治疗法则，选方遣药进行治疗，这是中医临床辨证论治的基本过程，如图4-3所示。

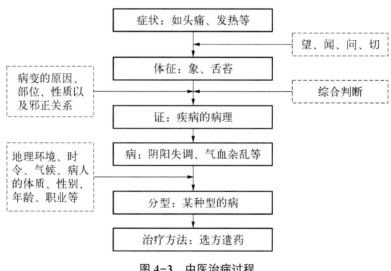

图 4-3 中医治病过程

现以当前上班族的亚健康问题为例进行具体说明。中医将其分为五种类型①，分别是：（1）肝肾亏虚型，有长期在外饮酒应酬，劳累者，先伤其肝

---

① 中医缘的图书馆：《中医看病：分型辨证论治5种类型》（2019年2月24日），360个人图书馆，http://www.360doc.com/content/19/0224/12/164406_817177551.shtml，最后浏览日期：2021年1月19日。

肾，引发精神萎靡、畏冷身重、体力不支、失眠多梦、性欲冷淡、腰背酸痛等。论治方法：先戒烟酒，并增强腰部、颈部锻炼，培养良好的生活习惯。（2）湿邪内阻型，全身脏腑功能紊乱，时而感觉热，时而感觉冷，即温热内蕴、寒湿滞留，容易患感冒、低烧、机体抗病毒能力较弱。论治方法：少油腻、少烧烤，增加运动量，保证作息规律，以扶正祛邪消除症状。（3）阴虚火旺型，工作时间太长，心情易怒，易烦躁，身重、口腔溃疡、眼花耳鸣。论治方法：多蔬菜，少烟酒、少烧烤、少辛辣，增加有氧运动，如游泳、慢跑。（4）气滞血瘀型，自身体虚，加上工作劳累引发脏腑受损，性功能减退，胸闷心慌，力不从心。论治方法：非食疗可以解决，应及时就医。（5）心神不宁，忧思过度，恐伤及心脾，导致健忘、食欲减退，短时间内体重骤增、骤降。论治方法：劳逸结合，多服用安神健脾食物和中药材，适当增加运动量（见图4-4）。

综上，中医对人体生命和疾病现象的规律和本质的认识和把握是通过划

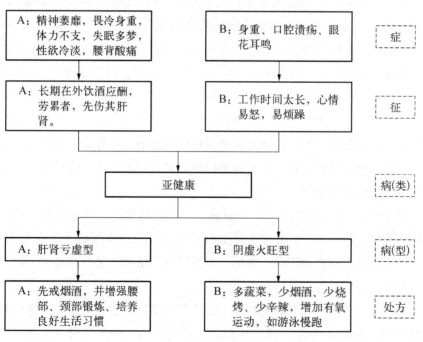

图4-4 上班族的亚健康中医分型诊治过程

黄灯
——破译四象管理

分阴阳五行等不同类型所构成的统一体来实现的。通过分型，能够对人的体质、疾病的病因、病机、传变、治疗的方式、药物的使用等构建全面而又联系紧密的知识体系，更加准确地区分某种症状，辩证地进行诊断。

第三节　分型管理原理

一、从中国文化中的权变谈起

权变是指灵活地应付随时变化的情况。中国文化中一直充满着权变的智慧，在诸多文学典籍中均有所体现，如《史记·张仪列传赞》中提到的"三晋多权变之士"、《文子·道德》中的"圣人者应时权变，见形施宜"、《史记·货殖列传》中的"智不足与权变，勇不足以决断"。

中国古代著名的思想家孟子，其思想除了具有伦理和政治价值取向外，还具有通权达变的特点，被誉为中国古代权变管理大师。例如，"彼一时，此一时也"，说明一切都应随时间流逝而转移；又如，《孟子·离娄上》中有一段很经典的话：淳于髡曰："男女授受不亲，礼与？"孟子曰："礼也。"曰："嫂溺，则援之以手乎？"曰："嫂溺不援，是豺狼也。男女授受不亲，礼也；嫂溺援之以手者，权也。"意思是说，"男女授受不亲"在一般情况下是合乎礼仪规范的，但是在嫂子溺水的特殊情况下，小叔子却需要灵活变通一下，施以援手才合于礼，合于道德原则，是权宜之计也。这强调随着场景变化而变化的权变思想。

朱熹说："凡天下之事，一不能化，惟两而后能化。且如一阴一阳，始能化生万物，虽是两个，要之亦是推行乎此一尔。"（《朱子语类》卷九十八）指出万事万物均存在阴阳两个方面，双方既互相依存，又互相斗争，趋于矛盾变通中，这便是管理的权变发展观。

朱熹在谈到权变管理思想时又说："柔变而趋于刚，是退极而进；刚化而趋于柔，是进极而退。"（《朱子语类》卷七十四）这是儒家权变思想发展过程中的又一个闪光点。就是说在现实管理中，要注意变通，不能一意孤行，在一棵树上吊死，凡事都有一个合理的尺度，否则会物极必反。①

古代先贤不仅阐述权变的思想，而且在中国文学名著中，还有权变应用的经典案例，《红楼梦》中的薛宝钗便是这方面的高手。

案 例

薛宝钗权变管理大观园②

薛宝钗在管理大观园时，其理财治家通晓庶务就明显地高人一等。在大观园管理初始，先对众人解说这是身不由己、万般无奈的事情，以柔性管理的手段和方式，既淡化了主子与下人之间的矛盾，也在一定程度上赢得了被管理者的同情。而她一上任，就直接抓治安管理，并让众人对此口服心服，连王熙凤也在心里暗暗称赞。她深谙"幸于始者怠其终，缮其辞者嗜其利"，在贾探春单纯求利的直线改革思路的基础上，她提出了使贾府上下都满意的改革方案，"小惠全大体"，照顾到每个人的利益，合乎人心，顺乎时势。

与凤姐干练泼辣的手腕相比，与探春单纯追求物质利益的改革手段相比，薛宝钗能从实际出发，运用柔与刚相互变通、物质与精神相结合的管理方式，使得她在贾府这个派系复杂、矛盾重重的大家族中，赢得上下一致的好评。这种威而不露、不偏不倚的管理处世方式，恰恰是儒家刚柔并济权变管理智慧的完美体现。

在日常的为人处世中，薛宝钗一方面抱取"事不关己不开口，一问摇头三不知"的态度，同时，又善于处理人际关系，与各类型的人都保持着一种亲切自然、合宜得体的关系。这种做法符合她一贯的处世态度，圆润随和，考虑周到，但同时又谨言慎行，不生是非，也不厚此薄

---

① 江山：《朱熹的权变思想浅论》，《和田师范专科学校学报》2006年第2期。
② 宋虹桥：《"薛宝钗"形象中的儒家权变思想探微》，《西安文理学院学报（社会科学版）》2016年第1期。

> 彼。林黛玉在与薛宝钗的来往中，曾一度心怀不满，多次说话比较尖酸刻薄，薛宝钗总是装作没听见，从来不与她斤斤计较。恶嫂金桂多次故意挑衅、滋事生非，薛宝钗随其母一起前往劝导说教，却遭来金桂的冷言羞辱与讥讽，当时虽气愤难当，但最终以宽宏大量做到大事化小，平息风波。这般气度和作风，也只有深受儒家思想教育并善于灵活变通的大家闺秀才得如此。
>
> 薛宝钗在大观园管理与日常为人处世中表现出来的温厚练达、圆润变通，是以女性的柔美、柔和与变通重新阐释了儒家权变思想的阳刚、正直与包容，是儒家刚柔并济权变管理思想的智慧与魅力的体现。

二、分型管理是权变的前提

1. 权变有前提：分型

权变管理理论的精髓在于变，它的关键思想是管理者能否敏锐地察觉到这种变化，并及时应变。为了识别变，管理者首先对变化前后情况作出清晰的判断。权变管理理论的基本思想与分类、分型分不开。

通过对中国军事与中医问题解决过程的分析，可以得到实践中问题解决的一般过程的规律，如图4-5所示。

一般来讲，问题解决的过程大致经历如下阶段：首先，采用不同手段，如军事上采用实地侦察、间谍等，中医采用望、问、闻、切等，通过直接与间接渠道获得有关解决问题的相关信息。在此基础上，形成对该问题的综合判断，得到该问题的类别，然后，依据自己的经验或者外部知识，找到该问题的一般解决方法。

但该问题与其类别问题存在差异，需要人们进一步将问题进行分型，寻找该问题的个性（特殊性），针对该问题的个性，对解决该类问题的一般方法进行调整，进一步获得解决该问题的具体方法。

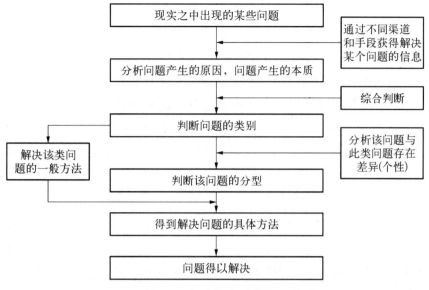

图 4-5　权变与分型的关系

在此过程中，人们采用权变方法，进行具体问题具体分析，并给出针对该问题的具体解决方法，整个问题的解决过程实质上是对问题的分类、分型的过程。离开了分类、分型，人们无法权变地解决所面临的具体问题。由此不难看出，分类、分型是权变的前提。

（1）分类是指按照种类、等级或性质对事物分别归类。对事物在一个类别里找差异性，这是分析。在不同的事物中找出共性，这是综合。本质上，分类是在思想中去寻找事物的共同点和不同点，是人们认识和理解世界的基础方法和能力。在分类的基础上，人们才可能去判断、推理，才能形成概念，作出判断与决策。

（2）运用分类、分型可以将问题引向深入，找到该问题与此类问题的共性与个性；针对问题的共性，寻找已有此类问题的一般解决方法，在一般解决方法的基础上，针对个性进行调整和修改。前者可以通过已有的事物快速地认知未知事物，参考类比已有的事物，充分利用已有的知识、经验，节约解决问题的时间和成本，降低解决问题的难度；后者则剔除共性，寻找个性，针对个性，创新地加以解决。

（3）通过问题的分类、分型分析，可以进一步掌握该类问题产生、发展、解决的规则和规律，使此类问题的解决更加细化、科学化；同时，可以获得对应问题个性化解决的新知识，修正该类问题解决中已有观念与做法的不足，更新该类问题解决的知识库，提高人们对该类问题的认知。

总之，分类、分型是人们认识和研究客观事物的一种重要的逻辑思维方法，借助于这种方法，才能把各种事物区别开来，才能深入揭开各种事物的共同点和差异点，提高解决问题的针对性，是使用权变方法的基础与前提。

2. 权变有规律：知常守变

与弈棋相似，比如象棋、红绿子总共32只，"马跳日，车走直，象飞田"，步法是有规定的，而且棋盘点总共64格，不变中有变，经过不同程序的对弈，在有限的格子里能做出无穷无尽的棋谱。高明的棋手总能顺势而变，可谓"谱不能尽弈之变，法不可尽管之奇"。

"执中为近之；执中无权，犹执一也。所恶执一者，为其贼道也，举一而废百也。"在孟子看来，在两端之中执中比过和不及要好一点。但执中还须有权，保持中庸而不知权变，就是执于一端，执着于僵化的教条而不懂变通，反而有违道德原则，成为贼道。这是孟子权变思想的核心观点。

儒家的权变思想是以原则、规律、纲纪为前提的权变，即经权思想，其核心是解决道德原则的适用性问题，通过经与权的有机结合，达成道德价值的最大化。一般来说，经是原则性，权是灵活性；经是常，权是变。经与权构成一对既对立又统一的范畴，就经与权的辩证关系而言，体现在以下三个方面。

（1）经主权从。在经与权的地位问题上，儒家认为经是万世常用的"道"，是普遍的、永久的，具有无条件的、绝对的约束功能，处于主导、决定的地位；权是经所不及之处，是对经的完善与补充，只是特殊的、暂时的，处于从属、服从的地位。

（2）权本于经。在本质上看，权对经的应变，是受到经的严格限制，权离开经只是表象，其实质是采取迂回曲折的途径来维护经，而不是离经叛道。儒家认为："行权有道，自贬损以行权，不害人以行权。杀人以自生，亡人以自存，君子不为也。"

（3）经在权中。在任何情况下，都要灵活地权衡各种关系，采取适宜的行为，按规则行事的方式是灵活行为方式的一种特例。"经也者，常也；权也者，达经者也。"经只有通过权，它的道德价值才能体现出来，从这个角度说，经在权中。

《黄帝内经》采用的阴阳划分，几乎应用于天地、时空、气、万物、人身、疾病以及对疾病的诊断和治疗的所有方面。正是因为有了这种阴阳划分成为中医衡量万物的共有尺度，才有中药的上、中、下三品以及四气五味的划分结果。正是因为有了这种共同尺度，中医"以药之偏纠病之偏"的治疗方法才有了可能（《素问·阴阳应象大论》），病人的症状可能显现多样，产生病的机理却是相同的，只要守住其根本不变，结合具体症状的不同，给出相应治疗方案，便是知常守变的最好体现。

管理之道也遵从同样的规律。各个具体企业的管理情况千变万化，但管理的基本规则、基本方法是相同的，不同的是在各个具体情形下的表现不同。变寓于不变，没有基本不变的经营之道，难以产生独具匠心的经营特色。变法出于常法，奇谋方略来自一般的经营原则。经营原则可能总结出几条，经过不同的组合就能制订出五花八门的式样。

3. 权变策略：因型制宜，对症下药

西医的治疗模式是头痛治头，脚痛治脚。客观地讲，在控制症状，控制病情方面，西医有立竿见影的优势。西医的治疗方法之所以见效快，是因为善于聚焦病灶，聚焦症状，聚焦指标，单刀直入，靶向治疗，有的放矢。在这一点上，与中医的分类、分型治疗有异曲同工之妙。

分类、分型权变解决的道理也是如此。分类、分型的重点在于型。此处的型可以是类的细化，如具体到十二星座之中的某一星座；也可以是不同方面的类的排列组合，如中医诊断中阴阳与虚实结合。

每个企业所面临的内外部环境各不相同，所出现的管理问题也不一样，不存在适用于任何情景的原则或方法。所以，只有对具体的管理问题进行详细划分，以确定其所对应的型，依照其型的特点，辩证地制定对策，选择合适的方案，才能使问题得以妥善解决。

分型的过程实质上是对管理问题形成更为清晰和全面的认知过程,分型越为细化,认识越为全面,从而将各因素都纳入考虑范围,将内外部状况进行充分的了解,保证制定策略的有效性。

分型管理问题的关键在于聚集问题,对症下药,与对不同管理问题进行分类、分型直接解决相比,不仅可以节约时间,提高效率,更重要的是借助于共性管理问题解决的已有经验,还可以提高问题解决的成功率,起到事半功倍之效果。

海尔的权变施策

海尔自1984年成立,迄今已经走过了30多个年头,从最开始的一家资不抵债、濒临倒闭的集体小厂,经过多年的创新创业,已然成为全球白色家电第一制造商、中国最具价值品牌。海尔已经成为大型跨国企业集团,在全球建立了24个工业园、10大研发中心、108个制造中心、66个营销中心,全球员工已经超过6万人。海尔集团的业务也不断拓展,从最开始的家电领域到现在的通信、IT数码产品、家居、物流、金融、房地产、生物制药等领域,并入选海外市场最成功的中国品牌。海尔的成功与它审时度势、权变施策分不开。在时间上,随着时间的推移,海尔针对内外环境的变化和不同发展阶段面临矛盾的不同,制定并实施相应的战略,实现了企业平滑过渡;在空间上,针对不同的二级组织所处环境的差异,因类制宜地采用差异化的变革措施,推动它们顺利地进入市场;在管理对象上,针对不同人员的特点,实施了灵活的激励策略。

1. 发展阶段

企业所处的阶段不同,所面临的内外环境和存在的主要矛盾差异显著,管理问题的性质和特征大相径庭,所需的管理方法也有天壤之别,当然,所采用的战略也迥异有别。海尔正是针对不同阶段所面临的主要矛盾不同,制定并实施了相应的战略(见表4-1),促进了企业持续成长。

表4-1 海尔不同发展阶段的战略①

发展阶段	1984—1991年	1992—1998年	1999—2005年	2006—2012年	2013年至今
战略	名牌	多元化	国际化	全球化	网络化
产业	起步阶段	成长阶段	扩张阶段	成熟期	转型
主要矛盾	社会需求旺盛与产品质量差	多元化需求与产品单一	国内市场发展空间受限与国际竞争国内化的矛盾	家电市场供过于求	持续发展与企业惰性

(1)1984—1991年:名牌战略。国内家电市场的需求旺盛,供不应求,家电行业处于成长初期阶段。增加供给,解决供求矛盾是行业面临的突出问题。国内各地大量的冰箱项目上马,重产量、轻质量,但"皇帝的女儿不愁嫁"。面对强劲的市场需求,获得眼前利益的产量与长期发展的质量之间的矛盾应运而生,海尔内部面临因为产能扩张带来巨大的现金流紧张、员工毫无纪律性导致产品质量难以提高两大瓶颈。

为满足社会需求、解决产品产量与质量的矛盾,海尔将战略重点聚焦于内部秩序和产品质量,实施名牌战略。从"管理十三条"开始整顿纪律,提高员工的基本素质,解决人员劳动纪律问题。通过引进德国先进制造技术和实施全面质量管理来解决质量问题。

(2)1992—1998年:产品多元化战略。国内市场对冰箱需求呈现差异化,单一产品已无法满足,市场竞争异常激烈,家电行业进入成长阶段,企业需要通过发展新的业务来规避单一产品发展带来的风险。

---

① 许庆瑞、陈政融、吴画斌、刘海兵:《传统制造业企业战略演进——基于海尔集团的探索性案例分析》,《中国科技论坛》2019年第8期。

为解决市场需求差异化与产品单一之间的矛盾，海尔将战略重点聚焦于多品种、大规模、低成本，先后兼并了18家企业。同时，通过合作设厂、技术合作等方式，完善生产研发体系。在合作中，海尔学习外方先进的生产技术和管理理念，提升技术能力。在内部正式施行合同聘任制，给予员工充分的选岗自由，并引入竞争机制，促进企业快速成长。

（3）1999—2005年：国际市场开拓战略。国内家电市场由卖方转变为买方，用户对产品创新的愿望更加迫切，产品更新换代加速，国内企业进入低水平的重复、低价格的恶性竞争中，家电行业进入扩张期；中国加入WTO（世界贸易组织），国外众多家电巨头大举进入国内市场，加剧国内市场竞争，同时，国际市场存在扩张机会。

针对国内市场发展空间受限与国际竞争国内化的矛盾，海尔将战略重点聚焦于速度和创新，实施国际市场扩张战略。按照"先难后易"的做法，海尔先进入发达国家市场，用"三个1/3"划定的经营形式划定经营格局，采取"三步走"的战略弥补与外国大型公司的差距，以实现"三个零"为目标的流程再造，确保国际化战略的实施。在人力资源方面，海尔进行"人的再造"，提出"人人都是SBU"，提高了创新的效率。

（4）2006—2012年：全球化战略。随着科学技术的进步，家电行业的竞争日趋激烈，产品供过于求的矛盾日益突出，信息主动权已由企业转向用户，用户需要满足自己个性化需求的产品和服务，企业面临着上游成本增加和下游企业商品流通的双重压力，行业利润率极速下降，家电行业进入成熟期，内部"大企业病"表现得愈加明显，不良现象滋生。

针对供求矛盾突出，海尔将战略重点聚焦于充分利用国内外两个市场、两种资源，实施了聚集资源、品牌和创新的全球化发展战略。将全球的资源为海尔所用，整合原有的资源，建立全球研发资源整合平台，并借助分布在全球的五大研发中心，形成"世界就是我的研发部"的开放体系，让海尔拥有了领先行业的创新速度和大量的全球用户资源，通过创新在当地国家创造本土化主流品牌。该阶段最具代表性的"人单合一"的海尔模式，体现在企业运营的全过程中和"自主创新SBU"的经营能力上。

（5）2013年至今：网络化转型阶段。随着互联网、物联网技术、智能化的快速发展，海尔在成立30多年后，企业惰性也不可避免地产生，国际市场潜在的成长空间有限，企业的持续发展与惰性之间矛盾突出。

针对上述矛盾，海尔将战略重点聚焦于网络化创新和推动创业，促使自身从传统制造家电产品的企业转型为全社会孵化创客平台，致力于成为互联网平台企业。依靠开放式创新，对企业组织进行颠覆性改革，将企业传统的封闭系统变为网络互联中的节点，打造共创共赢的创新平台。海尔借助于互联网推动"人单合一"的管理模式向纵深发展，通过企业的"三化"（员工创客化、企业平台化、用户个性化）实现企业的"三无"（组织无边界、管理无领导、供应链无尺度），"三无"的最终结果是去海尔化。在人才机制方面，海尔通过企业"三化"，打造开放性的资源聚合平台，培养具有创客精神的人，并通过海尔大学进行相关的创业指导和培训，加速小微和创客孵化，该阶段的战略措施促使海尔的企业文化从执行力向自驱动转变。

2.组织的变革

战略决定组织，组织服从战略。为确保战略的顺利实施，海尔以营造内部市场主体为突破口，对下属的事业部等二级单位进行市场化的分类变革，有效地促进它们向自主经营体的转变。

自主经营体是海尔创造的新名词，是指在用户需求推动下建立的自主经营团队。张瑞敏曾解释说："自主经营体就是为员工创新提供了一个机会公平和结果公平的平台，其目的是要每位员工成为自己的CEO。"为实现组织的变革，海尔提出了自主经营体设立的前提条件。

（1）端到端，即自主经营体要能完全满足用户需求，从用户不满意开始，到用户满意为止，构成一个闭环。如果不能满足用户需求，则自主经营体无存在必要。

（2）共同目标，即整个自主经营体拥有一个共同目标，作为凝聚自主经营体内部各团队的指挥棒，经营体内部所有部门和成员都围绕着它展开协作而不推诿。

（3）倒逼机制，即自主经营体要根据目标倒逼到每一个团队、每一个人、每一个流程。它的实质就是人人都面对市场，直接为市场服务。

在此基础上，为了实现每个员工都要进入自主经营体的目标，海尔又根据现有组织中各个单位在价值链中角色与功能的不同，将其分为三级：一线自主经营体、平台自主经营体、战略自主经营体。[①]通过不同定位，促使组织实现变革。

一线自主经营体位于倒金字塔的顶端，直接面对用户，实行"我的用户我创造，我的价值我分享"，即"缴足企业的利润、挣够自己的经营费用、剩下的超利分成"。一线自主经营体数量最多，他们直接面对市场，快速感知用户群的需求和变化，为他们创造价值。

一线自主经营体又包括市场经营体、型号经营体、线体经营体三种。市场经营体主要执行原来的销售功能，为用户提供解决方案；型号经营体主要执行原来的生产制造功能，创造差异化产品，满足用户需求；线体经营体主要提供即需即供的供应链服务，快速准确地将产品交付用户。

平台自主经营体位于一线自主经营体之下，主要为一线自主经营体提供专业服务和资源支持，帮助一线自主经营体达成目标，包括销售、研发、供应链、质量管理、人力资源、企业文化等平台经营体。

战略自主经营体位于平台自主经营体之下，也就是公司战略领导机构，主要负责企业战略发展方向的拟定和新机会的发现，为企业制定基本的制度框架和运行机制，为一线自主经营体和平台自主经营体提供充分的资源支持（见图4-6）。

这三类、三级自主经营体各自的定位不同，一线自主经营体负责与顾客直接交互，感受顾客需求，并倒逼平台自主经营体和战略经营体提供良好的服务和资源支持，以确保满足顾客需求。一线自主经营体就类似水母的触角，是海尔灵活适应外界环境的感应器，是听得见炮火声音的战士。

---

① 海尔集团公司：《以自主经营体为基础的"人单合一"管理》，《企业管理》2012年第6期。

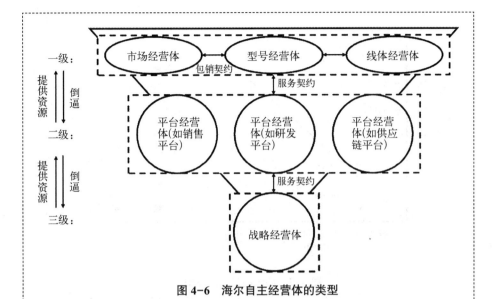

图 4-6　海尔自主经营体的类型

通过上述的改造，海尔从原来的大事业部制改变为以自主经营体为基本单元的三级倒三角形组织架构。至 2012 年，海尔已从原来拥有 8 万名员工、包括众多事业部的巨无霸企业，转变为包括 2 000 多个自主经营体、可对市场进行快速反应的灵活型组织。

3.个人激励

事业部等二级单位转型为自主经营体，解决了二级单位的活力问题后，如何激活基层员工的员工积极性、创造性则成为搞活基层的关键。企业员工因为年龄、能力等特征存在差异，需要相应的激励解决方案。过去，海尔使用的薪酬评定方式是宽带薪酬制度，其依据是职位分析。为搞活基层，海尔对小微团体的激励采用了一种全新的方式——横纵二维点阵法（见图 4-7）。[①]

横轴是企业价值，衡量的指标是传统的销售收入、利润、市场份额等；但企业的这些指标一般由领导决定，海尔则要求由市场决定，横轴被分为 2、4、6、8、10 五个分区，依次为达到行业平均水平、行业平

---

① 胡泳、郝亚洲：《张瑞敏思考实录》，机械工业出版社 2014 年版，第 53 页。

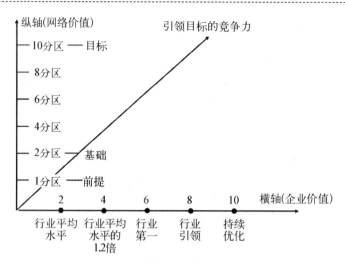

图 4-7 海尔的二维点阵图[①]

均水平的 1.2 倍、行业第一、行业引领、持续优化，对应一些具体的指标数据。根据张瑞敏的诠释，个体绩效没有达到行业竞争力，就不可能拿到具有行业竞争力水平的薪酬。

纵轴是网络价值。自 2012 年以来，海尔实施网络化发展战略，因而在员工薪酬设计中必须体现出个体为该战略作出的贡献，这就是网络价值作为考核标准的由来。网络价值是指企业吸引以及转化的用户数，包括网络的节点和联网的用户数量两个变量。每位员工都是网络组织中的一个节点，他必须要连接到市场上的用户，谁连的用户多，谁就可以获得更大的成就。[②]纵轴被分为 10 个分区：1 分区是指做到了把各种资产、用户分解到每个人，使横轴上的数有人负责；2 分区是指建立了一个开放的并联平台来获取整个社会的资源，成功地通过人单自推动机制，不断地在社会上招聘更优秀的人；从 2 分区以上到 10 分区之间，就是从样板扩展到全部；最后的 10 分区则是要达到的引领目标。只有

[①] 胡泳、郝亚洲：《张瑞敏思考实录》，机械工业出版社 2014 年版，第 53 页。
[②] 张瑞敏：《互联网颠覆传统管理模式》，《IT 时代周刊》2014 年第 14 期。

纵轴数量高的员工，即交互的用户流量大的员工，才能获得高薪。

反之，有的员工虽然也实现了较高的销售额，但没有赢得用户，纵轴数为零，就不能获得薪酬。如果一个小微团队不能交互到用户，用户就不会为产品付费，小微主就只能自己掏钱为成员发工资，这种模式注定不可能持续，该小微团队必然会被市场淘汰。这不仅防止了急功近利，也防止了很多企业一看销售不好就采取很多措施，给企业带来很多问题。过去一个人销售业绩突出，达到了市场领先水平，就可以拿到很高的薪酬，但现在不一定了，还得看他卖给了哪些用户以及这些用户的价值。

这样，小微主根据自己在企业价值、网络价值两个维度的贡献，获得相应的报酬，解决了干与不干、干多与干少的问题，既可充分激发员工的工作动力，又可解决不同员工之间的公平性问题。

第五章 关系管理

在第二章中我们讲到，四象管理的主要内容包括方向管理、议事管理、安人管理、行事管理，指出关系是中式管理的结构。管理关系的三大原则是学会做人、学会安人、学会无争。做人是基础，安人是目标，无争是境界。如果你是一个会做人的人，又有无争的境界，你在管理中就一定能达到安人的目标。因此，严格来讲，人不是靠管的，而是要理，只有把人际关系理顺，人和了才能更好地把其他问题处理好。本章不仅讲了什么是关系，为什么中国人十分重视关系，还建立了人在社会中的关系模式——生态态势模型，并且按照这个模型，分析了怎样在实际的生存态势圈中处理好关系，达到学会做人、安人、无争的境界。

第一节 打麻将：中国式"关系"训练

一、麻将中的中国文化

每一项深受广大群众喜爱的娱乐体育活动都有自己的特点，都能进行某一方面的训练。从棋牌活动看，斗兽棋可告诉孩子世界上不存在绝对的大，围棋可培养人们的大局观，桥牌可训练人们的团队博弈能力，麻将是一种在"和"观念下的"关系"处理技术训练。任何一种文体活动都不可能包罗万象。笔者发现大多数对麻将的批评不是在求全，就是在用西方人的眼光看中国文化问题。

胡适曾经说过："从各国对游戏的特殊爱好来看，可以说英国的国戏是板球,美国的国戏是棒球,日本的国戏是相扑,中国呢?中国的国戏就是麻将。"麻将起源于中国,原属皇家和王公贵族的游戏,其历史可追溯到三四千年以前。在长期的历史演变过程中,麻将逐步从宫廷流传到民间,到清朝中叶基本定型。渊远的麻将运动是中华文化宝库的重要组成部分,它的独特价值使之堪称国之瑰宝。麻将的基本打法很简单,容易上手,但它的玩法复杂有趣,其中的变化又极多,搭配组合因人而异,因此成为中国历史上一种最能吸引人的博戏形式。根据美国麻将网站保守统计,全球有6亿多人参与麻将游戏,而据第一届世界智力运动会组委会官方公布,桥牌、围棋、国际象棋、国际跳棋、中国象棋五个项目全世界参与人数总计只有7亿,可见麻将已成为全球最受欢迎、普及率最高的文娱活动之一。

当然,作为一种中国传统的文化现象,也有人极力反对,主要观点有两点:一是认为麻将是赌博之首,罪恶程度几与吸毒无异;二是麻将培养了中国人内斗的心理。麻将与赌博并没有必然的联系,这一点已逐渐成为多数人的共识,如有"赌"心,任何娱乐工具都可成为赌博的工具。有人说:"一个中国人是条龙,十个中国人就变成了虫,那是中国人喜欢互相内斗。"还有人说:"麻将心理是各自为阵,培养了中国人互相内斗的心理特征。"这真是天大的误会,或者说,这是用西方人的观念在看中国人;中国人不好"斗"而好"和",这是中国人的优点,是中国人"以人为本"的善良。麻将正是应用"关系"的处理来求"和";或者说是用"和"的观念培养人如何去处理"关系"。

在麻将中有两层关系要处理:台面上的关系与台桌上的关系。从四象管理来看,除了自己的牌之外,还有其他三个方向和中间的牌,这形成了牌的四象。从人来看,除了大家打下来的牌,还有上家,下家和对家,这又成了对人管理的四象。这两个四象分别加上"我的牌"和"我",就成了台面上牌的五行关系和台桌上的人的五行关系。具体的关系结构就是:(1)在台面上,东南西北四方牌加上台中之牌,正好形成一个"牌"际的"五行"结构,正确处理好这"五行"中五元素的"关系",才能顺利求"和"。(2)在台桌上,有打牌四人,加上打牌求"和"的本原,又构成了一个牌桌上的"人"际"五行"结构。只有处理好这"人际五行"结构,才能顺利地求得人际之"和"。(3)两个"五行"结构形成一个同心圆结构(处理同心圆"五行"结构的技巧第二章里面有论述),当然,其本原为"和"(四象的"中"就是"我"为了求"和")。前人对参加打麻将的牌手曾有要求:"入局斗牌,必先炼品。品宜镇静,不宜燥率。得之勿骄,失之勿吝;顺时则喜,逆时勿愁。不形于色,不动乎声。浑涵宽大,品格为贵,尔雅温文,斯文上乘。"这正体现了麻将娱乐本原的意蕴。下面详细分析这一问题。

首先我们来看台面上,共有144张牌,先是各人拿13张牌,这就形成了东南西北四方牌加上台中之牌,共五方,这正好是一个五方博弈关系的"五行"结构,或者也可看成是由出牌者(我)、上家、下家、对家、台中五方形成的"五行"结构。在这里谁先"和"谁就赢,或者说哪方的牌由"阴牌"(别人看不见的牌)转变为"阳牌"即为赢,台中牌也如此,由"阴牌"转化为"阳牌",即全部成为河中牌,或"荒牌"了,算台中赢,这样五元素间的关系就很清楚了(见图5-1)。

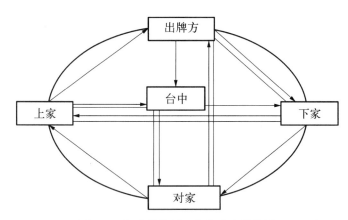

图5-1 打麻将的"五行"生克结构图

麻将的技法特别能够体现出中国人的智慧,它讲究看上家、盯下家、防对家,除了根据自己拥有的牌来决定基本打法外,还要判断其他三人的牌情,以决定跟牌、出牌、钓牌,要及时地预见、推测牌情的演变,判断形势的利弊,是能否取得胜利的关键。为什么要"看上家、盯下家",完全可从

图 5-1 的结构中反映出来。当上家出牌时，会给"河中"生出一张牌来，因为出牌方与台中走生的关系，但出牌方与下家是"克"的关系，因此，出牌方盯下家是一个正确的策略；反之，下家要防克，甚至在一定时候做到反克（当你已吃上家两次，上家怕给你"吃三吃"，成三保时可示作反克），那当然要看上家，及时地调整自己的策略，特别在刚开始不久，上家已在做某一花式的"混一色"了，如果你也想做同花式的"混一色"，那就要考虑了，除非牌很好，往往会采用避其锋的战略。如能把与上家的关系，化"克"为"生"，就存下对家了，对家虽然不能"吃"你，但能"碰"你，而且由于与上家、下家有直接"克"的关系，往往容易记住他们的牌，对他们手中的"暗牌"分析自然也会多，而往往会忽视对方的情况，所以，高手的能力往往在"防对方"方面要比别人强，有时还会利用对方来"克"上家，以取得利己的效果。另外，在这个结构图中，对台中牌的分析也很重要，"阳牌"（砖头牌）与"阴牌"（河中牌）的情况不仅能反映四家的战略意图，也影响着四家下一步出牌情况，即分析"我"所面对的环境四象的现状和发展趋势，这种运势分析在以后的章节中会论述到。

麻将高手最忌的是放炮。什么叫放炮？就是把这个牌随便往外一扔，这张牌有可能就让别人和了，所以，麻将高手都宁可自己不和，拆牌苦打，也不能让对方和。有人认为这是"宁可自己发展不了，也不能让别人发展"的思想，是搅局，这反映了"崇尚个人能力，忽略协作精神"的中国人的劣根性，其实，这里至少有两个误区：（1）从战略管理的理论来看，"长期生存、稳定发展"才是战略的根本追求，不必为一时一地一局的胜负去计较，这次不和，还有下次，谁笑到最后，谁才是真的赢家。反之，为了追求自己一时之快，盲目放炮，当然是下策；（2）牌桌上有四个人，这个放炮不仅是你输了，还等于让另外两人也输了，那几个人都恨你，这是不利于"和"的。从这一角度讲，不随便放炮可以培养自己的行为必须为别人负责、为社会负责的意识。从四象关系管理来说，就是不能只管一方，而是要牢记"初心"与这个"和"字。全面地分析四象，达到牌和与人和。要牌和就必须处理好牌的四象关系。打麻将人和也很重要，因为麻将不是只来一盘，甚至往往不是来一次。"老搭子"们会长期地一起玩，不仅是玩瘾关系，在"老搭子"中

黄灯
——破译四象管理

"三缺一"是一件很缺德的事，有时宁可放下其他事也要一起打麻将。从多次博弈理论来看，这种人际关系的建立也是十分重要的。虽然牌际关系与人际关系是一个同心圆的两个不同的子系统，但它们是有联系的。先从人际关系看，排除人为牌的因素，由于是多次博弈，所以会产生一些由前面多次博弈形成的心理暗示，例如，四人中有一人始终较强，这就会给其他三人形成一种心理暗示：要小心防范这个人。因此，我们会发现，除了牌运之外，这些因素也会造成聪明人不一定就是赢家的局面，这正是麻将"人和"的秘密所在。仔细想一想，在企业经营中不也是会碰到这种现象吗？能干的经营者也不一定是赢家，经商同样需要有情商。

二、中国麻将与西方桥牌的比较

说中国麻将不讲合作，很多人是把麻将与桥牌来进行比较的。桥牌是扑克的一种打法。桥牌作为一种高雅、文明、竞技性很强的智力性游戏，以它特有的魅力而称雄于各类牌戏，风靡全球。与其他游戏（包括麻将）相比，桥牌的最大特点是尽可能用"定约"的办法减少运气，尽可能地使输赢正确地反映打牌者的技术水平。但它的理念是建立在完全竞争的基础上的，针对有些人对麻将的误解，我们来比较一下这两种牌。

（1）打桥牌，要运用很多数学、逻辑学的知识，计算和记忆能力在桥牌中非常重要。在打桥牌的过程中少靠运气、多凭智慧而赢牌。因此，有人认为桥牌设计更科学。这也是一种误读，麻将产生的目的首先在娱乐，讲究的是一种"和"的境界，在中国人的眼里，运气是一种客观存在，作为农耕民族，会客观地遇上好天气和坏天气，追求"天人合一"，好天气应该有好收成，因此，打麻将中就有了"天和"（庄家在发完牌就和牌）、"地和"（闲家摸到第一张牌就和牌）、"人和"（第一轮中和别人出的牌）这样的好牌，但要知道这并不影响最终的收获。因为，麻将不是只来一盘，往往不止来一次。作为人们交往的一种形式，来的次数越多，这种差异就会减少。这反而造成一种"瘾"，运气好的想保持运气，运气差的想等待转运，使之来了还想下次再来。反之，如果技术水平决定一切，就难以把不同的人"和"在一起了。打麻将追求心平气和，牌运好不要得意忘形，牌运差也不要气馁，这或许正是麻将不同于桥牌的魅力所在，加上它的打法简单，男女老少可以齐上阵，和和气气一家亲，多好。

（2）"桥"字在桥牌中非常重要，打好桥牌必须在搭档之间密切合作、齐心协力，才能实现目标。桥牌首先讲究合作。复式比赛的合作性是不消说的，每个队有两对选手，大家必须都发挥良好才有可能取胜。即使是双人赛，也是按一对对选手记分的，任何一手牌的胜利都必须建立在搭档之间默契合作的基础上。不仅防守打牌要默契，叫牌更要领会搭档的牌力、牌型，以期获得一个最佳的定约。因此，桥牌确实能训练搭档二人的团队合作，但要注意，桥牌同时也在暗示你，你的朋友与敌人是固定的。麻将则不同，在每盘牌中由于各人的位置不同和战略意图不同，会有不同的潜在同盟者。所以，麻将是一种"关系"的训练，不仅仅是一种竞争关系训练，对于改善人际关系和协调、配合能力也大有益处。我们要充分认识"关系"在麻将中的重要性。

（3）西方人的桥牌讲求公平竞争，桥牌的基本过程类似于签订合同的全过程，所谓的定约（contract），在英语中就是"合同"之意：投标、竞标，双方讨价还价，最后由一方签得合同，然后，此一方为完成合同任务而制定计划，而另一方则为其设置障碍、阻止其完成计划。多劳多得和尽量减少损失等原则在桥牌中体现得非常充分。

中国人的麻将讲求协调，要求盯着上家，防着下家，不断地根据台面情况和台桌情况改变自己的策略。这个过程我们不能把它简单地看作竞争过程，更多的是如何把各子系统、各元素协调好的过程。这里要协调好牌间关系、人间关系、牌人间关系。例如，某一方在做极大的牌时，另三家又可暂时联合起来。中国的人际关系在西方人看来简直是一团乱麻，这并不奇怪，西方人的线性思维确实很难理解中国人的网状思维。但中国人从小就在进行着这方面的四象关系技巧训练。

总的来说，桥牌是一种极为规则的对抗，几乎是一种精确的技术游戏。你要做的就是吃透从叫牌到出牌的所有规则，记住每一个人的每一轮出牌，并按规则计算出牌力的准确分布。虽然要做到这些需要足够的智商和长期的努力，但胜利永远会青睐在这几点上做得好的人。因此，桥牌的胜利是可以计算出来的，可以是精确的技术游戏。麻将是一种极为艺术的求"和"，是一种四象关系训练。你要做的就是吃透"我"与上家、下家、对家及台面之牌的"关系"。根据"天时"——牌运、"地利"——位置和河中牌、"人和"——各人的策略变化，随时调整自己的策略。麻将往往青睐那些有艺术水平和人际协调能力的人。因此，它不仅仅训练了智商，更训练了情商。

最后，来谈一下这个"和"。很有意思的是，麻将赢时不讲"赢"，而是讲"我和了"。这个"和"充分地反映了中国人的竞争观。中国人的竞争观（会在后面章节中再详细分析）可用六个字来概括：无争、权变、系统。其中，权变的策略、系统的思考在上面已有涉及，这里讲无争。无争是中国人的一种重要的处世哲学，无争不是不争，而是一种基于"和"之上的超越竞争的处世之术。中国古人认为无争是争的最高境界。笔者有一位好友，是一个著名的画家，他有一个一百十余岁的道长师傅，曾对他说过一段很有意思的话。道长说，我是八十岁才给人讲养生，自己没到八十岁讲养生，十有八九是误讲。还说，长寿很重要，长寿后竞争对手全都自我消灭了。这种"长寿消灭竞争者"的做法就是高超的无争。麻将中以经营好自己的"一亩三分地"为主，而不是以消灭对方为主的规则，同样也体现了无争的理念。所以，在麻将中，如果"自摸"和"讲开"便会有更高的"番"，这一设计不仅从概率上来讲出现的可能小，同时也正好鼓励了靠自己不靠别人的理念。这里我们还可以顺便体会一下麻将与"斗地主""争上游"等扑克游戏的区别。"斗地主""争上游"讲的是"斗"与"争"；而麻将讲的是"和"，无争之"和"将是最高境界。

或许有读者说你讲了麻将这么多好话，却在前面讲你自己不太爱打麻将，这是为什么呢？这是因为任何的文体娱乐活动都是有成本的，打麻将的最大成本是时间，因此，这一活动不太适合空余时间少的人，也不适合应该更多地把时间放在学习上的青少年。如果你有空余时间，并希望在节假日放松一下，增加与亲朋好友之间的关系，麻将确实是一种不错的娱乐活动。

第二节　关系的分层与价值

关系研究在中国已有悠久的历史,它是一门根植东方关系管理文化、汇集了东方各族人民智慧的学科。它是东方民族在漫长的历史生产和生活实践活动过程中创造并积累下来的。在管理实践中,成功地应用关系管理思想的实例不胜枚举。从它的渊源来看,是从夏商周开始的,到春秋战国时期,孔子、孟子等人又对奴隶社会的人际关系进行了重新评价,对原有的道德能力范畴加以总结和提升,形成了以人际关系为核心的儒家文化基本框架。在此基础上,受老子、墨子等思想的影响,逐步构建了以群体主义为基本原则,以宗亲关系为出发点,以仁为核心,以礼为整合手段,以缘为机制的中国的关系文化的基本体系。

关系管理典籍可以上溯到2 000多年前的《尚书》《周礼》。虽然当时并没有形成一个符合现代西方标准的、能够体现各行各业的关系管理工作共同特点的关系管理学,但史料中所记载的东方关系管理的人性管理、组织设计、典章制度构建、信息沟通、物流管理及工程建设等许多方面都令现代人深受启发。按照文化的继承来看,这些具体的关系管理人物和关系管理实践,构成了东方悠久的关系管理历史中的重要文化资源。

一、关系的层次分析

人们非常喜欢把中国的关系研究与西方的人际关系理论来进行比较。其实,从内容来看,中国的东方关系管理要比西方人际关系理论丰富得多。东方关系管理除了涵盖西方组织学科体系的正式群体,如国家行政管理、企业管理、教育管理、工业管理、农业管理、科技管理、财政管理、城市管理等以外,还包括治家管理、治身管理等非正式群体的以人为管理对象的内容。总的来说,西方的人际关系理论建筑在西方的传统理论体系上,是把它看作以物为主管理的补充,人仍然处于被管理的被动地位。中国的关系管理是以

人为本,人是主角。

中国关系管理至少可以从三个层次来分析研究。首先,中国的关系文化的基本体系以群体主义为基本原则,以宗亲关系为出发点,以缘为机制。所以,这个关系的第一层是一个大"我"(群体)圈,这个圈根据亲疏关系形成层圈格局。其次,从人在社会上的生存空间看,这个关系网是人的生存态势圈,这个关系的第二层是一个以大"我"(群体)为"中",有克我、生我、我生、我克四象共同组成的"我"(群体)的生存态势圈。这个关系的第三层是由"天地人"关系组成的自然生存圈。

1. 亲疏的层圈格局(大"我"圈)

不同于日本的集体主义,也不同于欧美的个体主义,中国人是关系主义。西方管理学界也一直把关系作为中国管理研究的核心命题。关系管理在中国社会是主要议题,但在欧美只是次要议题。中国关系文化强调的是"亲亲有等级"的层圈格局,中国人是以家为中心发展出一层一层由内向外"亲疏"的圆圈,内圈是"亲"的小圈子,符合不讲利、只讲"仁义"的互动原则。外圈是"疏"的大圈子,外圈的人可以在交换中明码标价,讨价还价,大多数人适用于"以利相交"的社会交换法则,但越往内圈,则混杂了越多的"仁义"成分,其实,很多兄弟相称的人也是打着"仁义"的外衣在进行社会交换。所以,中国人在组织中或商场上主要是在进行社会交换,从交换中扩大自己的一圈一圈关系深浅不同的人脉网。

在关系网络方面,中国的学者提出了很多有建设性的理论。例如,1987年,苏东水教授在《关于发展泉(州)台(湾)经济关系的设想》一文中,曾提出过"六缘"(地缘、血缘、人缘、文缘、商缘、神缘)文化理论;2005年,苏东水教授在《东方管理学》一书中,进一步将"六缘"概括为亲缘、地缘、文缘、商缘和神缘"五缘"。

亲缘就是宗族、亲戚关系,它包括血亲、姻亲和假亲(或称契亲,如金兰结义等);地缘就是邻里、乡党等关系,即通常所说的"小同乡"或"大同乡";文缘是指同学、同行之间的关系,有共同的利益和业务关系,有切磋和交流的需要和愿望,由此组合而成的人群,其组织形式便是同学会、同业公会、商会和研究会等;商缘即经贸关系,就是以物(如土、特、名、优）为媒介而发生关系并集合起来的人群，如以物为对象而成立的行会、研究会之类的组织；神缘即宗教信仰关系，就是以共同的宗教信仰和共奉之神祇为标识进行结合的人群，其组织形式便是神社、教会等。

"五缘"关系既相互区别又有联系，既传承又变异，错综形成中华民族社会关系的网络结构，发挥族群对个体的整合作用，是一种中华民族社会人群聚合的纽带，也是一种人际沟通的桥梁，缘的强弱制定了"情"和"面子"的强弱，"情"和"面子"又构成层圈格局的不同的"亲疏"关系，从而形成一个"我"（群体）的层圈格局的"亲疏"关系网。

"五缘"关系在现代中国的经济和文化生活中仍然起着非常关键的作用。在民营经济的发展中，改革开放早期的抱团经营，同行业的区域集聚，老乡滚动式的出外当民工，都和"五缘"关系有关。就是东方管理学说理论的发展，也与复旦大学的文缘有密切的关系。自从与复旦大学的文缘有密切关系的学者苏东水、吴祖光等人提倡东方管理概念以后，通过与复旦大学的文缘有密切关系的学者共同努力，在不同的学校设立了大学本科专业、硕士专业和博士专业，在《东方管理论坛》等学术研讨会上发表了很多有价值的研究成果。研究中国式管理已经成为管理界的一股新风。

案 例

早期华侨的"五缘"认同

早期华侨，背井离乡，远涉重洋，移居南洋及世界各地谋生。到达目的地后，面对人地两生的复杂环境，受人支配，尝尽人间辛酸苦辣。为图生存须和衷共济，为求发展须团结互助。基于此，他们便以相同的出生地或共同的方言以及姓氏等为联系纽带，进行感情联络，增进友谊，自发地建立起同乡会馆和宗亲会馆，再往后便创立同业公会和商会等。1819年，在新加坡开埠不久，广东省台山县籍华侨曹亚志便创建曹氏宗亲会馆，称为曹家馆。1848年，又成立广东四邑陈氏会馆。根据吴华先生的统计，新加坡共成立102个华侨姓氏宗亲团体。在地缘团体方面，新加坡华侨移民先后建有以省、州、县、乡为单位的各类同乡会馆。其中，广东宁阳会馆创立最早（1822），接着，琼州会馆（1857）、福建会馆（1860）等相继建立地缘同乡会馆，共133个。在日本，移居长崎的早期华侨则以佛教信仰认同为纽带，以地缘乡帮为单位，先后建立了兴福寺、福济寺、崇福寺、圣福寺，作为团结、联谊、自治的群体，成为同乡会馆的雏形。宗亲会馆和地缘会馆以团结互助、联络感情为宗旨，对安置和收容初来乍到的同乡同宗，在提供住宿、介绍职业、资助贫病、调解内部纠纷等方面发挥了独特的作用。使初来乍到的同乡、同宗侨胞得以在异国他乡平安落脚、获得生存，使"散者聚，疏者亲"，凝聚成群体，从而有力地促成早期华侨众多聚落和小区的形成。

华侨移民到海外居住国落脚后，开始谋生，有的当矿工，有的当割胶工人，有的当工匠、店员、学徒等。经过数年的艰苦劳动，赚取工资，节衣缩食，省吃俭用，积累了少量资本，拟开一间小店铺。经筹措仍感资本不足，于是便借助亲缘、地缘关系，向亲友或同乡朋友融资，得以成全开业并支撑门面。有的开小杂货店、有的开小餐馆、有的开理发店、有的开洗衣铺等。例如，祖籍福建省南安县的华侨企业家黄奕佳，家境贫寒，16岁时随乡亲到新加坡及印度尼西亚三宝垄谋生。初到三宝垄时，人地两生，语言又不通，幸得同乡资助，在街头巷尾设一摊点替人理发，夜间则借宿庙宇，过着半饥半饱的辛酸生活。数年后积蓄一点钱，又得到老华侨魏嘉寿（首任当地中华会馆顾问）的帮忙，借到一笔钱，开始改业从商。每日肩挑日用杂货及食品，走街串巷或沿村镇叫卖，至1890年才熬到一间正式商店。1895年以后改专营糖业为主，成立目兴行，获得可观利润。至1920年便发迹成为与黄仲涵等齐名的爪哇最著名的四大糖商之一。早期华侨初创的商店企业，多数是家族式企业。其特点之一是资本少、规模小、从业人员不多。借助同乡及宗亲友人的融资，得以迈出创业第一步的难关；企业的老板和员工大多是同宗家人、同乡或亲友。"五缘"文化的群体意识，同宗同乡之间患难与共的互助精神、信任感，以及亲情关系笼罩着企业内部的人际关系。

借助地缘、亲缘、业缘等群体意识，拓展人际网络关系，发展商务和供销往来，这是海外华侨华人企业家建立商业网络常用和有效的经营策略。凭借关系网络，加深双方的信任感。有时虽互相间并非老相识，但只要是同乡或同宗，便表示互相信任并给予某种方便。这种群体意识，在海外华侨华人企业和商务发展中发挥了独特的作用。这种群体网络关系，有时简直成了一种商业关系网和信贷网。可以得到对方的赊购商品或借款、贷款等。因此，海外华侨华人社会常流行一句话："看在同乡、宗亲或同行面上，生意便好谈、好做得多。""五缘"群体意识是历史的产物，渊源悠久，受旧时代、旧意识的影响，因而具有两重性。除了团结互助、和衷共济、崇尚正义、扶贫济困、助人为乐、诚信守约、对文教公益慈善事业慷慨解囊等积极主导外，也存在一些诸如小团体意识、排他性、地方帮派、迷信等负面意识。因此，必须因势利导，既发扬其长处，发挥积极主导的一面，又要注意抑制和防止其负面意识表现。在这方面，著名爱国华侨领袖陈嘉庚为我们树立了光辉榜样。早在1929年，陈嘉庚就主张废除新加坡中华总商会分帮选举的制度，指出分帮选举"不惟选不择材，且地方主义、封建色彩浓厚至极"。1945年12月，陈嘉庚在《我之华侨团结观》一文中，提出当时在华人社会中存在一些不利团结的现象，呼吁新加坡华侨各帮促进团结，倡议裁并大小林立的会馆，各帮的华文学校应统一办理。可惜的是，这些划时代的言论都未能被当地政府与当时商会的会董所接受。抗日战争期间，海外华侨同仇敌忾，民族主义情绪空前高涨，各地华侨宗乡社团携手合作投入民族救亡运动，使存在于宗乡社团之间的一些负面意识销声匿迹，得到最大限度的抑制。人缘管理将推动跨国公司、现代企业的生产经营管理和谐长足发展,减少冲突,避免损失。在近代晋商与现代最具有实践典范的华商管理中,运用人缘关系实施成功人缘管理,使不同的文化交流与融合产生了一种新的强势文化。另外,华商取得成功的根本原因,就是将东西方经营理念与人缘文化融合,而这使他们超越时空,走进世界500强。

2. 社会生存圈(五行网络关系圈)

中国人不仅认为有人的地方就有关系,而且这个关系会形成一个系统,可以用五行原理来建立这个关系系统,这就形成了第二层的关系圈。第二层的关系圈是一个社会生存圈,以大"我"("亲疏"的层圈格局的大"我"圈群体)为"中",有克我、生我、我生、我克四象共同组成"我"(群体)的生存态势图(见图5-2)。

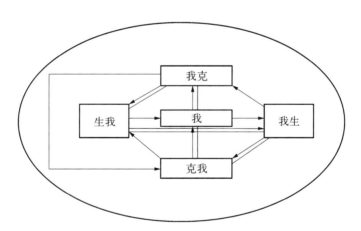

图5-2 "我"(群体)的生存态势图

在图中,以"我"为本原,会形成与"我"有关系的生系统和克系统。生系统包括生我与我生;克系统包括克我与我克。这五个"元素"就把整个世界的人分成了五大类:"我""生我""我生""克我""我克"。这里要注意,"我"不是仅仅指个人,其实,中国的先人把"我"更看成一个大"我",指家和族,甚至是国。把中国人说成是极端自私,以个人为中心的看法，往往是受西方极端个人主义思想的影响。解决了对"我"的理解，后面四个方面的"我"，就与本原的"我"相对应了。如果这里的"我"是指某一企业的话，"生我者"就是供应者，"我生者"就是购买者，"我克者"是潜在进入者，"克我者"就是替代者。这一系统将在后面进一步论述。

3. 自然生存圈

人与环境是一种对象性关系，相互渗透，相互依赖。人与环境之间的主体客观化和客观主体化、对象化和非对象化是辩证统一的运动，构成了人与环境之间的内在机制。这种机制确定了人是在与环境的辩证统一的运动中生成的。离开了环境，就谈不上人的发展；没有好的环境，也不可能有人的发展机制的健康运行。环境的状况直接决定着人的生存质量，决定着人的发展程度。人类作为主客体关系中永恒的唯一主体，"以人为本"关系研究是环境能力中的永恒主题。

"绿水青山就是金山银山。"中华文明作为农耕文化，非常重视人与自然的和谐，把天地人看为一个整体。中国古代"天地人合一"的思想，对生态学理论的形成具有重大意义。中国古老的农耕文明与"天地人合一"的思想和由此衍生出的生态文明有着紧密的内在联系。因此，在中华文明中形成了"以人为本"的第三层关系圈，这个第三层的关系圈是一个自然生存圈，处理人与自然的关系。

中国很早就形成了天地人和的观念。天地人和的说法最早出自老子的《道德经》第二十五章："有物混成，先天地生。寂兮寥兮，独立而不改，周行而不殆，可以为天地母。吾不知其名，强字之曰道，强为之名曰大。大曰逝，逝曰远，远曰反。故道大，天大，地大，人亦大。域中有四大，而人居其一焉。人法地，地法天，天法道，道法自然。"意思是说，有一个东西浑然天成，在天地形成以前就已经存在，听不到它的声音，也看不见它的形体，寂静而空虚，不依靠任何外力而独立长存、永不停息，循环运行而永不衰竭，可以作为万物的根本。

"天地人和"中的天是指事物运行的规律和法则；地记载了天地间森罗万物，所有世事；人是指可以改变这天和这地中规律或法则的机会；和是指中正平和。在中国古人的世界观里，天地是有灵的，有自己的运行规

律，人生在天地间，能与其他生物不同，也是有灵的，也有自己的规律，所以，天、地、人三者合称"三才"，它们的规律称为道，即天有天道，地有地道，人有人道。但这三者又不能各自独立，它们互相依赖、互相支持、互相制约、互相影响，它们的关系以和谐为最好。尤其是人，应该遵循天地的规律，与天地万物和谐相处。因而，天、地、人三者和谐是世界的最美好状态。简言之，就是天地人和。这种观念经过世代相传发展，已经成为中华民族的精神文化传统。

天地人和中的关键是人，人在字面上来看，是指活在宇宙中的每一个个体，是在世间的主角，但是它的更深一层意思是指做人之道，即做人的一种态度与学问，要懂得如何做人，怎样做一个更好的人，不仅是人的本体要和自然统一，也要与社会的大环境相协调，在社会中做一个更有价值、更有意义的人，为世界作出自己的贡献。天地人和是保证人的全面发展的基本条件。

西水坡四象星象图

1987年，中国传统龙年即将来临之际，考古工作者在河南省濮阳市西水坡，发掘出土了6 500多年前的仰韶文化早期三组蚌塑龙虎图案。其中，45号墓的墓主人东西两侧，各布有蚌壳摆塑的一龙一虎，墓主人北侧布有蚌塑三角形图案，图案东侧横置两根人的胫骨。蚌塑三角图案和两根人胫骨象征着北斗的图像，墓主人东侧蚌塑之龙即东宫苍龙，西侧蚌塑之虎即西宫白虎，"胫骨为斗杓，会于龙首；蚌塑三角图案为斗魁，枕于西方。全部构图与真实天象完全吻合"。考古学家猜测它们有可能与传统天文学中的四象体系有关，因为45号墓中龙、虎的排列恰恰与东宫苍龙、西宫白虎、南宫朱雀和北宫玄武的体系相吻合。青龙、白虎、朱雀和玄武在我国历史上是公认的四大神兽，又称四象，是中国神话中四方天地的神灵，而且代表着东西南北方的二十八星宿。之所以将它们依次按照现在这样的东西南北方排列，是因为东方七个星座连成的星象正好是一条龙，西方、南方和北方分别是白虎、朱雀和玄武。这四象根据一年四季的季节变化来变动，春天的时候青龙升起，夏天是朱雀，秋天是白虎，冬天则是玄武。按照星宿来说，这四象就是对自然变化的一种表现（见图5-3）。

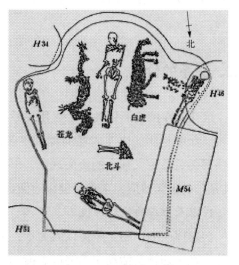

图5-3　西水坡四象星象图

中国是个农业文明，先人还必须精确地掌握农业时间。原始农业的出现必须以人们对时间的掌握作为保证，而要做到这一点，就必须进行天文观测。在这个意义上，天文学同样决定着原始农业的出现与人类的生存。

中国天文学的传统星象体系为四象二十八宿，二十八宿是古人为了天文观测的需要而在天赤道附近选择的二十八个星座，并根据每个星座的形状给予了命名。西水坡墓葬中除北斗外，蚌龙、蚌虎的方位与二十八宿主配四象的东、西两象完全一致，所反映的星象位置关系与真实天象也相契合。

45号墓穴的形状与成书于公元前后的《周髀算经》中七衡图的春秋分日道、冬至日道和阳光照射界限相合，再加上方形大地，一幅完整的宇宙图形便构成了。它向人们说明了古人所理解的天圆地方宇宙模式、昼夜长短的更替、春秋分日的标准天象以及太阳周日和周年视运动轨迹等一整套古老的宇宙理论。古人对天、地、人的关系的创立过程也就是他们创造文明的过程，这意味着我们可以通过对古人遗留的遗迹遗物的天文学研究，从根本上解决

文明的诞生和文化的形成问题，这对于考古学研究和历史学研究显然非常重要。

二、关系的价值

这几年在国内滥用关系、误用关系的情况十分严重，以至于走后门、搞特权、派系抱团、内斗内耗的现象很多，往往一个弊案一抓就是一个窝案，这些都是关系主义社会的负面现象。但我们不该因噎废食，而该好好地思考"关系"的正面效应，正确地健康地做好关系管理。

1. 以人为本的能动价值

要发挥人的作用。坚持以人为本，关键要重视人的作用。人作为社会的主体，在一切社会活动中始终起着能动的、创造性的作用。正是人具有这种能动的创造性，才能不断地改造和利用自然，建立完善的社会制度，推动人类社会一步步走向文明。我国的现代化建设是人民的事业，要顺利地实现现代化建设的宏伟目标，就要尊重人民的主体地位，发挥人民的能动作用，为每个人聪明才智的发挥、积极性的调动、创造力的激发营造良好的环境和条件。营造鼓励人们干事业、支持人们干成事业的社会氛围，排除一切影响人的积极性、主动性、创造性充分发挥的思想、体制障碍，放手让一切劳动、知识、技术、管理和资本的活力竞相迸发，让一切创造社会财富的源泉充分涌流，最大限度地发挥每个人的创造活力。

人是认识主体，也是实践主体。以人为本既是按客观规律办事，也是发挥主观能动性的前提和基础。全面协调可持续发展观是马克思主义哲学认识论和实践论的能动反映，是一种建立在实践基础上的进步的观念，它通过实践活动改变客观对象，对客观对象进行有效的分解与组合，从而创造出体现认识目的的新对象。同时，发展的客观条件的制约作用反过来也给人们带来了正确发挥主观能动性的广阔空间，高度稳定的科学发展的价值观是以人为本的价值取向。

西方经济学中有一种人力资本理论，看上去也十分重视人的作用。但是我们深入分析后就会发现，东方的以人为本与西方的人本主义有本质区别：

前者把人作为主体,是以人为导向;后者以资本为本,把资本作为主体,是以资本为导向的,是在人服务资本的前提下来挖掘人服务资本的能量。因此,要维护人的尊严。人的尊严是人作为人最起码、最根本的准则和要求,是人作为人应有的不容侵犯的身份和地位,是人获取他人和社会尊重的理由,是一个人品行的基础和处世的底线,也是一个人活着的意义。对每个人来说,人的尊严都是一样的,没有高低贵贱之分,没有大小多少之别,是每个人与生俱来的、至高无上的、神圣不可侵犯的天条。对个人来讲,无论出身贵贱、贫富如何、地位高低,做人起码的准则、要求和尊严不能丢,决不可为了一己之利、一时之快而做出有损人格、尊严之事。一个人要活得有价值、有尊严,必须有正确的理想、坚定的信念、坚强的意志、坚韧的毅力;一个人要取得他人的尊重和帮助,自己一定要有爱人之心、助人之行,只有尊重他人,自己才能得到别人的尊重。维护人的尊严,要求一切人养成尊重人、理解人、关心人、爱护人的优秀品质。有了这种优秀品质,作为一个管理者,就会在管理工作中真正做到亲民、爱民、为民,尊重人民的首创精神,集中人民的聪明智慧,激发人民的创造活力,就会提高管理能力。要真正牢记:人才是创造世界的本质力量。

砍柴人和放羊人聊天的故事

你是砍柴的,他是放羊的,你和他聊了一天,他的羊吃饱了,你的柴呢?对关系的处理方法不同,其结果也非常不同。看一看在人的不同能动性下六种不同的结果吧。

(1)你是砍柴的,他是放羊的,你和他聊了一天,他的羊吃饱了,你的柴呢?有人会认为,这是无效的社交。砍柴的陪放羊的聊一整天,太浪费。

(2)砍柴人陪放羊人聊了一天,表面上他一无所获,但是砍柴人通过与放羊人聊天，知道了哪个山的柴多，哪个山的路好走，哪个山布满荆棘，第二天收获多多回家了。这是利用关系来增加沟通，从而增加信息，少走弯路。

（3）你是砍柴的，他是放羊的，你和他聊了一天，如是你学会了放羊技巧，原来羊是这么放的；他学会了砍柴技能，原来柴要这样砍。三人行，必有我师。永远保持空杯的状态，利用关系能学到更多的知识，或许哪一天会大派用场。

（4）你是砍柴的，他是放羊的，你和他聊了一天，他决定用他的羊和你的柴交换，于是，你有了羊，他也有了柴。利用关系等价交换，极大地减少了交易成本。

（5）你是砍柴的，他是放羊的，你和他聊了一天，他把他买羊的客户介绍给了你，你把你买柴的客户介绍给了他，于是，你们各自的生意越做越大。善于利用关系，有利于资源整合。关系能够带来商机。

（6）你是砍柴的，他是放羊的，你和他聊了一天，你们决定合作开个烤全羊的店，你的柴烤出来的羊很美味，他的羊是纯天然的，几年后，你们的公司上市了。善于利用关系，能够组成完美的团队。聊天改善了关系的紧密度。

总之，面对同样的关系，人的能动性不同，结果就会不一样。中华文明是一个最会处理关系的文明。

2. 柔性化管理的基础

管理的主体是人。管理的客体虽然兼有人和物，但是对物的管理效果取决于对人的使用以及使用人后达到的效果，归根到底还是对人的管理，所以，管理客体主要也是人的问题。东方管理科学研究关系管理柔性化趋势，表现为：尊重人、相信人的创造精神，重视关系管理主体——关系的价值，最终实现和谐社会管理。因此，关系成了柔性化管理的基础。

近代西方管理思想，也在从"硬"管理向"软"管理发展。20 世纪初，有基于"经济人"假设的泰勒（Taylor）的所谓科学管理；30 年代后，有基于"社会人"假设的梅奥（Mayo）等人的行为管理；50年代，有基于"自我实现的人"假设的马斯洛（Maslow）等人的人本管理；80年代以来，出现了现代的文化管理，强调超越自我的企业文化和企业形象。管理发展史表明，明显地存在着由理性的科学管理（物主义的"硬"管理）向非理性的人文管理（人本主义的"软"管理）转变。

"软"管理的基础是人与人之间的合作。人与人之间的诚信是合作的前提。企业内部需要员工从上到下的合作；企业外部需要合作伙伴、竞争对手、用户以及社会各方面的合作。合作关系是建立企业文化的基础。合作关系的成功依赖于资金和技术的合力，更有赖于人的合力和心的合力的最佳结合。人与人之间的诚信合作可以营造宽松和谐的气氛，建立双赢的企业合作文化，实施柔性化管理。

3. 减少中国文化情景下的交易成本

从经济学角度讲，关系的第一个好处是减少了交易成本，平时的关系积累，在需要进行交易时，就极大地减少了沟通成本。在经济学上，关系是一种非正式契约，虽然它从来没有付诸文字，但却是早已被人们所默认的心理契约。基于这份契约，签约双方可以建立起对彼此行为的稳定预期，并在心理上签订双方的权利和义务。影响人际关系契约履行的主要因素是社会压力，即社会舆论和道德以及伴随而来的对违约行为的社会制裁，如名誉与信用的损失、失去合作伙伴等。所以，关系作为一种契约，与重复交易一样，在交易中极大地减少了交易成本。

从管理学角度讲，关系的另一大好处是自然形成了关系比较稳定的非正式组织。在企业内部的管理中，非正式组织具有许多有利于正式组织的积极作用，充分合理地利用非正式组织将有利于培养集体意识。在中国，关系是形成非正式组织最重要的基础。

第三节　关系管理原理

关系管理的三大原则是：学会做人；学会安人；学会无争。做人是基

黄灯
——破译四象管理

础,安人是目标,无争是境界。如果你是一个会做人的人,又有无争的境界,你在管理中就一定能达到安人的目标。

一、学会做人

"关系"是一种综合艺术。西方人商务归商务,关系归关系,但中国人却合二为一,统称为做人。关系的成分太少,我们称之为"不会做人",是会被中国人瞧不起的;关系的成分太多,我们称之为"太会做人",也是会被中国人猜忌的。西方人工作归工作,家庭归家庭,工作关系和私人关系绝不混淆,在中国就没有那么麻烦,同是一个人,哪能分那么清呢?西方人在公共场所讲秩序,重形象,有礼貌,对人热情,但私人场所没有电话预约的话甚至不能随便进入,陌生人闯入会被当作私闯民宅,甚至有可能会被开枪打死。把工作关系和私人关系分得那么清,这在中国人看来有些不可思议,反而常常认为,把私人情况瞒得那么紧,一定有不可告人的东西。

如何做人呢?中国古代早就有"内圣外王""修已安人"之说。冯友兰先生甚至认为,"中国哲学的主题是内圣外王之道"。《庄子·天下篇》有感于"内圣外王之道,暗而不明,郁而不发。天下之人各为其所欲焉以自为方"和"道术将为天下裂",把"内圣外王"的精神概括为:"配神明,醇天地,育万物,和天下,泽及百姓,明于本数,系于末度,六通四辟,小大精粗,其运无乎不在。其明而在数度者,旧法世传之史尚多有之。"这段话其实已经说明了"内圣外王"的含义。"配神明"说的是契合的意思,也就是他能够达到神明那样没有私心,一心为天下为百姓。"醇天地"中的"醇"是效法的意思,这里是一个假借,以天地为准则,也就是他能够效法天地。"育万物"中的"育"说的是养育的意思,"育万物"是指他有一个广博的胸怀,能化育万物及养育万物。"和天下"中的"和"是动词,就是要使得天下都安宁、和平。"泽及百姓"就是恩泽,体现一种奉献,恩泽要为百姓服务,为百姓作出奉献。"明于本数"中的"明"是指明白、牢记。本数就是最基本的元初的数,我们可以将其理解为道,元初的数就是大道。"明于本数"就是牢记初心,明于大道。"系于末度"中的"本"跟"末"是对应的,本是大道，末就是由大道产生的一系列人间社会的东西，如伦理道德、典章制度，圣人既要明大道，同时对礼仪、各种典章制度也要非常了解。"六通四辟"中的"六通"就是上下四方，这里是指上下四方他都能够通达，有很强的沟通能力，上下四方都能够彼此通达；"四辟"指春夏秋冬四时。"小大精粗"，讲的是不论大的还是小的，不论粗的或是细的，他都能够把握在胸。"其运无乎不在"是指他的能力可以覆盖很远，能力无处不在。"其明而在数度者"，是指上述这样一种能力，上述这种品德，上述这种境界。"旧法世传之史尚多有之"中的"世传之史"，包括古代经书以及《诗》《书》《礼》《易》《春秋》等，这些经典里面都有很多记载。这段话实际上是指出一个"内圣"之人应该具备的基本能力品质，包括从神明到天地，从万物到百姓，这些方面照顾到了，才能把这种品德外化出来，这就是使得天下兴旺，这就是"内圣外王"。

这个"内圣外王"本是道家之学，从老子开始，道家特别重视修身成圣的理论建设，《道德经》通篇出现了32次的"圣人"。"内圣外王"思想对后世儒道文化的影响很大，儒家讲"内圣外王"的中心依然放在伦理政治的层面、修养的层面，儒家的立论根基本来就是宗法道德，所以，它侧重从道德层面来讲"修己以安人"的问题。

"修己以安人"出自《论语·宪问》。子路问君子。子曰："修己以敬。"曰："如斯而已乎？"曰："修己以安人。"曰："如斯而已乎？"曰："修己以安百姓。修己以安百姓，尧舜其犹病诸！"今译就是，子路问怎样才算是君子。孔子说："持恭敬的态度修养自己。"子路又问："这样就够了吗？"孔子说："修养自己，进而使别人安乐。"子路又问："这样就够了吗？"孔子说："修养自己，再使百姓都得到安乐。修养自己，使百姓都得到安乐，连尧舜恐怕都不能完全做到呢！"孔子主张"内圣外王"，把一个人的"内圣"修养，发扬到"外王"的事业上面，以充实"内圣"的人格。修己以敬、修己以安人、修己以安百姓，代表"内圣外王"的三个层次，由浅而深、由近而远，也由亲而疏。先由修己以敬做起，进而修己以安人，再扩展为修己以安百姓。这种远大的目标，不要说一般人达不到，尧舜都还不能完全达成。但是取法乎上，才能做到中等的程度，所以，孔子把三者都说出来，使大家

黄灯
——破译四象管理

勉力向前。修己安人，必须一步一步地由己及人，向外推展、发扬。修己是根本，不修己而妄想安人，实在是不可能的事情。现代人很急躁，处处想安人，却不能修己，所以事倍功半，甚至于反而生害。也就是说，你要有服务社会的本领，首先要有很高的道德涵养，还要有很强的沟通能力，这些都要学习，要修养，才能达到很高的境界。从道德哲学层面看，儒家思想的核心是仁和礼，如果礼是一种内在的伦理规范，依照礼而行事所达到的仁就是儒家的人生社会理想境界。儒家讲"仁者爱仁"是理想境界，这个仁就是内在修行衡量的一个标准，又是外在王道功业的价值取向，孔子在《论语·阳货》一篇中就专门阐述了仁的具体含义。孔子曰："能行五者于天下，为仁矣。"孔子接着解释五者："恭、宽、信、敏、惠。恭则不悔，宽则得众，信则人任焉，敏则有功，惠则足以使人。"这就是儒家所主张的领导者修己的五项基本要求，也被称为"五德"。一位领导只有具备了"五德"，才能修身庄重，办事勤敏，对待下属才能宽厚，守信用，施恩惠。在修己的五项基本要求中，孔子尤为重视"信"。因为"信"包含两个层面的含义：一是民众对领导的信任；二是领导者自身的信实。只有这两个方面合二为一，才能真正实现管理的目标。因此，儒家"内圣"的理论乃是按照社会道德来修养自我，由"内圣"化为"外王"，它的张扬社会伦理特质相当明显。

二、学会安人

有人认为，管理就是管和理，对于人来说，就是管人和理人，这是典型的西方管理思想。西方管理是以事为本的。他们认事不认人，认法不认人，以至于重事（评估绩效）轻人（绩效不佳，立即换人）。为了把人管好，令其按照既定的计划去理事。中国人的观念并非如此，中国式管理是以人为本，强调人的能动性，而不是把人作为机械人来管理。管理应该是管事与理人的乘积。中国人认为宇宙间自然存在的唯人与物。事的产生是人与物交接的结果，有人才有事，没有人的事与人并不相干，等于不存在，因而特重于人。我们要人来管事，而这些管事的人，最好是比自己更贤能的人才，我们尊敬他都来不及，岂敢管他？因此，简单地把管理看作管人，那就大错特错了，中国式管理绝非管人，而是以安人为最终目标。西方管理中，管人者经常动用各种管理法宝，以便管好部属，但效果并不理想。因为他们不管用什么方法，部属不是机械，上有政策，下有对策，下属总有一套应对的办法，所以，管人行不通。理人者把部属作为行为人，通常对部属礼敬有加，期望实现劳资和谐，但却收效甚微。因为他们过分礼敬，部属反而怀疑他们心怀不轨，所以，仅仅理人也不行。对待中国员工，管他，他偏不服；理他，他又将信将疑；最好的办法，只能是安他。这就是中国式管理的更高境界——安人。

中国式的安人管理要非常重视以下几个问题。

1. 安人管理的核心在于人

西方管理学强调完成的目标主要是企业利润最大化和股东利益最大化。中国式的关系管理强调以人为本，注重实现人与自然、人与社会、人与人的关系的和谐发展，即人的成长、成熟与生存质量。

如何安人？《大学》一书早已解释得明明白白，其中所阐释的修己安人之道，用在当今中国企业管理上也能无往不利。中国式的关系管理要充分认识修己与安人，人为与为人的意义。一个组织或一个企业，如果人人都重视自我修养和自我行为的约束，管理成效无疑会得到提高。而大家推己及人，以正当的行为来参与或从事管理，这样的管理活动自然事半功倍。

2. 安人管理的精神在于"和"

"和"的实质是讲究合理与适度。任何事情，都要注意一个合理的范围，不偏不倚。关系管理的目的本来就是力求使事物处于最佳的和谐状态，以发挥出最佳效益。这种追求事物的合理性，也就是"和"。"和"是关系管理的标准之一。

3. 安人管理最佳的原则是把握情、理、法三者有机结合的度

在关系管理中，首先要动之以情，用感情语言去打动对方。如若不行，则要严肃地晓之以理，向对方把道理说透。若再不行，决不姑息手软，要毫不留情地按照规章制度加以处理。

4. 安人管理的最高境界是按规矩的无为而治，即自动化管理

一个企业或组织中的成员多能自觉地按照规矩和要求办事，尽己所能地发挥自己的力量，维护组织的宗旨和荣誉。这就是关系管理的最高境界，也

就是孔子所说的"从心所欲不逾矩"。

三、学会无争

竞争只是关系中的一种非主要形式,学会把无争作为竞争最高理念。

中国传统中不喜欢"竞争"二字,这里讲的"竞争观"袭用了现代西方管理学中的习惯用语,也是为了能更好地与西方管理学家迈克尔·波特(Michael E. Porter)的"五力"模型进行比较。其实,中国人更强调关系,或许本节题目改为"一种以'和'为目的的关系观",可能更好一些。中国人的关系观包括:理念——和,即无争为最高境界;切入点——正确处理关系,即以系统作为分析的基础;手段——培养四象技巧,即以权变作为处理关系(包括竞争)的主要手段。因此,中国人的关系观是以四象的关系系统、四象的关系技巧,达到无争的"和"的境界。如果一定要说一下中国人的竞争观,"和"就充分地反映了中国人的竞争观。

笔者把中国人的竞争观概括为六个字:无争、权变、系统。详细地讲就是,把无争作为竞争的最高理念;把权变作为最好的竞争策略;把系统思考作为最好的战略思想。《道德经》说:"道可道,非恒道。名可名,非恒名。"翻译成白话文就是:凡是可以言说的道理,都不是永恒的道理。凡是可以被命名的名称,都不是永恒的名称。应用到竞争观上就是:凡是可以言说的竞争者,都不是永恒的竞争者。《道德经》又说:"无名,天地之始;有名,万物之母。"翻译成白话文就是:无任何名称,正是天地的元始。有最初的命名,乃是生育万物的神母。这就是说天下本无竞争,有了天地,有了人类,有了人类的活动,才有人与人之间的关系,也包括竞争关系。在中国人的心目中,人与人之间的关系有很多,主要关系不是"争",而是"和"。因此,《道德经》中说:"不尚贤,使民不争。"《道德经》提倡人们"不崇尚奸诈,使老百姓不去竞争"。可见,在古代中国人的眼里,竞争只是关系中的一种非主要形式,并把恶性竞争看作处理关系的下策,是一种没有办法的办法。中国人不好"斗"而好"和",这是中国人的优点。

当然,无争不是完全不争,《道德经》所反映的是中国人的"无"的观念;争与不争来源"无中生有"的"有",都是同一种过程中的东西,总有一天"有"又会回归于"无"。可见,"无争"中的"无"有两层含义:广义的"无"是指天下并无争,有了"有",即人际关系中有了可能的利益冲突才会有争;狭义的"无"是指即使有利益冲突,也尽可能采用不争的处理关系的方式,不管争还是不争,目的都是为了达到无争的境界。

因此,从无争的角度来讲,可归纳为以下几个关键理念。

(1) 人间的关系应该和谐,和谐关系应是人间的正常关系。

(2) 竞争只是关系中的一种非主要形式,争或不争都是为了更好地和谐相处。因此,正常的争应以"和"为前提。

(3) 以"和"为前提的争有很多方法,尽可能采用超越竞争的方法,使关系的各方能更好地共存共赢。

中国的这种竞争观,是一种很有战略眼光的竞争观,因为竞争不是事物发展(包括企业经营)的目的,而只是达到某些目的的手段。所以,在管理学中十分提倡超越竞争,超越竞争的方法有很多,主要有以下三大类:一类是建立核心能力,使对手感到难争;第二类是通过重新定位,如理念再造、产业先见、进入新领域,使别人无法争;第三类是从竞争到竞合,包括战略联盟,化争到不争。

从竞争到竞合

竞合是竞争性合作的简称,也是超越竞争的一种形式,它克服了"竞争第一"的观念所带来的一些负面影响,是以取得双赢为目的的战略行为。

虽然商场如战场,但商场并不一定要追求你死我活,寻求长期生存、稳定发展才是企业第一位的考虑。这样来看,现代企业对于竞争还是合作至少有八种选择,即完全竞争、合作性竞争、竞争性合作、全面合作、合并、分拆、控股、参股等。相应地针对上述选择又可采用不同的竞争——合作战略：紧逼战略、良性互动战略、职能合作战略、共同发展战略、整合发展战略、分散风险战略、战略一致性战略、战略影响战略等（见图5-4）。

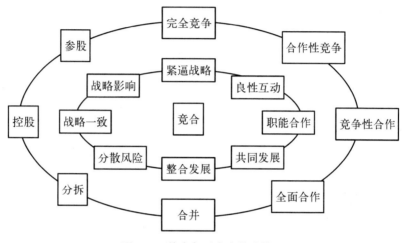

图5-4 从竞争到竞合的决策图

1. 基于完全竞争的紧逼战略

在紧逼中，一方的任何行动都是为了给对方造成直接或间接的伤害；同样，一方的任何松懈或失误就会给对方带来可趁之机。竞争双方采用的都是针锋相对的策略，行业在这样的进攻与反击中实现成长。采用此战略必须要防止恶性竞争，造成两败俱伤。

2. 基于合作性竞争的良性互动战略

当某些公司彼此存在较密切的关联时，既相互独立又相互牵制，如寡头垄断的行业，这些公司常会有意无意地达成"共谋"，相互利用，此时的良性互动战略有利于企业的发展。

3. 基于竞争性合作的职能合作战略

当某些公司在某一方面或某一局部上利益一致，具备进行局部长期合作的基础时，可采用这一战略，在利益完全一致的经营环节上达成长期具体的合作，但这并不妨碍它们同时在别的领域和经营环节上展开竞争。

4. 基于全面合作的共同发展战略

在继续竞争危害过大、合作的好处压倒一切的形势下，合作伙伴又不愿意通过建立独立的合资公司对相互关系进行规范时，就会出现全面合作。全面合作形式灵活，可随需要扩张或收缩，满足合作双方的要求。联合开发技术、联合营销都属于协作的范畴。

技术互换是指通过技术资料共享、互换资料许可证和互换交流其他二手资料而进行的合作。一般会在协议中明确规定互换的技术内容和合作期限，结成技术授权性联盟。

许可证转让是指一家公司向另一家公司单方面地转让无形资产，从而获取费用收入或提成。转让方不用冒太大的风险就能进入新市场，受让方不必从零开始，就能获得成熟的生产技术或品牌效应。

长期供应合同是最简单的一种全面合作方式，企业选择战略性的销售、供应伙伴，并要求合作方的行为符合双方共同发展的利益。

5. 基于合并的整合发展战略

这是合作的最高形式，通过合并，首先实现资产整合，然后在战略一致性的指导下实现管理的整合。整合具有以下五个层次。第一，战略整合。双方高层主管应经常讨论合作双方的重要目标及必要的改革，对对方的策略了解得越多，就越有助于合作。合作双方应逐渐相辅相成，而不是相互牵制。第二，战术整合。双方中层经理人及技术专家应发展特定活动或制定活动计划，找出组织或制度的变革机会，以及交换知识与实务操作的经验。有时还可以规定合作事宜的领导者，负责各方面的沟通与协调。第三，作业整合。通过作业整合，合作事宜将会得到所需的人、财、物、信息。联盟有时还需要对人员做特殊的培训，帮助他们了解对方，促进合作。第四，人际整合。经过人际整合为将来创造新价值打好基础，建立新的人际关系及沟通网络，促进双方人员沟通，相互适应，建立管理架构。第五，文化整合。建立起不同企业文化之间的联络桥梁，培养合作双方人员的沟通技巧和文化仪式。

6. 基于分拆的分散风险战略

通过分拆，把原来一个公司变成若干公司来减少风险的一种战略。分拆后的公司仍然可以采用各种不同形式的合作，以取得本企业的效益和战略的成功。

7. 基于控股的战略一致性战略

这是一种通过控股来实施自己战略的一种方法。也就是说，战略的一致性是衡量控股是否成功的本质性指标。

8. 基于参股的战略影响战略

这是一种通过参股来实施部分战略目标的方法。参股的战略影响战略与职能合作战略的不同之处在于，它能够通过股权来保证部分战略目标更容易实现。

以上八种战略的极端是完全竞争和合并。前者是指完全处于你死我活竞争的两个企业，后者其实已经变（合作）成了一个企业。在这两个极端的中间存在着各种各样的可选择的形式。按照中国人的管理思维，可选择的各种形式都是象，多是为"中"（战略）服务的。这就是中国人的竞合观。

第六章 族商管理

中国社会经济史上的族商问题，早已引起前辈学者的注意，但由于资料的欠缺，尚有待于进一步的研究。本章从解剖安徽茶商入手，深入剖析了中国族商经营的特征，分析了中国族商的族垄断经营，提出了族垄断经营是最具中国管理特色的经营模式。它不同于自然垄断、国家垄断，是世界上自市场经济发展以来出现的第三种垄断经营形式。本章在分析族商研究的现实意义的基础上，指出了当代中国企业家要成为一个合格的管理者，必须具有"大我"人格，必须首先是一个劳动者，必须学会柔性管理。

第一节 族经营垄断：以徽州茶商管理为例

笔者的祖籍在安徽省绩溪县，虽然出生在上海，长在上海，家乡去了没几次，但在笔者脑海中对上庄美景的印象太深了，正像央视纪录片《徽商》中描述的："至今古貌依旧，溪水潺潺，树影婆娑。""万山不许一溪奔，拦得溪声日夜喧；到得前头山脚尽，堂堂溪水出前村。"南宋诗人杨万里的诗句赞美的就是上庄美景，如果你们想了解中国人的管理思想，建议可以去看一下这部七集的纪录片。

茶叶贸易是明清徽州商帮的四大经营项目之一。从徽州商帮形成之日始，盐业、典当业、茶叶、木材就是徽州商人热衷于经营的四大行业。其中，居"龙头"地位者，当首推盐业。茶叶是盐业之外的第二大经营行业。绩溪人经营茶叶店似乎很普遍。旧时上海的程裕新、汪裕泰等茶庄均是绩溪

黄灯
——破译四象管理

人开的，胡适祖上所开的胡万和茶庄，始于嘉庆年间，曾经兴盛一时。宣统三年（1911）川沙改厅为县治，故当地还有民谚"先有胡万和，后有川沙县"一说。胡适1891年诞生于上海大东门外的程裕新茶叶栈，约半年后随母亲移住川沙，因地处中街的万和茶庄为制茶的经营场地及制革工用房，胡适随母住到相隔不远的南市街内史第前进厅屋转侧临街的厢房。细算起来，今日浦东的内史第黄炎培故居，也为胡适的一处故居所在。

徽商在上海从事经营活动的历史，可上溯至清代乾隆初年。此后，旅沪徽商日增，于十里洋场之商战中，以贩运家乡土特产取胜。因徽州地处山区，可耕之田少而特产颇为丰饶。婺源（旧属徽州）的杉木、歙县的漆、祁门的茶等均为当地特产。手工制作也很发达，如徽州的造墨、制纸等，均名盛一时。徽茶为出口之大宗盛誉国内外，徽商以控制产地货源的优势垄断着茶叶的贩运。至清末，上海就有汪裕泰、程裕和等11家茶栈号，大半是徽州程、汪两姓的。婺源的杉木为沪上建筑所必需，婺源人胡执卿、杨锦春、胡靖畔等均以经营杉木发家，成为沪上木业的巨擘。而徽州的"文房四宝"始终独占市场，为他方所不及，尤以徽墨为最。徽墨始自南唐，著称古今，世代相沿，良工辈出。沪上有名老店均以名匠为招牌，如曹素功、胡开文、查二妙堂、詹大有等，开设在河南路及城内四牌楼一带，所造墨品深为世人所重，远销日本及东南亚一带。现今开设在金陵东路的曹索功墨苑最为著名，至今已有400年历史。时有"天下之墨推歙州，歙州之墨推曹氏"之说。

笔者小时候就在徽商员工的圈子里长大，邻居与亲戚中有不少小茶商与店员。所以很想用笔者所了解到的徽州茶商的实际情况，谈谈他们是如何应用中国特有的管理思想做到对城镇市集的垄断性经营的。

一、以宗族为纽带的垄断性经营

徽州人的宗族观念很重，外出经商总是按血缘、地缘聚居，往往是父带子、叔带侄、舅舅带外甥。这种以血缘、地缘关系为纽带的宗族团体，集聚财力、物力、人力参与市场竞争，建立起对城镇市集的垄断性经营。

1. 建立以宗族联盟为基础的垄断性销售网络

销售网络在茶叶经营中是至关重要的，因为茶叶生产者，特别是那些分散的生产者，很难直接面对众多的消费者，他们只能通过茶叶经销商来销售。徽州茶商往往在采用直接收购的同时，通过建立以宗族联盟为基础的垄断性销售网络，来达到城镇市集的垄断性经营。

（1）大茶栈号的总店与分号形成垄断性销售网络的核心。徽州茶商在一地往往是先开一家店，然后再开二家、三家……并发展成总、分号的格局。以上海为例。1763年，程有相在上海外咸瓜街创设程裕新茶号；1838年，其孙程汝均在上海大东门外大街设程裕新茶号第一发行所（据有关资料记载，胡适说自己就出生在大东门外的程裕新茶号内）。后来，程汝均的孙子程光祖继承店业，于1920年在中华路沙场街开办第二发行所。1938年，其后裔程雨生、程苎生又先后在浙江路口和石门路设第三、第四发行所。其中第三发行所老店一直经营茶叶至今。中华人民共和国成立前，程裕新茶号既经销绩溪县产高山茶，又购销武夷、龙井、天都、松萝、淳安、祁门等红绿名茶，经销茶叶有6大类189种。汪裕泰茶庄始创于清咸丰年间，创始人为著名徽商汪立政。1839年，祖籍徽州绩溪、年仅12岁的汪立政走出家门，随族人赴开发不久的上海滩从艺学商。1851年，始做茶叶小本生意，其后经祖孙三代120年的努力，先后在上海、杭州、苏州等地创办茶庄、茶行、茶栈20余家，其中，上海的汪裕泰茶庄最为著名。汪裕泰茶庄在上海共有七家分号。至清末，上海就有汪裕泰、程裕和等11家茶栈号，大半是徽州程、汪两姓的。这11家茶栈号的老板不仅是老乡，有的还是族亲或姻亲，互相之间素有往来，从而形成了上海茶行垄断性销售网络的核心部分。

除上海外，徽州茶商所到的其他地方基本上也是如此。大坑口胡允源曾任江苏东台茶号"水客"，采购徽州名茶，经营多年，积蓄资本，于清道光年间在泰兴县开办裕泰茶号。咸丰、光绪年间，其子胡树铭在靖江、泰县（姜埝）分设胡源泰茶号。民国初年至民国38年，其孙胡炳华、胡炳衡，曾孙胡增鑫等相率经营泰县、泰州和上海的胡震泰、胡裕泰、胡源泰茶号5家，并在杭州、淳安设茶叶采购栈4处。胡允源祖孙4代历128年共设茶

庄、茶栈 12 家。其中靖江县、泰县、上海市 5 家胡源泰茶庄经营至 1956 年公私合营止。

（2）以族人小茶号为补充的全覆盖的垄断性网络。除了那些大的茶栈号外，以族人组成的小茶号是全覆盖的垄断性网络中不可缺少的部分。这些小茶号是怎样形成，与非族人比又有什么经营优势呢？我们知道，除了普洱茶等个别茶类，茶叶是有保质期的，茶叶的长期保存既增加成本，又会影响质量。加上茶叶有不少大类，分地区、品牌种类更是繁多。这些特点是小茶号经营上的瓶颈，会给小茶号带来不少经营上的困难。在现实的经营中，徽州茶商中有一些共赢的潜规则，使得这些小茶号能很好地解决这些问题。首先是"借茶"，一般讲，一个小茶庄不必备有很多库存，往往除了非常好销的常用茶略多备些外，不少茶也就是在柜台上能见到的玻璃罐里的那些茶。如果在销售中某种类突然特别好销，备茶不够怎么办，那就到其他茶号（特别是大的茶号里）"借茶"，一般会非常畅快地借予，这是潜规则。这种潜规则的存在不仅仅是族人或者这个小老板在这大茶栈号内实行过，更是因为这样做是共赢的，可以形成一个统一对付潜在竞争者进入的壁垒。其实，这种潜规则在现代经营中也有，例如，我们去电脑城买一样东西，柜台老板决不会说没有，往往是先与你谈好价格再去专门柜台拿，而被拿的柜台往往很乐意，因为大家都知道，只有给顾客便利，才能留住顾客，而不便使这些顾客流到其他电脑城去。所以，小茶号的存在对大茶栈号来说是很重要的，大茶栈号往往很乐意为小茶号服务，例如，提供有关茶叶的种种信息，让驻外地办事处帮助代购等。

2. 针对茶叶供应商的价格同谋

（1）大茶栈号办事处的功能。由于在销售领域中的垄断，造成了在与供应商力量对比中的有利态势。大茶栈号在主要生产地和大城市往往设有办事处，办事处一般有四大功能：收购、考察、外销、代购。收购包括对茶叶生产者的直接收购和向茶叶供应商收购。考察是指对大的茶叶生产地的监督与控制，及时了解茶叶的可供应情况，并通过中国特有的关系处理，控制供应的源头。外销是指参与茶叶的外销活动，参与的程度视具体情况不同而定，有的直接做外销生意，更多的是根据指令参与外销茶叶的包装与发货。代购是指大茶栈号的办事处还常常为相关小茶号进行代理收购。

（2）品茶会中的共谋。由于大茶栈号的老板和主要管理者都是同乡，又存在着各种族亲、姻亲的关系，所以，经常有相互之间的来往，这种来往又使他们之间会对商场上的行动产生共谋。徽州商人十分重视信誉，在日常交往中的共识往往会成为口头契约，只要没有进一步沟通与改变，这种口头契约在后面的商业活动中会被严格遵守。

除了与其他行业一样有同业商会等组织并进行行业内协调与共谋外，最具徽州茶商特色的一个活动是品茶会。品茶会是以同乡的名义聚起来的，只要有人发起就可一聚，虽然不定期，但也是经常相聚。特别是在清明前，只要有新的茶种或者今年茶与往年有不同，就会请好友一起来品茶，所谓的好友，其实主要就是那些大茶栈号的经理、襄理、店长以及主要技术骨干。因为他们手中才真正掌握"好茶"。一般人虽是同乡也不一定能进得了这个圈子。不要以为品茶会就是喝喝茶、聊聊天或者打几圈麻将。其实，上海茶业的很多重大决定都是在这些品茶会上决定的。例如，外地一个供应商带来一个新品茶，一般来讲，徽州茶栈号的经手经理或襄理会在与他谈判的同时，请好友来品茶，听听好友们的意见。这样既可参考同行的意见，但更重要的是共谋以确定一个进价。这样的共谋会大大增加徽州茶商的谈判力量。一旦在品茶会上大家共识了一个价格，不同商号都会严格遵守。时间长了，很多供应商都知道这个规矩，有好茶、新茶都找大的徽州茶栈号，并且都十分注意处理好与这些大徽州茶栈号经理们的关系，不敢轻易得罪他们，因为在茶叶市场上只有他们才能说了算。

可见，徽州茶商已经从销售垄断上升到整个经营垄断。当然，这种垄断与现代教科书中讲的、基于单一所有权基础上的垄断有很大区别，它是一种具有中国特色的基于宗族关系的垄断性经营，把非宗族关系的人严格地排除在行业外，并以此获取垄断性利润。我们把它称作族商垄断。

3. 以儒商文化保证垄断地位

徽商好儒表现于自觉地用儒家思想来要求自己，规范自己的商业行动，具体表现为：讲求义利之道，见利思义，不义之财不取也；讲求信、诚的商业道德；重然诺，守信用，以诚待人，以信接物；有较敏锐的商业眼光，善

黄灯
——破译四象管理

把握时机,收进售出以获得高利。大徽州茶商在经营管理上都有独创之处。例如,对茶叶的采购、加工、拣选、包装和保藏等方面都有一套严格管理的办法,以"品种多,制作精,质量优"赢得顾客,实行茶叶、采摘、加工、运输、上柜"一条龙";每年派员进山采购,规定从清明前开始到立夏后的四五天为进货期限,逾期不收,以确保茶质;对茶叶的加工炒制,讲究火候,一丝不苟;加工后的茶叶,要达到茶形平整,色泽青翠,香气清郁,茶味醇厚。茶庄的玻璃柜台里整齐地放着一排排小瓷瓶,每个瓶子里放着不同产地的茶叶,并在瓶上放一小卡片,写着茶品、价格、产地,假如是新茶还会特别标注一下。

二、人性化、系统化的全方位人才管理

1. 以人为本的族亲理念

既然是以宗族为纽带来形成垄断经营,如何处理与族人(特别是服务于本茶号的族人)的关系变得尤为重要。可以说徽州茶商在人才管理上是一种人性化、系统化的全方位人才管理。作为儒商,不仅对外讲诚信,对内也是以人为本,人与人之间推行的首先不是商场上的那种如老板与雇员、师父与徒弟等观念;首认的是族亲,凡是族亲就是自己人,自己人就什么事都可商量。因此,在日常茶栈管理中实施家族化管理,这方面很多书已有详细分析,这里不再多讲。在这里主要讲族亲在日常生活中是如何相处的。

以程裕新茶号为例,原来程裕新一号在上海大东门外(就是前面说到的胡适的出生地),后来总店搬到广东路。据说广东路总店布局与大东门外的老店差不多。我们来看一下20世纪40年代后期他们是如何开展日常生活的。一楼以仓库为主,边上半地下室有一个茶叶加工间,主要是用于保存过程中的加工。二楼是老板娘的住房、总店经理一家的住房,以及几个家属在乡下或还没成家的业务骨干的住房,也包括刚刚结婚小孩还较小的管理骨干暂时的住房。当时,笔者家就属于这种情况,笔者出生在程裕新茶号广东路总店,在笔者一岁以后才举家搬迁到离总店很近的浙江南路居住。三层阁楼

是一个炒茶技师和一个老店员的住处。可见，胡适出生在程裕新茶号总店并不是一个特例，是族商的一种很普遍的做法。

茶栈号的主要管理者与业务骨干就像一个大家庭一样生活在一个屋脊下，平时相互间也不是以职务相称，而是以在族中的辈份相称，即名字加辈份，如称某某公、某某叔。不要以为称公者年龄一定超大，其实错了，因为是族人，略远一点的族亲差几辈是常有，这样只要差三辈就全称"公"罢了。对一些辈份小的也有直呼其名的。但也有一种现象，有时辈份小职务高些，怎么称呼呢？这难不倒中国人，至少有两种办法：一是随小孩称，这样就至少可小一辈；另一种随姻亲中辈份小称。附近几个村互相通婚的很多，常常在一家中从不同人身上，如父亲、母亲、老婆、儿子甚至儿媳、女婿去算家外某人的辈份会有很大不同，所以，这种称呼小问题是难不到圆通的中国人的。

由于是同生活在一个"大家庭"中，所以，远离家乡的业务骨干们的婚姻也往往由这"大家庭"中的长者作媒，员工们十分有归属感，有的是几代人都在一个茶栈号内工作。

2. 系统化的全方位人才管理机制

大的茶栈号有一整套系统化的全方位人才管理机制，可归纳为三大机制：系统化的人才培养机制、人性化的人才分流机制、全方位的人员福利机制。

（1）系统化的人才培养机制。由于是家族化管理，所以，大的徽州茶栈号的员工不招"外乡人"。徽州人从心底里看不起外乡人，甚至常常贬义地把"外乡人"称作"外路瘪"，即使是同乡，进入也是要有推荐的。因此，子承父业，老员工的近亲是更有机会的。依古徽州"前世不修，生在徽州；十三四岁，往外一丢"的惯例，到了这个"被丢"的年龄能进大的商号是一家梦寐以求的事。据民国七年（1918）县政府统计，绩溪旅外经商的成年男子占总数的57%，分布在皖、浙、苏、沪等22个省（市）。但主要集中于上海、浙江、安徽、江苏和湖北四省一市，约占总数的90%。

青少年进入大茶栈，首先是拜师学徒，往往以经理收徒为主，这样便于事后的统一管理。学徒住在店铺内,从杂事开始干起,开门、打烊、跑腿、烧水、搞卫生,什么事都得先学着干,这样才有可能逐渐地学些茶叶的基本知识,如称茶、包茶,不要以为这些很简单,拿茶称时不能损坏茶品、称茶要准,不能拿出又拿进,纸包茶叶要好看。由于越好的茶叶越娇嫩,所以,比南货店包糖包干货要难。在刚当学徒时一般不会轻易地让你碰茶,特别是好茶。其次是打算盘,一般只能在打烊后,边玩边学。一般学徒期满才能上柜台做生意。学徒期满后也将在很长的一段时间内借住在店铺内或店铺二层搁放茶叶的房间内。这样既省钱又可照看一下店铺。当时,程裕新茶号的一号门店的格局就是一楼是店铺,二楼就是个放茶叶以及学徒和刚满期学徒睡觉的大房间,笔者小时候经常去玩,当时仍然是这种布局。至于茶的种类及性能、定价技巧等,一般是不教的,只能学徒自己在日常中偷师。因此,自己勤快,跟着做是最好的学习方法,只要发现问题勤问,由于是同乡,老店员会漏些技巧给青少年。

青少年进入大茶栈,一般不敢故意犯错,即使成为正式店员后也是如此。这不仅是由于从小受的教育,更由于在族人之间信息传播很快,有些非正常情况马上很多人就会知道,不仅本地知道,大一点的事,家乡马上也知道。如果一个人犯了大错,一旦被店里拒绝的话,同行绝对不会再要,就只能回家乡种地。即便到了家乡,声誉也是一败涂地。所以,职员们在这种机制下都是勤勤勉勉地干事,就像诚信是企业的生命一样,人品成了这些青少年职员的生命。

(2)人性化的人才分流机制。徽州茶商的人才分流机制也很有特色。通常,人才有三条发展路径:一是内部升职;二是随事业发展,到分号与外地办事处任管理者;三是鼓励自我开店发展。这三个路径中第一与第二条路径是很好理解的。首先,随着年龄结构的变化,年老的职员退休或即将退休,就由年轻的顶上,有搞管理的,也有搞销售或搞技术的。例如,不同茶种的识别与定价就是一个十分具有技术性的活,承担此职即便没头衔,也会加薪。其次,扩大分号、增设外地办事处都需要管理者,这些都是有能力职员的好去处。最有特色的分流方式是,鼓励那些有能力有闯劲的员工去开小店。前面已讲过,这些小店是徽州茶商形成城镇垄断性经营不可缺少的重要组成部分。所以，大茶商在自己开分店的同时，会大力支持员工去开店。笔者有一个住在浙江南路的姓金的同乡，就与另两个姓金的老乡开了一家小店，取名三鑫。由于该店以他名义注册，"文革"中还因是私营工商者受到冲击，其实，该店只有两个员工，即他与另一个出资者。可见只要想干，就很容易成为小老板。

（3）全方位的人员保障机制。徽州茶商还有一套很好的全方位的人员保障机制，使员工特别是业务骨干无后顾之忧。首先是就业保障，由于是老字号，就业一般不存在问题。即使在某些特殊情况下，经营受到影响，作为同乡，大家往往也采用共甘苦的做法，可以减薪，基本不减员。其次是对家属的优先照顾机制。在明清和民国初期大多数员工在老家都有祖屋，他们的老婆、孩子都在家乡，在家乡的家属能得到相应的优惠。由于大徽州茶商基本上是工商地主，又常常资助家乡教育事业，所以，员工小孩读书会得到照顾（根据笔者的家谱附录记载，笔者家留下的祖屋还曾是胡适念过的家塾之处）。儿子到了十三四岁，想出来当学徒，会优先招聘；如果家属或者职工老了回乡，租茶商土地耕种，能得到一定的地租优惠。因为这时儿子已在老店里做店员了。

三、徽州茶商与徽州盐商两种不同的垄断经营

既然徽州茶商有这样成功的管理系统，为什么在民国以后会逐渐衰退呢？关于徽商衰退这个问题有很多种解释，主要的解释有垄断说、消费说、兵乱说、文化说等。

垄断说认为，徽商的发起在于官方给予了垄断经营权，衰退的根本原因是官方收去了垄断经营权。徽州盐商在清政府实行"纲盐制"时，其所经营的盐业是受政策保护最多的，他们凭借垄断两淮盐引的特权，在徽商中实力最雄。道光年间，清政府在两淮实行"改纲为票"的盐法改革，从根本上取消了徽州盐商在两淮盐业中的垄断特权之后，徽州盐商居然没有一点竞争能力，从此便一蹶不振。

消费说认为，徽商的衰退在于没有考虑后路，获利后没有用于扩大再生

黄灯
——破译四象管理

产,而是用于消费。江浙商人有一万要变两万,而徽商发迹之后,往往不注重创业而注重功名,由原来勤奋敬业、吃苦耐劳,变成了贪图享受、追逐功名、大兴土木、广建豪宅,把大量的金钱用于买田、置地、修祠、建房、娶妻、纳妾、续谱等,所造成的直接后果是商业资本的严重匮乏,难以适应市场的激烈竞争而走向衰落。

上述两种解释是有问题的,因为这两种解释均以徽州盐商作为对象。有学者在撰文比较徽商与晋商时认为,徽商的衰落始于清道光十二年(1832)实行的盐法改革,即将"纲盐制"改为"票盐制",取消了盐引和引商对盐业的垄断以后,并据此说徽商称雄商界的历史不过300年。这一论断的错误在于徽商不仅仅是盐商,还有茶商、钱庄等。如果只见盐商,不见茶商等,就无法分清徽州盐商以官商勾结为基础的特权垄断与徽州茶商以宗族为基础的经营垄断的本质区别,无法正确总结徽商经营中的成功经验。

正是靠着坚韧诚实的作风小本起家,绩溪人在歙(县)、休(宁)、黟(县)人唱主角的盐业集团于道光年间遭受重创的时候,却异军突起,以钱庄、茶叶、徽墨和徽菜等为主要的经营行业,涌现出像胡雪岩、胡开文、汪裕泰、程裕新等名商巨贾,高奏了徽商的中兴之曲。

为什么到了20世纪初,徽州茶商没有得到更大发展呢?当然不是因为他们那一套以宗族为基础的城镇的垄断性经营的失败,也不是因为贪图享受,"徽骆驼、绩溪牛"的本质没变。关键在于产业的落后。西方国家已进入第三个经济长周期,工业革命使之掌握了先进的生产力,而当时国内江浙地区的新商人,从事的是与工业化有关的新兴产业,如纺织、造船等。作为传统消费品产业——茶叶业,它的产值在国民收入中的比例越来越小,加上徽州茶商没能像印度、锡兰等那样及时采用近代化的工厂生产,使用机器制茶,以提高制茶的工艺,来降低外销的竞争能力。可以把我们的观点称作产业发展说。

从管理的角度讲,徽州茶商采用一整套系统统一管理的方法,从而形成一种垄断性经营的做法,是成功的。系统的人才管理等,也是可供今天借鉴的。

第六章　族商管理

第二节　族商经营的特征分析

中国是一个文明古国，有着悠久灿烂的历史，我们的祖先从事商业活动的历史也是渊源流长。"商人"之名乃是因商朝人擅长于经商得来。不过，在明朝以前，我国商人的经商活动多是单个的、分散的，是"人以为战"的。没有出现具有特色的商人群体。自明代中期以后，由于商品流通范围的扩大，商品数量和品种的增多，在商业中具有龙头作用的行业在一些地区兴起。传统"抑商"政策的削弱，商人地位的提高，人们从商观念的转变，商人队伍的壮大，商业竞争的激烈，以致在商业战线上出现了前所未有的喧闹局面。最明显的是，在全国各地先后出现了不少商业群体。在以往的研究中，学者们都喜欢把他们称作商帮。在这里，为了突出家族和宗族在商帮中的特殊作用，也为了进一步研究家族垄断，我们就用了族商的概念。

上面一节我们以徽州茶商为例，分析讨论了一个典型的族垄断经营案例。族垄断经营的基础是族商经营，下面我们从一般意义上来进一步分析族商经营的基本特征。

一、族商经营的特征

1. 族圈是中国经济文化生活中最重要的组织

族是带有强烈的集体人格的社会组织。家族对整个中华民族的影响十分深远。对大多数身处古代社会的民众来说，族权对个人的直接影响力其实比公权力更大。人不是单个的人，而是家族中的一分子。家族对每个成员提供庇护，提供资源，提供物质基础。成员由此获得归属感与安全感，同时也被要求为家族奉献一切。对一个古代人来说，如果被逐出宗族，很可能一生都得风雨飘零，甚至不能读书，不能置业，不能参加科举做官，手里拥有的财产也难以保住，死后不得葬入祖坟，继而成为孤魂野鬼。族权甚至还能用族规来剥夺人的生命。这些都是何等严厉的处罚！几乎是要被剥夺了为人的

权力!

《孝经》中称:"君子之事亲孝,故忠可移于君。"忠和孝是中国的道德本位,是中国传统文化及政治思想的支柱、立国之本。

为什么家族在中国经济文化中有如此高的地位呢?首先,家族是维护君主专制统治的最基层单位。在中国古代文化的"家国同构"观念下,"家是小国,国是大家",家有严父,国有严君。家族中的大家长犹如国君,国家君主甚至地方行政长官都被称为"民之父母",父母能对子女要求孝,自然君主就能对臣民要求忠。忠、孝同义,忠和孝一样都是对权力的绝对顺从,不同的仅在于他们所顺从的对象不一样,所以要"求忠臣于孝子之门"。

其次,家族或家庭是农耕经济的最基本生产单位。农耕经济受制于技术和生产力发展水平,只能以家族或家庭为生产单位。一个家族的内部管理可以提供良好的秩序保障,可以避免祸起萧墙、同室操戈,导致整个农耕经济的最基本生产单位分崩离析。另外,农耕经济中最重要的资源是土地,在和平年代,土地只能从家族先人处继承而来。而且,农耕技术是一种经验式技术,后辈往往也只能从家族前人处获得。因为无论是资源还是技术都得受控于家族前人,自然得"父为子纲",对长辈的孝和顺也就水到渠成了。由此可见,中国传统中家族是农耕经济的基石。

家族作为中国传统社会重要的社会组织从来都是带有经济功能的,并且从16世纪开始,家族就已经参与了土地开发以及与之相关的商业活动。到了明清之际,家族已经成为商业企业制度性基础的最重要的组织。虽然族商组织并不是今天意义上的现代公司,然而族商组织的活动,包括对土地和市场的投资的确与公司有诸多相似之处,尤其是族商组织比同时代的其他商业企业更加具备族内融资的优势。当族商走出自己的家族所在地后,族圈就成了最重要的社会组织网络。走出去的族商组织成为族圈的一部分,族商把走出去的族商组织看成祖祖辈辈所在地族圈的延伸。

2. 族商经营圈层与族圈层的对应关系

中国族商的价值观最具特色,也是绝大多数族商共同具有的价值追求,就是把商业经营活动与家族发展、家族兴旺紧密地联系起来,力求通过自己的商业活动来创家立业、兴旺家族,以自己的财富和成就来光宗耀祖。这种家族取向的价值追求主要表现在两个方面：一方面是通过商业的成功直接创家立业、光宗耀祖；另一方面是通过经商打下物质基础，为家属后代成功、家族兴旺创造条件。

创家立业、光宗耀祖是中国族商最为深厚的一种价值追求。族商把这种价值传统深深地贯彻在族商经营活动中，这一价值传统也成为他们从事商业活动最为基本的价值追求和精神动力。明清族商本来希望通过读书取得功名仕途，来创家立业、光宗耀祖。但由于种种原因，走不通科举之路，只好试图通过经商之路来达到创家立业、光宗耀祖的目的。例如，徽州绩溪的"明经胡"是中国历史上颇为著名的胡姓宗族，以其富有传奇色彩的家族史而令人注目，又由于其子孙后裔中产生了诸如"胡开文墨店"创始人胡天柱、"红顶商人"胡雪岩、近代著名大学者胡适等名人而著称于世。据清代胡陆秀等纂修的《考川明经胡氏宗谱》记载，其始祖昌翼系唐昭宗李晔幼子，为何皇后所生。因唐末朱温篡唐，昌翼避祸隐匿皖南婺源考川，遂冒义父胡三公姓。唐同光年间，胡昌翼考取明经进士第，其后裔因此被称为"明经胡氏"，以别于"安定胡氏"。"明经胡"的后裔，知道自己家族的来历以后，往往首选的是经商，而不是做官。

族商家族取向的价值观还表现在他们把经商看成家庭成员通向功名仕途的前提条件。他们力图通过经商来创造物质条件，来为自己的后代和兄弟获取功名铺平道路。在中国人的意识中，"学而优则仕"是最优的人生道路，人们认为功名是最能光宗耀祖的事情。

光宗耀祖，肩负家族发展的重任的取向，反映在族商的经营圈层中，就表现为族圈的亲疏制定了族商经营圈层的不同层次，族亲和姻亲往往处以经营层的内层，非族亲和姻亲往往难以进入经营层的内层。上一节提到的三个姓金的职工开了一个取名三鑫的弄堂小店，因为这三个职工不是族亲和姻亲，仅仅是一个乡。而且，在这个乡里，金姓不属于大姓。虽然他们仍然处于族商的垄断经营圈内，但是处于该垄断经营圈的边缘。这种亲疏决定族商经营圈内的升职机会的机制，优点是保证了家族的利益，减少了长远发展中的一定风险，同时也在一定程度上阻碍了人才在更大范围内的选择。

3. 族商经营圈强大的再生产功能在族圈中进行

家族关系网还具备更加有效和完善的支撑机制，能够充分地保障在生产和再生产经营中的资源优势和企业的生命力。族商组织意识到族圈对经营的重要性，自觉地通过审时度势、牟取商业利润来维持族圈利益和关系。因此，族商组织正是那个时代具有时代化意义的制度。

族商作为那个时代中国人的重要组成部分，自然是认为家庭家族是族商个人安心立命之所，又是价值实现之地，也是生命永恒的依归。在中国的传统文化观念中，个人与家是不可分割地联系在一起的，甚至是处以同一之中的。个人没有独立的存在价值和意义，他的家、他的家族就是他；他就是他的家庭、他的家族。因此，一方面，家族是族商经营最可靠、最根本的支撑，家族总是倾尽全力去扶助家族中的每一个成员；另一方面，个人的成就和作为只有泽及家庭、家族时，才是有意义的和有价值的。如果族商在社会中做出了成绩，家庭家族却不能因此沾光，这种成绩往往不被承认，至少是大打折扣的。族商个人生命与家庭家族的同一性，也使得家庭、家族成了族商安心立命之所。家庭、家族也是族商追求生命永恒之所在。中国人没有深厚的宗教观念，难以在宗教的天国和来世中寻找生命的永恒，而是在家庭、家族中实现着自己生命无限的梦想。一方面，通过追溯列祖列宗，寻求过去的无限；另一方面，通过传宗接代，延续未来的无限。

族商认为家族是生命存在、延续和发展的条件。中国人试图通过儿子、孙子、子子孙孙的无限延续来实现生命的永恒。这也是为什么中国人特别注重是否有后代来延续香火的重要原因。"不孝有三，无后为大"也是这种观念的反映。中国人相信某种家庭的永恒性，重视姓氏的永恒。所以，真要有一个以家族姓氏命名的自己的企业，就会希望它像一个王朝似的一代一代传下去。对族商企业来说，和家姓有关的面子或者生意，是促使他们前进的一个强大的发动机。创家立业、光宗耀祖是中国族商牢固的传统观念和精神动力。

族商更认为，家庭和家族是经营的最坚强后盾，它不仅仅是精神支柱，也是源源不断的新的力量的来源、人的滚动发展所在地。如上一节所述，在人力资源管理中，家庭和家族是经营人员的来源地和养老地。也就是说，人的管理不仅仅是在企业中进行的，而是在整个家族内部进行的。

二、族商文化的特征

1. 族商文化是一种族群文化

伴随着商品经济几百年的发展，到明清时期，商品行业变得繁杂且数量增多，商人队伍日渐壮大，竞争日益激烈。而封建社会统治者向来推行重本抑末的政策，在社会阶层的排序中，"士、农、工、商"中"商"也是屈尊末位。对商人而言，国家没有明文的法律保护，而民间又对商人冠以"奸商"的污名。因而，在那样的年代，商人利用他们天然的乡里、宗族关系，互相支持，和衷共济，成为市场价格的接受者、制定者、左右者。族商在规避内部恶性竞争、增强外部竞争力的同时，还可以在封建体制内利用集体的力量更好地保护自己，于是，族商就在这一特定的经济、社会背景下应运而生了。比较著名的有十大族商，具体为山西晋商、徽州（今安徽省黄山地区）徽商、陕西陕商、福建闽商、广东粤商、江右（江西）赣商、洞庭（今苏州市西南太湖中洞庭东山和西山）苏商、宁波甬商、龙游（浙江中部）浙商、山东鲁商等。

宗族文化是同宗、同族经过千百年的提炼和整理约定俗成的民俗文化，且传承于族人之间，记载于字里行间，有的则铭刻在人们心间。这是中国特有的传统文化，它与儒学、礼教文化相得益彰，是民间崇尚的传统文化。宗族文化是族商文化的基础。族商文化是一种族群文化，不同地区的族群文化造就了不同的族商文化。山西商人被称为"作为政府推行财政政策和军协饷供应的工具"，主要是指其中的大商人，即皇商、官商、大盐商、洋铜商等。山西商人与官府之间结托关系的表现形式有很多。说到底，晋商走的是官商的道路，它的社会角色应为官商。如果把晋商定义为官商，将徽商定义为儒商，那么，以"草根精神"崛起的宁波商帮无疑应该叫民商。就整体而言，甬商不是走官商道路而是坚持民营的发展方向。即使在一个省内，由于地区的环境与文化不同，相应形成的族商文化也有很大区别。同处一个浙江省，宁波帮有一种城市情结（而且还是以港口城市为主），温州人则不怕山高水远，不畏戈壁沙漠，就像耐渴的骆驼，总是穿行在环境恶劣的地方，凡他们经过的地方总会留下财富的种子。这种坚韧不拔的拓荒精神类似于"骆驼精神"。

2. 族商文化是一种走出去的创业型艰苦拼搏文化

晋商、徽商、浙商和粤商等当年都是在走出去中发展起来的。滚雪球似的发展模式带动了城镇化的发展以及城市和乡村的结合。数百年前，随着"走西口"悲凉的歌声，背井离乡远走塞外的晋商，结成了现代许多大企业都自愧不如的连锁商业集团。既坐贾又行商的晋商，垄断了当时中国的汇兑业务。明朝初期，徽商走出深山，持续了300多年的辉煌，在古代中国商界独占鳌头。"无徽不成镇"，构成了一代商业帝国。浙商和粤商更是走向国外，开发了一个又一个唐人街。

这个过程是一个非常艰苦的创业过程，往往是通过几代人的努力，才能慢慢地在新的地方站住脚，逐渐发展起来。创业中，不少草根族商创业者"白天当老板，晚上睡地板"。这种艰苦的创业精神是十分可贵的。21世纪初，笔者曾经考察过笔者的一个温州研究生的家族，了解他们如何在当代开发商用地产过程中滚雪球似的发展。他们的做法与前文所述的徽州茶商的做法非常相似，有几个典型的族商传统做法。首先，主要的出资者是族亲，他们模仿的是在前面参与过的项目做法，由于前一个项目做得差不多了，他们就集资搞一个新的项目。其次，这几个族亲不仅是出资者，也是经营的主要核心。随着发展，项目所需要的人才仍然是有关系的族人。最后，这些创业者吃在一起，过着大家庭式的生活。这种艰苦创业精神不仅存在于创业初期，在企业发展到一定程度的时候，很多企业家仍然保持着这种精神。笔者在我们的EMBA学生中做过调查，这种现象在当前的中国很普遍。例如，前几年笔者考察过云南一个笔者的EMBA学生的新项目（苗药基地开发）。虽然他的身价已有几十个亿，但为了开发苗药，他与研究团队经常进入深山采药。平时也是和骨干们一起吃的大锅饭，过着大家庭式的生活。

3. 族商文化是一种重诚信的文化

族商在异域他乡的立足、发展和整体势力的崛起、称雄，虽与族商素有的吃苦耐劳精神、善于经营理财的精明头脑和一些客观机缘以及聚散网络等有关，但就经营理念而言，讲道义、重诚信、行善缘等显然是最核心的因素。族商在经营活动中，历来看重"财自道生，利缘义取""以儒术饰贾事"。遵行"宁奉法而折阅，不饰智以求赢"，主张诚信为本，坚守以义取利，是族商一以贯之的族商品格，也使它获得了良好的市场信誉。从根本意义上来说，将诚信作为经商从贾的道德规范，正是族商获得成功的要诀之所在。正如前面所论述的，族商是把商誉与族联系在一起的，就像追求家族长远发展一样，希望企业也能够成为百年老店，因此，诚信就成了企业的立足之本。为了诚信，族商在买卖中会坚持不做以次充好、以假充真的事情。族商很容易理解，个人的暂时的利益相对于长远的发展来说，基于诚信的长远发展更为重要。这些例子很多，明朝徽商胡仁之在江西南丰做粮食生意，即使在天灾大饥之年"斗米千钱"的情况下，也决不在粮谷中掺杂兑假坑害百姓。清末胡开文墨店发现有一批墨锭质量上有些瑕疵，老板胡余德立即指令所属各店铺停止制售此批墨锭，并将流向市场的部分墨锭高价收回，倒入池塘。这种重诚信的文化在中国当代很多企业家中传承了下来。因为他们相信，只有坚持诚信，才能给他们带来更好的商誉。1992 年，笔者就遇到一个活生生的诚信故事。在第二届复旦大学校友世界联谊会上，李达三先生力议复旦大学恢复会计系，说道："学校决心恢复会计系，我就捐一幢楼。"当学校确定在管理学院恢复会计系以后，李达三宣布捐 1 000 万港元给复旦大学管理学院建教学楼——李达三楼。时隔数月出资捐款时，港币汇率已经调低，李达三硬是根据当时汇率补足差额。2008 年，他又出资 800 万元人民币对大楼进行了修缮，笔者作为当时复旦大学管理学院的教授会主席，直接参与了该工作。如今，李达三楼是复旦大学管理学院的行政楼。

三、族垄断经营与自然垄断、国家垄断异同分析

族垄断是指家族企业运用族圈关系的力量，并通过族圈的层圈关系对某些产业部门或产品的生产及市场实行一定程度的独占经营，目的在于建立该产品或该产业的进入壁垒，长期占有该经营领域，获取相应的超额利润。族垄断经营是最具中国管理特色的经营模式。它不同于自然垄断、国家垄断，是世界上自市场经济发展以来，出现的第三种垄断经营形式。

"垄断"一词源于《孟子》中的"必求垄断而登之,以左右望而网市利",原指站在市集的高地上操纵贸易,后来泛指把持和独占。在资本主义经济里,垄断指少数资本主义大企业,为了获得高额利润,通过相互协议或联合,对一个或几个部门商品的生产、销售和价格进行操纵和控制。结合我国《反垄断法》的规定,垄断行为是指排除、限制竞争以及可能排除、限制竞争的行为。

在20世纪80年代以前,经济学理论界一般认为,自然垄断的产生原因有二:一是规模经济;二是范围经济。

任何企业进行社会生产时,总会面临生产成本的问题。当长期平均总成本随着产量的增加而降低时,规模经济就出现了。当社会对某些行业的长期平均成本的降低速度与幅度提出要求时,这个行业往往就是自然垄断。规模经济很好地解释了产品单一领域行业的自然垄断。

在现实生活中,企业并不仅仅生产或提供单一的商品和服务,往往是多元化经营。如果由一个企业生产多种产品的成本低于几个企业分别生产它们的成本,就表明存在范围经济。由于单独生产某一产品的企业的单位产品定价高于联合生产的企业的相应单位产品定价,因此,单独生产的企业就会亏损,这些企业要么退出该生产领域要么被兼并,这也会形成垄断的局面。从理论上讲,范围经济很好地解释了产品综合性领域行业的自然垄断。

1982年,美国著名经济学家夏基、鲍莫尔、潘泽与威利格等人提出产生垄断的第三种理论——成本次可加性理论。他们认为,即使规模经济不存在,或即使平均成本上升,但只要单一企业供应整个市场的成本小于多个企业分别生产的成本之和,由单个企业垄断市场的社会成本最小,该行业就仍然是自然垄断行业。自然垄断最显著的特征应该是成本的劣加性。换句话讲,就是平均成本下降是自然垄断的充分条件,而不是必要条件。平均成本下降一定造成自然垄断,但自然垄断不一定就是平均成本下降。只要存在成本弱增性,就必然存在自然垄断。成本的次可加性理论的提出,掀起了20世纪80年代的自然垄断理论的变革,从理论上进一步解释了自然垄断存在的根源。

从上一节的徽州茶商经营的例子可以看出,徽州茶商经营形成族垄断经营可以从规模经济和范围经济的角度来解释。大的徽州茶商具有很强的经济实力,同时掌握了茶叶行业产业链中多个主要的环节和不同的茶种产品。因此,从规模经济和范围经济来看,徽州茶商都有很大的成本优势。但是,从成本次可加性理论来看,就更能说明徽州茶商形成该行业垄断的可能性和必然性。族垄断经营与一般的自然垄断、国家垄断最大的不同点是,在它的形成过程中所依靠的力量非常不同。一般的自然垄断主要依靠的是资本的实力,国家垄断主要依靠的是国家的权力,而族垄断经营主要靠的是族圈的关系网络。族垄断企业利用族圈的关系网络不仅形成了该行业的经营壁垒,更主要的是,在族垄断经营中还造成了"族圈企业供应整个市场的成本小于多个企业分别生产的成本之和,由族圈企业垄断市场的社会成本最小"的现象。这就形成了茶叶行业市场的成本弱增性。

族垄断与一般的自然垄断至少有以下几个重要区别。

1. 垄断的主体不同

族垄断的主体往往不是一个企业,而是一个族企业群体。从上一节徽州茶商垄断上海市场的案例可见,几个有族关系的大企业形成了该垄断的核心。但是,族垄断与寡头垄断又不同,这些大的企业并不是以竞争关系相处,而是共同垄断市场的同盟,共同组成族垄断网中的核心。简单地讲,对整个市场的外人来说,他们是一体的。这些企业中间人员的关系是很亲密的,在家乡族群当中有千丝万缕的关系。这些企业的商业信息是互通的,有一些涉及共同利益的重大的市场经营决策往往会由这些企业的高层共同作出。在这个垄断市场中,只存在这样的唯一的一致对外的市场经营决策主体。这个决策主体的核心,是在滚雪球似的拓展市场中逐步发展起来的。在这个发展中,每个同行业族商都像一个放大了的家庭或家族,就像每个家庭或家族都有家长或族长一样,每个同行业族商也都有各自的首领,通常由最年长、最明智、最有影响力的或者是最早进入该市场的成员担任。如果其中的某一族商在某一时期在市场里占了上风,或是由于财富暴增或是因为人才辈出,他们当中最出色、最年长或最能干的成员就自然而然地成为族商的领头人。领头人的产生几乎不经过竞选,通常是在实战中逐渐地采取默认的形式形成。而且领头人无须就职典礼,也不要求族商直接参与。因此,族商议事组织明确显示了寡头政治共和国的特征。中国的族商不存在由政府任命的官员,族商的事情完全由族商自己作主,(品茶会)议事组织看上去松散,实质上非常紧密有效。这种议事组织不是商会,却往往是商会实质性的核心,是一种完全符合中国文化特色的"似无实有"的核心。由于有这种独特的议事组织,必然就存在一种强烈的合作团结精神,使每个族商都对公共福利具有高度热忱。

2. 垄断组织内部企业的连接方式不同

一般自然垄断的内部企业主要靠资本连接起来,总公司通过设立分公司和子公司组成一个宏大的集团,通过战略的一致性来实施对市场的垄断经营。族关系的存在是形成族垄断经营的基础和关键。在这个垄断中,族垄断企业主要靠族圈关系来形成核心层、紧密层和外围。除了那些大的茶栈号外,以族人组成的小茶号是全覆盖的垄断性网络中不可缺少的部分,可以形成一个统一对付潜在竞争者进入的壁垒。

3. 造成成本弱增性的原因不同

在族垄断经营中,造成成本弱增性的原因,不是单一企业供应整个市场的成本小于多个企业分别生产的成本之和,由单个企业垄断市场的社会成本最小,而是族圈企业供应整个市场的成本小于族圈外多个企业分别生产的成本之和,由族圈企业垄断市场的社会成本最小。族圈造成了统一对外的壁垒,使该市场形成"成本弱增性",形成垄断市场。可见,在族垄断经营中,强势的族圈控制该市场经营是造成"成本弱增性"的原因。在安徽茶商族垄断经营案例中,"品茶会""借茶"等潜规则是造成"成本弱增性"的有效手段。

第三节 族商问题现实意义的再认识

在管理的理论讨论和实践总结中,对族商和民营企业有很多的论著和想法,大量的文章分析了族商和民营企业经营方式的优点与缺点,讨论了如何继承这些优点。这里不再泛泛地探讨这些问题,只是对在被讨论的这些问题中,涉及很少又存在一定误区的方面谈一些想法。例如,"大我"人格问题,

"大我"是四象管理的一个"中",正确地理解它才能理解这个世界的关系网,而且有利于正确地看清中国人(当然包括族商和民营企业家)所崇尚的人生观和世界观。又如,在社会主义条件下,民营企业家如何体现与族商一样高度的社会责任,那就要涉及民营企业家在社会主义社会中的地位问题。还有,在强调学习西方现代管理理论与方法的同时,做到"以中为本,洋为中用"的关键在哪里?这些就是本书想进一步探讨的问题。总的来说,就是探讨当代企业家应该具有的最本质的东西是什么。我们的结论是,当代的企业家(包括民营企业家)需要意识到:一个合格的中国企业家,必须是一个具有"大我"人格的人,一个具有高度的社会责任感,能够促进价值发展的劳动者,一个重视"人为为人"的柔性管理的管理者。

一、"大我"人格的再认识

对于"大我"人格的认识,以往仅仅停留在横向的理解层面。也就是说,考虑问题时往往处在一个时点或者在一个时段当中,没有从集体观念来分析族群的问题。在前面的章节中,我们曾经讨论过空点的问题。其实,"大我"与其他群体最大的不同在于,它是建立在中华文明的空点观念上的,在族圈内的人只是把自己看成族群发展的一个节点而已,"我"的作用是上承祖宗下接子孙,具有更强的发展观念,能不能把族圈传承和发展下去,才是"大我"人格的本质。

"大我"人格不仅与西方的个人英雄主义有本质的区别,也与东方某些国家的团体主义有所不同。它更强调发展,为了发展,可以牺牲一些当前的利益。这个基于中华文明的空点观念上的"大我"人格,使得它与其他群体明显地有以下几个具体的区别。

(1)"大我"人格认为,个人不仅仅是集体当中的一员,更是族群人口再生产中的一个环节。这个"大我",不仅是扩大了的我,更是历史的我、未来的我。

(2)"大我"人格认为,不仅仅是个人,整个家庭都是族群发展的一个环节。整个家庭都是族群历史的延伸,更是族群未来的新开始。因此,与西方人不同，中国的老人们更愿意帮助下一辈带好第三代。

（3）"大我"人格认为，为了家族的发展而牺牲一些自己眼前的利益是可以接受的。中国的愚公移山的故事就反映了这种精神，移山有利于族群的发展，不仅是愚公的任务和愚公这一代人的任务，而是愚公族群的每一代人的任务，为了族群的发展，每一代人为此付出自己的利益是理所当然的。

"大我"人格在互联网时代的优势

更重视群体的再生产，更加重视群体的发展，更加愿意为群体的利益而让渡个人权利，是"大我"人格的特点。在互联网时代，区块链逐渐普及，"大我"人格的特点使中国人产生了优势。在中国人眼里，互联网和族关系网一样，它们不仅都是一个有千丝万缕关系的整体，也是族群发展中的一环。所以，中国人对隐私不那么在意，对个人权利经常采取轻视的态度，而这恰恰更适应互联网的生活方式。因此，中国的发展反而在互联网时代变得很快，比如中国所有酒店的走廊尽头都有摄像机；高速公路上隔一段也有探头；每一个十字路口都有探头。这在西方国家看来是在侵犯个人隐私。可是对中国人来讲，这个隐私是可以让渡的。由于让渡了这部分隐私，就使得社会的发展甚至社会的安全得到了空前的提升。这就是我们在让渡一部分权利给互联网之后，获得的社会效率的整体的提升。

西方有一些国家，老是标榜自己的制度优越，但一旦涉及需要协调集体与个人利益的时候，问题就来了。涉及当前利益和长远发展的问题时，更是强调活在当下。比如说发展高铁问题，到底什么是高铁，其实就是铁路上面加互联网，因为高铁需要又高又平又直的铁轨，然后加上互联网的信号系统，以及非常精确的调度器。西方有一些国家这些东西一样都不缺，不缺钢铁，也不缺互联网，可是他们为什么不能大力发展高铁？要想搞成高铁站的项目，他们的制度要求必须通过议会：要么通过州议会,要么通过国会法案。可是每一次只要有议案和提案提出,各利益集团都会派出他们的游说团队去游说,不让这样的法案通过,因为这样的法案一旦通过会伤及这些利益集团的利益。西方这些国家的人的价值观也会和这个高铁冲突,他们所谓的普世价值观是民主、自由、人权。自由和人权指的就是保护私人的权利,保护私有财产神圣不可侵犯。发展高铁毫无疑问会面临土地的征用问题。征用土地中的钉子户成了高铁发展的严重障碍。

一个互联网时代,一个区块链普及的时代,隐私会被部分地让渡出去。所以,我们不能用今天的价值观去预测未来的社会是什么样的。未来,我们对隐私的观念很有可能会发生改变,只有当某种权利的让渡严重伤害到个人的权利时才有意义,今天我们看到中国有大量的人脸识别器和探头,人们对此开始渐渐无感,这种情况下探头就不再对个人隐私造成伤害。在西方国家,越过这一步需要与自身的制度及个人主义价值观作斗争。而对具有"大我"观念的中国人来讲,在这一点上几乎不需要纠结。显然在互联网时代,"大我"人格使得中国人走得更快,中国的互联网经济更有效率也是理所当然的。

二、民营企业家历史地位的再认识

由于具有"大我"人格,所以,族商是最讲社会责任的。现在的民营企业家如何来讲社会责任呢?有人把民营企业家的社会责任非常狭隘地看成搞慈善。搞慈善是一种社会责任,但它不是主要的,否则,就会本末倒置。民营企业家主要的社会责任是做好自己的本职工作。简单地讲,作为一个社会主义社会生产和再生产中的劳动者,要通过管理好企业,促进社会的价值发展,并且在促进生产力发展的基础上,为社会增加更多的财富。这是最大的社会责任。

民营企业企业家可以并且应该成为社会主义社会的合格的劳动者。首先,民营企业与国有企业一样都是社会主义生产和再生产的一部分。它的存在同样是服务于社会主义生产和再生产的。其次，要重视企业家在社会主义生产尤其是再生产中的作用。在上述条件下，民营企业家的管理工作体现一种促进价值发展的功能。笔者在《价值发展论》一书中曾经明确指出，企业经营管理劳动是以促进价值发展作用为主的劳动，"劳动的作用分成价值创造和价值发展两大类。这两类活动在社会发展过程中是同等重要的。社会发展是由不断的价值创造过程和价值发展过程构成的，而这两大类劳动作用之间又是互相促进、相互依存的，价值发展活动产生于价值创造活动的基础上；反之，只有价值发展活动完成得好，价值创造活动的质量才能提高，才能创造更多的物质财富"，并且指出，"直接作用于劳动过程中生产要素的、以促进价值发展作用为主的劳动有将科学应用于生产过程的科学技术劳动、企业经营管理劳动、继续教育劳动等；间接作用于劳动过程中生产要素的、以促进价值发展作用为主的劳动有基础科学研究劳动、经济环境的管理劳动、文化艺术劳动以及基础教育劳动等"。

  如何来看待民营企业家的收益？毫无疑问的是只要守法，企业家的收益就肯定是合法收入。从合理性的角度上来看，作为企业经营管理劳动的劳动报酬毫无疑问也是合理的。"正因为以促进价值发展作用为主的劳动在增加社会财富（增加单位社会必要劳动时间的使用价值量）的多重隐蔽性，使之长期被排斥在'劳动'概念之外。"这种把以促进价值发展作用为主的劳动排斥在"劳动"概念之外的看法一定要纠正过来。

  现在争议比较大的是如何看待资本的增值部分，这些收入从其性质看大致可以分成两大类。一类是为了使自己过去的财富保值而得到的与负价值熵相对应的使用价值折算而成的收入。这类收入不仅合法合理，积极扩大这类收入更是社会主义财富积累制度安排中进步的表现，或者说是社会主义社会按劳分配原则的延续，是现在的劳动者对过去劳动的一种承认与尊敬。从四象管理的空点理论来看，这是一种空点之间的等价交换（父亲的劳动与儿子的劳动处在同一个空点之中）。在社会主义的再生产过程中（这很重要，是基本条件）所投入的社会必要劳动时间，通过社会主义再生产的运转，在产出时投入者得到等量的社会必要劳动时间，是一种空点之间的等价交换，是完全合理的。就像中国传统文化中老人居家养老的合理性，尽管在"三年自然灾害"的20世纪60年代,父亲给儿子吃的是窝窝头、萝卜干,而到了21世纪初,儿子给父亲吃的却是白米饭与鱼肉。这里不能仅从伦理道德上来讲,因为任何的社会伦理均有其经济基础,这里父亲与儿子的等价交换是父亲同等的劳动时间与儿子的同等的劳动时间的交换。可见,当我们把劳动过程看成一个"延续不断"(再生产)的子承父业的长期过程,可把这些收入看成劳动者之间传承的一种契约,从中国的"大我"人格来看,父辈劳动者先劳动,让渡部分的劳动收益作为儿辈再生产的基础,然而慢慢地逐步拿取补偿(非劳动收入)。从这一角度讲这种非劳动收入是指非当今劳动的收入,是非典型的非劳动收入,可以把它纳入按劳分配的延续。但这一观点必须有两个前提:一是必须继续处于劳动过程中(同一个再生产空点之中);二是投入的必须是过去的劳动。

另一类非劳动收入是指与负价值熵的物质补偿无关的非劳动收入,称作典型的非劳动收入(在过去的教科书中,把为了使自己过去的财富保值而得到的与负价值熵相对应的使用价值折算而成的收入与这一部分收入,统称为剩余价值)。在社会主义社会,简单地把与负价值熵的物质补偿无关的非劳动收入看成剥削的观点也是错误的。这类收入在社会主义初级阶段也有积极意义。对劳动者和国内的民营企业家来说,这是一种制度安排中的激励;对国际资本投资者来说,这是一种合作中的成果的让渡。在我国当前的情况下,资金短缺仍然是经济发展中的重要问题。作为劳动者,希望民营企业家能正确地处理消费与积累的关系,把过去劳动成果更多地投入新的生产过程,积极成为先富民、促强国中的一员,给予超过负价值熵的物质补偿额的收入是一种激励。更何况,当今绝大部分的民营企业家把这部分收入投入了再生产。所以,中国的民营企业家一定要有自信,要积极地融入劳动大军中,坚信自己是社会主义生产和再生产中的一员,为社会主义的生产和再生产作出更大的贡献。

三、族商的"人为为人"的柔性管理再认识

不少人把柔性管理仅仅理解为是相对于刚性管理而言,在研究人们心理

和行为规律的基础上的非强制管理方式。这样的理解有点狭隘。其实,要真正实施柔性管理,仅仅改变管理方式是不够的,柔性管理的本质是"人为为人"。因此,企业要实施柔性管理,必须注意这个关键要素。首先要懂得"人为为人"是人(劳动者)在作为,同时作为的对象是人(劳动者)。"人为为人"是苏东水教授提出的一个概念,指的是要做一个合格的中国式的民营企业家,必须首先是具有"大我"人格的人,其次,必须是人中的劳动者,这些是成为合格劳动者的基础。只有真正成为一个劳动者,才能更好地与劳动者相处。因此,管理就是人对人的管理。正如前面所论述的,管理是安人,不是把人变成一颗螺丝钉。马克思有很多精辟的认识,他曾经指出资本家是资本的人格化。因此,资本主义生产就是人(劳动者)依附于资本,是资本管人。在社会主义社会,应该是劳动者管理劳动者,是以促进价值发展为主的劳动者与创造价值为主的劳动者一起,利用过去的劳动成果并通过新的劳动来创造新的财富,这才是最有效的管理制度和方法。

当然,人为不是人治。人治强调的领袖至上,包括两方面的内容:其一是掌握企业权力的管理者的意志高于制度,他可以一言立法,也可以一言废法;其二是掌管企业权力的管理者决定企业的重大事务。他依靠至高无上的绝对权威,把自己的意志贯彻到整个企业并使之得以执行。人为是一种平等的管理观念,不是用权威或制度去管理。在社会主义社会,不仅管理者是企业的主人,被管理者也是企业的主人。这才是"人为为人"管理的最高境界。

中国式的柔性管理应该是一种"人为为人"的管理。在实际的管理中,要始终牢记是在"人为",是去"为人",在"为人"中"人为"。因此,"人为为人"的管理是围绕一个"中"(管理目标)而互动的一种四象管理,主要体现为管理决策柔性化,执行过程柔性化和奖酬机制的柔性化,并在这"三化"指导下,执行以下五个准则。

(1)决策目标的满意决策准则。管理决策的柔性化首先表现在决策目标选择的柔性化上。传统决策理论认为,决策目标的选择应遵循最优化原则。事实上,由于决策前提的不确定性,难以按最优准则进行决策。如果以满意准则代替最优化准则,决策者就可以根据已掌握的信息作出满意的选择,因而这一准则具有更大的弹性。

（2）决策程序的民主议事准则。这一准则可以充分发挥民主决策的作用。"一言堂"式的决策属于刚性决策，"群言堂"式的决策是由相关人员独立自主地自由发表意见和建议，并在此基础上进行综合分析，择善而行。由此民主议事而形成的决策，可称为柔性决策。

（3）执行过程中的自觉行动准则。在管理的执行过程中权力影响变成隐性因素，等级观念趋向淡化转而采用非强制方式，依赖员工的心理过程，依赖每个员工内心深处被激发的主动性、内在潜力和创造精神。通过在人们心中产生一种潜在的说服力，从而把组织的意志转变为人们的自觉行动。

（4）评价体系的度准则。评价体系在质的方面表现为模糊性，二值逻辑失效，不再存在非此即彼，绝大多数在中间状态游离。在量上表现为非线性，叠加原理不起作用，1＋1不再永远等于2。在时间效果上常常表现为滞后性，立竿见影原则失效。

（5）奖酬机制的人性激励准则。奖酬机制的柔性化，是指除了物质上的奖励外，更应注重精神上的嘉奖，还可以通过扩大和丰富工作内容、提高工作的意义和挑战性等方式对员工进行激励。这已经在一些高技术公司中得到了体现。

第七章 运势管理

运势指的是一个人或企业未来的走向。"三分命，七分运"，把握运势的基础在于对运势的正确分析，并在此基础上进行壮势改运或者借势改运。人或企业可以决定运势的强与弱。《易经》中有"动则行气，气则行运"之说。也就是说，要发挥人的主观能动性，来实现自己的目标（"中"）。企业的运势管理就是基于对运势四象的分析，并且通过壮势或者借势，来实现自己的战略（"中"）的管理过程。

第一节　运势四象分析

一、运势四象

我们先来看运势的分析。四象是"中"的映像，以"我"为"中"，会形成与"我"有关系的两大系统，生系统和克系统，生系统包括生我与我生；克系统包括克我与我克。生我、我生、克我与我克形成"我"的运势四象。这里要注意，"我"不仅仅是指个人，也可以指企业等。其实，中国的先人把"我"更看成是一个大"我"，指家和族，甚至是国；在近现代，也可以把"我"看成一个企业。把中国人说成是极端自私、以个人为中心的看法，往往是受西方极端个人主义思想的影响。中国人把"我"看成"中"是一种解决问题的思想方法。解决了对"我"的理解，后面四个方面的"我"，就与"中"的"我"相对应了。如果这里的"我"是指某一企业，生我者就是供应者等，我生者就是购买者等，我克者是潜在进入者等，克我者就是替代者等。这一系统我们在后面将进一步详细论述。

五行是从四象发展来的，四象是显性的，它是隐性的"中"的显象。四象显"中"就成了五行。前面讲过"中"为本，是五行当中的主流。这样，在春夏秋冬一年四象中，放上反映本的"中"，就成了春夏"长夏"秋冬。"长夏"反映的是一年中的欣欣向荣。同样，在红灯系统中，黄、绿、红就成了黄、绿、长绿、黄、红。长绿反映的是行。在"我"的四象生态系统中，有克我、生我、我生、我克。显"中"后，突出"我"的生存运势问题，就成了克我、生我、"我"、我生、我克，并形成了如图7-1所示的运势四象（生存态势）。

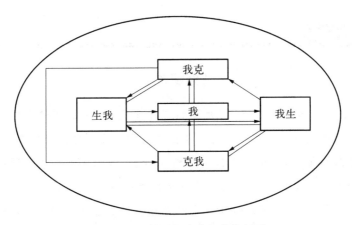

图7-1　运势四象（生存态势）图

在这个运势四象图中，把所有的人或者事物分析归纳分成四大类（"我"的环境四像）：第一类，是他们的存在将有利于"我"的发展，即生我。第二类，"我"的存在将有利于他们的发展，即我生。第三类，由于他们的存在，将不利于"我"的发展，即克我。第四类，由于"我"的存在，将不利于他们的发展，即我克。这四大类形成了"我"的生存环境的整体。而且这四大类（四象）是循环因果的，在它们的共同作用下，决定了"我"的运势的发展。四象与"中"形成一个五行。循环因果的四象按照五行的生克规律运行。因此，图7-1也可以用图7-2来表示。

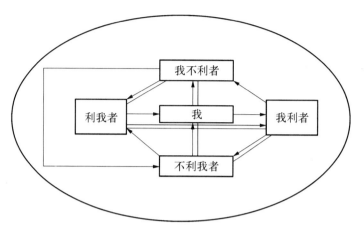

图 7-2　运势四象中的生克规律图

《甄嬛传》

前几年，电视台播放了大量的"宫斗剧"，提起"宫斗剧"的剧名，我们能说出一大堆，不过，要把所有的宫斗剧拎出来排个名的话，排行榜上的TOP1，毋庸置疑是《甄嬛传》。该剧改编自流潋紫所著的同名小说，主要讲述少女甄嬛从不谙世事的单纯少女成长为善于谋权的一代太后的故事。《甄嬛传》角度新颖，对后宫斗争的展示比一般宫廷剧更为辛辣，但这不是歌颂阴谋、欣赏斗争，而是借一个个青春女性理想和生命的惨烈毁灭，揭示出封建社会的腐朽本质。《甄嬛传》整体上分为两大部分：甄嬛出宫前和回宫后，甄嬛的人物塑造也鲜明地呈现了出来。从她单纯、只为自保，到后面的绝地反击，层层递进。

我们来看看甄嬛在当太后以前，早期生存环境中的四类人。

1. 生我者（基本的生存空间制造者）："老板"雍正和"董事"皇太后

人人身边都有一个"雍正"。皇上就是甄嬛的大老板，是甄嬛生存环境中基本生存空间的制造者。他掌握着甄嬛所在生存空间的全部资源。他霸道多疑，不容忤逆，他的地盘他作主，他的公司他当家。甄嬛做得再好，皇上若看不到甄嬛的好，那也是不好。如果皇上心里没数，那谁再有数都不算数。后宫中女人的前程与恩宠，都缱绻在皇上的枕榻上；而职场中员工的前途和命运，都赫然写在老板的绩效排行榜上。

甄嬛生存环境的基本生存空间的制造者中还有皇太后。皇太后口宣佛号，却下得狠手，能从前朝腥风血雨的宫斗中获胜，想想也不是省油的灯。表面上，她对皇帝的大小老婆们都是一番好心，欣赏她们各个的美丽可爱，实际上，该出手时并不含糊。就像企业中参与实际管理的合伙人，他们是参与决策的权力核心，他们对各个部门业务的熟悉程度简直会让你大吃一惊；而对金钱的斤斤计较也使得老板对他们言听计从，没有什么权力和能力的你对他们最好是笑脸相迎。所以，得到老板和上司的支持是十分重要的。

2. 克我者（替代者）：华妃和皇后

剧中性格最鲜明的人物当属华妃，她的表现欲和控制欲都很明显，不时醋意大发，任情绪泛滥，甚至横行宫中欺负其他妃嫔，卧榻之侧不容他人酣睡。一旦雍正的恩宠旁落，她会用尽各种手段打击对手，情绪也随之大起大落。职场中有些主管心胸狭窄，报复心强，这样的人不可得罪，否则，天天给你穿小鞋，或者是找个理由就罚你，让你防不胜防、苦不堪言！她是甄嬛生存环境中的明显的"克我"者。

一开始，甄嬛就把华妃当作头号天敌，甄嬛见不得她那飞扬跋扈的嘚瑟样，受不了她那仗势欺人的鬼德行。可是过个一年半载，有一天甄嬛突然发现，华妃只是个美貌无脑的"克我"先锋，她上头还有"高人"，她和甄嬛一样也是"棋子"。与皇后的老谋深算、阴险歹毒相比，华妃那点伎俩连毛毛雨都不是。这个"高人"就是皇后。

所以，认清谁是真正的"克我"者非常重要。

3. 我克者（潜在进入者）：淳贵人、欣常在和安陵容

皇宫中的嫔妃们是甄嬛生存空间的潜在进入者。例如，有与任何人都相处融洽的酒桌达人——欣常在，刚入职场的菜鸟——淳贵人，以及不起眼的安陵容等。

欣常在是后宫中的简单实在人，各派势力斗来斗去，一案接一案，都没怎么牵连到她，倒是每次游园聚会她场场不落。不管皇帝宠不宠幸，她该吃吃，该喝喝，这点倒比安陵容想开许多。如果和这种同事相处熟悉了，在各种聚会场合就不用怕冷场了，总会有一个人接你的话茬！

淳贵人是后宫中个性最简单、最原生态的人，热闹、活泼、没有半点心事，把后宫当成了游乐园，即使偶尔想家难过，被甄嬛用一盘精致的点心就转移了注意力，愁苦一扫而空。菜鸟往往对你没有什么威胁，对公司内部关系也是半懂不懂，这种人往往最容易拉拢成为自己人。

安陵容是典型的自卑压抑性格，因出身低微，入宫后被众人瞧不起，只能忍气吞声，其实内心无时不渴望引人瞩目，"进入"的愿望非常强。为得到雍正宠爱，安陵容宁可背弃好友，投靠皇后。即使已经受宠，仍不时敏感，总担心人家看不起自己，她与甄嬛的友谊便是被这种猜疑给毁了。如果自己交友不慎、出言无忌，跟这种人说了不该说的话，如辱骂了老板、议论了人非，老板马上就会找你谈话。这样的人不可得罪。

潜在进入者是一股既要防止又可利用的力量。特别要关注"进入"愿望非常强的人。

4. 我生者（我的存在而产生的生存空间［包括子女与能干的下属槿汐和浣碧］）

甄嬛在剧中前后有多个子女，其中有两个孩子最可怜，其他几个都得到了还不错的结局。最可怜的莫过于还没来得及出世就流产了的两个孩子。他们可怜的结局不仅在于没能活着出世，更是因为走了都被自己的额娘利用。甄嬛回宫后，利用当年流产一事，以谋害皇嗣的罪名使皇帝对刚流产的安陵容彻底失望，虽然没有夺去安陵容的封号，但和打入冷宫也差不多。双生子之后，甄嬛也流产了一个孩子，当然这次确实不怪别人，她明知道这个孩子保不过5个月，故意引皇后和众妃前来观赏珍贵的红珊瑚，又请皇后、敬妃、端皇贵妃一起进房间系福袋，有意和皇后争吵推搡，成功流产并推脱给皇后，这一回合，最大的对头——皇后出局！

槿汐、浣碧是甄嬛身边的下属。同为宫婢，槿汐聪明、识大体，沉静内敛,行事谨慎,进退得宜,不论甄嬛在宫中如何起落,她始终忠心不二。浣碧却总在寻找机会出头,险些失足被曹贵人利用,幸好甄嬛大气睿智,先破了曹贵人的陷阱,而后以情动之,晓以利害,活用了一把钻石法则,折服浣碧。

不是所有的下属都会忠心于你,一定要知人善任!用好你的"我生者"。

上述这四类人构成了甄嬛的生存环境(见图7-3)。

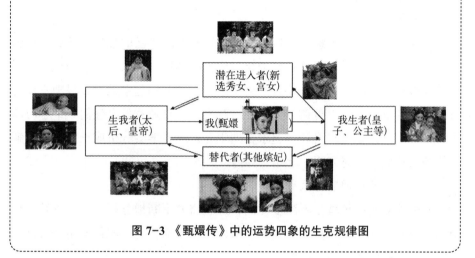

图7-3 《甄嬛传》中的运势四象的生克规律图

二、职场运势四象分析

在职场中,也存在一个环境的运势分析问题。有人也依此分析如何借用这些"宫斗剧"来赢得职场的胜利。其实,我们并不同意这种说法,前面已经讲过,中国人强调的不是你死我活的斗争,而是如何来处理好关系。的确,如今的职场不是一片净土,办公室政治权谋也的确存在,同事之间的竞争上位沦为尔虞我诈、阴谋诡计、你争我斗的殊死搏斗也不少见。当面笑嘻嘻、背后使坏也成了某些职场人士的日常。当然,仅仅因为职场中存在黑暗,就把现代公司比喻成古代皇帝的后宫,显然并不科学也不合理,反而颠覆了正确的价值导

——破译四象管理

向，客观上只会误导职场人。但是，后宫与职场都存在一个如何处理关系的问题，这是不可忽视的客观存在。因此，后宫与职场都存在一个如何分析、处理运势的问题。也就是说，每一个人和每一个企业都存在一个自己的四象环境。

当然，企业与后宫不同，后宫貌似歌舞升平、祥瑞和谐，实际上是个生存概率极低的地方。在宫斗剧里，钩心斗角、尔虞我诈的生活是常态。因此，求生存是那些后宫人的"中"，在职场中，对"中"就有很多的选择，追求涨工资，求升职，求长期生存，还是自我成长。那么应用职场运势四象应该注意什么问题呢？

1. 不忘初心

明确自己在职场的最主要目的是什么？是追求自己的理想，还是追求涨工资，求升职，还是仅仅把它作为自我成长的场所。如果是追求理想，就要少计较得与失，敢于奉献，并且学会团结更多的人一起奉献。如果把它作为自我成长的场所，就要低调做人，注意观察，不要随意放弃任何一个学习的机会。如果是为了追求升职，追求长期生存，就要学会分析成长路线，了解成长的天花板，找对老板、上司、师傅。

2. 学会设置和调节阶段目标

人所处的生态环境是不断变化的，这就需要不断地分析所处的环境，调节已经设置的目标。例如，发现天花板即将在眼前，而该职位又不是自己的最终目标，就要考虑新的出路。

3. 学会抓住职场运势四象中的各象的关键要素

首先，要了解从"生我者"那里能得到哪些支持？如果我努力了，可以争取到什么新的资源与支持。其次，懂得分析我的替代者的替代能力在哪里，学会建立胜于替代者的比较优势。然后，学会分析主要潜在的进入者的主要来源在哪里，能否利用我的优势建立新的进入障碍。最后，学会利用"我生者"提高我的势能。

4. 学会借势改运

四象是个整体，运势的改进主要靠两方面：一是靠壮势；二是靠借势。壮势就是不断增强自己的能力，形成相对于其他四个方面的相对优势。借势就是利用职场运势四象中的各象互相之间的生与克，来形成相对于其他四个方面的相对优势。

三、运势四象的应用

运势四象的应用范围是很广的。它至少可以包括以下几个方面。

1. 一个人或者一个企业的生存环境分析

一个人或者一个企业的生存环境分析大体可以分成两大类：一类是描述法；另一类是指标法。当然，也可以把这两类结合起来一起使用。描述法就是按照四象和"中"的实际情况，用文字把它描述出来。指标法就是对四象和"中"的实际情况进行打分，用分数来描述四象和"中"在生成环境中的情况。本书在第八章的企业胜势模型中应用了势能分析，可以参阅。从本质上来说，运势四象是为"中"服务的，因此，运势四象的"中"的势能就是一个人或者一个企业的运势能。运势能有直接计算法和间接计算法。直接计算法就是根据第八章的企业胜势模型直接算出"中"的势能。间接计算法就是根据第八章的企业胜势模型先算出四象中各象的势能，以及四象中各象对"中"影响系数（影响系数可以是正数，也可以是负数），再通过四象中各象的势能和四象中各象对"中"影响系数，算出"中"的势能。也就是说，一个人或者一个企业的运势能（"中"的势能）等于四象中各象的势能乘以四象中各象对"中"影响系数之和。其计算公式为：

$$运势能 = \Sigma 四象中各象的势能 \times 四象中各象对"中"影响系数$$

2. 评判决策方案的优劣，帮助选择满意决策

无论是描述法还是指标法、都能帮助评判决策方案的优劣，帮助选择满意决策。具体做法是：首先，分析当前的生存态势，或者算出运势能；然后，根据决策方案预测决策后可能产生的生存态势，或者算出新的运势能，并进行前后比较；最后，结合其他应该考虑的因素和该比较的结论，帮助选择满意方案。

3. 帮助寻找借势改运的关键人物和关键因素

首先，根据第八章的企业胜势模型分析当前的生存态势各象中各个人物的位势能和趋势能；然后，比较他们的位势能和趋势能，往往具有高势能的

黄灯
——破译四象管理

人物就是关键人物。特别要注意那些具有高趋势能的人物，注意他们可能采取的新的决策。这些决策很容易形成改运的关键因素。

第二节 企业运势四象模型及应用

企业运势分析可以通过建立企业运势四象模型来进行。企业运势四象模型与职场运势四象模型一样，应用"中"与四象的关系，通过五行原理而建立。企业运势四象模型建立的目的，不仅仅是为了分析环境，而是为了建立一个可以动态调节运势的模型。也就是说，该模型的功能主要在于可调节性。

一、迈克尔·波特的五力量模型

学习过企业管理知识的人都知道波特的五力量模型。波特五力分析模型又称波特竞争力模型。五力分析模型是迈克尔·波特于20世纪80年代初提出，对企业战略制定产生了深远影响，可用于竞争战略的分析，能有效地分析企业的竞争环境。五力分别是供应商的议价能力、购买者的议价能力、潜在竞争者进入的能力、替代品的替代能力、行业内竞争者现在的竞争能力。五种力量的不同组合变化最终影响行业利润潜力变化。

五力量模型将大量不同的因素汇集在一个简便的模型中，以此分析一个行业的基本竞争态势。五力量模型确定了竞争的五种主要力量来源，即供应商和购买者的议价能力、潜在进入者的威胁、替代品的威胁以及来自目前在同一行业的公司间的竞争。一种可行战略的提出首先应该包括确认并评价这五种力量，不同力量的特性和重要性因行业和公司的不同而变化（见图7-4）。

供方主要通过提高投入要素价格与降低单位价值质量的能力，来影响行业中现有企业的盈利能力与产品竞争力。供方力量的强弱主要取决于他们所提供给买方的是什么投入要素，当供方所提供的投入要素的价值构成了买方产品总成本的较大比例，且对买方产品生产过程非常重要，或者严重影响买方产品的质量时，供方对于买方的潜在讨价还价力量就大大增强。新进入者

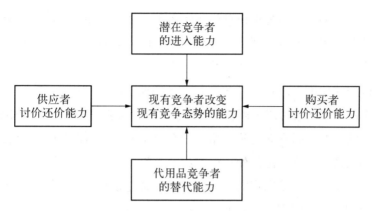

图 7-4 迈克尔·波特五力量模型

在给行业带来新生产能力、新资源的同时，将希望在已被现有企业瓜分完毕的市场中赢得一席之地，这就有可能会与现有企业发生原材料与市场份额的竞争，最终导致行业中现有企业的盈利水平降低，严重的话还有可能危及这些企业的生存。竞争性进入威胁的严重程度取决于两方面的因素，这就是进入新领域的障碍大小以及预期现有企业对于进入者的反应情况。两个处于同行业或不同行业中的企业，可能会由于所生产的产品是互为替代品，从而在它们之间产生相互竞争的行为，这种源自替代品的竞争会以各种形式影响行业中现有企业的竞争战略。替代品价格越低、质量越好、用户的转换成本越低，它所能产生的竞争压力就越强；而这种来自替代品生产者的竞争压力的强度，具体可以通过考察替代品的销售增长率、替代品厂家生产能力与盈利扩张情况加以描述。大部分行业中的企业相互之间的利益都是紧密联系在一起的，作为企业整体战略一部分的各企业竞争战略，目标都在于使得自己的企业获得相对于竞争对手的优势，所以，在实施竞争战略中就必然会产生冲突与对抗现象，这些冲突与对抗就构成了现有企业之间的竞争。现有企业之间的竞争常常表现在价格、广告、产品介绍、售后服务等方面，竞争强度与许多因素有关。

根据上面对五种竞争力量的讨论，企业可以采取尽可能地将自身的经营与竞争力量隔绝开来、努力从自身利益需要出发影响行业竞争规则、先占领有利的市场地位再发起进攻性竞争行动等手段来对付这五种竞争力量，以增强自己的市场地位与竞争实力。

实际上，关于五力分析模型的实践运用一直存在许多争论。目前较为一致的看法是：该模型难以适应20世纪90年代以来的复杂环境变化，只讲竞争，不讲合作，不符合竞争态势的实际情况。

该模型的理论是建立在以下三个假定基础之上的。

（1）制定战略者可以了解整个行业的信息，显然现实中是难于做到的。

（2）同行业之间只有竞争关系，没有合作关系。但现实中企业之间存在多种合作关系，不一定是你死我活的竞争关系。

（3）行业的规模是固定的，因此，只有通过夺取对手的份额才能占有更大的资源和市场。但现实中企业之间往往不是通过吃掉对手而是与对手共同做大行业的蛋糕来获取更大的资源和市场。同时，市场可以通过不断的开发和创新来增大容量。

因此，要将波特的竞争力模型有效地用于实践操作，以上在现实中并不存在的三项假设就会使操作者要么束手无策，要么头绪万千。

有专家在此基础上设法来改进五力模型。例如，有专家提出了六力模型，在五力的基础上加上互补品，来弥补原来模型的不足。六力模型虽然也存在很大的不足，但为研究者提供了新的思路。我们也曾在此思路上设计过十力模型，因为波特的五力全是竞争对手，再加上五个"我"方的力量，成了五力对五力。但在进一步的研究中我们发现，十力模型虽然解决了部分的合作问题，但无论是五力、六力还是十力，都还是基于分蛋糕式的竞争，把互相之间用"力"来紧紧地对抗着，并没有解决上述的第三个假定。后来，我们试着基于五行的五力模型，建立了新的基于四象的"五力模型"，用"关系"代替"力"，也就是说，这里的五力不是指五力的对抗，而是指五者之间的"关系"。"关系"既包括竞争，也包括合作，以及界于竞争与合作间不同的竞合状况。下面详细介绍企业运势四象新模型。

二、运用四象管理思想辩证分析五力模型

迈克·波特的五力模型是在一个相对封闭的固定产业中进行相对静态的分析，并且只强调竞争，强调五种力量对"我"的压力，而除了"我"之外

的这些力量之间是如何相生相克的，在模型中并未表示。事实上，这几种力量之间也有一种相生相克的关系，是一种动态关系，有竞争也有合作，强调的是一种循环因果关系。

依据中国四象管理思想，我们先把企业面临的生态环境四象放进去，再把"我"（企业）这个"中"加进去。同时，我们可以将这种基于动态的竞争合作关系用五行之间的相生相克关系表示出来，这就构成了基于四象管理的企业运势四象模型（见图7-5）。

在企业运势四象模型中生态环境四象与"我"相生相克是循环因果的。

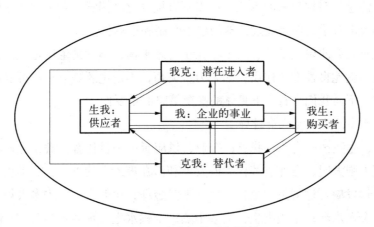

图7-5 企业运势四象模型

循环因果中的相生表现为：供应商的发展会促进本企业发展，本企业的发展会促进购买者的发展，购买者的发展会刺激潜在进入者的进入，潜在进入者的进入会增加替代者，替代者多了会进一步促进供应者的发展。循环因果中的相克表现为：先进入企业的存在是潜在进入者（后进入者）的天然障碍；潜在进入者的迟迟不进入会使供应者的发展受影响；供应者的强大会影响和限制购买者的个性化发展；购买者的消费习惯与忠诚度是替代者发展的阻碍；替代者主要由不同层次的竞争者所组成。这里特别要注意对替代者的理解，在我们的企业运势四象模型中已没有"现有竞争者"这一简单的提法。其实，在中国人的传统文化中，一成不变的竞争者是不存在的，敌友是可以转化的，严格地讲，在商场上只存在会提供替代本企业产品与服务的替代者。虽然替

代者是克我者,但只要正确地处理好"关系",可以通过不断地开发和创新来增大市场容量,共同做大行业的蛋糕来获取更大的资源和市场。

从上面的简要分析可以看出,在五行相生相克的循环因果关系中,不仅仅是"我",而且任何一"象"之间都具有生我、我生两方面的关系,也就是母子关系:生我者为母、我生者为子。任何一"象"都具有克我、我克两方面的关系。因此,基于中国优秀传统哲学的人谋思维具有不同于西方战略思维的非常明显的动态特征,从而使得东方人谋决策思维以"变"为核心,因时而变、因势而变,生生不息。这样,企业运势四象模型也在一定程度上缓解了信息不对称带来的困惑,可以不直接通过掌握竞争对手的商业机密来打败和攻击对手,而是通过其他的象来牵制和影响替代者。

企业运势四象模型思想的核心在于动态平衡,不管是生还是克,只要力量平衡,就能良性发挥作用;如果力量失衡,不论生还是克,都可能产生恶性作用。下面我们来看一下具体的平衡策略的重要性。

1. 生多为克(生我者过强)

我,生我……克我,我克;企业,供应者……替代者,潜在进入者。当供应商太强大时,会促进替代者的发展和潜在进入者的进入,将不利于本企业的长远发展。这就是"金赖土生,土多金埋;火赖木生,木多火炽;水赖金生,金多水浊;土赖火生,火多土焦;木赖水生,水多木漂"。因此,"生多为病,生多为克",反映在企业运势四象模型中,就是当某种力量过强而影响它生之力量时,会产生力量的不平衡,比如母能生子,但母也能害子,伟大的母爱变成过分的溺爱反而害了他。①

2. 泄多为克(我生者过强)

我,我生……克我,我克;企业,购买者……替代者,潜在进入者。当购买者发展过快时,超过了本企业的发展能力,将会促进替代者的发展和潜在进入者的进入,将不利于本企业的发展。这就是"金能生水,水多金沉;火能生土,土多火晦;水能生木,木多水缩;土能生金,金多土变;木能生火,火多木焚"。从而造成"泄多为克、泄多为病",就是在企业运势四象模型中当某力

---

① 胡建绩、严清清:《论五商——智、情、财、技、谋》,载苏勇《东方管理评论》(第2辑),复旦大学出版社,第87页。

量所生的力量太强时，会反过来影响该力量的发展，造成五种力量的不平衡。

3. 反克现象（我克者太强）

我，我克，即企业，潜在进入者。企业的存在与发展能防止潜在进入者，但当潜在进入者太强时，会产生反克现象。较好的做法是疏而不是堵；合资、联盟或共同发展。这就是"金能克木，木多金缺；火能克金，金多火熄；水能克火，火多水干；土能克水，水多土流；木能克土，土多木折"的道理。当被克的力量非常强大时，不仅克不动，反而会被所克力量损伤。因此，当市场上某力量过强时，不能强行克制。克制要害，只能顺其强旺之势，帮助其发展，寻找市场空隙。

4. 克制太过避其锋（克我者过强）

我，克我……我生、生我。即企业，替代者……购买者、供应者。如果企业本来就弱，遇到强大的替代者硬拼必然成灾，只能避其锋。可以采用小区划补缺等办法寻找市场机会。这就是"金弱遇火，必见销熔；火弱遇水，必为熄灭；水弱逢土，必为淤塞；土弱逢木，必为倾陷"的道理。在五力量模型中，某种力量本来就非常弱，当遇到克它的力量时，犹如雪上加霜，从而不能很好地发挥作用，必然造成毁灭性的打击。

5. 取泄方为用（我过强）

我……我生，即企业……购买者。这就是"强金得水，方挫其锋；强火得土，方止其焰；强水得木，方泄其势；强土得金，方制其壅；强木得火，方化其顽"的道理，也就是取"泄方"为用，比如我太强时，就取我所生之力量"客户—购买者"来进行配合，以泄"我"之力量，而不能取克方来克制，因为力量太强时，不仅克方克不动，反而造成伤害，这也是力量太强与较强的区别。

6. 取克方为用（我强）

我，克我，即企业，替代者。当企业自身较强，无法通过自身力量增加购买者时，必须自我否定，变革为自我的替代者，取克方为用。当"我"强时，培育购买者是最好的办法，但由于企业自身力量并没有强大到足以完全掌控客户，所以需要借助企业的克方来弥补自身力量的不足，从而更好地满足消费者。这就是"金旺得火，方成器皿；火旺得水，方成相济；土旺得水，方能疏通；水旺得土，方成池沼；木旺得金，方成栋梁"的道理。在五力量中，当某力量偏强时，要取克方为用，而不能用被生方取"泄"，因为被生方虽然能起到取"泄"作用，但同时也克制了被生方力量的克方，从而导致企业运势四象的失衡。

三、五力模型与企业运势四象模型不同点的进一步比较

两个模型的区别在于：前者强调竞争，强调单向影响，是一个环境静态分析模型；后者强调的是关系，强调互相间的影响，是一个运势动态调节模型（见图7-6）。

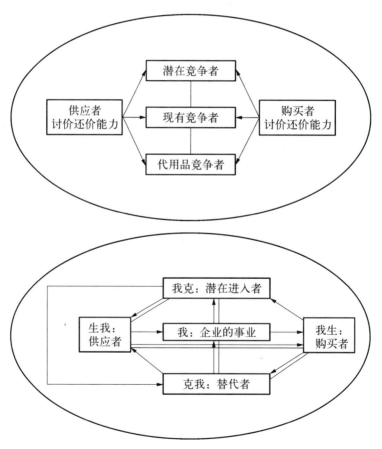

图7-6 五力模型与企业运势四象模型的比较

1. 两个模型的理论基础不同

五力模型强调竞争；企业运势四象模型强调的是关系。从上面的分析可以得出以下结论。迈克·波特在分析产业和企业竞争时，构建了现有竞争者、供应者、购买者、替代者、潜在竞争者的五力模型，在五力模型中只强调了竞争，强调五种力量对"我"的压力，而除了"我"之外，这些力量之间的关系未表示出来，而企业运势四象模型强调的是关系："中"与四象的关系，四象之间的关系。

2. 两个模型的作用机制不同

五力模型运用单向影响构建模型，而企业运势四象模型则强调通过相互制约关系来构建模型。

五力模型解决了产业竞争的力的分析。就像在拔河当中，分析了对方五个人的力量的情况。这里力的作用都是单向的，既没有分析除了对抗力量之外，有没有可利用的力，也没有分析对方这五个人的力量是怎样合力和互相影响的，各力之间相互制约关系并没有表示出来。企业运势四象模型强调的是运势四象中循环因果的共同作用，各种力量之间也是相生相克的关系。

3. 两个模型的分析方法不同

五力模型是一个环境静态分析模型；企业运势四象模型是一个运势动态调节模型。

波特的五力模型是对一个产业盈利能力和吸引力的静态断面扫描，说明的是该产业中的企业平均具有的盈利空间，因此，是分析产业和企业竞争时建立的一种静态分析框架。而企业运势四象模型是一个运势动态调节模型，它描述了这几种力量之间相生相克的关系，运用五行的哲学思想，来分析和调节几种力量相生相克的辩证关系，对我们及时进行市场分析、竞争对手分析、建立战略联盟以及调节决策方案等都有着非常有益的指导意义。

第三节 运势管理原理

一、"司外揣内"，将问题消除在形成之前

《内经》上说："圣人不治已病治未病，不治已乱治未乱。"一个优秀的

黄灯
——破译四象管理

管理者，他的工作就是将管理问题消除在形成之前，并且提前消除管理问题。这两点是优秀管理者的最高境界。

如何才能在管理问题形成前就作出诊断呢？"有诸内，必形诸外"，从中医的理论来看，通俗一点说，就是可以通过人体外部的变化，诊断出人体内部的疾病。例如，一个出色的卖瓜小贩，他通过一看、二拍、三听，就能选出个个又沙又甜的瓜。一个优秀的中医也是，中医看病一望、二闻、三问、四切，行业虽然不同，但道理却惊人地相似。《内经·灵枢》说："故远者，司外揣内；近者，司内揣外。"意思是说，高明的人可以通过事物的外部表征，看透事物的本质。一个优秀的管理者要会分析运势四象，通过企业运势四象的外部表征发现管理问题，从而及时地解决这些问题。

中医的神奇之处，是它将人体看作有机的整体。在这个有机的整体中，五脏六腑的盛衰和病变，都会通过精血、津液等介质表现于体表。高明的中医常常能从脉象、舌苔、眉毛、头发、皮肤、手掌纹路、指甲颜色等身体表面的细微变化诊断出体内的疾病。中医的这一理论并不是凭空产生的，它源于自然万象的规律。人的心脏出现了问题，就会表现在耳朵上，耳朵上的冠脉沟就是冠心病在身体表面的反映。因为心脏的冠状动脉堵塞，会让耳朵上的毛细血管凝固，形成皱纹，这就是冠脉沟。

企业管理也是一样。不要把运势四象简单地看成外部环境。一个企业以往的经营情况，会通过"蚂蚁搬家"的现象，慢慢地反映在运势四象中。世界万象的联系是如此神奇微妙，它们相互影响，互为表里。头发、指甲、耳朵等身体外部的一切都在反映着体内的情况。同样，供应者、消费者、竞争者、替代者对企业的态度都反映着企业的情况。

案 例

扁鹊见蔡桓公

扁鹊来到蔡国，蔡桓公知道扁鹊的名气很大，于是打算宴请扁鹊。扁鹊见到蔡桓公说："大王你有病，虽然不是很严重，但不治疗的话会加重。"蔡桓公不仅不相信，还很不高兴。十天之后，扁鹊再次去见了蔡桓公。见到蔡桓公时说："大王你的病已经到了血脉，再不治疗的话会加深。"蔡桓公更加不信，而且还很不高兴。又过了十天左右，扁鹊见到蔡桓公说："病情已经到了肠胃，再不治的话会更加严重。"蔡桓公非常生气，他并不喜欢别人说他有病。又过了十天。扁鹊这次见到蔡桓公，就躲开了。蔡桓公很困惑，派人去问扁鹊。扁鹊说："刚刚发病的时候，病情在肌肤之间，还很好治疗；在血脉之中的话，还可以用针刺来治疗；到肠胃中的时候，喝酒就可以治疗；可是现在病到了骨髓中，我就无能为力了。"五天之后，蔡桓公的病情就加重了，派人去找扁鹊，可是他已经离开了。后来蔡桓公就这样病死了。虽然每个人都不喜欢被人说有病，但是医生说有病的话就应该注意点，及早发现，及早治疗。

二、重视运势四象中循环因果的共同作用

在运势四象应用中，必须重视多因素循环因果的共同作用。一些西方人认为，单一因素的决策比较明确可行。但是世界往往是一个复杂体，管理更是一个复杂的问题，单一因素往往不能描述一个问题。中国的四象管理要强调的世界不仅仅是多因素（多象）的，管理必须考虑多象的因素才能作出正确的决定，而且这些多因素（多象）是循环因果的，在它们的共同作用下，决定了事物的发展。中国人强调的是天时、地利、人和的共同作用，虽然比较难以把握，但确确实实地反映了"中"事物的真相。

在应用运势四象的循环因果解决问题时，还应该注意三个问题：间接影响、影响程度、影响间隔。

（1）间接影响。四象对"中"的影响，既应该包括象对"中"的直接影响，还应该加上该象通过其他几象对"中"的间接影响。也就是说，该象的总影响等于直接影响加上间接影响。四象之间的影响，同样存在直接影响和间接影响。

（2）影响程度。按照五行理论，各个因素之间的影响不仅有正向和反方向的，影响强度也非常不同。要善于找出四象中影响程度最大的关键因素。

（3）影响间隔。四象各个因素之间的影响速率是不同的。这里有两个速度：一个是四象各个因素自己的决策速度；另一个是两因素之间传递的速度。

飞机起飞的科学问题就是各个因素快速循环因果的案例。

飞机起飞的科学问题

一个难以置信的事实是：尽管莱特兄弟在 100 多年前就将飞机开上了天空，但直到今天，人们仍然不清楚，飞机是如何飞起来的。从严格的数学层面上讲，工程师们知道如何设计能在高空飞行的飞机，但数学公式并不能解释气动升力产生的原因。两个理论针锋相对，但两者均无法提供完整的解释。以前一直用单一理论加以解释，直到用多因素来解释这个问题，才得到了比较好的答案。《环球科学》2020 年 3 月新刊的文章，为我们详细讲述了飞机升空的科学争议。

到目前为止，对升力最流行的解释是伯努利原理，这是瑞士数学家丹尼尔·伯努利（Daniel Bernoulli）在 1738 年发表的专著《流体动力学》（Hydrodynamica）中提出的一种原理。伯努利原理指出，流体的压力会随着速度的增加而减小，反之亦然。

飞机的机翼上方有一种特殊的凸起，专业术语称为翼型。因为这种弯曲的存在，与流经机翼平坦下表面的空气相比，流经弯曲上表面的空气速度更快。科学家认为，按伯努利原理，机翼上表面流体速度的增加导致机翼表面的气压降低，因此产生了向上的升力。

无论是风洞（主要观察由烟气粒子显示出的轨迹流线）、喷管还是文丘里管（一种真空发生装置）等实验，都给出了海量的经验数据，这些数据有力地证明了伯努利原理的正确性。然而，伯努利原理本身并不能完全解释升力。尽管实际经验表明，在弯曲的表面上空气流动的速度确实更快，但伯努利原理却无法解释为什么会出现流速变快的现象。换句话说，这个定理并没有说明机翼上方的高流速是如何产生的。

一个众所周知的演示在很多网络平台甚至一些教科书中都曾反复出现过，它宣称可以"展示"伯努利原理。在这个演示中，实验人员会将一张纸水平地放在嘴前，并用气吹动它的上表面，此时，纸面会上升。人们以此说明确实存在伯努利效应。可是，当吹纸的下表面时，纸面还是会上升。按理说，纸张应该出现相反的结果，因为纸张下部的气流会把纸往下拉。

霍尔格·巴宾斯基（Holger Babinsky）是英国剑桥大学空气动力学教授，他指出，一侧的气流会让弯曲纸面升起，这并不是因为空气在纸面两侧的流速不同。为了说明这一点，你可以吹一张平直的纸张来验证这一切。例如，吹一张垂直悬吊的纸张，看它是不是既不向一侧移动也不向另一侧移动。毕竟，尽管气流速度明显存在差异，但是纸张两侧的压力却是一样的。

伯努利原理的第二个缺点是，它并没有说明机翼上部高速流动的空气为什么会形成更低的压力，而不是更高的压力。毕竟，当机翼向上移动时，空气理应被压缩，机翼顶部的压力应该会增加。在日常生活中，这种"瓶颈现象"通常会让事情变慢，而不是加速。例如，在高速公路上，当两条或多条车道合二为一时，道路上的车辆不会开得更快，而是出现车流减速的现象，甚至可能发生交通堵塞。在机翼上表面流动的空气分子却不是这样的，但是伯努利原理并没有说明白为什么会形成这种现象。

第三个问题特别关键，可以证明伯努利原理对升力的解释是不对的：一架具有弯曲上表面的飞机翻过身来也能飞行。在这种情况下，弯曲的机翼表面变成了底面。根据伯努利原理，机翼的下表面的压力会降低，当这个低压环境结合重力作用时，应该会产生一个向下拉动飞机的效果，而不是支撑它继续飞行。但是，无论是具有对称翼型的飞机（顶部和底部的曲率相当），还是上表面和下表面均为平坦翼型的飞机，只要机翼遇到迎面而来的风，并且配合适当的迎角，都能翻过来飞行。这意味着，伯努利原理本身并不足以解释升力产生的原因。

除了用伯努利的理论来解释升力外，科学家还试图用另一种理论来解释这种力的来源：牛顿的作用力和反作用力原理。根据这个定律，当机翼向下推空气时，有质量的空气会产生一个大小相等、方向相反的向上推力，也就是升力。因此，这一理论认为机翼是通过推动空气使飞机产生升力的。这个理论适用于任何形状的翅膀，弯曲的或平坦的，对称的或不对称的。同时，这个理论也适用于正常飞行或者翻过来飞行的飞机。因此，牛顿第三定律对升力的解释比伯努利原理更全面，也能应对更多情况。

但就理论本身而言，作用力和反作用力并不能解释机翼顶部的低压区，而这一区域的存在也与机翼是否弯曲无关。只有当飞机着陆停止飞行后，机翼上方的低压区才会消失，使顶部和底部变得一样，恢复到周围的气压。但是，只要飞机在飞行，低压区就是空气动力学无法忽视的因素，必须加以解释，才能说明飞机为什么能飞起来。

因此，无论是伯努利原理还是牛顿第三定律，从各自的角度出发，它们都是正确的，两者并不相互矛盾。问题在于，任何一个理论都无法完整地解释升力，两者结合起来也不行，因为两者都遗漏了一些东西。

如今，设计飞机的科学方法是利用计算流体动力学（computational fluid dynamics，CFD）模拟，以及计算充分考虑了真实空气实际黏性的纳维-斯托克斯（Navier-Stokes）方程。CFD模拟获得的结果和上述方程的解能够预测压力的分布模式，给出气流形态和定量的结果。现今的飞机设计领域已经非常先进，可以说这些技术就是行业的基础。然而，它们本身并没有对升力作出物理的、定性的解释。

近年来，美国知名空气动力学家道格·麦克莱恩（Doug McLean）试图超越纯粹的数学形式，着手处理飞行过程中的物理关系，这种关系或许可以解释升力在现实中表现出的各种特性。2012年，他在自己的书中对机翼升力提出了全新的解释。

在解释升力时，麦克莱恩也是从空气动力学中最基本的假设开始的：机翼周围的空气作为一种连续的介质，会根据翼型的不同产生形变，这种形变会以机翼上方和下方各自出现的流体形式存在。麦克莱恩写道："在一个被称为压力场的大区域内，机翼会对气压产生影响。"当产生升力时，机翼上方总是会形成低压的扩散气团，机翼下方通常形成高压的扩散气团。当这些气团作用于机翼时，就构成了对机翼产生升力的压差。

在整个过程中，机翼向下推动空气，导致气流向下偏转。机翼上方的空气按伯努利原理被加速。机翼下方有一个高压区，机翼上方有一个低压区。这意味着，在麦克莱恩对升力的解释中，有4个必要的组成部分：气流向下转向、气流速度增加、低压区和高压区。

这4个要素之间的相互关系是麦克莱恩的叙述中最新颖、最独特的地方。他写道："它们在互为因果的关系中互相支持，其中任何一个要素的出现均离不开另外3个要素。"压差对翼型施加升力，而气流向下转向和流速变化维持着压差。正是在这种相互影响的系统中，出现了麦克莱恩解释的第5个要素：4个要素之间的相互作用关系。这4个要素似乎必须同时出现，相互影响，相互诱发，才能相互维持。

这种协同方式似乎有一种魔力。在麦克莱恩的描述中，就像是4个活跃的个体，只有互相帮助才能在空气中共同维持。或者说，正如他所承认的，这是一个循环因果的案例。但是，相互作用的每一个因素是如何维持和加强其他因素的呢？是什么导致这种互动、互惠、相互影响的动态体系？麦克莱恩的答案是：牛顿第二定律。

牛顿第二定律指出，物体的加速度与施加在物体上的力成正比。麦克莱恩说："牛顿第二定律告诉我们，当压差对流体团施加一个合力时，必然会导致流体团运动的速度或方向（或两者）发生变化。"反过来，压差的存在与否和大小变化也是由流体团的加速情况决定的。

在这个过程中凭空获得了一些能量吗？麦克莱恩认为并没有，如果机翼处于静止状态，这套相互强化体系中的任何一个因素都不会存在。只有当机翼在空中移动时，每个流体团才会影响所有其他的流体团。整个飞行过程支撑了这套相互刺激、相互依存的因素的存在。

麦克莱恩是否完整而正确地解释了升力的机制，还有待进一步的解

释和讨论。他自己也承认,他的解释在某些方面并不令人满意。他表示:"一个明显的问题是,没有一个解释会被普遍接受。"看来,直到今天,这个问题仍然没有简单的答案。飞机起飞的原因问题,至少说明了世界上的问题是很复杂的,它们往往不是单因素而产生的结果,而是多因素循环因果的结果。多因素的循环因果影响是一种常态。

三、利用一切皆可利用的力量,学会在平衡中求发展

在中国人的理念当中,不存在简单的竞争关系。正如上面所论述的,在四象模型中,只有替代者而不是竞争者。因此,在改善自己的生存环境中,如果我们只把眼睛放在竞争对象上,是十分危险的。在四象模型中,一切事物都是相生相克的,只有把握好这点,才能把握好我们生存环境的平衡。更何况,在每一个人、每一个企业的生存环境中,四象中的每一个象都是客观存在。永远不可能把某一个象彻底消灭,而是如何平衡好四象,以得到"中"的目的。

狼 鹿 效 应

人们把由于适当的冲突与竞争而产生群体及个体强盛不衰生机勃勃的现象,称为狼鹿效应。这种效应的名称来自狼与鹿的真实故事。

20世纪初,美国亚利桑那州北部的凯巴伯森林还是松杉葱郁,生机勃勃。大约有4 000只鹿在林间出没,凶恶残忍的狼是鹿的天敌。美国总统罗斯福很想让凯巴伯森林里的鹿得到有效地保护,繁殖得更多一些。他宣布凯巴伯森林为全国狩猎保护区,并决定由政府聘请猎人到那里去消灭狼。枪声在森林中震荡。在猎人冰冷的枪口下,狼接连发出惨

叫，一命呜呼。

经过25年的猎杀，有6 000多只狼先后毙命。森林中其他以鹿为捕食对象的野兽也被猎杀了很多。得到特别保护的鹿成了凯巴伯森林中的"宠儿"。在这个"自由王国"中，它们自由自在地生长繁育，自由自在地啃食树木，过着没有危险、食物充足的生活。很快，森林中的鹿增多了，总数超过了10万只。10万只鹿在森林中东啃西啃，灌木丛吃光了就吃小树，小树吃光了又吃大树的树皮……一切能被鹿吃的食物都难逃厄运。森林中的绿色植被一天天地减少，大地露出的枯黄一天天扩大。灾难终于降临到鹿群头上。先是饥饿造成鹿的大量死亡，接着又是疾病流行，无数只鹿消失了踪影。两年之后，鹿群的总量由10万只锐减到4万只。到1942年，整个凯巴伯森林中只剩下8 000只病鹿在苟延残喘。罗斯福最后下令，要求管理者再把狼请回来，结果鹿群又恢复了生机。

为什么吃鹿的狼引入之后反而鹿生存得更加健壮、更富有活力？环境中的因素多是相生相克的，不能人为地断了生物链。灭狼护鹿，实际上也是在灭鹿，因为鹿缺少了竞争对手。由于没有了"克我者"，鹿就过上了无忧无虑的悠闲生活，不必四处奔波，便大量繁衍后代，从而引发了一系列的生态问题，如鹿群瘟疫蔓延、大量绿色植被吃光等，致使鹿群难以生存下去。把狼引入森林后，就给鹿带来了生与死的直接考验，鹿为了生存就千方百计地要与狼进行竞争，狼为了猎取鹿拼命追，鹿为了生存拼命逃，就这样，鹿得到了很好的身体锻炼，那些身体有病的就被狼吃了。因此，鹿就得到了相对的保护，始终维持在一个适当的数量中，森林也得到了保护。可见，狼鹿效应的发生与狼鹿的相生相克的竞争作用有关。

生态链是大自然赋予的，按达尔文的观点，是优胜劣汰、物竞天择的结果。狼与鹿是一对相生相克的关系，是生态链上两个紧密相连的环，谁也难以离开谁。为了证实这一原理，美国生物学家彼得逊（Peterson）教授在洛耶耳岛进行了长达32年的考察研究。在那里，他亲眼看见了这两种动物的生态平衡关系。没有狼，鹿虽能一时强盛，但最后的结果是大批的鹿最终还是因为缺吃、生病等死去，根本原因是缺少了它的天敌——狼。因为，狼既是鹿的天敌，但更是鹿的激活剂。有了狼，鹿才会有忧患意识，才会有危机感、紧迫感。为了求生，为了不让被狼吃掉，鹿才会狂奔逃跑，从而使鹿种得到进化，适者生存，强鹿得到繁衍，弱鹿自然淘汰。如果少了鹿，狼也无法生存，因为它也得不到相应的食物，得不到进化。可见，"灭狼护鹿"必然要遭到大自然的报复。后来采取的"引狼入林"的补救措施是正确的，是这一原理得到了应用，从而又产生了狼鹿效应。

可见，狼鹿是两个表面上你死我活的冲突体，实质上正因为这种冲突才促进了它们健壮地生存和发展。狼鹿的冲突客观上帮助它们寻求新的策略，以求得生存，使狼、鹿、森林得到一个生态平衡，狼保护了森林，森林养育了鹿，鹿又成活了狼。如果没有狼鹿的冲突，鹿就不会怕狼，生态平衡就会受到破坏。可见，这种冲突也是狼鹿效应产生的原因之一。

第八章 胜势管理

齐国大将田忌很喜欢赛马,与齐威王约定进行一场比赛。各自的马都可分为上、中、下三等。比赛的时候,齐威王总是用自己的上马对田忌的上马,用自己的中马对田忌的中马,用自己的下马对田忌的下马。由于齐威王每个等级的马都比田忌的马强一些,所以比赛了几次,田忌都失败了。田忌不服,又与齐王进行了一轮的比赛。受孙膑的指点,田忌先以自己的下等马对齐威王的上等马,再以自己的上等马对齐威王的中等马,最后以自己的中等马对齐威王的下等马。结果是三局两胜,田忌赢了齐威王。还是同样的马匹,调换一下比赛的出场顺序,田忌获得了相对于齐威王的整体优势,最后得到转败为胜的结果。这充分体现了战略智慧,本章谈谈中国的能力战略管理,包括能力的分析和能力的应用。

第一节 不战而胜的理念

空城计是家喻户晓的故事,是典型的不战而胜的案例。司马懿在马谡失街亭之后,带领几十万军队乘胜追击,来找诸葛亮。于是,诸葛亮将计就计,他深知司马懿生性多疑,且害怕他。诸葛亮很镇静,他让剩下的几十个人打开城门,自己与琴童一起,在城头之上悠闲地弹起琴来。司马懿见状,深知孔明办事谨慎,怕城里有埋伏而损兵折将,得不偿失,快速撤回几十万部下。诸葛亮之所以能够取得胜利,主要是利用了司马懿的性格弱点和信息不对称,进而迷惑对方,不费一兵一卒,击退了司马懿的几十万军队。

孙子在《谋攻篇》中云:"是故百战百胜,非善之善者也;不战而屈人

之兵，善之善者也。故上兵伐谋，其次伐交，其下攻城。攻城之法为不得已。……故善用兵者，屈人之兵而非战也，拔人之城而非攻也，毁人之国而非久也，必以全争于天下，故兵不顿而战可全，此谋攻之法也。"孙子在谈到战争的最高境界时，主张要尽量减少战争的破坏和杀戮，以能保全敌国及其人员的不战而胜为至高军事战略。从古至今，这样的成功案例有很多，这里详细解剖一下《烛之武哭退秦兵》的案例，以此来体会不战而胜的实现过程，以期对管理有所启发。

烛之武哭退秦兵

公元前630年，秦国和晋国准备联合两国军队进攻夹在他们中间的郑国。郑国在当时是一个小国，听到秦晋两个大国要联合进攻郑国，郑国上下一片惊慌，怎样才能躲避这场战争的灾难呢？郑国的国王郑文公决定选派烛之武去秦国说服他们退兵，不要进攻郑国。烛之武是一个能言善辩的人，他很聪明。他接受郑文公交给他的任务后，分析了当时的形势。他看到秦晋两国虽然决定要联合攻城，但是秦国军队驻于城东面，晋国军队则扎营在城西面，各不相照。一天夜晚，四周一片漆黑。烛之武用绳子系住自己悄悄地到了城墙下面，他直奔秦国军队的营门前放声大哭起来。哭声惊动了亲自带兵出来的秦穆公，他立即下令让部下把烛之武捉来盘问："你是什么人？"

烛之武答道："我叫烛之武。是郑国人。"

秦穆公接着问："你为何在这里如此大哭？"

烛之武答道："我哭俺郑国快要灭亡了。"

秦穆公又问："那你为什么要跑到我们秦军营门前来哭呢？"

烛之武答道："老臣我哭郑国，也是在哭秦国啊。因为俺郑国灭亡是在所难免，并不值得可惜，可惜的是你们秦国呀！我正在为你们秦国而伤心。"

秦穆公一听感到很奇怪，连忙问："这是什么意思？"

烛之武停止了哭泣，对秦穆公说："你们秦国和晋国的军队要联合起来进攻我们小小的郑国，就是取得了胜利，对你们秦国这样一个大国也是无益而有损失的啊。秦国在晋国的西面，与郑国相隔有千里之远，所以，你们无法跳过晋国来占领郑国的一寸土地。而郑国和晋国相连，相隔较近，胜利后领土利益必然会全部归于晋国。你们两个大国本来力量就相当，不分上下，势均力敌。如果晋国在这次战争中得到了郑国的全部地盘，它的力量就会大大地超过你们秦国了。而且，晋国历来都是言而无信的一个国家。这些年，他们天天都在扩军备战，今日灭掉郑国，明日必然会向西拓展，进攻你们秦国。你难道忘记了晋国曾经借口消灭虢国的历史教训了吗？"

秦穆公听了烛之武的这一番话，如梦方醒。烛之武进一步说道："如果你们秦国这次同意退兵不去攻打郑国，郑国就愿意脱离和楚国的关系，而和秦国结成友好的朋友。这样，今后秦国如果在东面有战争的话，郑国就可以成为你们秦国军队前进的立足点了，你们何乐而不为呢？"

秦穆公终于被烛之武说动了心，他马上同意了烛之武的意见，和晋国解除了和好关系而和郑国结成盟友，除留下3员大将领兵2 000人帮助郑国守城外，他还亲自率领主力部队悄悄地班师回朝。晋国军队知道后，非常生气，但感到孤掌难鸣，也就只好撤兵回国去了。郑国将要遭受的一场战争灾难，就这样在烛之武的哭声中消除了。

一、秦国与晋国、郑国三国之间的博弈分析

这是中国历史上比较著名的不战而胜的案例。背景在于：随着国力不断壮大，晋国便想扩张领土，一统中原而成为诸国的霸主。于是，晋国企图联

合秦国发动对郑国的战争。相对于实力强大的秦晋联盟,弱小的郑国面对秦晋两国军队的包围,人为刀俎,我为鱼肉,危在旦夕。如何解救郑国于水火,是郑国君臣面临的战略问题。

(一)秦国与晋国、郑国两国之间的博弈

秦晋合并去攻打郑国,出于各自的战略目标,也具有各自的目的。从国家层面来看,秦晋之间的战略布局存在利益冲突,但两国仍决定联合攻打郑国,说明秦和晋联合攻打的收益大于两者单独攻打郑时的收益;又因为晋国距离郑国更近,打败郑国后的相对收益更大。假设如表 8-1 的二人博弈矩阵。

表 8-1　秦国与晋国博弈的收益矩阵

		晋 国	
		攻 打	不攻打
秦 国	攻 打	5, 10	4, 0
	不攻打	0, 8	0, 0

注:表中的收益数字按秦、晋顺序排列。

由此博弈矩阵可知,秦国和晋国的最优策略是联合攻打郑国。从当时的国力上看,秦国、晋国之中的任何一个单独攻打郑国,均有较大胜算。但是秦晋合兵的原因,除了增加攻打郑国的把握性这个直接原因外,主要原因在于秦晋双方之间的不信任和表姿态。秦国单独攻郑,需要借道晋国,晋国可能会从途中袭秦;晋国单独攻郑,秦国可能会从背后袭秦,而使晋国腹背受敌。因此,两国只有合兵攻郑,才能有序地推动实现各自的战略意图。秦国在尽量遏制晋国势力的情况下,实施几代国君一以贯之的东扩战略;晋国一直在寻求机会,实施弱秦战略,抵挡秦国东扩,并伺机灭秦。

在郑国与秦国的博弈过程中,秦国的战略选择有攻打与不攻打,面对秦国的攻打,郑国的战略选择有应战与投降。两国在不同战略选择情况下获得的相应收益如表 8-2 所示。

表 8-2 郑国与秦国之间博弈的收益矩阵

		郑 国	
		应 战	投 降
秦 国	攻 打	4，-4	4，2
	不攻打	0，-8	0，2

注：表中的收益数字按秦、郑顺序排列。

若秦国攻打、郑国应战，秦国与郑国的收益为（4，-4）；秦国攻打郑国，得到收益为4，郑国投降，得以部分保全自身，假设收益为2，二者的收益为（4，2）。若秦国不攻打郑国，其收益为0；若郑国挑起战争，因军事实力差距太大，抓鸡不得反蚀一把米，其收益为-8，双方收益为（0，-8）；秦国不攻打郑国，郑国采取和平，双方和平相处，双方收益为（0，2）。以上二人博弈的最优策略是（4，2），即秦战、郑投降。

（二）郑国与秦国、晋国三国之间的博弈

现在分析郑国的两个策略选择：游说秦国或游说晋国。秦和晋国各自的策略选择依旧是打或不打郑国。三国的博弈矩阵如下表 8-3 所示。

表 8-3 郑国、秦国和晋国之间博弈收益矩阵

		郑 国			
		游说秦国		游说晋国	
		晋 国		晋 国	
		攻 打	不攻打	攻 打	不攻打
秦 国	攻 打	5，10，-15	4，0，-4	5，10，-15	-2，7，3
	不攻打	6，-2，4	6，0，4	0，8，-8	0，7，3

注：表中的收益数字按秦、晋、郑顺序排列。

假设郑国的价值15，若被完全打败，则损失为-15，秦和晋的总收益最多为15；若郑国游说一方成功，它必定拿出一部分国家利益作为交换，假定郑国最多拿出10作为谈判筹码。

郑国选择游说秦国时：

若游说失败，在秦国和晋国依旧联合攻打的情况下，秦国、晋国和郑国的收益为（5，10，-15）；在秦国依然攻打但晋国不打的情况下，则秦国、晋国和郑国的收益为（4，0，-4）。

若游说成功，在秦国与郑国联盟，晋国选择攻打的情况下，晋国会受到直接的兵力损失，而秦国和郑国获益；秦国因为有了郑国这个在东面的立足点，获益相对比郑国更大，也肯定比与晋国联合攻打时的收益大，否则，秦国不会选择与郑国结盟；秦国、晋国和郑国的收益为（6，-2，4）；在秦国与郑国联盟而晋国也选择不打的情况下，晋国不会受到直接的兵力损失，秦国、晋国和郑国的收益为（6，0，4）。

郑国选择游说晋国时：

若游说失败，在秦国和晋国依旧联合攻打的情况下，秦国、晋国和郑国的收益为（5，10，-15）；在晋国依然攻打但秦国不打的情况下，秦国、晋国和郑国的收益为（0，8，-8）。

若游说成功，在晋国与郑国联盟，秦国选择攻打的情况下，秦国会受到直接的兵力损失，而晋国和郑国获益；其中，晋国因为与郑国相邻，实力又大于郑国，谈判力更强，获益相对郑国更大，秦国、晋国和郑国的收益为（-2，7，3）；在晋国与郑国联盟而秦国选择不打的情况下，则秦国不会受到直接的兵力损失，因此，秦国、晋国和郑国的收益为（0，7，3）。

以上分析表明：对郑国来说，若游说秦国成功，收益为4；若游说晋国成功，收益仅为3；最优策略是游说秦国。对秦国来说，若与晋国联合攻打郑国，收益为5；若选择单独攻打郑国，收益最多为4，甚至在晋国与郑国联盟的情况下收益为-2。秦国的最优策略是与郑国联盟。对晋国来说，与秦国联合攻打郑国的收益最大为10；但秦国和郑国的最优策略是互相联盟，晋国此时的最优策略是放弃攻打郑国。

二、烛之武的不战而胜方案

孙子的致胜战略有四种：上兵伐谋，其次伐交，其次伐兵，其下攻城。

伐谋、伐交是智慧主导型战略，属于不战而胜的类型；伐兵、攻城是武力主导型战略。上述分析表明，就郑国而言，面对秦国与晋国两强，它的军事实力决定无法采用武力型战略与秦、晋两国的军队抗衡；它可行的方案只能是伐谋与伐交，但能否成功取决于它的战略智慧。郑国派出谋士烛之武出使秦国而不是晋国，进行外交斡旋，不辱使命，最终化干戈为玉帛，取得不战而胜的胜利。

在当时的形势下，郑国的使者出使秦国，需要解决的是郑国与秦国之间的国土之争，属于郑国与秦国之间的博弈，而烛之武将博弈从两国之间扩大至秦国、郑国、晋国三国之间；既涉及郑国与秦国、晋国关系，还涉及秦晋关系和秦郑关系。当博弈空间发生改变后，却给了郑国一线希望，郑国通过游说离间二强，化被动为主动，取得不战而屈人之兵的效果。

烛之武陈述道，在秦国、郑国、晋国三国的博弈中，晋国野心不小，不会满足于眼前的郑国。越过邻国把远方的郑国作为（秦国的）东部边邑，您知道这是困难的，（您）为什么要灭掉郑国而给邻邦晋国增加土地呢？邻国的势力雄厚了，您秦国的势力也就相对削弱了。（现在它）已经在东边使郑国成为它的边境，还想向西扩大边界。如果不使秦国土地亏损，将从哪里得到（他所奢求的土地）呢？同时，与郑国的战争可以削弱秦国，对晋国有利，更重要的是，晋王还是个缺乏诚信之人，秦王您曾经给予晋惠公恩惠，惠公曾经答应给您焦、瑕两座城池。（然而）惠公早上渡过黄河回国，晚上就修筑防御工事。您还打吗？反过来，如果您放弃围攻郑国，而把它当作东方道路上接待过客的主人，出使的人来来往往，（郑国可以随时）供给他们缺少的东西，对您也没有什么害处。

这次秦晋合兵，双方均有各自利益的小算盘。但是晋国的收益要大于秦国的收益。这是秦国国君对行动犹犹豫豫的直接原因。烛之武出城去找秦国谈判，显然也衡量出了这个轻重。秦国是烛之武的首选。另外，秦国国君也许就是在再三的纠结中，烛之武给了他从这个并不是十分满意的联盟中脱身的最后决心和借口。

上述战略博弈的复杂性和差异性，以及两个表面上的战略盟友的潜在敌对因素，使这次秦晋合兵在一开始就存在某种各自不予直白的契约。秦晋双方的所有决策者都知道这个契约的脆弱性。郑国的烛之武必定也知道其中奥妙。撕开这个潜在契约，让其中两国之间的贪婪目的放在阳光下，是打破两个国家这次军事同盟的一个心理结点。烛之武所分析的一切局势以及阐述的一切理由，其实都是秦晋两国国君心知肚明的结论。如今，烛之武把这些不能放在外交谈判桌上的暗语放在了公开场合，起到了从道义上否定双方这次军事行动的目的。

烛之武善于把握战场的机会，将不利因素变为有利因素，掌握战争的主动权。烛之武的高明之处在于：（1）他对秦穆公阐明秦国与晋国攻打郑国的利弊，让秦穆公权衡而作出明智的选择；（2）让秦穆公图谋将来，保全郑国，把郑国作为东方的盟友；（3）让秦穆公认清晋国的本质，要提高警惕。三管齐下，对秦晋关系和秦郑关系进行再认识，确保了秦穆公不得不改变以前的决策。秦穆公与郑国签订了盟约，秦国就撤军了。不仅瓦解了强大的秦晋联盟，而且找到了强有力的盟友，避免了一场战争灾难，真可谓完美。

三、不战而胜的军事思想及启示

烛之武的不战而胜是应用孙子的"不战而屈人之兵"思想的最好案例。不战而屈人之兵源于孙子的军事思想，体现了中华民族的人本与仁善的智慧。作为东西方军事领域的经典著作，《孙子兵法》与克劳维茨（Clausewitz）的《战争论》揭示了战争领域的一般规律及特点，但因为东西方文化的差异，导致两者在战争的哲学、核心理念、核心原则、解决方法、策略都存在很大差异（见表8-4）。

表 8-4 《孙子兵法》与《战争论》的战略差异[①]

	孙 子 兵 法	战 争 论
文　　化	重宏观，轻微观，重人轻物	重微观，轻宏观，重器轻道
哲学基础	老子、孔子	黑格尔

---

① 张有凤：《再论〈孙子兵法〉战略追求的当代价值——兼论〈孙子兵法〉与〈战争论〉的不同》，《滨州学院学报》2018年第2期。

（续表）

	孙 子 兵 法	战 争 论
核心理念	战争是维护国家利益的作战手段，并非最佳选择	战争是政治的继续
核心原则	追求战争的全胜，安国全军	追求战场上的百战百胜
解决方法	不战而屈人之兵	一切问题使用武力解决
优选策略	伐谋伐交	伐兵攻城

孙子研究战争的着眼点是政治、军事、经济在内的综合效益最大化（全胜），而不仅仅是战场上的军事胜利，并且讲求战争的经济性，用最小的代价换取最大的胜利。两者的结合形成了不战而屈人之兵的全胜思想。其中的关键在于"屈"而不是"战"，充分体现了中国儒家的人本的"仁"，既要保全自己，使我方的损失最小，士兵牺牲最少；也要保全敌方，使敌方损失最小，士兵牺牲最少。即使是"百战百胜"，孙子也追求胜于先胜，胜于易胜，胜于无形，胜于速胜，这是孙子追求的最高目标。这些有关战争的哲学思想，虽然源于战争，但对企业管理具有很好的借鉴价值。

（一）与竞争者争利转变为客户创造价值

企业的使命是满足顾客未曾被满足的需求，为顾客创造价值，获得生存与发展，而不是把企业的资源消耗在与对手的恶性竞争上，甚至打倒竞争对手。"夫唯不争，故天下莫能与之争。"（《老子》第二十二章）超越竞争，自强而不是攻敌之弱，以自身为对手，超越自我，从红海走向蓝海，进行价值创新，创造出一种前所未有的价值，获得价值垄断，以保持企业的长期竞争优势。

（二）竞争导向转向竞争合作

竞争的本质不是你死我活、正面对攻的零和游戏。企业利益的获取并不一定要以牺牲竞争对手的利益为代价。企业与竞争对手之间，与其相互对立，不如相互包容共生，找到双方利益的共同点，通过"伐交"策略，结成

联盟,建立合作关系,将行业蛋糕做大,实现双赢。具体路径包括:借助战略联盟、网络组织、企业生态群等形式,共同拥有市场,共同使用资源等战略目标。

第二节 企业胜势能力四象模型

龟兔赛跑的故事众人皆知。本来毫无疑问,冠军非兔子莫属,但结果出人意料却是乌龟夺魁,从而告诫人们做事切不可骄傲自满、半途而废。细细品味,发现其中还包含着一层更深的道理——优势永远不等于胜势。现实生活中,以少胜多、以弱胜强的例子不胜枚举,如赤壁之战、田忌赛马等,赢家均是看似实力较弱的一方,然而强者未能把自身的优势最终转化为胜势。以中国工商银行为例,作为中国最大的商业银行,目前的竞争优势可谓多多,如实力雄厚、科技领先、管理先进等。但仅凭这些不能保证一定能最终取得胜利,还必须切实转变观念,加大改革发展的力度,加快打造自身的核心竞争力。只有这样,才能在激烈的同业竞争中"任凭风浪起,稳坐钓鱼台",才能成为不败的赢家。

老子说:"道生之,德畜之,物形之,势成之。"(《道德经》第五十一章)这里最早提到的"势"是一个令人着迷的词。它存在于宇宙的各个环节中,广泛应用于多个学科,对自然和社会的影响很大。自然科学中,有电势、化学势、量子势等;军事学中,有"故善战人之势,如转圆石于千仞之山者,势也";营销学中,有"富者得势益彰,失势则客无所之"(《史记·货殖列传序》);政治学中,有"夫六国与秦皆诸侯,其势弱于秦"(宋·苏洵《六国论》)。

势的含义丰富多彩,概括起来主要有两个:一是指静态的或稳恒行进的事物的演变趋向,如趋势、局势、形势等。在运动变化之中形成的势,具有动态性。二是指某种事物相对于其他事物的影响力,如优势、权势、地势、山势等,具有静态比较的含义。

势以状态来表达时,是一种结果;从过程的角度看,则表现为能。但这种结果又是如何产生与形成，通过各种方法营造一种有利于预期的事态演变的趋势、大势，称为谋势、集势、蓄势或造势。凭借业已具备的趋势而推进，则称为借势、乘势、顺势、任势……在物理学中，促使物体状态改变的原因是力，同理，势作为一种状态，它的改变也是力作用的结果。从这个角度看，势可以理解为用以表征事态演变特征的加速度，以及产生这种加速度的影响力。

系统内在的张力或外界的影响力是产生加速度的原因，它们对逆势而行者起着阻遏、阻止或改变行进方向的作用，对顺势而行者则起到加大运动速率的作用。它们造成行为处境的安稳与险恶的分化，改变行进过程的难易程度，影响行动者行走姿态的安适感，从而对行为取向与状态一起影响作用。

如果将势形成过程中，因为力的作用，促使事物发展的过程进行综合，可以看出这实质是能量积累的过程，表现在相对于同行有更高的位势能；相对于趋势，有更大的趋势能。无论是趋势的把握还是优势的存在，相对于竞争对手而言，更高一筹才是胜势。只有兼顾到事物的状态及演变的"加速度"，才能对事态作全面的述说。

一、趋势能

在生物学中，势反映了生物以及该物种在数量、能量方面的发展走向，它也是这些生物能力的一种体现，生物在现有发展中的生存和发展就是趋势。

势是差异存在的必然，并将差异与联系相联系的必然。得势与失势是决定成败的关键因素。

世界潮流，浩浩荡荡，顺之者昌，逆之者亡，不管进退之间，还是厚积薄发之际，审时度势者也。有种逆势叫知其不可为而为之，如悲剧英雄诸葛亮，明知事业劣势，实力不济，但感三顾茅庐之恩，挺身而出讨贼兴汉，令人千古扼腕。军事上如此，商界也是一样。

1997年，大润发在大陆成立上海大润发有限公司，黄明瑞被任命为大中华区的负责人，大润发从此也开始了与众多国内外零售品牌的博弈，开启了

黄灯
——破译四象管理

零售巨头的征途。2016年，高鑫零售旗下欧尚、大润发两大品牌在全国29个省、市、自治区运营446家大卖场，营收超1000亿元，大润发单店平均业绩超过3亿，创造了连续19年未关店的记录。在商场领域，没有人可以击败它，不管是沃尔玛还是家乐福。不幸的是，2017年年底，大润发被阿里巴巴收购，高层集体离开。含辛茹苦数十年，一朝回到解放前。为什么零售业的传奇商场——大润发，19年来不关闭一家店，却惨遭时代抛弃？黄明瑞辞职之时，发出了"我赢了所有对手，却输给了时代"的慨叹。

与此相反，2010年4月，小米科技诞生，2015年，小米销售额破1000亿元大关，堪称商业奇迹。探究小米成功的因素，学界与业界比较一致地推崇雷氏的风口理论。因为雷军说过，如果是站在风口上，猪都能上天。

小米的创立得益于当时的风口——3G，带宽速度越来越快，智能手机马上要开始广泛使用。基于对移动互联网行业的摸索，雷军体会到移动互联网是软硬一体化的体验，他开始研究终端，走遍同行内所有的厂商，希望投资或收购一家手机公司，但考察的结果是"所有的终端都不够好"，存在机会窗口。于是他利用移动互联网技术和国内巨大的市场，及时地推出小米手机，满足了市场的需要并取得了成功。

大润发的消失，小米的成功，似乎都在印证互联网风口理论，强调对于趋势的洞察和把握无疑是正确的，但是，这只是趋势产生的必要条件，其能否转化为趋势能、转化为相对竞争对手的胜势，还得依赖企业自身的创新能力。

当经历过创办企业、上市、资本投资等一系列事件后，雷军回归商场时，总结了一条重要经验：要顺势而为，不要逆势而动。雷军说"我只要一认命，一顺势，就发现能够风生水起"。当时代性的产业机会来临的时候，浪潮会把他推到最前沿，这个浪潮所具备的力量比他自身的力量多很多倍。

雷军认为，小米成功的关键是顺势而为，而不是风口；风口强调的是方向，在顺势的前提条件下，所产生的作为才能成功。面对互联网趋势的风口，许多企业应该很清楚也知道去把握，但最终没有成功的原因在于缺乏相应的作为能力或者作为时，竞争对手已经抢占先机占住风口，自己却因缺乏能力而回天无力。

事实上,黄明瑞尝试过与时代斗争。2013 年,黄明瑞在一片争议声中创立了飞牛网。作为大润发的独立电商平台,飞牛网的目的是凭借大润发实体店分布广、密度高的优势,实现线上线下的结合,但因缺乏相应的创新运作能力,飞牛网最终走向失败。飞牛网上线一年半后,运营到 2015 年 6 月 31 日,共有 550 万名注册用户和 100 万名活跃用户。平均下来,飞牛网每个月新增注册用户为 31 万。看起来成绩似乎不错,但事实上,同一年,主流 B2C(Business-to-Customer,商对客电子商务模式)的活跃用户数排名中,天猫为 1 亿,京东为 3 800 万,唯品会为 970 万。与当时的京东或者天猫相比,飞牛网没有任何差异性的竞争优势;在商品种类、配送速度、配送费用方面也落后于京东。前后砸进 20 亿元人民币,飞牛网仍连年亏损,发展缓慢,最后被阿里购并。显然,黄明瑞尝试做互联网最终以失败而告终,非为天时,而为力不逮也。因为他很清楚并且把握了互联网的风口,但这方面创新能力不及已得先机的马云,只能抱憾终生。

由此可以看出,趋势能的获得取决于关键两点:(1)对趋势的洞察与把控能力;(2)创新投入能力。前者决定方向,后者决定这个方向上未来势能的大小。因为创新着眼于未来,不确定性大,如果成功了,企业再上一台阶;如果失败了,对企业来说,也不造成资源浪费。这样一来并不会丧失其他机会。正因为如此,无论是阿里的马云,还是腾讯的马化腾、华为的任正非,都采用两个团队竞争的方法进行创新探索,加速创新过程的试错与迭代,以减少创新过程中的损失。

任正非认为:"一个清晰方向,是在混沌中产生的,是从灰色中脱颖而出的,方向是随时间与空间而变的,它常常又会变得不清晰。并不是非白即黑,非此即彼。"华为的战略方向是在模糊中慢慢摸索、慢慢调整的,不可能制定出非常清晰明确的战略,正如任正非提倡的"方向大致正确"即可。

为了做到方向大致正确,在华为的战略决策部门中,有两个非常特殊的部分,这就是红军部(代表华为公司本身)和蓝军部(代表华为的竞争对手)。熟悉军事的人可能知道,在军事模拟对抗演习中,都会分为红军和蓝军两个对立阵营,双方互相 PK,直到角逐出胜利的一方。华为的红军部和蓝军部也是如此,不同的是,华为的红蓝阵营对抗的内容就是战略决策。

黄灯
——破译四象管理

红军和蓝军部的设立就是从竞争对手的角度来观察华为的战略决策和发展路径，找出其中的弱点和不足之处，然后，以竞争对手的角度拟定未来三年的战略决策，由此来战胜代表华为的红军部。

为了让蓝军能够更加符合竞争对手的身份，能够更加发散思维地进行对抗，华为公司内部给予了蓝军部更多的保护和更高的地位。也正是这种宽容，才能让蓝军部更加敢想敢干，发挥出自身最大的价值，帮助华为认识自己的不足之处，及时予以改正。

等到红军部和蓝军部之间打得难解难分之时，最后的输赢已经不重要了。通过红蓝之争，华为最终想要的其实就是一个战略方向，究竟未来什么样的战略方向才是正确的，才是无懈可击的，这些都会由任正非最终作出决策。

通过红蓝之争的模拟对抗，华为公司后期会根据对抗结果，投入很多的精力和资源，对各种战略部署进行规划分析，从而保证后期执行的稳定。华为公司也正是通过这种方法，来保证战略决策的正确性。①

二、位势能

《孙子兵法·兵势篇》曰："激水之急，至于漂石者，势也；鸷鸟之疾，至于毁折者，节也。是故善战者，其势险，其节短。势如彍弩，节如发机。"意为高处飞流而下的水，力量之大，以至于可以推动石头，这是势的作用。

积聚能量如水势。积小溪才能成江河，积能力才能成优势，积努力才能变壮大。三峡大坝的能力在于它先围栏养水，再倾盆而下，则势如破竹，水流飞舞。

市场是表现企业竞争优势的最终场所，市场占有率及企业所在细分市场增长率的大小直接反映了企业在行业中的竞争地位。从最终市场的角度考察，企业所具有的和准备创造的竞争优势都是为了达到在市场中取得较大的

---

① 《红蓝之争！华为保证战略决策正确的终极武器，蓝军模拟竞争对手》（2019 年 6 月 22 日），百度，https://baijiahao.baidu.com/s?id=1636839094562071381&wfr=spider&for=pc，最后浏览日期：2021 年 1 月 19 日。

市场份额和占据增长率较高的细分市场这一目标。而这一目标的取得又与企业产品的质量、价格以及产品的营销密切相关。

市场上满足客户需求的产品，要么是同质，要么是异质。在最终产品市场上的竞争可分为质量、性能、品种等几乎完全相同的均质产品之间的竞争，和同属一类但在品质、性能、设计、服务等方面存在差异的产品竞争。

同质产品生产者之间竞争的直接结果是导致统一市场价格的形成，形成价格竞争。在同质产品都按照相同的价格出售的情况下，只有具有成本优势的企业，才能获得超额收益或超过部门的平均收益。这类企业优势依赖于企业率先采用新机器设备和进行生产方法等进行工艺创新。

同时，采用工艺创新的企业，利用产品的价格弹性来发挥自己的成本优势，以较低的价格和较快的速度销售自己的产品，加速企业资金周转，提高市场占有率和扩大生产规模，并有可能通过规模经济等因素进一步发挥优势，降低成本，增加收益。对于客户来讲，价格越低越好，但对于企业来说则存在边界，价格必须大于产品成本。

市场优势则是产品异质，这里的质是指广义的质量，包括产品的内在品质、效能、式样、品种、包装、色彩、服务时新程度以及迎合消费者的特殊需要等方面。它的特征在于使用价值或效用上的优势，它是相互平行的不同企业各具特色的产品不断推陈出新的过程。它不仅意味着投入要素的重新组合，而且意味着产品的不断改进和更新，以及效用越来越高的新品种的诞生。产品质量优势表现在价格上，在一定的价格范围内，客户愿意接受因质量提高而带来的价格增加。这种差异化的竞争优势的获得，依赖于企业的产品创新能力。

位势能增加也可通过兼并实现，企业以低成本扩张，获得企业发展的动能，提高企业的势能。然而，企业能否扩张成功，受制于企业对资源的整合力，在企业发展力可接受的范围内，进行合并得当时，企业的生产成本下降，竞争力提高，但如果合并超过企业的整合力，则导致企业的整体负担增加，进而造成关系冗余，费用增加，竞争力下降。这一点在我国前一段时间企业之间的兼并、盲目扩张并没有取得预期的效果，反而拖垮原来的企业的现实中得到了很好的印证。

三、趋势能与位势能的耗散与转化

1. 趋势能与位势能的耗散

科学技术的发展和消费者需求偏好的改变，使得无论是价格优势还是质量优势，都难以持续。

首先，在一定的工艺水平下，生产成本难以持续降低，甚至根本不可能降低，这就意味着降价存在底线，削价竞争难以为继，要么以产品的品质下降为代价，要么只能以竞争各方的破产倒闭为结局。同时，在"便宜无好货，好货不便宜"的情况下，削价竞争只会给顾客造成产品质量低劣的感觉，无助于扩大销路，甚至可能造成需求下降。

同样，采用异质而差异化的竞争优势也难以持续。经济的增长导致消费者的收入水平提高，购买力增加，消费者的偏好、水平和消费结构发生变化导致消费需求趋向多样化、个性化；现代科学技术的加速发展，不断缩短产品的生命周期，加速产品的更新换代，导致产品多样化。消费多样化与产品多样化两者交互作用，相互强化，使得现有的差异化竞争优势难以为继。

按照英国经济学家斯通曼（P. Stoneman）[①] 的解释，能量扩散过程应该是一种"学习"的过程，即通过有目的、主动性的学习获得能量的应用或者是将学习到的能量与现有的能量存量相融合，开发出新的能量的活动。能量只有经过接受者的学习与理解，才能真正转化为接受者的能量。从竞争对手的角度来看，企业竞争优势呈现减少的过程，正是竞争对于学习、吸收能量壮大自己的过程，导致企业本身的竞争优势加速减少，企业本身的胜势在减弱。

2. 趋势能与位势能的转化

能量守恒定律告诉人们，在物质世界，能量既不能产生，也不能消失，

---

① Rogers E.M., *Diffusion of Innovations*, New York: Free Press, 2003, pp.200-236.

只能从一种形式转化为另一种形式。在商界、因为商业系统存在能量的耗散，难以遵从这条规律，但能量形式转化则与物质世界相同。

也就是说，企业发展过程中存在能量从一种形式转化为另一种形式的情况。当技术创新被企业大规模采纳后，随着企业技术优势向市场优势、经济优势的转化，企业发展速度加快会导致企业动能不断增加。例如，一项新的专利技术诞生时，拥有专利技术的企业相对于其他企业就具有这方面的优势，从而形成技术势能，但这项专利技术为竞争企业所采用、复制时，企业的技术势能便随之消失。

趋势能的获得，依赖于市场趋势的把握和创新能力的培育，而它们取决于创新投入，这些投入要么来源于企业自身可分配利润的再分配，要么来源于外部融资，这涉及企业股权转让，超过一定界限会威胁企业的控制权。当然，企业自身的创新投入越多，能力越强，越有利于企业进行探索式创新；在一定时期内，企业用于创新投入的资源有限，探索创新投入与利用式创新投入之间存在竞争关系，此消彼长。前者的增加有利于趋势能的增加；后者的增加有利于位势能的维持与补偿。

在现有市场上，企业位势能越高，则企业盈利能力越强，在分配政策、创新投入一定的情况下，分配到探索式创新上的投入越多，在未来发展趋势正确把握的情况下，带来的趋势能越高。

正因为如此，在现有市场上位势能不断累积，需要企业不断进行工艺创新与产品创新。限于已有市场和产品，企业创新皆为利用现有产品、知识进行的利用式创新，这相对于探索式创新的难度要小。

同时，探索式创新投入越多，趋势能越高，产品与工艺创新带来的效果越大，进而促进现有市场的技术水平，提升利用式创新水平，增加位势能。位势能与趋势能的相互转化可概括如图8-1所示。

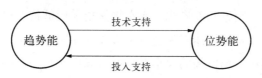

图8-1 位势能与趋势能相互转化

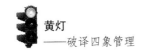

在这个过程中，新技术通常为竞争者所注意、模仿、传播，而导致企业与竞争对手的技术势差不断缩小，企业的势能相对下降，势能转化为相应的动能。相反，动能也可转化为相应的势能。在一定时期内，企业拥有资源的量是一定的，促进企业发展的动力也是一定的，如果企业要提高势能，就必须将资源、动力投入到构筑企业的优势上，进而减慢企业发展速度和动能。

四、企业胜势模型

位势是物理学中的概念，表明某一物质处于的一种能量储备或能级状态。位势有高有低，而判断某一物质位势的高低是与其他物质相参照的，物质的位势由深度和广度组成，任何物质都有由高位势向低位势运动的趋势。生态系统中主体的位势是某一时期或时点，相对于某一参照个体，某一个体所具有的能级状态（能量存量）的高低。

物理学中把能量定义为：物质运动的一种量度，是不同运动形式之间相互转化的统一尺度。在企业发展过程中也存在着不同形式的能量，正是这些能量维持着企业的生命延续，推动着企业的发展。企业发展能作为一个描述企业发展状态的变量，在这里被定义为企业变化过程结果的一种度量。这种变化既包含通常人们对运动一般含义的理解，也包括信息的运动。发展既体现传递的性质，又体现有序化（含转换）的性质。

物理学中，物体有动能、势能之分，势能又有位势能与趋势能之别，与此相对应，不妨将企业发展过程中的能量形式也分为动能、势能、趋势能。

1. 位势能（E_1）

企业相对于竞争对手的优势，相当于物理学中的位势能。按照波特的观点，它体现为成本领先和差异化。成本领先指采用低价，以量取胜，差异化则以价取胜，但二者最终体现为企业销售收入相对于竞争对手的现有的市场优势，体现在相对市场份额的大小上。但市场份额与盈利率之间并不存在绝对因果关系，故有优劣之分。

优质的市场份额,是通过卓越的性能、品质、创新和服务而赢得的,不是不惜代价地降价,而是提升客户价值予以实现,企业可保持健康的毛利率,甚至有可能进一步提升毛利率。

劣质的市场份额,则依靠降价和特价促销活动等各种变相降价予以实现,与此同时,又不具备低价战略所需的成本优势,市场份额只能获取短期的效果而无法长久维持,市场份额增加会导致利润减少,甚至出现亏损。因为价格相对成本而言过低,即使拥有很高的市场份额,利润空间太薄而难以赚到钱。通用汽车便是一例。为保住市场领先者的地位,不惜降低价格,期望借此保持销量和市场份额,但最终因成本结构无法支持如此的低价和泛滥的折扣,使得企业跌入了深渊。

值得一提的是,低价本身并无原罪,也不必然构成劣质的市场份额。如果一家企业能够以低成本为前提实施低价战略,维持健康的毛利,它获得的也是优质的市场份额。如宜家家居、Zara服装都拥有低廉的价格和很高的市场份额,同样获得了优异的利润回报。

依据上述分析,不妨将因为低价导致量的扩大而获得市场优势所产生的势能,定义为量势($E_{1量}$),若行业的平均市场占有率为Ro,企业的市场占有率为R_1,则有:

$$E_{1量} = K_1 * (R_1 - Ro) \quad (1)$$

如果成本结构难以支撑低价时,$K_1 < 0$,并有$E_{1量} < 0$;若成本结构可以支撑低价时,$K_1 > 0$,并有$E_{1量} > 0$。

优良的技术,既包括硬技术,也包括软技术。在企业发展过程中形成的独特技术以及文化、品牌等无形资产,必然导致企业之间产生技术势差。而技术势差的存在必然导致企业相对于竞争对手产生相应的势能。将因质量提高而导致市场份额提高所获得的势能,定义为质势($E_{1质}$)。若取同行业平均水平为参照水平Ho,某企业拥有的技术优势高度为H_1,则有:

$$E_{1质} = K_2 * (H_1 - Ho) \quad (2)$$

企业在现有市场的位势能如下:

$$E_1 = E_{1量} + E_{1质} \tag{3}$$

2. 趋势能（E_2）

企业势能不仅包括现有市场的位势能，还有在未来市场上的趋势能。为适应复杂多变的外部环境，企业必须具有良好的环境适应能力，才能在激烈的竞争中得以生存。柔性的存在导致企业产生相应的趋势能，企业柔性越大，则企业的趋势能越大。这种势能取决于企业对于市场趋势的把握所采取的技术创新、战略等提前进行的创新投入。

技术创新不确定性指的是企业无法预测什么时间、投入多少费用、开发出什么样的新产品以及这种新产品被市场接受的程度。由于未来知识的属性是未知的，研究与开发的结果也是不确定的。不确定性是伴随着企业的研发活动而产生的，属于企业组织内部的一种风险。如果研发投入导致创新成功，先发优势给企业带来技术、声誉、品牌等地位甚至更深层次的差异性，例如，具有先发优势的企业可抢先建立技术标准和发布配套标准，甚至影响地区或行业标准的制定，企业获得相对于同行在时间轴方向的正的趋势能；反之，如果失败，不仅研发投入的本身形成企业损失，而且产生机会成本损失，企业获得相对于同行在时间轴方向的负趋势能；并且研发投入产生的企业价值、收入、利润之间不是线性关系，而是非线性关系。

$$E_2 = K_3 * (R\&D_1 - R\&D_0)^n \quad (n > 1) \tag{4}$$

若研发投入方向与市场趋势一致，并取得成功，增强企业柔性，趋势能增加，则有 $K_3 > 0$，并有 $E_2 > 0$；若研发投入方向与市场趋势不一致，导致创新失败，则 $K_3 < 0$，并有 $E_2 < 0$。

按照物理学中的势能的定义，企业拥有势能是位势能与趋势能之和，则有：

$$E_势 = E_1 + E_2 \tag{5}$$

通过位势能、趋势能两个指标，可将企业未来的发展分为四个基本类型，如图8-2所示。

		趋势能(E_2)	
位势能	E_1	高	低
		高	Ⅰ	Ⅱ
		低	Ⅲ	Ⅳ

图 8-2 企业势能区域类型

当企业的势能处于第Ⅰ区时,属于最理想的双高型,不仅是现有市场上竞争优势明显,对企业的利润贡献较大,而且对未来发展趋势把握到位,研发投入高,趋势能也高;关键在于有效促进创新投入转化为位势能;同时,位势能所产生的利润回报,能够持续地进行再投入,转化为趋势能,形成良性循环;进而促使企业持续成长。

当企业势能处于第Ⅱ区时,属于急功近利型;位势能高而趋势能低;在现有市场上竞争优势明显,对企业的利润贡献较大,一方面现有市场获得的利润没有转化为未来进步发展的投入,另一方面,投入了,但对未来企业技术发展的趋势把握不准,导致了未来成长乏力,前景堪忧。

当企业的势能处于第Ⅲ区时,趋势能高,位势能低,属于厉兵秣马型;对未来发展趋势把握到位,研发投入高,趋势能也高;但在现有市场上的竞争优势不明显,对企业的利润贡献不大,企业的创新投入转化为未来发展的后劲,如何解决转化,扩大外部融资,是企业持续发展的关键。

当企业势能处于第Ⅳ区时,属于最差的双低型,企业处于两难境地:不仅是现有市场上缺乏竞争优势,对企业的利润贡献不大,位势能低,而且对未来发展趋势把握不到位,创新持续投入低,趋势能也低;企业需要进行彻底反思自身的发展战略,构建提升现有市场优势的路径,从拼价格转变为依靠质量、品牌;同时,重新研判未来发展趋势,优化企业分配机制,促进创新投入转化,这样才能彻底扭转企业目前的局势。

企业的能量不是自发产生的,而是企业做功的结果,但功又是力的时间累积结果，由此看来，企业能量也是发展力的函数。但在一定时期内企业的各种资源拥有量是一定的，发展力也是一定的，一定的技术含量所发挥的最大潜力也是一定的。因此，企业在一定时期内的总能量必然也是一定的，表现为企业发展过程中的能量守恒。这里将企业因数量扩张速度而形成的能量称为企业发展的动能。若企业资产扩张速度为v，拥有资产的质量为M，则企业发展的动能 EK 可定义：$EK = mv^2/2$。

一切生命活动都依赖于生物与环境之间的能量流通与转化，没有能量的流动，就没有生命过程与生物生产。通常，人们只注意到企业与环境之间进行物理能量的交换，但作为经济组织的企业，更应关注自身与外界环境的经济系统之间通过吸纳各种生产要素和经营运作形成的物流、信息流以及情流并进行经济能量的交换与转化，这才是企业生命维持与持续的源泉。因此，动能不仅是一个量的问题，它的变化更是一个企业的方向管理的反映。正确的方向管理是取得胜势的重要基础，它影响着一个企业动能的渐变。

综上可见，一个企业胜势管理中的能力分析和能力管理，可以从图8-3所示的企业胜势能力四象模型的分析中得出。无论从《烛之武哭退秦兵》还是从《联想与华为》的案例中，都可以看出企业的胜势管理就是中国式的能力管理。企业胜势能力四象模型中的"中"就是一个企业的能力发展方向。

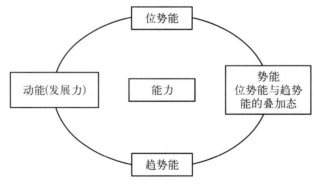

图8-3 企业胜势能力四象模型

第三节　新时代的科技界龟兔赛跑
　　——联想与华为[①]

中国两个著名的高科技企业——联想与华为采用不同的发展战略，沿着不同的发展路径，经过近30年的演变，呈现出迥异的经营表现，上演了一出信息产业界的新时代龟兔赛跑。具有先发优势的联想，先采取"技工贸"战略，取得了一系列成就，创造了无数IT业界的辉煌，成为当时中国民族产业的一面旗帜，后转型为"贸工技"战略，通过并购，借助微软、IBM、Intel、Moto等跨国企业提供的技术与产品，实现规模的扩张，将企业做大；后来者居上的华为，比联想晚3年创办，但同样在创业4年后开始芯片研发，先采用"贸工技"战略后转型为"技工贸"，并坚持一条路走到底，依靠持续的自主研发、自主创新发展自己，经营业绩赶超并最终成功超越联想，实现了惊人的逆转。联想与华为发展的实践引人思考。应用企业胜势能力四象模型，针对它们在成长过程中位势能、趋势能的不同特点，将它们划分为1985—1995年的起步阶段、1996—2008年的相持阶段、2009—2017年的超越阶段，对四象能力变化进行分析，以期能够得到有益的启示。

一、起步阶段：1985—1995年

联想创办初期，中国科学院计算所从人力、物力、财力、科技成果以及无形资产等诸多方面给予了大量支持。计算所的研究成果——联想式汉卡为联想掘得第一桶金，给初创期的联想贡献了上亿元的利税。

1989年3月，联想286微机在德国汉诺威的CeBIT博览会上一举扬名，掀起了国内第一次微机热潮，成为拉动国内市场的巨手。次年，联想采用自

[①] 陶勇：《联想与华为不同战略选择的启示》，《企业管理》2017年第4期。

己设计制造的主板,在国内市场上推出了自己品牌的微机,成为当时国内四家自有品牌微机的公司之一。

1994年元旦,联想第一台程控交换机LEX5000问世,不仅早于华为拿到入网许可证,获得了大规模进入市场的先机,还得到了中共中央办公厅、国务院办公厅等政府采购的支持。经过短短的3年,该项目不但收回了几十万元的开发投入,还为联想创造了286万元的纯利润。

1995年5月,联想将"建成技工贸一体化的产业结构"作为第一个战略目标。同年,依靠汉卡与微机创下了著名的"联想"品牌,在全国计算机行业排名第一,全国电子百家企业排名第四,还成为原电子工业部重点支持的六大集团之一,税后利润达1亿元。

正当联想如日中天之时,处于初创期的华为还在混沌中摸索,基本上是什么赚钱做什么。由于偶然的机会,华为进入通信领域,开始代理交换机产品,经过三四年的积累,获得几百万元的收入。

华为最早期的产品是买散件自行组装,打上华为品牌,再找全国代理商销售。因为服务好、销价低,产品在市场上供不应求,但散件依赖于上游,一旦上游断货,华为就无货可发,产品、客户、订单、现金流甚至公司的命运皆受制于人,企业的经营非常被动。任正非决心改变,开始自主研发。

1991年,颇具前瞻性的华为成立了ASIC设计中心,还成功开发了第一块数字ASIC芯片——C&C08交换机芯片,为华为的崛起奠定了基础。到1996年年底,华为成功设计了30多款芯片,并使用在华为各种交换机设备之中,用实践证明这些芯片的稳定可靠。1993年下半年,在掌握国际最新技术和器件成果的基础上,华为严格按国标、部标要求,自行开发设计的新一代C&C08数字程控交换机投放市场。此后,华为每年的业绩开始翻番,在与跨国巨头同台竞技并屡屡获胜中成功崛起。

这是联想与华为的起步阶段,两者都选择了ICT(Information Communication Technology,指信息、通信和技术)产业进行开拓,而在当时的中国,ICT处于起步阶段,市场发展前景非常看好。在方向一致的前提下,两者势能的差距依赖于各自的起点和自身后天的努力。

(1)位势能 E_1。联想,全国计算机行业排名第一,国内四家自有品牌微机的公司之一;华为虽有品牌,但本质是别人散件的组装,品牌上缺乏优势。按 1996 年电子百强排名估算,联想第 2 名,华为第 26 名。市场规模方面,1995 年,联想销售收入是华为的 4.5 倍,华为无法与联想抗衡。因此,联想在现有市场上的位势能优于华为的位势能。

(2)趋势能 E_2。在战略方向上,联想的战略定位在 ICT 方向,建成"技工贸"一体化,符合当时的市场与技术发展趋势,$K1 > 0$;华为同样选择 ICT 方向,并从"贸工技"转变为"技工贸",掘得第一桶金后,开始自主研发,并在此方向上,开发了第一块数字 ASIC 芯片和新一代数字 C&C08 程控交换机并投向市场,$K1 > 0$;

在战略投入上,联想拥有中国科学院计算所的研究成果——联想式汉卡,并得到计算所人力、物力、财力、科技成果以及无形资产的支持,是原电子工业部重点支持的六大集团之一。程控交换机早于华为拿到入网许可证,获得大规模进入市场的先发优势,基于"技工贸"战略所构建的创新链开始运行,获得税后利润 1 亿元,具有起点高、基础好的特点。

华为在此期间实行两条腿走路策略,一边搞技术研发,一边继续代理别人产品赚钱来支持技术创新,缺少国家级科研机构的强有力支持,基础比较薄弱。华为的研发投入开始也很小,1985—1992 的 7 年,联想的研发投入大于华为。1993 年,华为研发 C&C08 交换机后,迅速加大力度,之后超过联想,且差距越来越大。根据张利华所著《华为研发》披露,华为 1993 年时的研发人员有 300 人,1994 年增至 600 人,1995 年达到 1 000 人,与联想的研发团队基本持平。

综上,联想与华为的战略方向一致,都符合当时的技术与市场发展趋势、战略投入,联想的起点高、基础好。1993 后,华为虽在研发资金投入上超过联想,但研发人员数量持平。从总体上看,联想的研发实力优于华为,在战略方向正确并且相同的情况下,联想的战略投入超过华为,决定了联想的趋势能高于华为。

(3)总势能(E)。联想在现有市场上的位势能和在未来市场上的趋势能均超过华为,因此,在此阶段,联想的总势能也超过华为。

（4）动能（EK）。华为开始自主研发，动能（EK）在上升。

二、相持阶段：1996—2008 年

在此阶段，联想最大的改变是战略的调整。由原来的"技工贸"调整为"贸工技"，其指导思想是：以贸易为突破口，实现贸、工、技三级跳。其标志为1998年柳传志撰写的《贸工技三级跳》文章。在此期间，联想集团先后免去倪光南的总工程师职务，原来研发中心的所有人员全部下放到事业部的研发部门，由事业部总经理领导。到1999年，早期参与联想技术研发的骨干基本上都离开了，所有的研发几乎取消了，发展ASIC技术的努力也中止了。

为了获得市场份额，联想通过产品开发，推出新的产品。1997年，联想MFC激光一体机问世，首次推出具有丰富数码应用的个人电脑产品。1999年，联想深腾1800高性能计算机诞生，并在全球前500名运算最快的电脑中名列第43位，同年，还推出两款商用台式电脑新品——新开天、新启天，成为亚太市场的顶级电脑商，在全国电子百强中名列第一。

同时，联想实施战略并购。2004年，以17.5亿美元收购IBM个人电脑业务，成为全球第四大PC厂商。在此基础上，2008年，联想宣布首次在全球推出IdeaPad笔记本和IdeaCentre台式电脑系列产品，并宣布进军全球消费PC市场。

联想在做大PC市场同时，开始了多元化发展战略的探索。先后投资2 500万美元创建FM365，投入3 537万美元收购赢时通，但均以失败而告终，导致联想大规模裁员。2001年，几百名网站人员被辞退；2004年，裁员600人，被辞退员工占公司总人数的5%。

战略的改变导致联想组织的调整。2001年，联想分拆为由杨元庆主政的联想集团与由郭伟领军的神州数码有限公司，同时成立联想控股集团，在法律上继承联想身份，统辖联想集团与神州数码。联想集团继承联想PC等核心业务，神州数码与联想品牌分割，重立门户、另起炉灶。

与现有市场的开拓相比，联想在潜在市场的挖掘方面却乏善可陈。在

此期间，联想每年研发投入超过 25 亿元。联想集团有 5 000 多项专利，发明专利有 2 000 多项，其中，来自 IBM PC 的专利 3 000 项左右，发明专利 1 000 多项。联想每年从专利上获取的回报大约为 4 000 万美元。

在这一阶段，华为则开始改弦易辙，从"贸工技"转型为"技工贸"，实现了"贸工技"战略的华丽转身。随着产品设备的扩展，华为同步启动该领域自主芯片的研发设计，不断扩大设计品种，数据通信产品如 ATM 机、路由器、手机等，无线产品如 GSM、3G 等，产品具有较高的成本竞争力。

1996 年，华为以窄带交换机 C&C08 为核心的"商业网"产品打入香港，进军俄罗斯市场，开始在拉美拓展市场，并在欧洲、中东、中亚、拉美等国分别实现数百万的销量，并在 2010 年实现累计发货全球第一的成绩。华为在 1997 年第一块百万门级 ASIC 开发成功后，与同年诞生的第一代电信级服务器 T8000，形成全套 GSM 设备系统。

2005 年，华为在 H.264 视频编解码芯片 Hi3510 的基础上开发了第一款 3G 手机，获得中国生产和销售手机的许可，并获得查尔顿媒体集团评选的最佳 3G 手机奖。2009 年，华为进一步开发了首款 Android 智能手机，并宣布将与 T-mobile 合作推广该手机。

华为从第一块十万门级 ASIC 研发成功之后，芯片研发持续升级换代，进入规模化、产业化阶段，不仅为它的路由器、交换机、手机等硬件提供支持，而且将这些软硬件构成系统形成整体优势，使得华为产品占据了市场的重要地位，甚至是主导地位，与跨国巨头过招也不输风采。2008 年，华为移动设备市场排名全球第三，专利申请世界第一，无线接入市场份额全球第二。

在这个阶段，联想和华为的经营因战略差异而呈现不同的表现，联想在现有市场上大显身手，华为则在潜在市场上厉兵秣马，各有特色，各具千秋。

（1）位势能 E_1。联想通过品种开发，拓展现有市场规模，但未能防止 PC 业绩的下滑，丧失全球老大的交椅，后通过收购 IBM PC，凭借规模效应首次入选《财富》500 强，由国内知名品牌跃升为国际品牌，但因缺乏自主核心技术而面临"空芯化",再加上多元化战略失败的两次裁员,联想的位势能 E_1 开始呈现下降趋势。

华为在现有市场上,以芯片开发为核心,嫁接自己的硬件产品 ATM、路由器等和无线产品 GSM、3G 等,产品品种不断增多,且技术自我集成,自成体系。市场从国内拓展到国际。在移动设备市场排名全球第三,无线接入市场份额全球第二,2001 年进入电子信息 100 强,位势能 E_1 呈现上升趋势。

尽管如此,2008 年联想营收 167.88 亿美元,进入世界 500 强,而华为营业收入只有 152 亿元,在位势能方面,联想依然超过华为。

(2) 趋势能 E_2。在战略方向上,联想的战略由"技工贸"转型为"贸工技",主要靠"贴牌"或组装生产,它的核心组件如操作系统、处理器、硬盘、液晶显示器等始终缺乏自主技术,只能靠进口或其他供应商提供来组装。多元化战略失败,促使战略调整。联想依靠营销,通过并购来扩大规模,以维持自身在市场上的优势。这说明联想在市场与技术的战略把握上是基本正确的,K1 > 0。华为开始改弦易辙,从"贸工技"转型为"技工贸",并实现战略转型的华丽转身,在正确的技术与市场方向上开始耕耘,K1 > 0。

在战略投入上,联想撤销技术中心,免去倪光南的总工程师职务,原来研发中心所有人员全部下放到事业部,研发被搁置一边,核心技术力量流失,技术优势难以聚集成势。联想希望通过销售国外的产品以及并购来获得先进技术,但结果未能如愿。即便是先进技术,也会因为缺乏研发人员而难以消化,无法达到预期的结果。在此期间,联想每年的研发投入大约为 2 亿美元,趋势能呈现下降趋势。

与此相反,华为每年的研发投入为 86 亿元,联想为 2.29 亿美元,是联想的 4.6 倍,2009 年华为专利申请世界第一。2008 年电子信息 100 强企业,华为名列第一,联想位居第六名。华为连续的高投入和技术开发呈现累积趋势,华为的趋势能呈现上升趋势,开始超越联想。

联想与华为虽然战略不同,但在市场与技术趋势的把握上都比较精准,围绕着彼此的战略而采用了相应的并购与研发战略路径。在战略投入上,联想呈现下降趋势，华为则表现为强劲的上升趋势，开始超过联想。

（3）总势能（E）。总体来看，在此阶段，联想的位势能呈现下降趋势，在此阶段的某个时点后，被华为超过；在趋势能方面，华为的表现更强劲，呈现明显的上升趋势，也在超越联想，位势能与趋势能二者叠加的结果，导致华为的总势能（E）在此阶段的另一时点上开始超越联想。然而，我们只知道超越确实应该发生在此阶段的某个时点，但无法精准地确定它，正因为如此，故称之为二者相持阶段。

（4）动能（EK）。与联想由原来的"技工贸"调整为"贸工技"的战略转型不同，华为坚持"贸工技"战略后转型为"技工贸"的方向管理，动能（EK）已有超过联想的趋势。

三、超越阶段：2009—2017年

在此期间，联想每年投入研发资金5亿美元，有5 000多名优秀工程师、设计师、研究人员及100多个先进实验室，开展利用式创新，先后推出联想第一代移动互联网终端产品，如智能本、智能手机和全新创意的双模笔记本电脑、R680 G7服务器、平板电脑、联想智能电视系列新品、一体台式机A720及混合架构笔记本电脑YOGA等，并在超算HPC方面，为中国掌握HPC核心技术立下汗马功劳。

同时，联想依然希望通过并购以提高它的市场份额和获得先进技术。例如，联想并购IBM X86服务器业务，大大提升了市场份额，出货量、营收等达到相当规模。如联想的营收数额是其收购前企业级业务营收的2—6倍，收购摩托罗拉手机业务以替代自主研发，实现技术的升级换代。

伴随着技术的创新，联想对内部的组织架构进行重大调整，波及旗下云服务业务、PC业务、企业级业务、移动业务四大业务集团。为适应业务拓展的需要，联想与NEC成立合资公司，持股51%；以2.31亿欧元收购德国消费电子品牌Medion 36.66%的股权；以17.8亿元出售联创瑞业（北京）资产管理的全部股权；收购富士通个人电脑业务已发行股本的51%。

2017年全球知名市场调研机构IDC与Gartner相继发布个人电脑销售

——破译四象管理

排名,联想连续15个季度保持全球第一,市场份额创历史新高,全年营收430亿美元,净利5.4亿美元。根据港交所数据,联想市值达到70亿美元。

2017年,全球HPCTOP 500榜重磅揭晓,联想以87套高性能计算系统占据绝对优势,取得了中国第一、全球第二的耀眼成绩。但自2009年开始,联想淡出其多次占据榜首的Brand Finance榜单。

自2010年起,华为的产品进入智能化阶段,路由器、智能手机、服务器、存储器都有新产品相继问世,且在原有的性能与水平上继续提升,这些IT产品已成为信息基础设施解决方案的重要部分。在芯片方面,从四核手机处理器K3V2到麒麟970的"大脑",使华为步入了顶级芯片厂商的行列;在智能手机方面,从Ascend PIS到Mate 10的全球发布,使华为开启智慧手机时代,并与网络互联、存储共享、媒体播放等众多使用功能一起打造智能家庭中心,被业界竞相效仿。

华为凭借自己在产业领域中的技术优势,开始走向消费领域,国内家庭网络终端发货量大幅增长,累计超过6 000万电信用户和2 000万联通用户。同时,华为进入消费类民用路由器市场。

2017年上半年,华为实现销售收入2 831亿元,同比增长15%;营业利润率达11%。华为再度蝉联Brand Finance,排名升至40位,品牌价值达252.3亿美元,二度蝉联中国电子信息百强企业品牌价值,并一直高居中国电子百强利润榜榜首。

在此期间,在华为的18万员工中,超过45%的员工从事创新、研发工作,华为每年将超过销售额的10%以上投入研发,累计获得专利授权62 519件,累计申请中国专利57 632件,累计申请外国专利39 613件,其中的90%以上为发明专利。

这一阶段是华为全面超越联想阶段。联想因为缺乏核心技术,为了维持市场位势,只能并购、并购、再并购;而华为坚持研发、研发、再研发,持续的研发形成累积效应,不仅在现有市场上有很好的表现,而且在潜在市场上也表现不俗,与联想的差距越来越大。

(1)位势能E_1。联想现有的产品有电脑、超级计算机、手机等,但因缺乏核心技术而难以有大的发展，华为紧紧抓住智能化的契机，不断提高芯片、手机、路由器、网络等性能，市场从 B2B 进入 B2C。2016 年，联想销售额达 449 亿美元，华为的销售额达 608 亿美元，双方的距离进一步拉开，在净利润方面，出现戏剧性的结果：联想净亏 1.28 亿美元，华为净利润却高达 57 亿美元。

在国际上，华为再度蝉联 Brand Finance，排名第 47，多次占据榜首的联想已经悄然淡出榜单。华为在国内二度蝉联中国电子信息百强企业品牌价值，几乎一直高居第一名，而联想的名次逐渐滑落。

（2）趋势能 E_2。在战略方向上，联想与华为都抓住了 ICT 领域智能化趋势而进行技术、产品与市场布局，前者在已有产品、技术的基础上，开始关注自主核心技术的研发，而华为坚持已经实施 20 年的自主研发战略不动摇，战略方向把握上都是正确的，K1＞0。

在战略投入上，ICT 属于高技术行业，技术更新速度快，高强度研发投入是保持技术先进的不二选择。联想主要靠贴牌或组装生产，无自己的核心技术，只能依靠并购，但 IBM 的电脑、服务器、Moto 手机并购的现实，却证明以市场难以换到先进技术。虽然 2011 年后，联想开始增加研发投入到 3 亿美元，研发投入占销售收入的比达到 2.6%，但与 ICT 行业的需要研发投入水平相比存在较大差距，"贸工技"战略对联想研发能力伤害过重，短时间也难以复原。

华为一直瞄准 ICT 领域的前沿，进行高强度的研发投入，2017 年达到 596 亿元，研发收入占比为 15%。同时，华为拥有强大的研发队伍，所取得专利数量、申请专利量、发明专利量不仅在中国 ICT 领域，而且在世界 ICT 领域也占有一席之地。

无论从自有技术的基础、研发投入，还是研发投入占销售收入比重，华为都已经大大超过联想，并且形成了"研发投入增加—销售收入提高—研发投入增加"的良性循环。在潜在市场上，联想已经无法与华为相抗衡。

（3）总势能（E）。这一阶段，华为无论在现有市场的位势能还是在潜在市场的趋势能方面，都已经全面超越联想，它的总势能（E）也必然超过联想。

从整个发展过程来看,如表 8-5 所示,联想依赖"贸工技"战略,采用并购手段,从位势、趋势双高理想型→前景堪忧的急功近利型→位势、趋势双低两难型演变,华为依赖"技工贸"战略,采用研发手段,实现了从位势、趋势双低型→前景可期的厉兵秣马型→位势、趋势双高的理想型的进化。

(4)动能(EK)。华为的动能(EK)已经明显超过联想。从发展趋势来看,由于华为的方向管理正确,华为的发展力优于联想。

表 8-5 联想与华为势能动态变化

	第一阶段	第二阶段	第三阶段
位势能(E1)	联想>华为	联想↘,华为↗	华为>联想
趋势能(E2)	联想>华为	联想↘,华为↗	华为>联想
总势能(E)	联想>华为	赶上并超越	华为>联想

第九章 五商管理

以往认为，一个人能否在一生中取得成就，智力水平是第一重要的，即智商越高，取得成就的可能性就越大。但现在心理学家们普遍认为，除了智商外，情商、财商水平的高低对一个人能否取得成功也有着重大的影响，甚至要超过智力水平的影响。以往的研究没有全面地分析一个人的能力体系，说某商一定比某商更为重要的说法也不够确切、不够科学。本书认为除以上三商外，还应增加两个商，技商与谋商，这样才能构成一个人的统一的完整的能力体系。在这个体系中存在相生相克、互为作用的复杂关系。只有正确地掌握这一复杂关系的规律性，才能更好地发挥一个人的能力。本书的观点是人有五商：智、情、财、技、谋。本章将简要论述智商、情商、财商、技商、谋商的基本含义，并在此基础上分析它们相互间的关系，以及探讨发挥五商的一些基本原理。

第一节　个人能力五商

一、人有五商：智商、情商、财商、技商、谋商

五商是衡量一个人在当今社会中的生存能力的工具：智商用以表示智力水平；情商用以表示认识、控制和调节自身情感的水平；财商用以表示为我们幸福生活服务的理财水平；技商用以表示通过技能练习获得的能够完成一定任务的动作系统，为实现特定任务的水平；谋商用以表示选择能力和决策水平。五商虽然反映着一个人的不同能力，但它们不是完全割裂的，我们可

以利用我国古时的五行哲学理论，探讨它们相生相克的辩证关系。

1. 五商的具体含义

人有五商：智、情、财、技、谋。那么什么是智商、情商、财商、技商、谋商呢？智商与情商大家都很熟悉，智商是用以表示智力水平的工具，也是测量智力水平常用的方法，智商的高低反映智力水平的高低。情商是用以表示认识、控制和调节自身情感的水平的工具。智商和情商反映两种性质不同的心理品质。智商主要反映人的认知能力、思维能力、语言能力、观察能力、计算能力等。也就是说，智商主要表现人的理性的能力。它可能是大脑皮层特别是主管抽象思维和分析思维的左半球大脑的功能。情商主要反映一个人感受、理解、运用、表达、控制和调节自己情感的能力，以及处理自己与他人之间情感关系的能力。情商反映个体把握与处理情感问题的能力。

财商是指一个人在理财方面的能力，是理财的智慧，是能够深刻认识市场经济的规律、懂得灵活运用财富、让财富为生活服务的智慧。确切地讲，财商是用以表示为幸福生活服务的理财水平的工具，也是测量为幸福生活服务的理财水平常用的方法，财商的高低反映为幸福生活服务的理财水平的高低。一个人的财商如何，与他能赚多少钱没有太大的直接对应关系，财商的高低是测算你如何运用自己的金钱和财富为自己带来幸福生活的指标。如果你手中的金钱和财富能够不断地给你买回更多的自由、幸福、健康和人生选择，那就意味着你有高财商；反之，如果你很有钱，但整天生活在想赚取更多钱或想着如何保住现有的财富而处于紧张与痛苦的生活状态，就说明你的财商不足。所以，不能把财商简单地等同于赚钱技能，如仅有赚钱的一般技能，将归到技商的范畴。

技商是指一个人在进行某种特定活动（如生活、生产）的过程中所运用的方法、程序、过程和技术等知识，以及运用有关的工具、设备的能力。技商可用以表示通过技能（通过练习获得的能够完成一定任务的动作系统）来实现特定任务的水平。技商的高低反映掌握和应用技能水平的高低。技能按熟练程度可分为初级技能和技巧性技能。初级技能只表示"会做"某件事，而未达到熟练的程度。初级技能如果经过有目的、有组织的反复练习，动作就会趋向自动化，而达到技巧性技能阶段。技能按性质和表现特点，可区分为如书写、骑车等活动的动作技能，以及如演算、写作之类的智力技能两种。技能按完成任务的对象又可分为一般技能与专业技能。

谋商是衡量一个人决策能力的工具，人的一生也是选择的一生，人生之旅由一连串选择组成，不一样的选择造就了不一样的结果。我们今天的事业、成就、家庭、人际关系……无一不是我们一连串选择之后的结果。如果做错了选择，就会影响一个时间阶段甚至整个人生。谋商的高低反应选择能力和决策水平的高低。

2.五商形成一个相生相克的整体

从上述的分析可见，智商、情商、财商、技商、谋商是衡量一个人在当今社会中的生存能力的工具：智商强调的是认知力，情商强调的是亲和力，财商强调理财力，技商强调执行力，谋商强调决策力。它们又统一于一个人体之中，它们水平的高低不同又形成了不同类型的活生生的人。

一个人只有正确地认识自己，认识自己五商中的长处与短处，才能正确地扬长避短，使自己生活得更好。例如，当今大学的部分学生，特别是那些名牌大学的部分学生，普遍的状况是智商极高，财商尚可，情商、谋商不足，技商较糟。会计算机又会操纵车床的人才很少，造成很多数控机床被当成普通机床使用。生活技能缺乏，毕业很难及时提高生活质量。20多岁是一生最关键最精彩的时段，因精彩自然多困惑，所以，这一时段的谋商尤为重要，因为每一个决策都将影响今后一生，但不少学生心态浮躁，急功近利、易冲动、急于求成。有些学生情商不足，不了解社会，过于商业化地看待人与人的关系，不懂什么是人间真情与关爱。当然，这些学生也有不少共同优点，如智商极高，学习能力极强。

如何解决五商中的这种不均衡呢？我们认为高智商的大学生首先要提高谋商，要有正确的奋斗方向，要在毕业时根据自己的特点择业，"男怕入错行、女怕嫁错郎"，对于这些学生来说，选择比努力更重要。其次是提高情商，要善于发现自己发展中的"贵人"，要善于结交优秀朋友，要构建良好的人脉网络，以后发展的机会会从中产生。最后才是技商的问题，不要过高期望技商的根本转变，不存在这样的客观条件，为了择业在牺牲学业的基础

图 9-1 五商生克模型

上花大量时间去改善一张包装纸是得不偿失的事。为什么会有上述几点忠告呢？因为五商是个整体，内在存在很多的辩证关系；例如"强智得谋，方止其焰""智旺得情，方成相济""技能克谋，谋多技折"就可用于解释上述问题。不过，要理解这些原理还得从分析五商间的相生相克开始。

五商虽然反映一个人的不同能力，但它们不是完全割裂的，我们可利用我国古时的五行哲学理论，看到他们相生相克的辩证关系。五商相生：财生情，情生技，技生智，智生谋，谋生财。五商相克：财克技，技克谋，谋克情，情克智，智克财（见图9-1）。

五商相生的含义简单解释如下：技生智，技商的发挥过程是人类的生活和生产实践过程，人类的智慧隐伏其中，实践是知识的源泉，所以技生智。智生谋，智慧的多少是选择的基础，智慧的积累能提高决策能力，智慧的积累过程本身就是减少决策中的信息不对称的过程。谋生财，理财过程需要大量决策，决策能力的提高能促进财商的提高。财生情，因为共同的利益是亲情的物质基础，通过理财为自己幸福生活服务的能力提高，会促进改善人与人的关系的水平。情生技，技能是在人与人的交往中传承的，情商的充分发挥，有利于技能的传承，进而有利于技商的提高，所以情生技。

五商相克含义简单解释如下：因为众胜寡，情商的发挥可利用外力战胜一人的智力，或是情感的参与会影响智商的发挥，故情胜智。精胜坚，不断地提高智识水平，才能促进财商提高；反之，不及时更新知识，会阻碍财商的发挥，故智胜财。刚胜柔，丰富的生产资料等物质基础给技商的发挥提供了更大舞台，反之将制约技商的发挥，故财胜技。专胜散，谋略再好也要靠实施，实施不了，再多再好的选择全是空话，故技胜谋。实胜虚，就像制度胜过关系、法大于情一样，情商往往只能在这些重大决策中发挥作用，故谋胜情。

二、五商间的辩证关系分析

古人徐大升曾写过一篇《论五行生克制化宜忌》经典论文[①]，更详细地分析了这方面的辩证关系，我们利用他的思想方法，进一步分析五商间的辩证关系，从而对如何处理这些关系谈些想法。

财商：财旺得智，方成大器。

财能生情，情多财沉；强财得情，方挫其锋。

财能克技，技坚财缺；技弱逢财，必为砍折。

财赖谋生，谋多财埋；谋能生财，财多谋弱。

智商：智旺得情，方成相济。

智能生谋，谋多智晦；强智得谋，方止其焰。

智能克财，财多智熄；财弱遇智，必见销熔。

智赖技生，技多智障；技能生智，智多技毁。

情商：情旺得谋，方能持久。

情能生技，技多情缩；强情得技，方泄其势。

情能克智，智涌情干；智弱遇情，必为熄灭。

情赖财生，财多水浊；财能生情，情多财沉。

谋商：谋旺得技，方能成功。

谋能生财，财多谋弱；强谋得财，方制其壅。

谋能克情，情多谋流；情弱逢谋，必为淤塞。

谋赖智生，智多谋焦；智能生谋，谋多智晦。

技商：技旺得财，方成栋梁。

技能生智，智多技毁；强技得智，方化其顽。

技能克谋，谋多技折；谋弱逢技，必为倾陷。

技赖情生，情多技漂；情能生技，技多情缩。

这段文字讲解的是五商之间相互作用的分析方法。到底应该怎样正确理

---

① 可参见〔宋〕徐子平《渊海子平》，海南出版社2002年版。

黄灯
——破译四象管理

解呢？其实很简单，中心思想就在于"平衡"。两种五商之间的相互作用，不管是生还是克，只要两种五行力量平衡，就是良性的作用。反之，如果失衡，不论生克都是恶性作用。下面详细分析。

1. 生多为克

财赖谋生，谋多财埋；智赖技生，技多火障；情赖财生，财多情浊；谋赖智生，智多谋焦；技赖情生，情多技漂。

这是讲生多为克的道理，就是母能害子，母亲的爱本来是伟大的，但如果过分溺爱孩子，反而是害了他。这告诉我们一个道理，就是相生（生我）也不能过度，不然就会适得其反。文中的"埋、焦、障、漂、浊"等字的真实意思就是"克、害"，就是生多为病，反映在发挥五商作用中就是某商太高而影响被生方时，有可能产生五商力量的不平衡。例如，过分地强调长远发展，会影响当前财商的发挥。治病之药就是克制谋商发挥中的脱离财商。另外，在特殊情况下也可以牺牲财商的发挥。但到底是取哪一办法，要看五商整体的组合而定。

2. 泄多为克

财能生情，情多财沉；智能生谋，谋多智晦；谋能生财，财多谋弱；情能生技，技多情缩；技能生智，智多技毁。

这是讲泄多为克的道理，就是儿能害母，好比就是儿女太多，父母因操劳过度而生病，或儿女多不孝顺，没有一个出来赡养父母，反而向穷困潦倒的父母要这要那。这告诉我们一个道理，就是相生（我生）也不能过度，不然就会适得其反。文中的"沉、缩、毁、晦、弱"等字的真实意思就是"克、害"，就是泄多为病，反映在五商的作用发挥中，就是某商太弱、被生方太强而影响其发展时，会造成五商力量的不平衡。治病之药就是克制被生方的过分发挥。另外，在特殊情况下也可以采用牺牲生方作用的发挥。但到底是取哪一种方法，要看五商整体的组合而定。例如，在企业管理中过分强调操作系统的发挥，会使人成为机器人，妨害人间关系的作用，妨害行为科学的应用。所以，一般采用以人为本的方法改造流水线。当然，也不排斥在特殊情况下，为了生产效率而牺牲后者。

3. 反克

财能克技，技坚财缺；智能克财，财多智熄；情能克智，智涌情干；谋能克情，情多谋流；技能克谋，谋重技折。

这是讲反克的现象。本来是财克技的，但技太坚，财克不动技，好比用水果刀砍大树，大树没砍倒，反而把刀子砍缺了。这告诉我们一个道理，就是当某商过旺时，不能强行克制，克制有害，只能顺起强旺之势，帮助其发展。例如，当技商很强而产生财商的发挥与技商的发挥之间的矛盾时，最好的办法不是压制技商，而是顺技商之旺势，设法把财商带动起来。

4."灾"

财弱遇智，必见销熔；智弱逢情，必为熄灭；情弱逢谋，必为淤塞；谋弱逢技，必遭倾陷；技弱逢财，必为砍折。

这讲的是"灾"。本来财商就很衰弱，又被智商克，就是雪上加霜，财商被克制太过，与财商有关的事项就有灾了。或者说某商衰弱被制，就不能发挥正常的作用了。例如，谋商已是很弱，又逢执行该决策的糟糕，当然遭灾难性的打击。同样，技商本很弱，又受到物质条件的限制，作用发挥必然严重受损。

5. 取何为用

财旺得智，方成大器；智旺得情，方成相济；情旺得谋，方能持久；谋旺得技，方能成功；技旺得金，方成栋梁。

这是讲的偏强的五商应该取何为用的道理。也就是取克方为用，比如财商为偏强，取克财的智为用方，而不能用被生方取泄，因为被生方虽然能起到取泄作用，但同时也克制了该商的克方，例如，用促进情商发挥来解决财商偏强，虽能起到一些作用，但情能克智，会克制智商的更好发挥。

6. 处理太强

强财得情，方挫其锋；强智得谋，方制其焰；强情得技，方泄其势；强谋得财，方制其壅；强技得智，方化其顽。

这讲的是太强的某商应该被处理的道理，也就是取泄方为用。比如财商太强，取情商的发挥来配合，以泄财商的能量，而不能取智商来克制了，因为"智能克财，财多智熄"。这就是某个五行偏强和太强的区别。同样，高智商的大学生一定要有正确的奋斗方向才能充分发挥自身才能。"强智得谋，方制其焰"回答了上文中分析到的这一问题。

三、正确评定五商，充分发挥自己才能

分析到现在我们终于有了评定一个人五商状况的基本依据了，但这一问题很复杂，除上述基本思想外，还有具体操作方法。由于篇幅有限，如何综合评定一个人的五商高低，进而分类，只能另撰文分析。这里先根据上文的研究来讲些评定的思想方法。

首先，现在在智商、情商、财商的研究中有各类的打分方法，技商和谋商也可用打分方法来反映。但不要用一个总分来反映一个人的商值，这是没意义的，也很容易误导人们。只要不是五商均弱，天生我才必有用。即便均弱，还有偏弱、很弱、极弱之分。

其次，要学会在正确认识自己的基础上，发挥自己的优点，弥补自己的不足。按五行哲学理论，不管是生还是克，只要两种五商力量平衡，就能起到良性的作用。如果五商失衡，不论生克都是恶性作用。因此，要使自己的五商得到充分发挥，必须按照五商相生相克的基本原理，不断弥补不足，使五商达到基本平衡。

最后，既要注意个体的五商平衡，更要注意在群体中的五商平衡，在群体中正确地选择位置，充分发挥自己的长处。个人五商强弱的差别是始终存在的，自己的五商的不均衡不仅可通过外力来弥补，而且可以在参与群体的五商平衡中充分发挥自己的才能。

第二节　团队的集体五商

一、五商人与领导集体结构

《三国演义》是中国的四大名著之一，里面有很多人们喜欢的历史人物，三国中哪个国的领导群体结构最合理？这一领导群体结构对他们的命运有什么影响？《三国演义》也有一些人们不怎么喜欢的人物，如阿斗，其实，阿斗的

情商并不低，可以说是子承父商，你看阿斗"乐不思蜀"（这是真的想法吗？），竟然留了他一条性命。只是阿斗手下的领导群体结构失衡，这是阿斗与他父亲的最大区别。手下领导群体结构失衡，即使诸葛亮在，也无法挽回失败的命运。什么才是合理的领导群体结构呢？我们可以从"五商人"开始分析。

现代五商理论认为，人有五商等。在不同的群体中，个体的这五商经常是相克相生的，在不同情境中所表现出来的重点也不一样，因此出现了某商具有相对优势的人，我们分别称之为"五种商型人"（以下简称"五商人"），即智型人、情型人、财型人、技型人、谋型人。在一个领导决策集体的构成中，事实上也是由这"五商人"所组成，因此，我们强调领导者素质以及领导结构的合理性和平衡性，可以认为就是要求不同"商"型的领导成员在展现某些"商"时需要注意与其他"商"型的领导成员的"商"相互补充，相互影响，从而实现领导结构内部"五商人"的动态平衡。

领导集体的结构，是指领导集体中领导成员的构成方式及其在领导班子内部的排列组合情况。系统科学认为，任何一个整体都是由不同的部分通过不同的方式搭配而成的。部分的作用是通过整体发挥出来的，每一个领导成员都是作为领导班子整体的一员发挥作用，最优的个体素质简单相加，并不一定会产生最佳的领导效果。合理组合，优势互补，实现领导班子结构的平衡，才能凝成巨大的内聚力，发挥领导班子的整体功能。我们在对领导班子的配备特别是正副职的搭配时，不仅会考虑领导班子成员的个体素质，而且会考虑班子的整体结构的科学性。但是，在配置领导干部结构的过程中，由于干部的年龄、学历等因素的外部特征明显，便于组织上把握和操作，而能力、水平、性格、气质等因素相对难以量化和掌握，因此，在理解和执行知识化和年轻化方面容易出现片面化和简单化倾向。研究班子整体功能建设，切实优化领导班子结构，需要引进一种动态的、系统的思考方式——领导结构的五商动态平衡，即将个人的五商理论[1]引入到领导群体结构中来。本质就是领导结构的合理与否，是一个在领导结构中由五商侧重点不同的成员进

---

[1] 胡建绩、严清清：《论五商——智、情、财、技、谋》，载苏勇主编《东方管理评论》（第2辑），复旦大学出版社2008年版，第87页。

行相互补充和动态平衡的过程。关键在于全面地而不是片面地、动态地而不是静态地讨论领导结构的平衡与和谐问题。

所谓智型人（People with Superior Intelligence Quotient，IQP），就是指在个人五商中相对其他各商来说，智商水平相对较高的那种人。智商＝智龄÷实际年龄×100。智商反映一个人的观察力、记忆力、思维力、想象力、创造力等，是人们运用分析、运算、逻辑等理论解决问题的能力。也就是说，它主要表现人的理性的能力。《使用你的大脑》一书的作者托尼·布赞（Tony Buzan）教授说："你的大脑就像一个沉睡的巨人。"

所谓情型人（People with Superior Emotional Quotient，EQP），就是指相对其他各商来说，其认识、管理自己的情绪和处理人际关系的能力相对较高，即情商具有相对优势的人。情商主要反映一个人感受、理解、运用、表达、控制和调节自己情感的能力、道德水准、应对挫折的能力、压力管理的能力以及处理自己与他人之间的情感关系的能力等。它包括五个方面：一是认识自己的情绪，主要是自知、自信；二是管理自己的情绪，主要是自我调节、自我控制；三是自我激励，主要是设定目标，保持激情；四是人际关系管理，就是处理人际关系的能力与技巧；五是经营人际资产的能力与技巧，就是通过认识感知他人的情绪，了解别人的感受，与人融洽相处，最终使得周围的人际资源变成自己人际资产的能力与技巧。现在社会的竞争是人才的竞争，实际上则是由人组成的组织的竞争。组织的竞争力依赖于组织的成员，组织的竞争力与其成员的总体素质直接相关，更为重要的是组织中领导决策群体的素质；总体素质不等于个人素质的简单相加，而取决于经过协调融合的组织素质。这个融合的过程不仅仅是智商的整合，更重要的是组织的不断努力，充分管理与协调好组织内部、外部的各种关系，自我完善，形成较高的领导决策群体的情商，这就必须注重合理发挥领导成员中的情型人的作用。著名经济学家吴稼祥在《体制障碍还是人格障碍》一文中指出："有多大的人格，办多大的企业。"[①] 对组织来说，要想拥有真正的竞争力，领导决策群体首先就必须有博大的容纳力、远大的战略目标和充分和谐的境界，这种境界就是领

---

① 吴家祥：《体制障碍还是人格障碍》，《时代工商》2000年第2期。

导决策群体中情型人发挥作用的结果。组织发展进步的最大障碍，从根本上讲，是领导决策机构丧失对自身及外部系统的全面、系统、快速的认知与反应，进而削弱组织的竞争优势，最终将使组织走向衰落乃至灭亡。为此，组织应该有针对性地发挥情型人领导的作用，以培养并提升领导决策群体的情商，进而增强组织的灵活性和社会适应性。领导群体不应仅仅只关注智型人，更大程度上应重视在各个不同商型人领导成员的相克相生中发挥情型人领导的作用，以期达到最佳的境界，组织的竞争力、战斗力才能发挥得淋漓尽致。

所谓财型人（People with Superior Financial Quotient, FQP），是指一个人的五商中相对其他各商来说财商具有相对优势的人。财商包括认识金钱和驾驭金钱的能力、赚取财富的能力以及理财的能力等，是一个人在财务方面的智力，是理财的智慧。财商是与智商、情商并列的现代社会三大不可或缺的能力。可以这样理解，智商反映人作为一般生物的生存能力；情商反映人作为社会生物的生存能力；财商则是人作为经济人在经济社会中的生存能力。"确切地讲，财商是用以表示为我们幸福生活服务的理财水平的工具，也是测量为我们幸福生活服务的理财水平常用的方法，财商的高低反映着为我们幸福生活服务的理财水平的高低。一个人的财商如何，与他能赚多少钱没有太大的直接对应关系，财商的高低是测算你如何运用自己的金钱和财富为自己带来幸福生活的指标。"[1] 这种财型人财商水平的高低，最终反映了领导决策群体的财商水平。领导决策群体中的财型人领导作用的合理发挥，目标是使一个组织在这个领导群体的领导下，在激烈的市场竞争中实现组织效益的最大化，赚取合理高额利润或实现价值最大化，对于企业来讲，就是带领企业如何赚钱以及进行企业理财，通过资本运作和投资行为，实现企业财富的保值增值，以及在市场上如何进行有效的资源整合，以实现企业的持续健康发展。

所谓技型人（People with Superior Technical Quotient, TQP），是指一个人的五商中相对其他各商来说技商具有明显相对优势的人。技商是指有一定智商水平的人，在进行某种特定工作、学习、生活和生产活动的过程中，运

---

[1] 胡建绩、严清清，《论五商——智、情、财、技、谋》，载苏勇主编《东方管理评论》（第2辑），复旦大学出版社2008年版，第87页。

用一定的方法、技巧、技术、工具、设备等，遵循一定的规则和程序，完成一定任务的能力和水平。它可用以表示通过技能实现某种任务的水平，这种技能是可以通过后天学习获得并能够完成一定任务的动作或操作系统。一个人技商水平的高低反映他掌握和应用技能水平的高低。事实上，技商水平可以看出一个人的"知"与"会"的关系，"知"不一定"会"，"会"表明这个人已经掌握并能进行操作或做某件事。技型人能够熟练地掌握和运用某些技能（包括动作技能和智力技能等）。个人技能的发挥直接反映在领导决策群体上就是领导决策群体的操作技能，一般表现在领导事必躬亲，操作、传授、运作某些技术、技巧和工具设备的能力。领导决策群体的这种技能水平所表现出来的群体技商又不能是领导成员个人技商的简单相加，它也是在每个成员个人五商与其他成员五商的相互作用过程中使得某个或某些技型人领导成员显得更为突出，从而摆脱整个领导决策群体深陷操作性事物堆的尴尬境地，进而提高领导决策群体的决策效率和领导水平。

所谓谋型人（People with Superior Stratagem Quotient，SQP），指一个人具有明显的规划与决策能力、战略分析能力、善用计谋与谋略等，相对五商中其他各商来说，其谋商具有相对优势。谋商是反映一个人计谋和策略水平的高低的工具，可以衡量一个人的决策能力和谋略水平。谋商要求人要有一种远见卓识、善于做一定的分析、预测、判断等，对未来和自己的人生有一个合理的规划。俗话说"谋事在人，成事在天"，意味着谋商高者，易成事；谋商低者，成事不足，败事有余。事实上，只要当一个人的绝大多数选择都能用较小的成本得到较大的收益，他就是高谋商的谋型人典范，从而也就成为"谋事在人，成事在人"的典范。因此"谋商的高低反映着一个人选择能力和决策水平的高低"。[1] 我们把谋型人放在一个领导决策群体中来考量，当他与其他各"商型人"相互作用，相互配合与融合时，就逐步形成了领导群体的谋略思维商数。这种"谋商"是组织领导群体及其成员在统筹兼顾、谋篇布局等方面的心理结构和认知水平。它具体体现的是在谋型人的作用下，

---

[1] 胡建绩、严清清，《论五商——智、情、财、技、谋》，载苏勇主编《东方管理评论》（第2辑），复旦大学出版社2008年版，第87页。

组织领导决策群体或智囊团对组织愿景、战略目标进行预测和形势分析，并运用权谋和策略等智慧性技巧来达到预期目标的策略性行为，内在地包含了计划、决策及战略管理等。领导群体的这种谋商并不是几个领导成员谋商的简单相加，它一定是谋型人领导成员与其他"商型人"成员在相克相生的基础上所表现出来的谋商的优越性。知道商场如"战场"，制胜的关键不在于你有多大规模、有多少员工，而在于领导者的思维优势、管理优势以及智力资源优势等核心竞争力。一个组织的长期竞争力取决于决策群体成员是否愿意挑战他们的思维模式和管理模式。全球竞争不仅仅是产品对产品或公司对公司的竞争，它更是一种思维模式对思维模式或心智模式对心智模式的竞争。高谋商的领导决策群体能够运筹帷幄，进而可以决胜千里之外。

二、领导决策群体的"五商人"是一个相生相克的整体

领导决策群体的"五商人"领导的结构合理与动态平衡，是衡量一个领导决策群体带领组织在当今市场竞争条件下适应能力高低的重要标准。领导决策群体中的这五商"型人"统一于一个领导集体之中，它们水平的高低与均衡程度直接影响一个领导决策群体的决策水平和领导效率。只有充分认识一个领导集体内部每个"商型人"领导成员的优势与劣势，才能优势互补、相互协调，从而发挥各自优势，使领导决策群体成为一个"五商人"相互均衡协调的有机体，进而产生一种协同作用。当然，领导决策群体的"五商人"并不是不同"商型人"领导成员个人某一商的简单突出和孤立发挥作用，它们是相克相生、密不可分的辩证统一体，关于它们的这种关系我们同样可以运用中国古代的五行哲学思想来进行分析。

从徐子平的《渊海子平》和万民英的《三命通会》中对五行关系的论述可以看出，他们都强调一种平衡。任意两行之间不管是相生还是相克，都不能过或不及，必须要保持力量的平衡，只有这样，才能发挥良性的作用，否则，就会产生恶性的作用，甚至造成严重的伤害。

《新民晚报》2010年6月4日在《英：女性"5人闺密小组"最理想》的报道中提到，英国酒商"SilverBayPoint"调查1 000名年龄为18岁至45岁

女性发现，49%的人认为拥有4个朋友最完美。这样一来，当5个"闺密"一起聊天时，就算其中的两三个人在一起互诉衷肠，也不至于只剩下一个人无聊地闲坐。接受调查的女性普遍认为，能否分享经验和互相鼓励是判定友谊的重要标准。英国《每日邮报》引述公司市场部经理薇姬·李的话报道："随着金钱等方面的压力日益增加，女性变得越来越回归真实。一杯红酒、一次放松的闲谈就能给她们带来幸福的感觉。"调查人员还总结，在女性的"5人闺密小组"中，每人都有自己独特的个性。这5人中，通常会有一个善于为大家解开心结的"知心姐姐"、一个一切以家庭为重的主妇、一个事业型的"女强人"、一个善于与外界交往的"活动家"以及一个不怎么爱说话的"乖乖女"。很巧合的是，2017年，我国上映了一部电视剧《欢乐颂》，讲述了同住在欢乐颂小区22楼的五个来自不同家庭、性格迥异的女孩们，从陌生到熟悉再到互相体谅、互相帮助、共同成长的故事。这里也是五个女孩。邱莹莹是愚蠢而不谙世事的女孩，关雎尔是小心翼翼初入职场举步维艰的女孩，樊胜美是挣扎奋斗过失败沮丧的女孩，曲筱绡是"你梦想可以肆意生活丝毫不用顾忌他人"的女孩，安迪是自制且冷静又成功地站在食物链最顶端的女孩。五个互补的性格最终构成了一个追求"体面地活在魔都"的整体。

从上述的分析可见，领导决策群体的智商、情商、财商、技商、谋商是衡量一个领导集体在当今社会竞争中带领一个组织持续健康发展的能力的工具，它们统一于一个人体之中，也要在一个领导群体中通过相互作用实现一种平衡。它们水平的高低不同，形成了不同领导风格的领导决策群体。

情型人（EQP）——五行属水——情商受家庭、社会和环境的影响很大，平时要注意控制自己的情感，多和亲人、朋友及同事沟通，广泛结交商界、政界和社会知名人士，因为情绪和人脉是成功的关键。要自律、自控，冲动是魔鬼，正所谓"柔情似水"。

相生相克：金生水、水生木、土克水；只有理性而稳定的情感，才能充分发挥人的潜能，培养和运用一定的技能，进而带来高的智商和正确决策。然而，人穷志短，有时贫穷影响人的言行和社交活动，因此，情赖以"财"生，即财生情、情生技、谋克情、情克智。

智型人（IQP）——五行属火——除了天生聪慧外，智商可以从学习和实践中获得。智慧的火花往往都是在实践和学习中产生的。家教、自学、培训、上大学……社会交往中处处用心皆学问,古人言"行千里路胜读三年书",勤能补拙。天才就是百分之一的灵感加上百分之九十九的汗水。

相生相克:木生火、火生土、火克金、木克土。个人的动手能力和勤劳情况直接影响人的知识接触面、发展方向和智慧高低,即技生智。智商决定决策水准和预测判断能力,即智商决定谋商;但一个人的情商高低会影响到智商的发挥,即情克智。这种相生相克关系就是:技生智、智生谋、智克财、情克智。

财型人(FQP)——五行属金—— 财商是指一个人判断金钱的敏锐性,以及对怎样才能形成财富的了解及通过理财实现财富价值最大化的能力。这种商型人在管理实践中表现为赚取财富、通过理财实现财富最大化以及进行资源整合的能力。它被越来越多的人认为是实现成功人生的关键。一些教育学家主张将财商和智商、情商一起列入青少年的"三商"教育。犹太人一直都非常注重人的财商教育。在犹太人的财商教育思维里面融入了现代社会的价值观,个人的一生是其规划的范围,对个人追求、个人资源都有理性规划,其最高目标是幸福的一生,财商是其规划的总体理论。

相生相克:财生情、谋生财、智克财、财克技。有人说智商的高低直接影响财富的创造能力和损耗及败失,但光有智商,如果不合理地谋划与决策是绝对不可能有很好的财富创造能力与理财能力,理财本身就内在地包含着要合理地筹划财富之意,财聚人散,财散人聚,有钱要多做善事、周济天下,这样就可以获得更好的名声和良好的人际与人群关系,对组织而言,就可以获得更好的知名度与美誉度,从而提高顾客的忠诚度,正所谓财赖以谋生,财可以生情,即谋商决定财商,财商决定情商。

技型人(TQP)——五行属木——技术是第一生产力,这里的技术可以理解为执行操作的能力或执行力,这种能力的提高与发挥可以弥补天生灵感的缺陷,会让人认识更多以前未曾认识和发现的东西,从而提高某种非"天生"的智商,"未曾经历,不成经验"就是这个道理。同样,一个善于控制自己情绪和广交朋友,注重人际交往与沟通及掌握一定的人际资产管理的技巧的人,可以提高自己的执行能力与动手操作能力。另外,"财富"水平的高低和理财水平（资源整合能力）的高低直接制约着一个人学习与掌握技能的实力和程度；在一个群体中，技能的发挥又制约着决策规划水平的发挥。这就是相生相克的原理：情生技、技生智、财克技、技克谋。

谋型人（SQP）——五行属土。在兵家看来，取得战争胜利要凭借智谋。商场如战场，现代社会的竞争光有智慧和能力，如果不懂得如何运筹帷幄、奇正示形，是很难取得真正胜利的。一个组织每天都在做些管理和决策的工作，而这个工作本身就意味着要选择、取舍和整合一些资源，这完全依靠五商平衡的领导群体的谋商的充分和合理发挥。相生相克：智生谋、谋生财、技克谋。谋商要求人要有一种远见卓识，善于做一定的分析、预测、判断等，如果一个领导决策群体不具备一定的智商水平，对组织、市场和员工缺少应有的认知和敏感度，这个群体就不能具备运筹帷幄、决胜千里之外的谋略和胆识。同理，选择意味着放弃，放弃了其他的选项，就同时放弃了那些选项随后的各条路线，这是机会成本，谋型人谋商不高或发挥不当，这种机会成本会居高不下，一定会影响一个组织创造财富和运用财富的能力。这就是谋商由智商而生，谋商又生财商。

三、领导决策群体的五种"商型人"的辩证关系与领导决策结构的动态平衡

如前所述，领导决策群体和个人相似，五商之间是相生相克的关系。运用五商之间的这种关系，可以判断领导群体结构的合理性如何。当领导决策群体结构不合理时，可以运用五种"商型人"的辩证关系（尤其是相克的关系）来优化领导结构，增加或减少领导集体中某种"商型人"的成员；当决策群体的某种"商型人"较强时，可以通过增加与之相克的"商型人"来加以平衡；当决策群体的某种"商型人"过强时，可以通过赖以其生的"商型人"来加以平衡。这样最终实现领导决策群体结构的平衡与和谐，从而实现领导效率与效果的最优化。

1. 领导决策群体的五种"商型人"的辩证关系

通过上面对五种"商型人"与五行的关系的阐述，我们可以把五种"商

型人"之间的这种相生相克关系用图直观表示出来，如图9-2所示。

根据五商相生相克关系图和前面分析的领导群体内五种"五型人"与五行的关系，五种"五型人"之间的这种相生相克关系可概括为五商相生：财生情，情生技，技生智，智生谋，谋生财；五商相克：财克技，技克谋，谋克情，情克智，智克财。

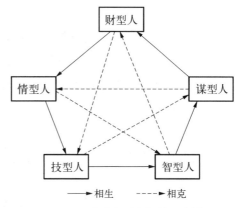

图9-2　五种"商型人"的生克模型

当领导群体中智型人、情型人、财型人、技型人、谋型人这五种人任意一种过多时，就会出现生多为克的现象。财赖谋生，谋多财埋；智赖技生，技多智障；情赖财生，财多情浊；谋赖智生，智多谋焦；技赖情生，情多技漂。因此，虽然财、情、技、智、谋是一个相生的循环过程，但生他者又不可生过多，否则，生者又会影响被生者的发挥甚至无法发挥。同样，被生者也不能得太多，否则，被生者会反过来克生者，出现生多反克现象。财能生情，情多财沉；智能生谋，谋多智晦；谋能生财，财多谋弱；情能生技，技多情缩；技能生智，智多技毁。相克也是同样的道理，从前面相生相克关系图和有关阐述可以看出：财能克技，技坚财缺；智能克财，财多智熄；情能克智，智涌情干；谋能克情，情多谋流；技能克谋，谋重技折。这是说，财商和技商、智商是相克的关系，但若被克者过强，克者克不动，若仍然一意孤行，被克者会反过来又克克者，这就是相互之间的相克，从而出现被克者反克现象。按照笔者《论五商——智、情、财、技、谋》一文中对个人五商的论述观点，五商之"灾"是五商中的"弱—弱"现象，即某商本来就弱，又遭克而导致更弱的现象。例如，某领导的智商本来就不是很高，又遇到克之的"情型人"领导，情克智，从而出现从决策到执行都处于一种糟糕的局面。这正是财弱遇智，必见销熔；智弱逢情，必为熄灭；情弱逢谋，必为淤塞；谋弱逢技，必遭倾陷；技弱逢财，必为砍折的道理。如果某种商型人领导实在太强，又不能简单地运用相克原理引入相克的某"商型人"领

导,这样有时不仅于事无补,还有可能导致该强"商型人"领导作用无法正常发挥,因此,可以充分发挥这一强商所生之商的作用,通过其所生之商来对其作用予以发泄。正所谓强财得情,方挫其锋;强智得谋,方制其焰;强情得技,方泄其势;强谋得财,方制其壅;强技得智,方化其顽。

2. 五种"商型人"的辩证关系与领导决策结构的动态平衡

根据五种"商型人"的辩证关系原理,我们来分析一下领导决策群体如何通过五种"商型人"的相生相克来达至平衡。首先,一个领导决策群体中应当具备五种"商型人"领导;当领导群体其他各"商型人"领导基本平衡,缺少某一商时,我们可以通过缺什么补什么的方式来弥补,这样既可防止某"商型人"领导逢弱出现灾难,也可以对生之的那一强商进行发泄,从而实现五种"商型人"领导构成的决策群体均衡发展。

当领导群体中"财型人"的领导较强时,一方面,可通过适度引入智商较为突出的"智型人"领导者,尤其是高智商的"智型人"领导者把他们补充到领导班子里来,因为"智型人"领导与"财型人"领导是相克的关系。"财旺得智,方成大器","财型人"领导者需要"智型人"领导者与之相克,使之趋于适度。另一方面,当"财型人"领导者太强时,就不能简单地通过"智型人"领导来克,而需要更为重视引进高情商的"情型人"领导,强财生情,使"财型人"领导者的能力得以发泄,进而提高这类领导者的力量。这样利用五种"商型人"之间相生相克的原理,基本可以弥补"财型人"领导者过高所导致的领导群体结构的不平衡现象,从而在实际工作中可以避免唯利是图、"管家婆"现象,并解决忽略组织的整体规划、忽略员工情感和不能脚踏实地做大蛋糕的问题。

当领导群体出现高情商的"情型人"领导时,情能生技、情多技漂;情赖财生、情多财沉;情能克智,智涌情干;谋能克情,情多谋流。因此,如果"情型人"领导是偏强或较强时,可通过引进或发挥谋商较高的"谋型人"领导来与之相克,实现平衡,从而实现对"情型人"领导的克制。尤其是要补充高"谋商"的领导者,以实现均衡;但若"情型人"领导太强时,补充高谋商的"谋型人"领导者效果可能不理想,这时就要充分发挥群体技商的作用,引入高技商的"技型人"领导者,这样可以对强情商的"情型人"领导效应进行发泄，从而既能使情商作用尽情发挥，又能实现领导决策群体整体的合理与平衡。这就是桃园三结义后面必然是三请诸葛亮的原因。

当领导决策群体出现高技商的"技型人"领导时，强技得智，技赖情生，情多技漂；情能生技，技多情缩；技能生智，智多技毁；财能克技，技坚财缺；技能克谋，谋重技折。因此，当"技型人"领导较强或偏强时，可以通过适度引入财商突出的"财型人"领导者参与到领导决策群体中来。木旺得金，方成栋梁，而在五商中财商属金，就必须使财商突出的"财型人"领导与"技型人"领导相克相济，技旺得财，以维持"技型人"领导作用发挥在合理范围内。如果"技型人"领导太强，则不能简单地通过与之相克的"财型人"领导来弥补，财能克技，技坚财缺，"财型人"领导不仅克不动"技型人"领导（无法制约技型人领导），反而会出现新的失衡，这样就可以在前面的基础上通过引入相对高智商的"智型人"领导者，使高技商的"技型人"领导作用得以充分发泄，从而实现领导结构的平衡。

当领导群体的"智型人"领导明显过高而出现不平衡时，意味着无论是领导个体还是领导集体，似乎有非常高的认知力和感知力，对组织和市场等也非常敏感，但缺乏整合内外部资源的能力，在资本运作和创造财富等方面也显得不足，这无异于个人的"高分低能"现象。强智得谋，方止其焰；智能克财，财多智熄；技能生智，智多技毁；情能克智，智涌情干。因此，当领导群体中的"智型人"领导较强或偏强时，可以通过引入高情商的"情型人"领导者加入领导决策群体中来，让他们与高智商"智型人"领导干部进行相互制衡，智旺得情，方成相济，从而实现结构的平衡。如果该群体中出现相当高智商水平的"智型人"领导者时，强智得谋，方止其焰，简单靠"情型人"领导与之相克，效果也不会太好，就要取其生方发泄，可引入高谋商的"谋型人"领导者，进行有效、合理地规划与决策，从而将高智商的"谋型人"领导者的功能充分地发挥出来，进而实现整个领导决策群体的平衡。

当领导群体中"谋型人"领导强时，根据"谋型人"领导是偏强（较强）还是非常强，进而对领导决策群体的结构进行相应调整。谋旺得技，方能成功。因此，当领导群体中"谋型人"领导较强时，最好的办法是引进或补充与"谋型人"领导者相克的技商较高的"技型人"领导者，从而使得领导决策群体不至于落于成为玩弄手腕与计谋、运筹帷幄但却不能决胜千里，犹如空中楼阁、无人干活只会夸夸其谈的小团体，因为技能克谋。如果"谋型人"领导不是偏强而是非常强时，靠相克的力量很难发挥作用，这时就要运用"财型人"领导者力量的发挥来进行配合，使"谋型人"领导者的力量得以发泄，这就是"强谋得财，方制其壅"的道理。

四、坚持结构优化原则和优势互补原则

在现代化进程中，科学合理的领导班子结构是进行现代化建设的重要保证。建设坚强的领导集体，需要优化领导班子结构，而科学合理的领导班子结构是充分发挥领导班子职能和效能的基础和前提。为此，要树立优化领导班子结构新观念，建立优化领导班子结构新机制，开辟优化领导班子结构的新渠道。要实现班子群体结构的合理化，必须进行优化配置，使班子群体发挥最大效能，达到1+1＞2的结果。在班子成员配置的具体实践中，坚持结构优化原则和优势互补原则。需要指出的是，这种结构要改变过去那种静态的合理化观念，静态合理化只是从构成角度，而没有从优化和动态平衡、相互作用的角度来看领导决策群体内部如何相克相生，这样的领导班子最终还是流于形式较多，笔者认为这并不符合当今社会对领导决策班子的新的要求。因此，不妨从领导决策群体中的五种"商型人"领导者的相生相克的辩证关系视角来研究领导决策群体的动态平衡。五种"商型人"相生的关系是：财生情，情生技，技生智，智生谋，谋生财；五种"商型人"相克的关系是：财克技，技克谋，谋克情，情克智，智克财。这不是一种简单的相生相克关系，根据这种关系可以初步判断领导决策群体的结构合理性问题并解决其平衡性问题。当我们把领导决策群体作为一个完全开放的完全互动的系统时，事情会稍微复杂。在具体分析时，要看领导群体中某一"商型人"领导者力量的强度大小，进而采取不同的领导结构优化措施。例如，在某"商型人"领导偏强时，我们可遵循以下原则来进行领导班子的补充和调整：财

旺得智，方成大器；智旺得情，方成相济；情旺得谋，方能持久；谋旺得技，方能成功；技旺得财，方成栋梁。但当领导群体中某一"商型人"领导者处于非常强时，我们不妨顺其自然，根据相生原则，引进一个该"商型人"所生之"商型人"较强的领导干部，通过发挥其所生之商的力量来让其作用充分发挥。

事实上，每个领导干部都有五商，其中也可能是某几个商都比较高，但在一个领导决策群体中其中一定有一个商相对明显，只是在领导群体中考虑到整个领导决策群体的合理性与平衡性，往往只需要发挥他最为明显的那个商，以使其与其他"商型人"领导相补充。总之，中国的传统哲学思想——五行思想蕴含着无穷的智慧，通过运用五行的哲学思想，来分析领导的五商的相生相克的辩证关系，对目前职业经理人队伍建设、党政领导班子建设以及其他组织的领导决策群体的整体建设都有着非常有益的指导意义。

第三节　五商管理原理

一、发挥个人所长，天生我才必有用

人在成长过程中，先天的智商决定了人的认知能力，后天的修炼又存在时间的限制，这些决定了组织中的人才很少是全才，更多的是偏才。但寸有所长，尺有所短。正如顾嗣协在《杂兴》中所言："骏马能历险，犁田不如牛。坚车能载重，渡河不如舟。舍长以就短，智高难为谋。生才贵适用，慎勿多苛求。"其意是讲，骏马能够奔驰万里涉危历险，但在田里犁地就不如牛；坚固的车子能够载负很重的货物，但渡河的时候就不如船。抛弃它的长处而用它的短处，就是再聪明的人也没有办法。天下万物贵在量才使用，请千万不要对它加以过多苛刻的要求。若用人的短板，则为事情的成功留下了很大的隐患；若能用人之长，补己之短，则效果上佳。因此，管理者的任务在于识人之长，用人之长，并将每个人的长处发挥到极致，无论对于组织的发展还是个人的成长，都是最优选择。

黄灯
——破译四象管理

唐太宗用人之长

唐太宗登基后，因为开国不久，整个朝廷的结构都在建设与调整之中。把手下的有才之人分别放在什么位置上才能够成为一个最合理、最有效的组织结构呢？房玄龄处理国事总是孜孜不倦，知道了就没有不办的，于是，唐太宗任用房玄龄为中书令。中书令的职责是掌管国家的军令、政令，阐明帝事，调和天人。入宫禀告皇帝，出宫侍奉皇帝，管理万邦，处理百事，辅佐天子而执大政，这正适合房玄龄"孜孜不倦"的特性。魏征常把谏诤之事放在心中，耻于国君赶不上尧舜，于是，唐太宗任用魏征为谏议大夫。谏议大夫的职责是专门向皇帝提意见，这是个很奇特的官——既无足轻重，又重要无比；既无尺寸之柄，又权力很大。这一切都取决于谏议大夫的意见皇帝是听还是不听，像魏征这样敢于直谏的人是再合适不过了。李靖文才武略兼备，出去能带兵，入朝能为相，唐太宗就任用李靖为刑部尚书兼检校中书令。刑部尚书的职责是掌管全国刑法和徒隶、勾覆、关禁的政令，这些都正适合李靖才能的发挥。房玄龄、魏征、李靖共同主持朝政，取长补短，发挥了各自的优势，共同构建起大唐的上层组织。

唐太宗曾说："我成功的原因只有五条：……第二，一个人做事，不能样样都会，我用人总是用他的长处，避免用他的短处。"因此，人才管理的关键在于让员工能够处以一个发挥自身所长的岗位，不同的人具备的能力完全不同，有些人性格外向，适合主外做销售；有些人性格沉稳，适合主内做行政支持；有些人适合做领导，有些人适合做具体的执行工作。正如《论语·宪问篇》曰："孟公绰为赵魏老则优，不可以为滕、薛大夫。"孔子认为孟公绰清心寡欲，知足常乐，是品德高尚的人，比较适合做晋国大家族如赵氏、魏氏的家臣顾问，但是让他去滕、薛这种小国家担任处理具体琐碎事物的大夫，就不合适。要发挥个人所长，让合适的人在合适的岗位发光发热。

从人力资源管理的角度看，用人之长、避人之短是应遵循的基本原则，若从每个人才的角度来看，关键则在于抓住一切机会修炼自己，使自己成为有用人才，因为天生我才必有用。

天生我才必有用

孟尝君是齐国重臣，"战国四君"子之一，好收揽门客，号称门下食客三千，其中既有国之栋梁如公孙弘、毛遂等，也有鸡鸣狗盗之辈。但正是这些鸡鸣狗盗之辈，在关键时刻救了孟尝君的命。有一次，孟尝君出使秦国但是被秦国君主扣押，孟尝君为了脱身，听说秦王很宠爱一位妃子，找这位妃子帮忙一定能够让秦王放了孟尝君一行人。于是，孟尝君便找到这位妃子，妃子答应帮忙，但想要得到好处。好处就是齐王托孟尝君送给秦王的白狐裘，秦王非常喜欢这件白狐裘，自己都舍不得穿而是好好保存。这下孟尝君非常为难，这个时候孟尝君的一位门客主动站出来说要去找来白狐裘。原来这名食客善于钻狗洞偷东西，果然白狐裘到手，秦王的妃子很高兴，就说服秦王在两天后放人。孟尝君怕迟则生变，连夜逃出秦国，逃到函谷关的时候，天还没亮，秦国规定需要鸡鸣才开关，就在大家都犯难的时候，孟尝君的一位门客学起鸡叫，其余的鸡一听到有第一声鸡鸣，就跟着叫。就这样，守关将士开了门，孟尝君等人得已偷过函谷关平安回到齐国。可见，孟尝君让不同的门客基于自身能力发挥所长，从而帮助他克服种种困难。

孟尝君网罗的人才，既有贩夫走卒、鸡鸣狗盗之辈，也有公孙弘、毛遂等国之栋梁。善于钻狗洞偷东西和会学鸡叫的门客，可以在特殊情况下发挥特有的作用，从孟尝君当时逃离秦国便可窥一斑。而栋梁之材

则可助力他在朝野之上出谋划策、纵横捭阖。换一个角度看，孟尝君逃离秦国之所以成功，关键在于其门客之才。他们的偏（专）才，在特殊情况下得以充分彰显，所以，天生我材必有用，只是未到使用时。

在职场中，每个员工都有自己的长处，而企业人力资源管理的任务就是要发现员工长处，并且为员工提供用武之地，做到人岗匹配，进而在实现员工个人价值的同时使企业获得卓越的绩效。人岗匹配是人力资源管理的基本问题，指的是员工的个人属性与其所从事的岗位的属性之间的一致性程度。已经有很多研究表明人岗匹配与员工的工作满意度、组织承诺、职业成功、组织绩效等正相关。那么如何在企业中通过人岗匹配使得员工得以发挥所长，实现快速发展？本书认为人岗匹配包括两个关键部分：一是岗位职责与员工个体特征的匹配；二是岗位报酬与员工需要、动机的匹配。前者保证员工能够发挥所长，完成组织的任务；后者从激励视角保证员工愿意发挥所长，为组织完成任务。

岗位职责与员工个体特征相匹配也就是事得其才。为达到事得其才，企业应进行科学的组织设计和工作分析，界定各部门与各岗位的职责范围，根据岗位职责所要求的能力标准来配备合适的人员，其基础是工作分析，工作分析的方法有职位分析问卷、任务清单和关键事件法等，通过全面地评价工作环境，界定岗位职责并推断出岗位需求的个体特征。岗位职责主要用任务来描述，每一个任务的描述都应包含员工做什么、工作对象是什么、期望的产出是什么、需用的工具材料和设备。从任务中可以推断出胜任岗位的个体特征，个体特征主要包括员工的知识、技能、人格特质等，个体特征表明一个人可以做的事情，它表述的是才能的适用性。

一个岗位要求的个体特征在权重上或对工作绩效的贡献程度是不同的。因此，针对一个岗位需明确指出它要求的个体特征的各因素的权重。正是因为个体特征结构的差异，没有人能胜任所有的工作，每一个管理者需清楚地了解和掌握下属的个体特征结构，使其和岗位职责相匹配。[①]

---

① 刘艳巧：《如何进行有效的人岗匹配》，《商场现代化》2005年第25期。

二、合理结构构成集体的竞争力

1. 合理的人力资源结构的基本特征

企业的经营活动是群体性的活动，人力资源是其运行的关键。企业之间的竞争表面上体现为产品与服务的竞争，实质是企业人力资源之间的竞争。人力资源的竞争不仅体现在人力资源的数量上，还体现在人力资源的质量与结构上。在众多人力资源群体中，既要有个体的优势，更要有最佳的群体结构，以形成集体竞争力。

在中国的历史发展中，有很多这方面的成功案例。例如，据《资治通鉴》记载，公元前202年，汉高帝置酒洛阳南宫，上曰："彻侯、诸将毋敢隐朕，皆言其情：吾所以有天下者何？项氏之所以失天下者何？"高起、王陵对曰："陛下使人攻城略地，因以与之，与天下同其利；项羽不然，有功者害之，贤者疑之，此其所以失天下也。"高祖曰："公知其一，未知其二。夫运筹策帷帐之中，决胜于千里之外，吾不如子房。镇国家，抚百姓，给馈饷，不绝粮道，吾不如萧何。连百万之军，战必胜，攻必取，吾不如韩信。此三者，皆人杰也，吾能用之，此吾所以取天下也。项羽有一范增而不能用，此其所以为我擒也。"群臣说服。

在刘邦看来，他在谋略方面不如张良，在后勤供给方面不如萧何，在用兵打仗方面不如韩信，其短板非常明显，但他有容人之心，用人之才，以他人之长，补己之短。正是因为刘邦知人善任，给下属充分发挥才干的机会，将这些国的栋梁之材进行合理组合，形成了强有力的集体竞争力，才在与西楚霸王项羽集团的竞争之中胜出，成就了他的一代伟业。

无独有偶，唐太宗不仅知人善任，还把房玄龄和杜如晦合理地搭配起来。李世民在房玄龄研究安邦安国时，发现房玄龄能提出许多精辟的见解和具体的办法。但是，房玄龄却对自己的想法和建议不善于整理。他的许多精辟见解，让人很难决定颁布哪一条。杜如晦虽不善于想事，但却善于对别人提出的意见进行周密的分析，精于决断，什么事经他一审视，很快就能变成一项决策、律令提到唐太宗面前。于是，唐太宗让他们密切合作，组成合力，辅佐自己，从而形成历史上著名的"房（玄龄）谋杜（如晦）断"的人才结构。唐太宗的"房谋杜断"的用人搭配体系是非常高明的，形成了集体的竞争力。

就企业而言，要形成集体竞争力，合理的人力资源结构是关键。人力资源中的各种属性、参数及其值域的一个综合，人力资源的专业构成、性别比例、岗位层次以及胜任能力等，构成了人力资源结构的基本内涵。在组织内部，并不是所有员工都是高学历、高职称、经验丰富、技术成熟的全才，也存在能力普通的员工或者是精通某一方面的偏才，事实上后者占大多数。因此，合理的人力资源结构应该具备以下特征。①

（1）均衡的专业结构。专业结构是指人才群体中各类专业人员的比例构成。随着各种科学技术的广泛应用，浩若烟海的科学技术和生产技能，绝不是某个人或几个人能全部掌握的。任何产品的生产以及相应的技术措施，都不可能由一种或某个专业人才来完成。因此，每个企业都有人才群体的专业结构问题。为了实现企业的目标，需要把专业人才按一定的比例合理配置，使他们通力协作、相互配合、共同努力，发挥出最大的整体效能。

（2）合理的知识结构。知识结构是指企业人才群体中具有不同知识水平的人，按一定的比例组成的立体结构。知识结构的合理化在本质上就是使企业人才群体结构中不同知识水平的人有一个比较合理的比例，形成一个适应生产和经营需要的比较完整的知识有机体。人才群体的知识结构是否合理，直接影响到企业人才作用的发挥、每个人的知识都有其覆盖面，因此，在人们的共同劳动中，就存在一个使知识得到最佳组合的问题。在一个企业中，不可能也不需要所有的人都具有同等的知识水平，一律是知识水平高的，将出现人才浪费；一律是知识水平低的，将难以完成企业目标。为此，要以科学的态度寻求知识结构的合理化。

（3）匹配的年龄结构。年龄结构是指组织人才群体中年龄的比例构成。企业人才群体中应该有老当益壮的老年人才，中流砥柱的中年人才，富有活力的青年人才。年龄结构的合理化，本质上就是建立一个老年、中年、青年人才比例合理的综合体，并使之处于不断发展的动态平衡之中。合理的人才

---

① 范宸瑞：《浅议合理的人力资源结构配置》，《甘肃科技》2011年第3期。

年龄结构，有利于发挥处于老、中、青三个年龄阶段人才的各自优势，取得最佳的合成效能。

（4）和谐的素质结构。素质是指人在气质、性格、兴趣上的心理现象和特征。素质结构是指组织人才群体中不同气质、性格、兴趣的人才的比例构成。素质结构的合理化，就是要使具有不同素质的人才按一定的要求配置起来，从而保证他们相互兼容并蓄、综合协调，把人才之间因气质、性格、兴趣的冲突和摩擦减少到最低限度。由于每个人的气质、性格、兴趣一旦形成就不易很快改变，所以，在配置人才结构时，对人才的素质结构要有所考虑，这是发挥人才群体整体效能的条件之一。

（5）优化的群体结构组合。企业人才群体是一个多维的、多层次的、多要素的动态综合体，一个人才群体不可能专业结构、知识结构、年龄结构、素质结构同时都是合理的。在企业人才开发过程中，必须本着发挥最大的整体效能的原则，根据企业人才群体工作任务的性质、特点、层次、范围，确定以哪个结构为重点，兼顾其他结构，综合处理重点结构与一般结构的合理化问题，在不影响重点结构合理化的条件下，尽可能地满足一般结构合理化的要求。

2.合理的人力资源结构构成集体的竞争力

合理的人力资源结构通过以下四种机制促进集体层面的竞争优势。

（1）有助于降低企业的人力资源成本。合理的人力资源结构意味着在组织内部没有形成人力资源冗余，高端人才和普通人才、全才和偏才在数量上的合适使得企业既有充足的人力资源追求长期远景和短期目标，又不至于因为人员的冗余而产生额外的人力资源成本。很多企业为了实现组织目标，在没有充分了解组织人力资源结构的前提下就盲目大量引进人才，结果往往导致人才的闲置和人力资源成本的增加。

（2）有助于提升企业的效率。合理的人力资源结构意味着组织内部具备发展所需的各种人才，这些人才在组织内部"事事有人做，人人有事做"，并且人才之间实现有效的协同。这一方面使得企业能够迅速对内外部环境的变革作出反应，及时调整组织的战略以适应环境的需求；另一方面，合理的人力资源结构也加速组织内部资源、信息、知识等要素的流动，有效地提升组织的运营效率。

（3）是战略性资源的一种形式。人力资源结构的形成源自企业管理者一系列的行动和企业的历史演化，所形成的合理的人力资源结构具有社会复杂性、因果模糊性和路径依赖性，这些特征使得组织的人力资源结构很难被竞争对手模仿，能够延长企业的竞争优势，形成组织层面的核心竞争力。

（4）随着组织战略而持续调整的动态结构。在合理的人力资源结构中，专业、年龄、知识和素质这些构成人力资源内涵的要素，必然要随着组织战略的调整而调整，在实现人力资源结构组合优化的同时支撑企业的战略实施。例如，在以打开市场为前提的市场战略导向下，组织可能需要更多热情外向、善于交际的销售人员；而在聚焦研发创新的技术战略导向下，组织需要的是沉着冷静、富有创造力的研发人员。正是这种能够随时匹配企业发展所需的动态人力资源结构，使企业具备在快速变革的环境下赢得发展的竞争力。

第十章 短板管理

三国时代的赤壁之战，是孙权与刘备结盟打败曹操的经典案例。之所以能成功，其中的原因是，周瑜向孙权分析了曹军所犯的"四忌"：一是北土未平，后患犹存，而曹却久于南征，存在天时短板；二是北军不习水战，曹操却舍鞍马，仗舟楫，与东吴争衡，存在地利短板；三是时值盛寒，马缺粮草，存在后勤短板；四是北方士众，远涉江湖，不服水土，多生疾病，存在人和短板，此数四者，用兵之患也，而操皆贸行之，不顾自身存在的不利条件，必然招致失败。反思赤壁之战，因对自己的短板认识不清而导致战争的失败是我们应该铭记的教训。对于长板与短板来说，中国人比西方人更加重视短板管理，认为能力是在短板管理中滚动发展而来的，万事不要逞一时之能而忘了底线风险。

第一节 社会系统的短板与风险

在社会系统中，人的一生极其短暂，弥足珍贵。人无完人，因为知识、经验、能力、身体等方面的短板，导致人生产生风险。洞察这些短板，补充和完善这些短板，是提升人的事业与生活质量、丰富人生所必修的功课。

一、商学院培养出管理人才的短板

在中国管理实践界，经常听到对商学院培养出来的管理人才（不包括

黄灯
——破译四象管理

MBA）的评价：有文凭没水平，有知识没能力，有理论无实战，不妨称之为"商学院教育的尴尬"。这究竟为什么？要弄清这个问题，先来看看有关赵括与赵普的案例。

战国时期，赵国大将赵奢曾以少胜多，大败入侵的秦军，被赵惠文王提拔为上卿。他有一个儿子叫赵括，从小熟读兵书，张口爱谈军事，别人往往说不过他，因此很骄傲，自以为天下无敌。

赵括曾经跟他的父亲赵奢议论过用兵打仗的事，赵奢虽不能驳倒儿子，但他不承认其子有军事才能，很替他担忧，认为他不过是纸上谈兵，并且说："将来赵国不用他为将也罢，如果用他为将，他一定会使赵军遭受失败。"

果然，公元前259年，秦军又来犯，赵军在长平（今山西省高平县附近）坚持抗敌，那时赵奢已经去世。廉颇负责指挥全军，他年纪虽高，打仗仍然很有办法，使得秦军无法取胜。秦国知道拖下去于己不利，就施行了反间计，派人到赵国散布"秦军最害怕赵奢的儿子赵括将军"的话。

赵王上当受骗，派赵括替代廉颇，赵括自认为很会打仗，死搬兵书上的条文，到长平后完全改变了廉颇的作战方案，结果四十多万赵军尽被歼灭，他自己也被秦军箭射身亡。

这就是纸上谈兵的典故，现在再来看看赵普。他是以"半部《论语》治天下"著称的宋朝开国总理，其前任有秦朝开国总理李斯，天纵其才，法术俱佳；汉朝开国总理萧何，治理天下，无人堪比。赵普读书少，知识贫乏，一辈子经常因才疏学浅而遭宋太祖和宋太宗批评，但他非常聪明灵活，能言善辩，纵横官场。陈桥兵变煽动部将为谋富贵而拥立新主的是他，建国之后策划杯酒释兵权、解赵匡胤"卧榻之侧，岂容他人酣睡"情结的是他，是典型的实干型人才。

从学习模式上看，赵括属于典型的书本学习，赵普则属于典型的干中学、用中学，两种学习模式的实际效果大相径庭，让人不难得出"纸上得来终觉浅，绝知此事要躬行"的结论。赵括之所以失败，关键在于其军事知识有余，但结合战场具体情况灵活作战能力不足。换言之，是其实际作战能力不足的短板所致。相反，赵普则实战能力有余，书本知识不足，但能够解决实际问题并取得成功，而得到人们的认可。由此，就不难理解商学院的尴尬。

现在需要弄清的问题是"商学院教育的尴尬"究竟在何处？换言之，其人才培养过程中存在的短板究竟有哪些？要解决这个问题，先来了解一下什么叫知识。对于知识，人们通常认为它是名词，其实它可作为动词来理解，指人们对事物知与识的过程，相对于动词的知识过程，名词的知识又是它的结果。

商业院培养人才所需要的知识是由管理实践的需要所决定的。因为企业管理所面临的对象涉及人、财、物、技术、信息等要素，需要处理人与人、人与物、物与物三大关系。因而，管理人才需要知晓物理、人理、事理方面的知识，并能综合运用。这里的物理指涉及物质运动的机理，它既包括狭义的物理，还包括化学、生物、地理、天文等。如大学理学院和工学院传授的知识主要用于解决各种"物理"方面的问题。事理是指做事的道理，主要解决如何去安排的问题，通常运用运筹学与管理科学方面的知识来回答"怎样去做"的问题。大学工学院中的工业工程、管理学院中的管理科学和工程以及理科中的运筹学等都是传授用于回答事理方面问题的基本知识的。人理指做人的道理，通常要用人文与社会科学的知识去回答"应当怎样做"和"最好怎么做"的问题。大学人文学院和管理学院教授、分析人理方面的基本知识。[①]

管理实践活动是人与人、人与物、物与物之间相互动态协同统一的结果。仅重视物理、事理而忽视人理，做事难免机械，缺乏变通和沟通，没有感情和激情，很可能达不到系统的整体目标，甚至走错方向或者提不出新的目标；一味地强调人理而违背物理和事理，同样会导致失败，某些献礼工程等事先不做好充分的调查研究，仅凭领导或少数专家主观愿望而导致工程失败便是最好的说明了。懂物理、明事理、通人理是对管理人才的基本要求。[②]

从作为名词的角度来看，工科、理科、文科大学商学院培养人才都存在

[①] 顾基发、唐锡晋：《物理—事理—人理系统方法论：理论与应用》，上海科技教育出版社2006年版，第15页。

[②] 同上。

先天短板。相比而言,理、工科大学的商学院存在人理学习方面的短板,而文科大学的商学院缺乏物理学习方面的短板。这些短板需要学生在实际工作之后经过一段时间的历练和学习加以弥补,才能满足社会的需要。

作为名词的知识还包括显性知识与隐性知识。前者是可以编码化、容易转移、系统化的知识,可以通过书本学习;后者难以编码化,不容易转移,较为零散,只能通过干中学、用中学得到。书本知识是解决管理问题的战略资源,学校所学为显性知识,但缺少解决实际问题所需要的隐性知识,这又构成商学院人才培养的短板。

再来谈谈作为动词的知识。哲学家怀特海(Whiteherd)说:"一定要等到你课本都丢了,笔记都烧了,为了准备考试而记在心中的各种细目全部忘记时,剩下的东西,才是学到的。"[①] 这说明存在一个知识吸收的过程。从教授的知识变成"剩下的东西"的过程,从"知"到最后真正的"识",即真正地转化为能用的知识,存在吸收与转化能力的问题。这也就是王阳明强调知行合一的精到之处。良知,无不行,而自觉的行,也就是知;知中有行,行中有知。知是行的主意,行是知的工夫;知是行之始,行是知之成。

先来看商学院学生所学理论的来源,实践中的知识如何转变为商学院所学的理论知识。管理学研究虽然来源于泰勒(Frederick Winslow Taylor)和法约尔(Henri Fayol)式的"扎根实践"和"提炼经验",但现在已变为学院派的抽象概念和科学理论。商业院所学的理论知识包括三个方面:一是物与物之间的运行规律,这些规律可采用自然科学方法进行科学研究得到,如设备的磨损规律、技术演化规律;二是人与人之间关系的规律,则具有复杂性和人为性,通常是利用行为科学的研究方法得到,存在较大的艺术性;三是人与物之间关系的规律,介于前两者之间,既有科学,又有艺术。

管理理论研究的方法主要是经验研究与案例研究,前者在整个研究方法中占有很大的比重。遗憾的是,大多数管理研究人员不去公司观察,更不去参与管理创业实践,而是坐在象牙塔里,读前人的文献,设计相应的问卷,

---

① 周宏桥:《就这么做创新:体系、方法及创新地图》,机械工业出版社2010年版,第212页。

通过问卷调查直接获取数据或直接利用上市公司的二手数据，借鉴统计学的方法和软件，获得数据处理结果，然后凭着自己的感觉和想象力，得到相应的结论。实践导向的理论就这样被做成数字游戏。

至于案例研究，则需要研究者深入企业现场收集大量的一手资料，对企业观察至少 5—6 年，可以基本理清企业发展的动态，发现其中的管理逻辑，得出相应的结论。案例应该对学生和管理实践具有很好的借鉴价值，需要注意的是，企业管理实践是动态变化的，尤其是数字化时代的管理与工业化时代的管理逻辑存在差异，从企业过去实践得到的管理规律对现在和未来管理实践指导的有效性存在折扣。

其实，无论是经验研究，还是案例研究，采用这些方法获得的理论与管理实践应用都存在时滞，信息技术的发展会带来管理思维、方法、组织方面的变革。例如，虽然平台企业管理与传统管理存在相似的部分，但理论界对于现实之中的经验总结需要时间。如果这样继续讲授传统管理理论部分，就会使学生感到"不知有汉，无论魏晋"。

除了时滞外，应用情景的变化也会造成现有理论与实践的偏差。任何理论都有其适用的范围。在原有情景下产生的理论是否符合已经变化的实际情景，又存在场景偏差。管理理论 A 产生于情景 A，但现实是已经变化了的情景 B，在此条件下，A 理论是否适用，适用的程度如何，如何借鉴，对于学生来说，需要有举一反三、触类旁通的能力（见图 10-1）。

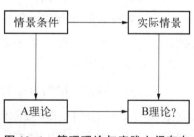

图 10-1　管理理论与实践之间存在的偏离

再来分析一下商学院学到的知识应用到管理实践的过程。尽管书本知识对提高一个人的各方面能力极为重要，但知识不等于能力。将书本所学的知识转化为解决实际问题的知识，需要管理人才有举一反三的知识转化能力，同时，还需要有运用转化后的知识解决实践问题的能力。熟读兵书的赵括若能从实际出发，将书本知识转化为结合战场情景下的知识，并且转化为解决当时战场情景下的指挥作战能力，他一定会超过他的父亲赵奢。

综上，商学院培养出来的学生，相对于管理实践的需要，存在物理或者人理、隐性知识、解决实际问题能力等诸多方面的短板（见图10-2），这也就解释了为什么学院式教育对于当今商界面临尴尬的具体原因。这些短板的存在给商学院教育带来了风险，也为其进行教育改革提供了方向。

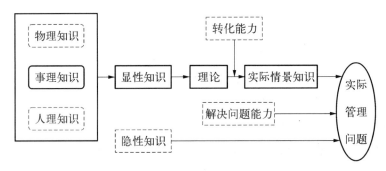

图10-2　商学院教育中存在的短板分析

正是因为商学院教育存在管理隐性知识和解决实际问题能力上的短板，管理学大师亨利·明茨伯格（Henry Mintzberg）才非常强调"管理是对科学的应用，管理者们要利用他们得到的各门学科知识。但管理更是艺术，其基础是洞见、远见、直觉，更重要的是，管理是手艺，意味着实践经验——从干中学的重要性"。①

正是意识到商学院教育中存在理论与实践脱节的短板，正如哈佛商学院创始人约翰（John D. Rockefeller）所言，管理学教育的目的，不是教授真理，而是让人提高面对新情况、解决新问题的能力。哈佛商学院在全球倡导案例教学法，改变传统管理教育的方法，将教学重点从知识的学习转移到能力的培养。哈佛商学院招收具有实践背景的工作人员进行培养，通过案例设置情景，让教师与学生之间进行理论与实践的交流学习，让学生与学生之间进行实践知识交流和相互启发，从而全面培养MBA学员的解决管理实践问题的能力。

在商学院中MBA优于其他的培养方式，是因为它比较符合中国式短板

---

① ［加］亨利·明茨伯格、布鲁斯·阿尔斯特兰德、约瑟夫·兰佩尔：《战略历程》，魏江译，机械工业出版社2020年版，第45页。

管理思维。首先，它比较符合底线思维，MBA 教学为企业减少了成本，因为在 MBA 教学中，学员学会了很多基本概念。当老板开会的时候讲这些概念，学过 MBA 的管理者们有共同语言，很快就能了解老板讲的意思，这就节约了管理中的沟通成本。十多年前，笔者曾经与复旦大学管理学院 MBA 的负责人讲过，基本概念和基本知识是 MBA 学员学习的底线。其次，通过案例教学和讨论，能使学员得到个别化的补缺，从而知识和能力得到发展。因此，能否使学员得到个别化的补缺，是衡量商学院 MBA 质量的非常重要的方面。

二、人在生命周期之中的短板

人的生命周期就是指个体的生老病死的全过程。中国传统医学著作《黄帝内经》（以下简称《内经》）就阐述了人体在客观环境中的运作过程，设计了一套生命周期论，详细地描述了个体生命活动的规律性，并且透过观察与分析，详列了生命活动在不同时期的特征，提出了生命活动相应于天地循环的模拟原则，以及个体生命之间的环境与体质差异。

《内经》认为处在天地当中的人体，都一定要经历出生、成长、壮盛、衰老与死亡五个时期，并将这样的生命周期简化为生、长、壮、老、已五个阶段，这五个阶段会根据性别、环境及后天的保养而有所差别。可见，自古以来人们便对生命周期有一定的认知。

后世医家均在《内经》的生、长、壮、老、已的总体生命周期划分基础上区分人体衰老的时间节点。《外台秘要·小儿方序例论》载："凡人年六岁以上为小，十六以上为少，三十以上为壮，五十以上为老，其六岁以下，经所不载。"《幼幼新书·叙初有小儿方》载："五十以上为老，其六岁以下经所不载"，该划分结合现代对人生命周期的划分仍具有科学性。

《内经》将不同生命周期的不同征象诠释得明朗清晰，后世医家在继承《内经》生命周期理论的同时，结合临床实践与研究将其发挥，进一步丰富和发展了生命周期理论。例如，结合男人、女人的不同生理，给出不同生命周期阶段的特征（见表 10-1）。

表 10-1 男人与女人的生命节律

男人		女人	
时段	生命特征	时段	生命特征
八岁	肾气实,发长齿更	七岁	肾气盛,齿更发长
二八	肾气盛,天癸至,精气溢写,阴阳和,故能有子	二七	天癸至,任脉通,太冲脉盛,月事以时下,故有子
三八	肾气平均,筋骨劲强,故真牙生而长极	三七	肾气平均,故真牙生而长极
四八	筋骨隆盛,肌肉满壮	四七	筋骨坚,发长极,身体盛壮
五八	肾气衰,发堕齿槁	五七	阳明脉衰,面始焦,发始堕
六八	阳气衰竭于上,面焦,发鬓斑白	六七	三阳脉衰于上,面皆焦,发始白
七八	肝气衰,筋不能动,天癸竭,精少,肾藏衰,形体皆极	七七	任脉虚,太冲脉衰少,天癸竭,地道不通,故形坏而无子也
八八	齿发去		

男人与女人的节律不同,男人以 8 为节律,每 8 年气血一次大调整;女人以 7 为节律,每 7 年气血一次大调整。因此,男女养生应遵从各自的时间。

若从生活与事业来看,人在生命周期的不同阶段短板也不相同,而使人的一生存在风险。主要体现在以下几个方面。

童年时期。人生的未来发展方向有着"无限可能性",是人生中最有想象力的时期,短板是人比较脆弱,身体发育尚未完成,童年时人的死亡率比较高,缺乏人生经验。

青年时期。有强健的体魄和强大的学习能力,面对各种可能性,选择比努力重要,可能在忙于尝试各种可能性。在童年阶段试错的基础上,选择具有成长性的方向,一旦作出选择,只要踏实肯干,同时保持对选定方向的专注度。短板在于知识体系尚未定型,社会经验比较缺乏,往往因为过于自信,而存在过多选择与自己的兴趣能力不匹配的风险。未来发展方向的不确定性会迅速降低(见图 10-3)。

中年时期。中年人已有一定的积累,对方向的选择应该基于原有的积

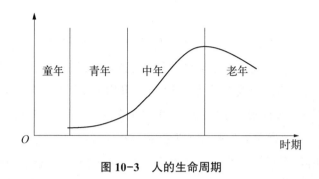

图 10-3　人的生命周期

累，注重增益性，知识学习能力衰退，生活经验和社会资源的积累带来沉没成本，人生的选择基本定型，沉没成本的存在使得每一个选择都比较关键，应注意控制选择的风险度。人到中年压力最大，事业上升可能遇到瓶颈，家庭责任来自各个方面，身体健康也可能出现问题。

老年时期。通常不再选择冒险，个人面对的风险程度会迅速降低，加之人体新陈代谢的速度放慢，老年人一般都会过上一种平稳、祥和的生活。例如，应该培养一些高龄老人也能从事的活动爱好，随着自己年龄的增长也能坚持下去。同时，应该选择一些能帮助抑制身心机能衰退的事情来做。

三、养生之中的短板

中国人的养生理念是最反应中国人的短板管理思想的，一是底线思维，养生就是要防止过度锻炼而触发短板突然早逝；二是通过不断地补短板，来逐渐提高自己的健康指数。

人是在纷繁复杂的环境中逐渐成长，许多因素影响人类健康，而疾病预防和健康促进应从生命早期开始，并覆盖全生命周期。随着生命周期进程的发展，人不可避免地成长、衰老。老化是机体随着年龄增长而产生并引起机体对内外环境的适应力逐渐减退的生命过程，衰老是机体随时间的推移而自发的必然过程，表现为结构的退行性变化和机能的衰退，包括适应性和抵抗力减退。可知，在不同生命周期的进程中，人的体质以及对内外环境的适应力都不同，对此应采取与所处阶段相对应的方法预防疾病以促进健康。

《周易》云:"水在火上,既济,君子以思患而预防之。"这是治未病思想的萌芽,让治未病理论有了哲学基础。《黄帝内经》有关于记载"圣人不治已病治未病,不治已乱治未乱"以及"未病先防""已病防渐"的记载。治未病的本质就是在问题出现之前,通过科学的方法管理自己的身体,防止短板的出现,有效避免人生底线(夭折和早逝)风险的出现。

中医运用阴阳五行就可以化繁为简,把复杂的人体状态讲清楚。局部用阴阳,全局用五行,阴阳与五行形相结合,就可以准确把握人体的身体状态、疾病状况。

在中医看来,前为阴,后为阳;脏为阴,腑为阳;下为阴,上为阳;内为阴,外为阳;物质为阴,功能为阳。

五脏间通过相生和相克的关系,相互促进,相互制约,相互和谐,达到平衡的状态。五脏间相生相克的作用是通过调整气血、分配气血实现的。因而,五脏间的平衡说到底是五脏间气血的平衡,五脏的平衡状态说到底是五脏间气血的平衡状态(见图10-4)。

图10-4 中医的五行治疗理论

在中医看来,人是一个有机的生命体,有其固有的自主调控能力,由其平衡状态所决定。当阴阳平衡、气血平衡、经络平衡、体液平衡、脏腑平衡时,人体处于健康状态;如果平衡状态被打破,就引发疾病。因此,中医治疗讲求系统性,其目的就是恢复人体平衡状态。正因为如此,中医在养生保健方面受到全球的高度重视。

当人体系统失衡后,为实现系统的平衡,从理论上讲,解决路径有三。为便于问题的分析,不妨以天平的平衡原理予以说明:原来的天平是平衡的(见图10-5),图中的虚线位置对应于人体系统的阴阳平衡状态;现在因为营养或者其他原因,系统出现失衡,即图中的实线位置。现在需要天平恢复平衡,实现的路径如下。

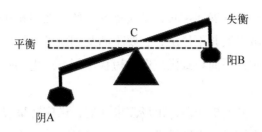

图 10-5　中医养生的路径

（1）减少 A 端。就人体来说，因为某个环节 B 的短板，而减少其他系统的数量，缺乏可行性。

（2）移动支点 C。由人体整个生命系统所决定的核心，无法改变。

（3）增加 B 的数量，也就是补短板。

（4）补短板后会增加 A 和 B 的整体重量，同时又会产生新的短板。

（5）反复重复以上四步，就产生重量滚动发展。

其实，五脏的平衡与天平的平衡一样，按照系统平衡的原理，养生的目的就是通过补短板使整体的健康指数向上发展。

第二节　经济系统的短板与风险

与社会系统一样，经济系统所构成的要素发展不均衡而存在相应的短板，造成经济系统运行过程中充满风险。下面以供应链和网络系统为例予以说明。

一、供应链的短板与风险

供应链是一个由多个相互依赖环节构成的系统，其短板通常是指其中存在的薄弱环节、关键环节、制约环节等。按照约束理论的观点，只有短板环节的改善才会有助于系统整体性能的改善，在非短板环节追加资源或改善性能，不仅不会改变或影响系统的整体运行，有时甚至可能产生负作用。一般

来讲,经济处于稳定发展周期时,供应链的各环节之间相互匹配,短板难以出现。然而,经济发展并不稳定,它要不断受到萧条、复苏、繁荣、衰退的周期性变化的影响,进而导致供应链的短板出现,产生供应链风险。具体言之如下。

当经济处于上升的扩张期,市场需求旺盛,供应链呈现销＞产＞供的状况,此时,供给为短板,市场供不应求,存在短缺的风险。

当经济处于下降的萧条期,市场需求疲软,供应链呈现供＞产＞销的状况,此时,市场为短板,市场供过于求,存在过剩的风险。

当然,供应链上供、产、销关系的现实情况比理论上的分析要复杂些,系统的短板会呈动态的、不确定性的变化。例如,供应链上的许多企业都可能经历过这样的过程,初创时缺乏合适的产品或业务,有了合适的产品或服务后,发现市场规模不够,而打开市场后,又面临产能不足的挑战,迅速扩大了产能后,却发觉行业竞争加剧、企业盈利性下降了……

随着经济的不均衡波动,供应链上下游的资源供给、自身产能、市场需求的提升或增长总是会成为短板的,必然带来整个供应链的短缺或过剩的风险,成为限制企业乃至整个产业发展的不可逾越的障碍。所以,动态地管控好供应链,协调好供、产、销这三者的动态匹配关系,是确保企业及其所在供应链的规模适当、持续发展的关键。可见防止底线风险十分重要。

三鹿的覆灭

具有50多年经营历史、规模达150亿元的中国奶粉业的巨头三鹿,只用了不到一年的时间,于2008年12月23日,因拖欠经销商10亿元债务,背负对患儿及家庭的赔偿责任走到生命的终点。2009年1月22日,三鹿集团问题奶粉系列刑事案件中的数名被告因犯生产、销售伪劣产品罪,被判处无期徒刑和有期徒刑15年、8年、5年等刑罚,并处以相应的经济处罚而告终。据卫生部统计,此次重大食品安全事故,共造成中国29万余名婴幼儿泌尿系统异常,其中有6人死亡。在那些日子里,政府、行业、企业、媒体、医院等许多环节只要稍有作为,许多时段只要愿作挽救,那些儿童就有可能免于毒奶之害。但所有的机会似乎都被错失,行业混乱了,三鹿坠落了,监管不灵了,顾客遭殃了,绝对没有人会相信,这一切都是偶然的……

图10-6是中国乳产品产业链,农户、农场为乳产品加工企业提供原奶,加工企业利用自己的加工技术,对原奶进行加工并经销,或者直接销售给消费者;在销售过程中,接受媒体新闻以及检疫局的质量监督。消费者得到鲜奶产品的质量取决于上述各个环节的共同努力,只要一个环节出了问题,就会出现质量风险。

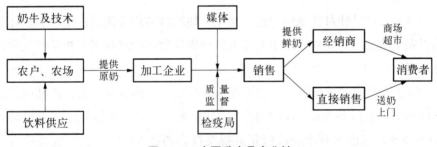

图10-6 中国乳产品产业链

(1)筛选奶源,收购环节加强对奶站的检查,在奶源进厂时加设检验环节,以确保奶源的质量。

(2)生产环节进行严格检验,加强产品的监管。隔几道工序设一个检验点,便于加工环节出现问题时进行排查。

(3)奶粉出厂前必须经过严密的抽样检测,防止残次品大量流出。

(4)加强与经销商和消费者的联系,确保产品效果及时反馈,以便作出调整和应对措施。除此之外,还应该邀请有公信力的第三方进行定期抽检,避免内部检测的局限性。

遗憾的是，三鹿集团在以上环节均出现短板，主要表现在如下方面。

（1）在采购环节，由于增加了中间商环节，乳企无法直接地、全面地控制鲜奶质量。为了与蒙牛、伊利争夺奶源，其收购检测远不如前者复杂与严格，董事长田文华的老家正定县的奶农提供的鲜奶从不会因为检测不合格而被退回，在采购环节的风险分析与质量检测形同虚设。三鹿并没有建立完善的奶源质量记录数据库，很多被检测出鲜奶不合格而被退货的奶农，下一次已然成为三鹿的鲜奶提供商。

（2）专设了100名检测人员组成的检测中心，分别从德国、美国、英国进口多项先进设备对乳品中的全部指标进行检验，在生产过程中，要求每道工序都实行严格的自检、互检和专检，但实际中未能将这些工序落到实处，扎实做好。其内部监督环节也是漏洞百出。在372个供奶站中，有41个奶站的鲜奶收购人员被收买，与奶站老板相互勾结，毒牛奶同样被收买的奶源检测部门亮了绿灯，而流入企业生产环节。三鹿内部从收购到检测的监督已彻底失效。

（3）三鹿只针对常规事项进行检测，如原材料是否优质、生产运输环节是否安全卫生等，而对食品中有害人体健康的物质则没有制定相应的逐项检测流程。

（4）在危机公关环节，三鹿不仅信息收集与传递迟缓，而且正常的信息处理程序也被经验或侥幸心理主导。从2008年3月三鹿接到消费者投诉到2008年8月三鹿向石家庄政府正式提交报告的这5个月中，三鹿既没有向上级报告食品问题的真实情况，也没有向社会公众诚实地公布信息，更没有公开彻底地召回问题奶粉，反而一再地隐瞒事实真相，很大程度上造成了毒奶粉流入市场。

在三鹿的生产经营系统中，相对生产、库存等其他职能系统，质量控制系统的短板如此突出，其质量风险足见一斑，其覆灭也罪有应得。

在企业产品质量管控过程中，往往需要众多部门、员工的长期协同努力，其中任何一个环节或任何一刻的松懈，都有可能造成影响全局的后果。真可谓一蚁之穴能溃千里之堤。

上述分析侧重于供应链的内部环节，当把视角转向整个供应链时，更能看到三鹿集团覆灭的关键原因。

在供应链各环节投资回报率相差很大的情况下，若其中的最弱环仍能实现基本存活，则行业整体尚可维持正常运行；若由于过度竞争，其中的最强环也只能获得社会平均水准的回报，则弱环必将无法生存，整个行业自然会危机四伏。三鹿事件中奶农受挤无法正常生存，结果为谋生铤而走险——掺假！

一般地，如果供应链弱环生存有问题，存在竞争恶化与退出障碍，从而受到强环的相对挤压；而强环也由于价值创新难，只能更多地凭借规模竞争求发展。此时，往往很难避免全行业共生发展危机的出现。

二、网络的短板与风险

经济活动嵌入社会网络，参与主体在进行价值活动的同时，形成了人与人之间的关系。在强关系、弱规则的情况下，参与者获得社区的声誉取决于社会网络的关系规模与所在网络的位置。参与者在网络中拥有的关系数量决定了它在网络结构中的位置，但网络中的关系并不是均匀分布的，有的地带稀疏，有的地带稠密，关系稠密的网络内的组织更容易获取资源成长起来，所以，参与者要获取更多的资源，需要从稀疏地带向稠密地带移动。

按照西方学者的研究成果，人际交往圈内传播的信息属于小范围，常常是重复的信息，处于结构洞周围，是网络之上参与者联系最为薄弱的地方，但所含有的信息量最大，弱连带会连出一张大网络，其社会网的范围会更大，收集外部信息多，可以调动更多资源，异质化的信息更具有价值，获得更多机会，不同群体间却很难建立关系，其间的沟通就有赖于两团体中各有一名成员相互认识，而形成唯一通路，格兰诺维特（Granovtter, Mark）称之为两个团体间的桥。桥在信息扩散上极有价值，因为它是两个团体间信息通畅的关键，但它必然是弱连带。这是网络的短板，但可以创造更大的价值。互联网平台既是供求双方之间联结存在的短板，也是供求双方互通有无的桥。

——破译四象管理

第三节　短板管理原理及其应用

短板存在于社会与经济系统中，无处不在，无时不有。只有遵循短板形成及其变化规律，掌握短板特性，才能有效地识别短板、管理短板、控制短板，降低与规避相关系统的风险。

一、短板存在的必然性

个体人、群体人、企业、供应链、网络等人造系统，从事或者承载着相应的人类活动，承担着相应的功能，为实现相应的目的，都需要相应的知识、能力、投入。无论是系统整体与构成元素，还是系统投入与系统产出之间，都存在相互依赖关系。

对于个体的人，若以 y 表示知识、能力，要完成某件事、某项任务或者产出，$x_1, x_2, x_3, \cdots, x_n$ 对应相应的知识元素、能力元素、投入元素。

对于群体的人，若以 y 表示知识集、能力集或者产出，$x_1, x_2, x_3, \cdots, x_n$ 对应相应的某类知识元素，某类能力元素、投入类元素。

对于企业，若以 y 表示企业的产出，$x_1, x_2, x_3, \cdots, x_n$ 表示企业的投入要素。

对于供应链，若以 y 表示整个供应链的产出，$x_1, x_2, x_3, \cdots, x_n$ 表示各个环节的投入、能力等元素。

对于网络，若以 y 表示整个网络的产出，$x_1, x_2, x_3, \cdots, x_n$ 表示网络各个节点的投入、能力、等元素；也可以是信息网络、知识网络、数据网络、价值网络等构成元素。

对于上述不同主体表示的系统，尽管其 y 与 $x_1, x_2, x_3, \cdots, x_n$ 表示的含义存在差别，但皆可抽象为这样的函数：

$$y = f(x_1, x_2, x_3, \cdots, x_n)$$

因为系统产出依赖于 x_1, x_2, x_3, …, x_n 等元素投入之间的均衡，而其中某个元素 x_i 出现数量不足，导致整个事情或者任务、产出未能达到预期目标时，某个元素 x_i 便构成短板。这说明短板无处不在。

若从动态的角度来看，通过"损有余补不足"或者"损有余留不足"，或者在短板无法改变的情况下，通过对非短板环节的适当调控与引导，可以实现系统整体的暂时均衡。但是，作为系统的组成部分，任何局部的短板环节都不是孤立存在的，在许多情况下，一个短板的暂时消除，可能意味着更多新短板的出现。短板总是相对存在，永远不可能完全消除，而只会转移，也就是说，一个局部短板的暂时改善或消除，可能导致更多的其他短板在未来出现，所以，短板永远存在，不可能真正消除，而只会转化、转移。这说明短板无时不有。

二、短板的多维性与层次嵌套性

企业作为人、财、物、信息等资源投入的产出系统，其产出受到资源投入量与它们之间关系的影响。这种关系体现在量态、质态、时间、空间四个方面，资源之间在某个维度出现短板时，都会给企业的产出带来风险。

企业外部环境变化和资源之间技术经济联系的客观要求，决定资源之间的质态联系和量态比例，以实现生产经营过程中的资源在技术水平和数量比例上达到最佳的匹配与协调，获得最优的经济效果。

数量短板，是指资源之间数量上的相互关联。如果诸要素未聚集到一定程度，实物边际报酬递减规律的存在使资源之间不可能产生最佳的比例关系，某种资源投入就会成为资源数量短板。

质态短板，是指不同资源需要在质态上的匹配与耦合。先进的技术设备应由与之相适应的人力来使用，才能发挥设备的最大效能；具有高素质的技术人员只有与之相适应的先进设备来武装，才能充分发挥其聪明才智。再如，先进的工艺应由先进的设备来实现，二者相结合才能充分发挥其效能。

时间短板。资源在时间上的联系主要表现在资源进入、运营及退出生产经营系统时，在时间上的先后顺序及其连续时间上相互联系、相互作用的状态。在产品价值形成与实现的过程中,要求资源进入与结合时间上保持一致性。各种资源形成阈值与进入时间的不同步性,往往导致企业的生产经营过程出现中断或停止,从而产生资源的时间短板。

空间短板。企业资源之间的物质、信息、能量转换与传递总是在一定的空间内进行,同时,资源的配置需要依托一定的空间来实现,空间因素也是资源组合必须考虑的重要因素。资源结合的时间的统一性,决定了在其他条件相同的情况下,空间距离越远的资源,便成为短板。

企业风险 = f(数量短板、质态短板、时间短板、空间短板)

如果企业系统在资源配置的某个维度出现短板,便会导致企业系统功能受到影响,面对外部环境变化时就会产生风险。

短板不仅具有多维性,还具有层次的嵌套性。从系统构成的层次性来看,人是构成群体的基本单元,人群是构成企业的重要集合,企业构成供应链,不同的供应链构成网络。若某个人能力不足,导致群体的能力短板;群体的能力不足,构成供应链某个环节的短板;供应链的不足,构成网络的短板。短板的层次嵌套性,会形成整个网络系统的风险。

三、短板的动态转移性

假设最终用户每月需要 500 台计算机硬件产品。Ⅰ的生产能力为每月生产 300 台产品相应的原料;Ⅱ的生产能力为每月生产 400 台产品相应的材料;Ⅲ的生产能力为每月加工制造 600 台计算机硬件产品,如表 10-2 所示。

表 10-2 供应链短板转移

供应链诸环节生产能力			最终需求
Ⅰ	Ⅱ	Ⅲ	Ⅳ
300(短板)	400	600	500
440	400(短板)	600	500
560	600	700	500(短板)

相对于最终用户Ⅳ的需求来说，Ⅰ与Ⅱ的生产能力都小于500台，好像都是短板。但是，只有Ⅰ为短板，因为Ⅱ的生产能力每月能生产400台产品的材料，但每月只能接到Ⅰ所能生产的300台产品的原料，其生产能力超过了所能供给的最大生产负荷，有加工100台产品材料的能力被闲置，Ⅱ就不是短板。Ⅰ只能生产300台产品的原料，决定了整条供应链每月只能生产300台产品。尽管Ⅱ的生产能力也小于最终需求，但扩充Ⅱ的能力并不能提高整条供应链的产出。

这说明短板与长板之间具有相对性。如果错误地将某个"非短板"环节看成"短板"，在这个环节上投入大量资源，并充分发挥该"非短板"环节能力的作用，不仅无助于企业整体效能的改善，而且还有可能造成其他相关环节"存货"的增加。

由于供不应求，在价格机制的作用下，就会刺激原料生产，促使原料产量增加。Ⅰ企业将扩大生产能力，或者更多的企业加入原料生产的行列。如果Ⅰ的生产能力扩充到每月440台，供不应求的情况就会有所改善。这时Ⅱ就成为短板，Ⅱ限制了整条供应链，每月只能生产400台产品，应该扩充Ⅱ的生产能力。

若将Ⅰ的能力扩大到560台，Ⅱ的能力扩大到600台，Ⅲ的能力扩大到700台，则Ⅳ成为短板，消费不足。Ⅰ、Ⅱ、Ⅲ都是生产企业，按照它们的最小的生产能力，每月可生产560台，但560台产品中有60台库存积压。

由上述说明可知，短板环节是变化的，这正如将木桶中最短的一块木板加高到一定程度，就有可能会使得原来次短的一块木板变成新的最短木板，即成为新的"短板"。此时，如果仍然将经过改善的原来的"最短"而现已不是最短的木板看作"短板"，则在此环节投入越多，越有可能破坏企业各环节的能力平衡，造成的浪费也就越多。

四、短板效应的或然性

短板无处不在，无时不有，说明其存在的必然性。对于人、群体、企

黄灯
——破译四象管理

业等不同的主体来说,短板究竟是机会还是风险,则取决于人的心态与认知。

一个由长短不同的木板制作的木桶能装多少水,不是由木板的平均长度决定,更不是由最长的木板决定,而是由最短的木板决定,即所谓的木桶原理。单位或个人的问题(劣势或缺点)可比喻为木桶的短板,优势或优点可比喻为长板(或链条的强环)。对短板的提高,在达到平衡前,可以创造更多效益;在达到平衡后,可能成为沉没成本。供应链、产业链,短板的存在形成瓶颈,一夫当关,万夫莫开,短板的解决,获得的效果显著,网络层次的短板因网络效应的存在而产生放大效果,可以提供双边的发展机会。根据木桶原理可推导出,补短板的投入产出效率高于加长板,问题中蕴藏着丰富的资源、巨大的潜力,挖掘问题资源比挖掘优势资源更容易体现出效果,这是企业的机会。反之,短板也可能给企业带来风险。

对企业来说,在实现目标的经营活动中,会遇到各种不确定性事件,这些事件发生的概率及其影响程度是无法预知的。这些事件将对经营活动产生影响,从而影响企业目标实现的程度。这种在一定环境下和一定限期内客观存在的、影响企业目标实现的各种不确定性事件就是风险。风险管理是指如何在项目或者企业所处的充满不确定性的环境里把风险可能造成的不良影响减至最低的管理过程。在管理过程中,每个组织都可能面临同一个问题,即构成组织的各个部分往往是优劣不齐的,而劣势部分往往决定了整个组织的水平。组织的"短板"往往是最大的风险点,短板不仅造成极大的隐患,还会限制组织的发展,这是风险。

一个欧洲的跨国制鞋公司,为了开发一个岛国的市场,先后派出三个考察队,所得到的却是完全不同的结论。第一个被派去的考察队人员马上就汇报说:"这里没有鞋子的市场,因为人们都没有穿鞋的习惯,建议放弃这里,另外选择别的市场。"第二个被派去的是公司里最优秀的推销员组成的队伍。推销员们在岛上转悠了半天,第二天就回来了。在述职报告中他们声称:"岛上的居民没有一个是穿鞋的,因为他们还没有这个习惯;岛上暂时也没有卖鞋的,由于存在这么巨大的市场空缺,公司可以把鞋大批量地运过去,我们也有信心把鞋推销给这些岛国的居民使用!"第三个被派去考察的是鞋厂的厂长们。厂长们在岛上转了两天,回来之后显得非常高兴,他们发现岛国是一个很有前景的市场,他们在岛上找到了可以生产鞋的原料,而且原料以及岛上的其他各方面社会资源价格都很低廉。他们建议公司立即到岛国设立分厂,认为只要能够赶快大批量生产,肯定可以获取高额的利润。

同样的海岛,同样的人群,现在都未穿鞋,存在市场需求短板,但在有些人眼中是营销机会,在另外一些人眼中则是风险。产生风险与机会差异的原因在于人的心态与见识。积极的心态,看到的是潜在市场;消极的心态,看到的是缺少现实需求。

正如狄更斯(Dickens)在《双城记》中写道:"这是最好的时代,这是最坏的时代。"他形象地刻画了面临巨大社会变迁时人们或积极接受挑战或彷徨恐惧的两种截然不同的心态。对于那些积极接受挑战的人来说,这是最好的时代;对于彷徨恐惧者来说,这是最为糟糕的时代。

对于短板的认识,笔者不赞成在职场谈短板效应。因为职场竞争的本质,是"你能做什么"和"你能做好什么";而不是"你不能做什么"。有一技之长,并且能保持精进,你就拥有了让自己无可替代的理由;一味紧盯自己的能力短板,想着要跳出自己的弱点去"查缺补漏"的人,最终只能成为一个"一事无成"的庸人,这不是上进。因为弱点应该是用来克服的,而不是用来跳脱的。李嘉诚就曾袒露过,他从创业的第一天起,就不认为自己是一个喜欢赌博和冒险的人。所以,有职业抱负的人,都应该先找到自己擅长的方向,不断打磨精进;再以此为支点,扩充自己的能力矩阵,从而实现个人能力和资本都快速增长的目标。利用好自己的成功和专长,它们才是你人生路上最有价值的金矿。

五、识别短板

既然短板是形成系统风险的原因,为了降低系统发展的风险,必须先识别出系统的短板,把握短板,将短板看作管理控制点,以获得最大限度的成功。短板识别可以从所在网络(社会网络、价值网络、信息网络)—

供应链（供—产—销）—企业—资源组合（量态组合、质态组合、时间组合、空间组合）—资源（人力资源、科学技术、物流、资金）—资源内部（如人力资源系统内部的年龄结构、学历结构、技术结构等）层层分解，逐层递进，直到最终资源构成元素，寻找其短板。短板的解决反其道而行之，逆流而上，通过下层瓶颈的解决，实现上层系统均衡，直到分散整个网络风险为止。

当然，这个过程是动态变化的，均衡相对于一定时期，随着内外环境的变化，又会产生新的短板，依此类推。进行动态识别和调整，在动态均衡之中实现企业的持续发展（见图10-7）。

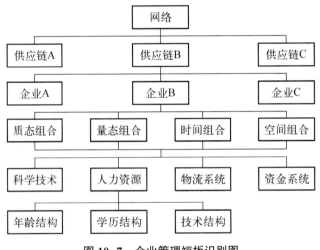

图10-7　企业管理短板识别图

六、解决短板

短板的问题在一定范围内可以通过系统内部扬长补短加以解决。在完成某项任务时，该团队之中往往有能人、多面手，在同事解决问题存在不足时，他可以抽出时间、精力，发挥能者多劳的优势，弥补同事的不足，进而提高任务完成的可能性。

企业为扩大产能需要建设一定面积的厂房，若资金充足且土地昂贵时，土地就成为厂房建设的短板，可以用资金替代土地，向空间发展；若土地便宜且资金昂贵时，资金就成为厂房建设的短板，可以多占有土地而节约资金，实现厂房总体面积满足生产任务的需要。

寻找工作是现实中大多数年轻人面临的问题，但中国人不太习惯通过市场中介，尽管它是人力资源市场供求双方联结的要道，通过它可以获得需求方的相关信息。问题是，若不利用市场中介渠道，借助于私下民间的熟人通道，相应的信息比较缺乏，信息便成为短板。然而，在中国社会中，往往人情比信息更重要，它通过强连带，不仅对人们的行动提供信任的基础关系，还可以直接通向有价值的资源。这样借助于人情，不仅弥补了找工作中的信息不足，而且大大降低了找工作的不确定性，提高找工作的成功率。

若系统内部不能解决，系统可以从外部获取相应的资源来弥补本身的不足，降低系统失败的风险。

中医养生的思路也遵从这一逻辑。中医讲以脏养脏、以形养形。前者如吃肝补肝、吃肺补肺、吃肾补肾；后者如核桃形似人脑，有健脑功能；苹果、西红柿形似心脏，有强心功能；花生、腰果形似肾脏，有强肾功能。

先看以脏养脏。人体脏腑与猪、马、牛、羊等动物的脏腑在功能形态上基本一致，这是生物进化的结果。人心脏与动物心脏的细胞营养成分、细胞结构、细胞状态极为相似，导致人心脏与动物心脏的结构、功能、形态极为相似。

当人心脏功能失衡时，是因为心脏细胞的营养、结构、功能出现了异常，这时，适当地食用动物心脏，补充人心脏细胞所需的各种营养，能够促进人体基因合成心脏细胞所需的蛋白质、脂类物质，合成优质的心脏细胞，从而提高心脏细胞的质量，改善心脏的功能，达到强心健心的作用。其他脏腑道理亦然。

再看以形养形，其逻辑与以脏养脏类似。人体的脏腑以及植物的果实有着各种各样的形态，这是长期进化的结果。比如核桃的结构及外形很像人的大脑。中医认为核桃与人的大脑所得之气相似，获得的宇宙物质能量信息相似，因而结构和外形相似。

"李约瑟问题"的思考

英国科学家李约瑟（Joseph Needham）提出：中国曾有非常先进的技术发明，为什么牛顿式的科学革命没有在中国诞生？这是中国学术界讨论了半个世纪的"李约瑟问题"，并且还是至今没有解决的现实问题。当国人以四大发明而自豪时，却没有人为没有将之变为生产力而"检讨"。当拥有发明火药的科技成果时，我们用它来做节日庆典的礼炮，外国人用它来做打我们的枪炮。

1. 文化制度短板说

巨澜[①]认为，国家科技创新体系必须包含科学技术创新和科技制度创新两个重要内容，而且两者不可偏废。它们之间的关系是相辅相成、钩稽嵌套、互为因果的关系。创新型国家建设的必要条件是法治建设，充分条件是文化建设。日本和新加坡的儒家文化是建立在规则和规制基础上的。

中国从先秦就产生儒家和法家两大流派。儒家讲究礼治，必将以做人为轴心开始。做人的基本度量衡就是良心。良心的表达模型就是知恩图报和中庸之道。其核心是以"自然人对得起自然人"作为评价尺度。尽管这个"自然人"担当"法人"职责，但"宁可违背法人规则，也要知恩图报的冲动"俯拾皆是。所有的劳动关系建立在"自然人基础之上"，与牛顿式的工业革命是建立在"法人基础上的组织人"是相对立的。所以牛顿式的工业革命不可能在中国诞生。

法家讲究法治，必将以做事为轴心开始。做事的基本度量衡就是规则。规则的表达模型就是法律标准和规划规范。其核心是以"自然人对得起法人"作为评价尺度。尽管这个"法人"职责是由"自然人"担当的，但底线是"宁可让自然人咒骂忘恩负义，也不能违背法人规制"。所有的

---

① 巨澜：《知识成果生产力度量衡》，经济科学出版社2007年版，第103—104页。

劳动关系建立在"自然人隶属法人的基础之上",与牛顿式工业革命建立在"法人基础上的组织人"是一致的。所以,牛顿式的工业革命只能在法治国家诞生。这也是为什么中国的产品总是缺少"发动机"的原因。

几千年来,两大流派不断斗争,但结果是儒家战胜了法家,形成了主流的传统文化。传统文化直觉经验多于理性认知,形象思维多于抽象思维,顺其自然多于规划设计,循规蹈矩多于创造实践。最典型的是《道德经》揭示了"天人合一"的伟大辩证思想:人法地,地法天,天法道,道法自然,反映了农业文明中天、地、人的生态关系。

传统文化以"正心、诚意、修身、齐家、治国、平天下"的人格修养的方式代替制度设计和建设。中国人不习惯概念化、逻辑化、数理化、模型化、规则化的思维,而是更喜欢感性的、直觉的、艺术的、口传心授的思维。最典型的是中国的领导都喜欢讲领导艺术,而不愿意制定规则和修改制度。

正是传统文化造成中国的科技创新体系是一个"瘸子",科技制度创新这条"腿"太短,不能支撑科技创新。国家与国家、企业与企业之间科技的竞争是科技制度创新体系之间的竞争,不是单个制度或者是单个技术创新之间的竞争,所以,国家应该从制度基础上下功夫。

2. 技术、投资与激励制度短板说

从产品创新的过程视角来看,周宏桥认为[①],四大发明中只有蔡伦的造纸术是成功的创新,其他三个均为失败产品。毕昇发明的泥活字印刷术就是一款失败的创新,毕昇的目标客户是印刷厂,当时它们均采用雕版印刷,有一整套流水线生产的工艺流程。毕昇的"活字"的确是划时代的伟大创意,做得好有可能成为破坏性创新而颠覆整个印刷产业,就如同千年之后王选创新激光照排一样。但是,从创意到创新尚有十万八千里,毕昇选择了用胶泥做"原型产品"的试验,存在技术短板。一是易碎,实验室

---

① 周宏桥:《就这么做创新:体系、方法及创新地图》,机械工业出版社 2010 年版,第 96—97 页。

中问题不大,但在大规模工业生产上问题致命;二是中国墨是水墨墨汁,不易均匀附着在活字上,这样印刷的质量就明显不如现有雕版。这就需要继续创新,如果把胶泥字变为青铜字或铁字,把水墨变成油墨,就能大幅改进产品性能。当时没有风险投资,毕昇只是布衣百姓,养家糊口尚嫌窘迫,而改青铜、试油墨、坚持创新是需要现银的。在既无专利制度又无股权激励的条件下,一旦成果出来又能怎么样,估计还是穷困潦倒。最终结果是,在毕昇之后近千年,中国书籍仍用雕版印刷。

无论是巨澜,还是周宏桥,都从技术创新过程的角度来透视"李约瑟问题"的本质,前者从宏观的国家创新体系建设的角度,后者直接从微观的技术创新过程的角度,提出中国创新过程中存在的短板导致整个创新系统的效率不高,值得称道。但在笔者看来,没有整个创新过程的全面分析,他们的分析存在瑕疵。巨先生基于中国文化的演化角度,得出文化制度短板说,但整个创新过程系统涉及因素众多,文化制度是其中的短板之一,但不是全部,创新能力、创新基础等可能相对于制度、文化更是短板,如同文化制度的演化存在惯性而难以改变,创新能力的积累同样需要时间。规则制度的改变,可以促进问题的解决,但根本在于能力,能力提升需要中国科技界付出艰辛的劳动才能达到。周先生主要从创新的微观过程角度提出风投、产品技术本身的问题,风险投资已经不是中国企业技术创新的短板,现在不是项目找钱,而是钱找项目,至于产品技术本身的问题,正是印证了笔者的推断。

现在通过创新过程,结合中国目前的实际,从系统的角度来看看中国创新过程中存在的短板。

"李约瑟问题"的实质是科学技术商业化的效率问题,也就是今天所讲的技术创新效率与风险问题。图10-8是整个科技创新链所展示的科学—技术—产品—商品—利润转化过程。

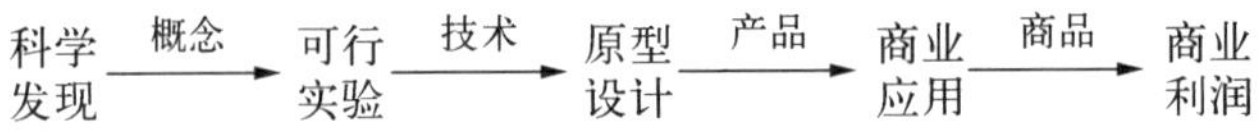

科学发现 —概念→ 可行实验 —技术→ 原型设计 —产品→ 商业应用 —商品→ 商业利润

图10-8 科技创新链

美国科学基金会（NSF）和联合国科教文组织（UNFSCO）将科学技术研究分为基础研究（Basic Research）、应用研究（Applied Research）、开发研究（Development）三类（见表10-3、图10-9）。

表10-3 科学技术研究分类

	基 础 研 究	应 用 研 究	开 发 研 究
具体特征	为了获得关于现象和可观察事实的基本原理的新知识，揭示客观事物的本质、运动规律，获得新发展、新学说而进行的试验性或理论性研究，它不以任何专门或特定的应用或使用为目的，但应该具有广泛的应用前景	为了探索开辟基础研究成果可能的新用途，或是为达到预定的目标探索应采取的新方法（原理性）或新用途而进行的创造性研究，直接解决改造客观世界中的实际问题，主要针对特定的目的或目标	利用从基础研究、应用研究和实际经验所获得的现有知识，为了生产新的产品、原料和装置，建立新的工艺系统和服务，以及对已经产生和建立的上述各项做实质性的改进而进行的系统性工作

基础研究 → 应用研究 → 开发研究 → 商业应用 → 商业利润

图10-9 技术创新过程

在市场条件下，从技术创新的角度，一项科学发现最终的成功，不是技术上的成功，而是经济上的成功，也就是创造商业价值，通过基础研究发现某个原理，通过应用研究获得某项技术发明，再经过开发研究获得新产品，经过商业应用转化为商业利润，最终获得经济成功。假定四个转化阶段的转化概率均为0.5，如表10-4所示。

表10-4 短板与技术创新的风险

	基础研究 S1	应用研究 S2	开发研究 S3	商业应用 S4	创新成功的概率
转化成功的概率	0.5	0.5	0.5	0.5	0.062 5
转化成功的概率	0.5	0.5	0.3	0.5	0.037 5

我国的许多技术科技成果与市场需求脱节，处于"半成品"状态，从技术发明转化为原型设计和商业应用的概率很低，在其他转化概率不

变的条件下，此环节的转化概率降为30%。不难看到，创新成功的概率从6.25%降到3.75%，几乎是下降了一半。一方面创新成功的概率非常低；另一方面，技术成果转化短板造成降低整个创新成功的可能性。

随着科技市场化的速度加快，创新成功的可能性增加，全球化的科技竞争，导致竞争焦点转移到后端，演变为科学发现的竞争。在科学发现阶段，有可能产生新的科学理论，或产生有应用价值的科学成果，但基于科学的创新，都需要前期科学知识的累积和技术手段改进的支持。支撑科学发现的无论是知识积累还是技术手段，我国与国外相比，仍存在较大的差距。因而，我国未来创新的短板将转移到后端，创新的成功依然任重而道远。

从创新的时间来看，依据雷家骕等人[①]对59个已经取得商业化的基于科学的诺贝尔奖成果，从科学发现到商业产品的时间间隔的统计来看，平均而言，从科学发现到商业产品的时间间隔为17.61年，其中，物理领域的平均间隔为17.06年，化学领域的平均间隔为13.68年，生理学或医学领域的平均间隔为21.08年。最长的时间间隔为1948年的诺贝尔生理学或医学奖成果中DDT的发明及应用，相距66年。科学发现到商业产品的时间间隔最短的为3年，分别为1965年诺贝尔化学奖成果天然有机化合物的合成，以及1939年诺贝尔生理学或医学奖成果磺胺的发现与应用（见表10-5）。

表10-5　从科学发现到商业产品的时间间隔

	案例数量（个）	平均间隔（年）	最长间隔（年）	最短间隔（年）
物理学	16	17.06	64	4
化　学	19	13.68	38	3
生理学或医学	24	21.08	66	3
总　计	59	17.61	66	3

① 雷家骕、张庆芝、张鹏、王艺霖：《创新植入增长》，清华大学出版社2019年版，第133—138页。

另外，从他们对 2001 年至 2010 年物理、化学、生理学或医学的 76 名科学家获奖时的年龄分布统计情况来看，诺贝尔奖的获奖人平均年龄为 65.21 岁，其中，物理学和化学获奖人的平均年龄分别为 66.19 岁和 66.2 岁，生理学或医学获奖人的平均年龄为 63.08 岁。同时，获奖人展开诺贝尔奖相关科学研究的平均年龄为 37.32 岁，成果发现的平均年龄为 44.01 岁；拥有专利的科学家获得诺贝尔奖的平均年龄为 63.28 岁，没有专利的科学家获得诺贝尔奖的平均年龄为 69.65 岁。这意味着基于科学的发现，不仅延长了创新的商业化的链条，增加了创新的时间，而且环节的增多意味着我国技术创新的风险更大（见表10-6）。

表 10-6 诺奖科学家的年龄分布（2001—2010 年）

	年龄	有专利	无专利	有相关专利	无相关专利	开始研究	成果发现
物理学	66.19	63.31	68.86	65.90	66.35	36.74	42.00
化　学	66.20	64.10	77.25	63.79	73.83	39.36	47.44
生理学或医学	63.08	62.37	65.80	62.37	65.80	35.83	42.71
总　计	65.21	63.28	69.65	63.67	67.86	37.32	44.01

我国 2018 年度国家科学技术奖共有 285 个项目（人选）获奖。清华大学薛其坤团队的"量子反常霍尔效应"获 2018 国家自然科学奖一等奖，最高科技奖还是由工程技术专家摘得，基础研究领域再度无缘。这意味着，造成关键核心技术"卡脖子"的短板——基础研究问题依然没有解决。这需要加快步伐，加大投入，科学地制定基础研究指导战略，持续推动前瞻性基础研究、引领性原创成果的重大突破。

从上可见，"李约瑟问题"是涉及面很广的复杂问题，很难用一个案例把它完全讲清楚。我们认为，讨论是有必要的，但是不要简单地用西方社会科学来套中国经验与实践，中国经验本身有它的复杂脉落。这里讲"李约瑟问题"只是想说，即使一个优秀的文明也会有自己的短板。有短板并不可

怕,关键要把它找出来,正确地认识它,从而去改变现状。中国式的发展是滚动式的,相信有文化自信的有坚强意志的优秀中国人能把目前的短板补过来,从而得到更快的发展。这就是中国式短板管理的重要思想方法,这也是几千年来中华文明不仅延续到现在而且还在不断发展壮大的原因。

第十一章 黄灯哲学——纠缠发展论

管理学是一门应用性很强的科学,那为什么还要强调研究管理哲学呢?特别是研究在中国的管理哲学呢?这是因为我们当代遇到的绝大多数严肃而现实的问题,都不可能通过西方传统的线性思考获得很好地解决,如职业规划、创业、企业战略、管理、互联网运营等。好的解决办法,必然需要渗透后现代主义思维,如系统全局观、多元非线性分析、自组织、突破性创造等。这些思想在中国的古代哲学思想中已经有了很好的雏形,可供我们借鉴。另外,当代主流的管理思想普遍视野狭隘、视角单一,我们在面向未来的重大事项方面,千万不可直接套用。除了部分自然科学外,当下的人文科学、社会科学的主流思想普遍还滞留在牛顿世界观(线性、机械教条)阶段,那些经典理论(如波特竞争力模型、波士顿矩阵、定位理论等)适用性的条件极为严苛,务必谨慎。而中国管理思想中反映出来的思辨力及创造力才是我们最靠谱的伙伴。

第一节 中国哲学的核心是纠缠发展

一、阴阳纠缠是一种常态

中国人的四象管理哲学是什么呢?是纠缠发展。阴阳纠缠与生生不息是一种常态。我们先来看阴阳纠缠。

从严格的意义上来说,在中国古代管理思想中并不存在对立统一的思想。中国古代哲学的基本思想是阴阳纠缠发展,也可以称为阴阳(矛盾)纠缠发展。在这里，矛盾不是对立，而是纠缠。这里也不存在简单的统一，而是从内含有发展基因的太极（空点）开始，发展成两仪、四象；又从四象发展成五行和八卦。这个过程始终贯穿着阴阳（矛盾）纠缠，并且在纠缠中开放性地发展，最后又归于太极（新的空点）。

为什么太极会发展成四象呢？因为太极本身就是一个阴阳纠缠体。太极由阴阳构成，但它不是由一半阴一半阳组成，而是由阳中有阴的阳以及阴中有阳的阴两部分组成。一生二以后，不是一分为两个方面，而是生成两仪——阳仪和阴仪。两仪属于中国古代哲学范畴。最早出自《周易·系辞上》："易有太极，是生两仪。"从仪表看，阳仪为阳，而本质仍然是阴阳纠缠的阳。阴仪的仪表为阴，而本质仍然是阴阳纠缠的阴。孔颖达疏："不言天地而言两仪者，指其物体；下与四象（金、火、水、木）相对，故曰两仪，谓两体容仪也。""两仪"一词在文言文中表示"星球的两种仪容"的意思，代表着上古华人对宇宙星体模糊又抽象的认识。因此，二仪成四象后，就更明显了，少阴与少阳就是阴阳纠缠体。太阴与太阳表面上是纯阴和纯阳，其实，太阴中仍然存在阳的基因，太阳中也存在阴的基因。物极则反，"反"的基因随时会发生作用。

阴阳两者是纠缠相生的关系。在中国的传统学术中，有所谓"孤阴不生，独阳不长"及"无阳则阴无以生，无阴则阳无以化"的观念。老子在《道德经》中说："道生一，一生二，二生三，三生万物。万物负阴而抱阳，冲气以为和。"阴阳的特性如下。

（1）两者互相纠缠。万物皆有纠缠相生的特性，如热为阳，寒为阴；天为阳，地为阴。这说明了宇宙间所有事物皆纠缠相生存在。然而，这种相生特性并非对立，而是纠缠相生存在。如上为阳，下为阴，平地相对于山峰，山峰为阳，平地为阴；但平地相对于地底，则平地属阳、地底属阴，可见阴阳的纠缠相生关系。

（2）两者纠缠依靠、纠缠转化、纠缠消长。阴阳存在着互根互依、互相纠缠转化的关系，阴中有阳，阳中有阴，任何一方都不可离开另一方单独存在。因彼此的纠缠消长，阴阳纠缠可以变化出许多不同的现象。"万物负阴而抱阳，冲气以为和。"

第十一章 黄灯哲学——纠缠发展论

以四象为基础而发展出五行和八卦的原因，也在于阴阳两者是纠缠相生关系。《子平真诠》曰："天地之间，一气而已，惟有动静，遂分阴阳。有老少，遂分四象。老者极动极静之时，是为太阳太阴；少者初动初静之际，是为少阴少阳。有是四象，而五行具于其中矣。水者，太阴也；火者，太阳也；木者，少阳也，金者，少阴也；土者，阴阳老少，木火金水冲气所结也。"道出了四象五行与阴阳的关系：水火即太阴太阳，金木即少阴少阳，土者木金水火所冲结。说明五行由四象中阴阳纠缠相生演化而来，而这四象又是从阴阳衍生出的。因此，五行说虽然不见诸《周易》经文，但也是本乎阴阳纠缠相生。

《周易》中的六十四卦也是一个很典型的例子。在六十四卦中，纯阴和纯阳都只有一卦。太极是由阴阳构成，但它不是由一半阴一半阳组成，而是由阳中有阴的阳以及阴中有阳的阴两部分组成。随着细分四象八卦六十四卦，纯阴纯阳只占很小的部分。越是细分纯阴纯阳，它们的比重越来越小。这说明纯阴纯阳不是世界的一种常态，而是像太极一样，阴中有阳、阳中有阴才是常态。更何况，纯阳卦和纯阴卦也不是表现为纯阳和纯阴，在它们的基因中，仍然存在对方基因的影子，见下文中的案例《乾卦中的阴》。可见，阴阳纠缠是一种常态，无论八卦还是六十四卦，它们所表示的都是阴阳纠缠的不同程度而已。

前面已经论述了黄灯是一种经"常"，也就是，在红绿灯系统中，红色与绿色的纠缠才是常态。突出红与绿只是为了操作方便，这是人为的结果。更何况，绿与红内含着黄色的基因，绿与红混在一起就是黄。可见，中国人具有整体观点，即现在的全息思想，其根本原因在于太极以及太极发展成的全貌中的各象，都具有相同的阴阳纠缠基因。所以，纠缠与发展才是中国管理哲学思想的本质。

现代科学的发展，越来越证明中国哲学思想能更好地理解世界、解释世界。例如，对物质的研究，在进入分子、原子、量子等微观级别后，意外非常大，出现了超导体、纳米级、石墨烯等革命性的材料，更出现了从分子水平治愈癌症的奇迹。最神奇的是波粒二象性和量子纠缠两个理论的出现。波粒二象性揭示了物质的最本质的构成，揭示了物质中波粒的叠加性，这为阴阳纠缠作了很好的描述，阴阳纠缠就是阴阳叠加性，阴阳纠缠的两象性就是两仪。波粒二象性中描述的"波动所具有的波长与频率意味着它在空间方面与时间方面都具有延伸性"也为阴阳在纠缠中呈现开放性和发展性作了很好的注释。在量子纠缠理论中，物理学家、系统论者、作家惠特利（Whitley）说："在量子世界里，发现物体之间有无数已知和未知的关系（量子纠缠），关系成为决定万事万物的关键要素。"随着量子力学的发展，波粒二象性和量子纠缠现象的发现，曾经神秘或不可思议的现象逐步变成了能证明或理解的物理现象或现实状况。就像物理学中的波粒二象性和量子纠缠一样，从阴阳（矛盾）纠缠发展可以发现，管理中事物之间有无数已知和未知的关系（阴阳纠缠），纠缠关系成为决定管理中万事万物发展的关键要素。

波粒二象性

波粒二象性是量子力学的基本理论，很多光学实验以及量子现象都证明了粒子的波粒二象性。波粒二象性指的是微观粒子显示出的波动性与粒子性。波动所具有的波长与频率意味着它在空间方面与时间方面都具有延伸性。在量子力学里，微观粒子有时会显示出波动性（这时粒子性较不显著），有时又会显示出粒子性（这时波动性较不显著）。在不同条件下微观粒子分别表现出波动或粒子的性质。

波粒二象性提供了一个理论框架，使得任何物质有时能够表现出粒子性质，有时又能够表现出波动性质。在经典力学里，研究对象总是被明确地区分为"纯"粒子和"纯"波动。"纯"粒子组成了我们常说的物质，"纯"波动的典型例子则是光波。波粒二象性解决了这个"纯"粒子和"纯"波动的困扰。量子力学认为自然界所有的粒子，如光子、电子或原子，都能用一个微分方程（如薛定谔方程）来描述。这个方程的解即为波函数,它描述了粒子的状态。这个波函数具有叠加性,它们能够像波一样互相干涉。同时,波函数也被解释为描述粒子出现在特定位置的几率幅。这样,粒子性和波动性就统一在同一个解释中。我们之所以在日常生活中观察不到物体的波动性,是因为它们质量太大,导致德布罗意波长比可观察的极限尺寸要小很多,因此,可能发生波动性质的尺寸在日常生活经验范围之外。这也是为什么经典力学能够令人满意地解释自然现象。反之,对于基本粒子来说,它们的质量和尺寸局限于量子力学所描述的范围内,因而与我们所习惯的图景相差甚远。

其实,一切物质都具有波粒二象性。人类经由眼、耳、鼻、舌、身来感觉物质,每一种感官都可以察觉到高高低低不同波动频率的物质。眼、耳、鼻、舌、身在感觉中靠的是光、声、味、触。而光、声、味、触四者中涉及的物质都具有波粒两重性。只是前两者涉及的物质在波粒二象性中以波为主象,后两者涉及的物质在波粒二象性中以粒为主象。以光为例,它就具有波动和粒子的双重性质,我们来看看科学家对光认知的过程。以前人们习惯把光看成光波,在近代,牛顿最早提出了光粒子理论。从牛顿的光粒子理论开始,在一个多世纪内无人敢于挑战,直到19世纪初衍射现象被发现,光的波动理论才重新得到承认。光的波动性与粒子性的争论从未平息,直到2015年洛桑联邦理工学院的研究者们发表了他们的新发现,人类获得首张图像,才证明了光同时显现波动性和粒子性。

乾卦中的阴

乾卦是六十四卦中唯一的纯阳卦,乾卦有六个阳爻。如何理解阳卦当中会含着阴的基因呢?《周易》中卦义说的是卦象起源,后面的爻卦只是描述在后面不同的变化中起源会如何变化。就像一个种子无论种在什么地方结出来的果实本质不会改变，但是因为外界条件的影响能不能结出果实就不一定了。乾卦曰"天行健，君子以自强不息"，说明了君子的本质都是积极努力的，但是外界条件不一样、君子采取的手段不一样，那么结果也不一样，或者隐匿或者张扬，或者小心谨慎或者争战。如果外面的条件合适，见龙在田，君子积极努力就应该去展示自己的才华；如果外面良好的事件初见端倪，后面的发展还没有明确，我们就该暗中积蓄力量，等待时机。换句话说，乾卦卦象是纯阳的本质，爻卦则是含着阴的基因。这个问题至少可以从下面这三方面来看（见图11-1）。

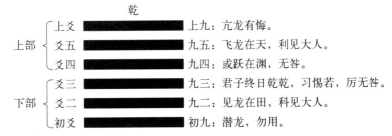

图 11-1　乾卦

（1）卦中六爻有阳位和阴位之分。一卦有六爻，从下往上分别是初爻、二爻、三爻、四爻、五爻和上爻。六爻中，一、三、五为阳位，二、四、六为阴位。如果是阳爻居阳位或阴爻居阴位，就是正位；如果是阳爻居阴位或阴爻居阳位，则是不正，即名不正言不顺。乾卦六爻全部为阳爻，初九就是阳爻居阳位，名正言顺，九二就是阳爻居阴位，名不正言不顺。以此类推，九三是名正言顺，九四、上九就是名不正言不顺。阳爻居阴位更要防止"阴"的因素的发展。

（2）变卦按照阴阳转换的变易原理发生变化。卦的每一条线为何叫爻呢？爻的甲骨文就是"爻"字的形状，爻通交，其含义就是上下可以发生交互作用，也表达了变易的原理。每一个卦有六个爻，每一爻都有一个爻辞。如上所说，爻辞是描述动变之后的情形，也就是说，一个爻的爻辞描述的是这个卦的这一爻发生变化之后，成为其他卦的时候所形成的情形。比如说乾卦六个阳爻，以二爻为例，二爻的爻辞是：见龙在田，利见大人。我们看这个卦的二爻是个阳爻，发生变化之后，阳爻变成了阴爻，于是形成了一个新的卦，这个卦就是天火同人，描述的就是乾卦变天火同人卦的一种情形。变卦能够按照阴阳转换的变易，说明卦内部同时存在阴阳基因。

（3）物极必反，阳极阴至。爻的位置还有一个重要方面，从下往上，依次是隐而不发阶段（初爻）、起步阶段（二爻）、成长阶段（三爻、四爻）、成熟阶段（五爻）、衰落并改变阶段（六爻）。这里，六爻具有了阴阳转换的含义。乾卦爻位到了上九，以六爻的爻位而言，为阴位，已位至极点，再无更高的位置可占，孤高在上，犹如一条乘云升高的龙，升到了最高亢、最极端的地方，四顾茫然，既无再上进的位置，又不能下降，所以，它反而有了忧郁悔闷了。这一爻将有物极必反的作用。在人事而言，将有乐极生悲的现象。所以，此成语也指人在做任何事情的时候没有经过深思熟虑，去考虑最终的结局与后果以及种种可能与变化，以至于失败与悲剧或是惨祸。

二、基于纠缠发展的四象管理哲学特征

四象管理是以纠缠发展论为基础的。也可以这么说，纠缠发展论是四象管理哲学。因此，四象管理具有以下哲学特征。

1. 阴阳纠缠与阴阳转换发展的统一

明代张景岳说得最贴切透彻："道产阴阳，原同一气。"阴阳是同根的，阴阳产生于同一个太极圈，而且阴中有阳，阳中有阴，纠缠于同一个太极圈。阴阳又是转换的，阳长阴消，阴长阳消，阴离不开阳，阳离不开阴。正因为如此，基于纠缠发展的四象管理的思维方式不是简单的非此即彼，而是强调此离不开彼，彼离不开此，强调此中有彼，彼中有此，强调此会转变为

彼，彼会转变为此，并在转换中互相促进发展。总之，阴阳纠缠与阴阳转换发展统一在一个太极整体中。正如前面所分析的，阴阳纠缠是一个常态，并且不是静止的，而是动态转换发展的。

阴阳消长决定春生、夏长、秋收、冬藏

阴阳学说萌芽于西周末年，在春秋战国时期得到了蓬勃的发展，当时，人们已经慢慢认识到世间的任何事物或现象内部都存在着阴和阳两种势力，而且它们又不断变化、发展，相互作用，相互制约。日有升落，月有圆缺，往复循环，是阴阳双方共同作用的结果，也是宇宙间万事万物发展的共同规律。

中医养生认为，人是自然的产物，人的生命活动一定要遵循自然的规律，如此才能保证身体健康、百病不侵。这个道理很好理解，就跟治洪水一样。大禹的父亲治洪水用"堵"，结果洪水冲破了堤坝；大禹用"疏"，洪水就治理好了。人也是如此，顺着自然规律，就是养生；逆反自然，就是自寻死路。

一年四季交替，阴阳之气也随季节变化而消长，养生也必须符合这种转变，才能顺天道，得健康，违背则损人体真元之气。中医认为，四季万物的生化特性是春生、夏长、秋收、冬藏。这实际上讲的就是四季中阳气的不同状态。《黄帝内经·素问·四气调神大论篇》说："夫四时阴阳者，万物之根本也。所以圣人春夏养阳，秋冬养阴，以从其根，故与万物沉浮于生长之门。逆其根，则伐其本，坏其真矣。故阴阳四时者，万物之终始也，死生之本也，逆之则灾害生，从之则苛疾不起，是谓得道。"

春季是自然界万物开始生长的季节，阳气开始生发，阴气开始渐收。这是一个阳长阴消的过程。此时，人体的阳气也顺应自然界的变化，开始向外、向上疏发，皮肤肌理也慢慢由冬季的紧闭状态变成疏松状态。我们都知道，万物的成长只有在初生时打下了良好的基础，才有后来的开花、结果。所以，我们应该顺应天时，扶助阳气的生发。春天阳气顺利生发了，才能有夏、秋、冬的长、收、藏，也才有生命活动的发育、成熟和结果，这也是我们保持健康的重要保证。夏天是万物生长最旺盛的时候，阳气也是最旺盛的时候。春生、夏长，春夏养阳。夏天不能总是吹空调，冷饮要少吃，每天要让自己出点汗。有句话叫"冬吃萝卜夏吃姜"，因为姜是驱寒的，能驱走我们体内的寒，达到保护阳气的目的。秋冬之时燥邪为患，易伤阴，故秋冬之时宜服用滋阴之品或搽用滋润护肤之品以防燥邪，保持居室空气的湿润也有助于避免燥邪。秋时渐寒，冬时寒盛，人们喜食辛辣，好饮酒，以御寒。辛辣之品易生内热，酒易生湿热，饮食太过则伤阴。因此，秋冬之时既要避免燥邪，又要避免过食辛辣和过量饮酒，以防伤阴。可见，人们在养生中，根据阴阳纠缠转化的一年天气四象（四季：春、夏、秋、冬），以及人们相应的保健决策四象（生、长、收、藏），共同构成了养生四象（春生、夏长、秋收、冬藏）。

2. 全息性与唯中性的统一

基于纠缠发展的四象管理的思维方式非常注重整体关联性。任何事物都不是孤立的，而是相互关联在一起的。任何一个部分都不能孤立到整体之外去，只有把部分放到整体里面去，才能正确认识它。部分在整体里面的任何变化，都会直接影响到整体。同样，整体的变化也会影响部分的变化。不仅如此，这个整体还是为同一个"中"服务的，这就是全息性与唯中性的统一。

全息性与唯中性的统一，形成了中华民族具有韧劲的奋斗文明。为什么这么说呢？这是因为，在理论上，全息性与唯中性的统一决定了"时间"可"无"，"中"必"有"。在奋斗的操作上，目的清晰，路径清晰。

"时间"可"无"，就如前面案例中讲的，四象强调的是四个会出现的

象,而不是强调它们会消耗的时间。从四象发展到全息的象,更是强调各种不同顺序会出现的事件。也就是说,在中国人纠缠的时空观中,更强调的是"空",而不是"时","时"往往被"空"所涵盖。四象中按顺序出现的事物可以被想象为相处在同一空间中,这里时间已经不是主要的因素。"中"必"有"是指从太极发展到四象,再细分为全息,而这个过程都是围绕"中"进行的,尽管有时"中"是隐性的。目的清晰是指"中"就是方向,"中"就是目的。路径清晰是指由于全息的存在,不管你已经奋斗到了哪一步,都知道下一步有哪些选择,可以怎么做。因此,全息性与唯中性的统一的思维是基于纠缠发展的四象管理最重要的哲学特征之一。

一个"唯中"的具有韧劲的奋斗文明

中华民族为什么能够屹立至今,就是因为我们有一个"唯中"的具有韧劲的奋斗文明。在中华文明中这方面的神话故事很多,大家非常熟悉的《愚公移山》就是一个非常典型的具有韧劲的奋斗故事。在愚公确定目标以后,经过几代人的努力,把挡在门口的山搬走了。《夸父追日》讲的是敢于挑战太阳神的故事,夸父因为太阳太热,就去追太阳,想要把太阳摘下来(追日)。虽然最后夸父累死了,但是在中国的神话里,人们把他当作英雄来传颂,因为他敢于与看起来难以战胜的力量作斗争,有挑战困难的奋斗意识。在《后羿射日》的故事里,后羿终于把太阳射下来了,不达到目的,奋斗不止。在《精卫填海》的故事里,一个女孩被大海淹死了,她化作一只鸟复活,想要把海填平——这就是奋斗!在《刑天》的故事里,一个人因为挑战天帝的神威被砍下了头,可他没死,而是挥舞着斧子继续奋斗!中国人的祖先用这样的故事告诉后代:可以输,但不能屈服。中国人听着这样的神话故事长大,具有韧劲的奋斗精神已经成为遗传基因。这就是中国人延续了几千年的奋斗精神。

3. 复杂系统与相生相克结构的统一

四象之间不是简单的线性关系,而是非线性关系,属于一个复杂系统,但是它的内部结构不是没有规律的。四象作为太极阴阳的表象,它是有"中"的,四象加"中"就成了五行,五行的结构中,四象和"中"相生相克,形成了它的内部结构。可见,四象管理是一个复杂系统与相生相克结构的统一体。四象管理的复杂性是一种客观的存在,这为人们不断探索提供了难度,也提供了不断探索的必要性,而以四象加"中"的五行结构性更为人们的不断探索提供了可能性。在企业四象管理中,从组织到管理,都需要感应、关联、勾兑,寻找复杂背后看不见的联系和运动变化规律,进而建立一个强调组织、杠杆、创新、系统突破的系统性的四象整体管理。

蚕宝宝的"生生"四象

讲到"一带一路",人们马上会想到中国古代的丝绸之路,可见它与中国古代文明的密切关系。蚕是对人类贡献最久、最伟大的昆虫之一。从考古学家在吴越发现的丝绸实物来看,在5 000年前的江南地区就有桑蚕业。相传早于公元前3000多年,黄帝的妻子嫘祖就开始养蚕取丝。蚕的一生经历了出生、生长发育、繁殖、死亡四个阶段,这个全过程就是蚕的生命周期。蚕的生命周期大约为56天。蚕是完全变态昆虫,一生经过卵、幼虫、蛹、成虫四个形态上和生理机能上完全不同的发育阶段。卵是胚胎发生、发育形成幼虫的阶段,幼虫是摄取食物营养的生长阶段,蛹是从幼虫向成虫过渡的变态阶段,成虫是交配产卵繁殖后代的生殖阶段。幼虫又称作蚕宝宝,整个世代只有幼虫期摄食,并为蛹和成虫期的生命活动积蓄营养。可见,蚕宝宝是蚕一生中最精彩的部分。蚕理所当然地成为这个完全变态昆虫的统称,卵、幼虫、蛹、成虫是这个完全变态昆虫一生的四象,反映了这个完全变态昆虫的生、长、老、死。这四象与蚕这个"中"构成一个完整的变态昆虫相生相克的五行（见图11-2）。

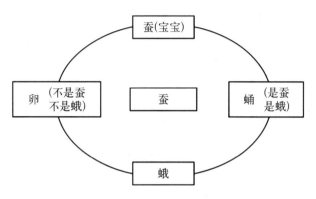

图 11-2　蚕宝宝的"生生"四象

　　叠加性与开放性是黄灯管理的最具本质意义的特征。"绿后黄"反映着阴阳的叠加性，就像"薛定谔的猫"一样，阴阳在这里是叠加的。"红后黄"反映的不仅是叠加性，更反映了系统的开放性，因为"红后黄"与"绿后黄"不同，"绿后黄"表示的是"是绿是红"，而"红后黄"表示的是"不是红不是绿"，或者说，它反映一种开放性的阴阳叠加性。开放性在阴阳叠加双方的易变中实现。

　　正如本书前面所分析的，四象的本质就是为了追求以"生生"为基本的存在方式的发展。《周易·系辞》言："生生之谓易。"这就是对"易"的根本精神的最透彻的说明。"易"就是"生生"，"生生"则是一个连续不断的生成过程，没有一刻停息，这里的主宰者是阴阳叠加的双方，是由阴阳叠加的双方本身来不断地生成，不断地创造。天地本来就是这个样子，以"生生"为基本的存在方式。"易"的这个生成过程表现的就是世界的生生化化，就像动物的进化（驯化）都有一个易变的过程一样。

蛋本身也是一个生死叠加态

先有鸡还是先有蛋的问题是一个古老的问题，讨论这个问题的意义并不在于答案本身，而是这个讨论中具有十分重要的哲学意义。就这个问题本身来说，绝大部分的人和哲学家都认为这是个伪命题。具体的争论在这里就不一一阐述和分析了。其实，从四象理论来看十分简单。鸡蛋与鸡显然都是同一大概念"鸡"的不同形态（象），鸡有四象：生、长、老、死。蛋只是其中的一象。它们具有共同的"鸡的基因"。四象理论反复强调同一大概念的四象是非时间性的，作为同一四象的两个不同象可以看成无时间先后的，也就是说鸡蛋与鸡可以看成无时间先后的。我们在这里分析先有鸡还是先有蛋，主要还是为了进一步理解四象理论（见图11-3）。

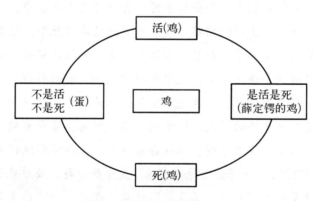

图11-3　鸡的四象结构图

在图中我们可以看到，鸡有四象：活鸡、叠加态的鸡（是活是死的鸡）、死鸡、蛋（不是活不是死的鸡）。在这里一定要注意，不仅仅在活鸡与死鸡之间，是一个薛定谔的活鸡与死鸡的叠加态。其实，蛋本身也是一个叠加态（见图11-4）。

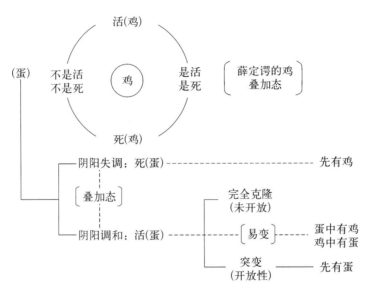

图 11-4 "先有鸡还是先有蛋"的分析图

为什么蛋本身也是一个叠加态呢？在鸡的动态发展中，如果阴阳失调，这个蛋就无法孵化出鸡，我们可以把它看作死蛋，这里从短期过程看，就是先有鸡了。如果阴阳调和，这个蛋就能够孵化出鸡，我们可以把它看作活蛋，其实，这里的阴阳调和又有两种情况：如果这个过程当中有基因突变，就是先有蛋了；如果这个过程当中没有基因突变，就是完全克隆的情况，这就成了鸡中有蛋、蛋中有鸡了。根据以上分析，四象是开放性的，往往存在易变，从原鸡到现代鸡是一个易变过程。可见，"先有蛋还是先有鸡"是个伪命题，简单地讲，这是因为蛋本身是一个"不是生不是死"的鸡，也是一个"是生是死"的蛋叠加态。

猪的驯化（易变）过程

动物的进化（驯化）都有一个易变的过程，我们来看看野猪驯化为家猪的过程。在大约8 000年前人类才开始驯化野猪，逐步易变发展成为我们现在认识的家猪。国人养猪的历史可以追溯至远古时期，依据现有考古发现，我国最早的家猪骸骨出现在距今9 000—7 500年前的河南省舞阳县贾湖新石器时代遗址中。在距今大约5 000年的安徽省蒙城县尉迟寺遗址出土了一只猪的头骨，它是取自一头被完整埋葬的猪，头骨形状还略带一些野猪的特征。这两件猪骨遗骸说明我们的先民早在新石器时期就有意识地开始驯化、饲养野猪（家猪）了。先民根据野猪的生活习性，开始对野猪进行有意识地圈养、繁衍，并总结了一套驯养野猪（家猪）的技术活：选种＋圈养＋阉割。北魏农学家贾思勰在《齐民要术》里就介绍过有关选种和繁育的经验："母猪取喙短无柔毛者，良。"清代农学家杨屾所著农书丛刊《豳风广义·论择种法》中也提到了类似的选种法："母猪唯取身长皮松，耳大嘴短，无柔毛者良，嘴长则牙多，饲之难肥，猪以三牙以上者治难净。"野猪的驯养用人为的选择培养目标（"中"），同时，野猪被限制在人为设置的环境里，也就是我们现在所说的圈养。圈养会影响猪的运动机能、体格和习性，一代代延续下去，野猪就逐渐易变成家猪。

第二节　中华文明中的纠缠发展思维

一、中国文字中的"意合"纠缠思维

文字是文明诞生的最主要标志之一。首先，中国独立创造的汉文字是一

种非拼音文字，它的超越方言特性及超语言特性把五十六个中华民族统一在一个国家之下。可见，中国文字在中国文明当中的地位极其重要。其次，它的"意合"纠缠的构字特点，又把中国纠缠发展的哲学思想十分形象地体现在字与词组中，成为中国文化最基本、又是最本质的一部分。

汉字属于表意文字的词素音节文字，中国历代皆以汉字为主要官方文字。汉字体系的正式形成应该是在中原地区。汉字是独立起源的一种文字体系，不依存于任何一种外族文字而存在，但它的起源不是单一的，经过了多元的、长期的磨合，大概在进入夏纪年之际，先民们在广泛吸收、运用早期符号的经验基础上，创造性地发明了用来记录语言的文字符号系统，商代汉字体系很快地成熟起来。商代文字资料以殷墟卜用甲骨和青铜礼器为主要载体，是迄今为止中国发现的最早的成熟文字。基于现存的古代文献记载和现已得到确认的考古发现，至少有四五千年的历史了，而汉字起源的历史就是中国古代文明的开端历史，所以，我们通常说中华民族有5 000年的文明史。从公元前1300年商朝的甲骨文，再到秦朝的小篆，发展至汉朝才被取名为汉字，至唐代楷化为今日所用的手写字体标准——楷书。汉字是迄今为止连续使用时间最长的主要文字，也是上古时期各大文字体系中唯一传承至今的文字，有学者认为汉字是维系中国南北长期处于统一状态的关键元素之一。

世界各国使用的文字分为两大类，即非拼音文字及拼音文字。汉字属于非拼音文字。在人类的历史上，比汉字更早的文字有两河流域的钉头文字和埃及的圣书文字，但它们早已灭绝了，所以，汉字是人类现存的最古老的文字。

作为非拼音文字的汉字具有超越方言特性及超语言特性。语言学家把中国各地的方言分为八大方言区。有人说，如果没有汉字，中国早就分裂成几十个国家了。欧洲的意大利语、法语、西班牙语、葡萄牙语和罗马尼亚语之间的差别比中国方言的差距小得多，但是他们绝不愿意承认各自的语言是"罗曼语"的不同方言，因为它们都是独立的国家。

汉字也能超越国界。在历史上，越南、朝鲜和日本都曾经用汉字记录他们的语言。日本人至今还使用汉字和假名的混合文字。日本人使用汉字，还有另一项重大发明,就是写中国字,读日本词。只要其他国家愿意,他们也可以这样做。如果真是这样做了,汉字就成为国际通用的语言符号了,就像数学符号一样,只表意,不表音。

由"意合"纠缠组成一个统一的字或词组系统,是汉字区别于世界其他各种语言的根本特点。我们先来看看"文"与"字"的本身。《通志·六书略》中说:"象形、指事,文也,会意、谐声、转注,字也。"这里"文字"系统由二个子系统"文"系统与"字"系统构成。许慎在《说文解字》中把"文"解释为"错画也",意思是"对事物形象进行整体素描,笔画交错,相联相络,不可解构",这与他说的"独体为文、合体为字"的意思是一致的。"说文解字"这个书名就表示了"文"只能"说",而"字"则可"解"的意思。"文"是客观事物外在形象的速写,是人类进一步了解事物内在性质的基础;而"字"是结构,"字"从"宀"从"子",本义为在屋内生孩子。"宀"表示"独立的房子","子"在其中,有"自立门户"的意思。故"字"还能与"文"或其他"字"结合,生出新"字"来。

再看词组,无论是词组合成句子还是单句组合成复句,首先考虑的因素往往是语意的配合,而不是语法形式的使用,只要几个负载着重要信息的关键词语在意义上大致搭配得拢,就能言简意赅地达到交际目的,这几个词就可以组合在一起,这就是所谓的"意合"。在"意合"中,不同的两个或两个以上的负载着重要信息的关键词组成一个统一的词组系统。汉语语法的这一特点,使它结构独特,灵活多变,颇多隐含,着重意念,它的意合性、灵活性和简约性是其他语言所不能比拟的。

特别是联合式复合词,其系统的结构十分鲜明。联合式复合词由两个意义相同、相近、相关或相反的词根并列组成,如"城市""艰难""制造""头绪""骨肉""禽兽""岁月""动静""得失""来往""粮草""国家"等。构成联合式的各部分之间是平等并列的关系,没有主次之分。词中的两个字各组成一个子系统,每个子系统又可由两个或两个以上的元素构成,如各有两个元素构成,就可用五行逻辑结构模型分析它。举几个例子。

1."城市"

"城市"的提法本身就包含两方面的含义:"城"为行政地域的概念,即

黄灯
——破译四象管理

人口的集聚地;"市"为商业的概念,即商品交换的场所。"城市"把"城"与"市"两个子系统结合在一起,不仅很好地反映了城市的防卫与消费交易这两大功能,把这一系统细化,还能给我们解析城市中的人们在这特殊居住地的内在结构。

城市的出现是人类走向成熟和文明的标志,也是人类群居生活的高级形式。城市的起源从根本上来说,有因"城"而"市"和因"市"而"城"两种类型。因"城"而"市"就是城市的形成先有城后有市,市是在城的基础上发展起来的;因"市"而"城"则是由于市的发展而形成的城市,即是先有市场后有城市的形成,这类城市比较多见,是人类经济发展到一定阶段的产物,本质上是人类的交易中心和聚集中心。无论多么复杂,城市的形成都不外乎这两种形式。下面主要采用第二种形式解析,最早的"城市"(实际应为现在的"城镇")就是因商品交换集聚人群后而形成的。

早期的人类居无定所,在对付体型庞大的凶猛的动物时,三五个人的力量显得单薄,只有联合其他群体,才能获得胜利。随着群体的力量强大,收获也就丰富起来,抓获的猎物不便携带,需要找地方贮藏起来,久而久之人们便在那地方定居下来。定居下来的先民,为了抵御野兽的侵扰,便在驻地周围扎上篱笆,形成了早期的村落。随着人口的繁盛,村落规模也不断地扩大,这时猎杀一只动物,整个村落的人都倾巢出动显得人有些多了,且不便分配猎物,于是,村落内部便分化出若干个群体,各自为战,猎物在群体内分配。由于群体的划分是随意进行的,那些老弱病残的群体常常抓获不到动物,只好依附在力量强壮的群体周围,获得一些食物。收获丰盈的群体不仅消费不完猎物,还可以把多余的猎物拿来,与其他群体换取自己没有的东西,于是,早期的"市"便形成了。这种交换地开始时具有临时的、偶然的性质,随着发展,这种交换地逐渐地固定下来,甚至逐步产生了以从事消费服务与消费买卖为生的相对固定的人群,这样,原来的集市就渐渐地变成街市了。在这个过程中,为了防备其他人的侵袭,人们便在篱笆的基础上筑起城墙。这恐怕是人类城市的形成及演变的大致过程(见图11-5)。

第十一章 黄灯哲学——纠缠发展论

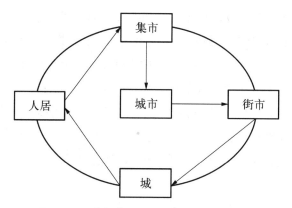

图 11-5 城市的形成及演变的四象结构图

"城"与"市""意合"纠缠组成"城市"一词。人居、集市、街市、城构成了城市发展中的四象。

2."现在"

在中国古文《简易道德经》中已对时间有了很精辟的论述。《简易道德经》中说："观河洛，晓白黑（○●），明其数，知何列，回天开泰。○为简，示二义，一界简，一白简。界简无外，万象尽在。界简之简为元一，静则内白，为空，为简；动则内黑，为时，为易。故，○为简，●为易，时空势成，简易系而统。河洛之○●，皆双重。目不二，此○彼●，此●彼○，显○示○，显●示●。○则物事，●则事物，静则唯空，动则时生，皆运于时空界简之内。"

翻译成白话文就是：观察河图洛书后，才能知晓白和黑的意义，才会明白数的表示和排列，从而往返于天地，开创事业。用○表示简，●表示易。时空因此而形成，它联系和统领着一切。○表示简，有两种含义：一种是表示界限的简；一种是表示空白的简。简的界限没有外在，一切现象都包含在里面，界简之简为一元之简（大而无外小而无内）。静态时内为白，为空间，此时称为空间之简；动态时内为黑，为时间，此时称为时间之易。所以，○表示简，●表示易。时间和空间依势而成，简和易也就成为一个系统。河洛中的○和●都是双重的，看不到不重双的。此为○则彼为●，此为●则彼为○，显示出○○或●●相连。○表示事中之物，●表示物中之事，静态时只出现空间,动态时则时间产生,一切变迁于时空界简之内。

可见,中国早就有了最朴素、最优秀的时空观。回到中国文字,"时空"二字反映了两个子系统的组合,即空间子系统和时间子系统。按照上述的《简易道德经》的思路,我们可以形成一个时空的四象和五行结构图,如图11-6所示。这个结构中空间为〇,是太阳;时间为●,是太阴。由"无"产生的"有"(时空)就是由"时"与"空"组成,"空"向"时"的转化产生了少阴的时差,"时"向空的转化产生了少阳的速度。

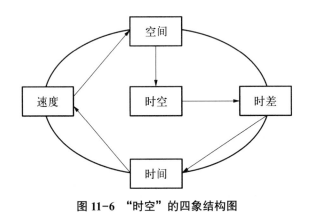

图11-6 "时空"的四象结构图

在中国文字中还有很多反映时空的词组,如"现在"等均反映中国的这一时空观。"现在"也是由时间与空间两个子系统组成的(见图11-7)。

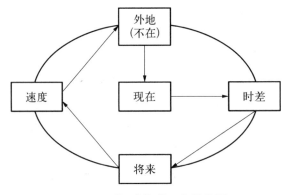

图11-7 "现在"的四象结构图

在"现在"这一词组中,"在"可解释为"地方或处",表示"空间"子系统;"现"可解释为"目前",表示"时间"子系统。这里"不在"与"在"同在一个"空间",顺便说一下,"外地"与"不在"在这个结构中互为"映像"。这个空间的大小会有"时差"产生;这一"时差"的存在反映在"将"与"现"的区别中,"时差"越大,"现"将越来成为"将",也可说是"将"随"时差"而来。如你要论证某人在外地,而"不在""现"处,必须最快地要把"将"与"外地"结合起来,这里"速度"就成了关键。

或许有人认为上述解释有些牵强,下面我们用一个学术界喜欢用的公式来表示,不过要说明的是为了表述方便,在这个公式中没用中文字,而是借用英文字母作为符号来使用,字母间的联系仍是具有中国特色的五行结构(见图 11-8)。

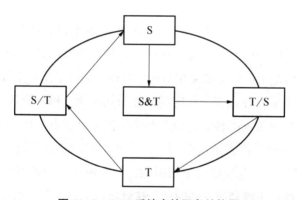

图 11-8　T&S 系统中的四象结构图

在这个 T&S 系统中,S 与 T 的关系可先简单地描述为 S 逐渐地转化为 T,也就是说,用 S 代替 T 的变化,T/S 或者 T/S 的数值变化会使 S 转化为 T。反之,T 转化为时间的关键在于 S/T 的变化。当然,前者简单些,是从静态到比较静态的发展,后者要难得多。这一点在《简易道德经》中也已初步提及:静态时内为白,为空间,此时称为空间之简;动态时内为黑,为时间,此时称为时间之易。要把动态的"时间""易"为静态的"简",是一件十分"不易"之事,也可以说,这在中国的哲学中是一个从"有"又到"无"的过程。

对速度的认识是解决"时空"问题的关键，我们可进一步看一下"时空"系统的详细的五行结构图（见图11-9，图中的单线为生，双线为克）。

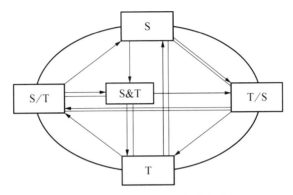

图11-9　T&S四象系统中的相生相克结构图

在这个图中，S、T、S/T、T/S、S&T五者间不仅有相生关系，还存在相克的关系。S/T是S&T的克星。这一点从狭义相对论的"钟慢和尺缩的原理"来看就更清楚了。根据狭义相对论的原理，惯性系是完全等价的，因此，在同一个惯性系中，存在统一的时间，称为同时性。相对论证明，在不同的惯性系中没有统一的同时性，也就是两个事件（时空点）在一个惯性系内同时，在另一个惯性系内就可能不同时，这就是同时的相对性。在惯性系中，同一物理过程的时间进程是完全相同的，如果用同一物理过程来度量时间，就可在整个惯性系中得到统一的时间。这就可以给出"简"的空间，即"处"在可进行静态与比较静态比较的同一惯性系中，不同的"处"会有时差。

但是在"易"的动态的不同惯性系之间并不是这样，狭义相对论导出了不同惯性系之间时间进度的关系，发现运动的惯性系时间进度慢，这就是所谓的钟慢效应。可以通俗地理解为，运动的钟比静止的钟走得慢，而且运动速度越快，钟走得越慢，当速度接近光速时，钟就几乎停止了。狭义相对论还发现，尺子的长度就是在一惯性系中"同时"得到的两个端点的坐标值的差。由于"同时"的相对性，不同惯性系中测量的长度也不同。相对论证明，在尺子长度方向上运动的尺子比静止的尺子短，这就是所谓的尺缩效应，当速度接近光速时，尺子缩成一个点。这里速度S/T成了关键，当S/T

接近光速，"在"与"不在"成了同一回事。可见按照狭义相对论，S/T 可以在 T 与 S 间无限细分，并分布在这个圆上，形成中国式的时空现象。可见中国的时空观有多大魅力。

3."国家"

"国"与"家"有很多相近之处，先从字义来看，"国"与"家"这两个字都由"空间"与"内容"两个子系统组成。这就为"国家"这个词的产生打下了基础。在中国传统里，"国"是大"家"，在中国文化中有很多反映这一观点的说法，如"君君臣臣、父父子子"，把"君臣"与"父子"相对应；又如皇上把臣民称作子民。

家，有房屋、家庭、家族、家姓等意思。它有多个义项。甲骨文字形的上面是"宀"（mián），本意为房屋。经演变而得的"宀"是象形，取房屋屋顶及其两侧墙壁之象，本意为屋内、住所，表示与家室有关。下面是"豕"，即猪。古代生产力低下，人们多在屋子里养猪，所以，房子里有猪就成了人家的标志。可见，"家"这个字由"家人"与"生活基本条件"及两个子系统组成。

商周时期把人们聚居的地方称作邑，《说文解字》中解释说："邑，国也。"邑就是国。西周时期，人们要表示"国家"的意思，一般用"邦"字。铜鼎铭文中的"国"字写成"或"字。后汉许慎于《说文解字》中曰："或者，邦也，从口从戈，一以戈，一为守，其义尚不明。盖口为国土意，若以兵器之戈而卫之，则其一为表示领土之境界意，一为有时如亘之有二线，亦犹表示田地境界之畺字。""或"字的"口"指的是一个有栅栏围着的重要地方，从早期的"或"字看来，"口"的四方都有一横，这一横很可能是"止"字的简化，表示这重地是有人在四边把守着的。后来这四笔，简化成一笔；而"或"字的"戈"便是古代的兵器，字意是用武器保卫人口、保卫土地。后来，这个表示国家重地的"或"字，加了"土"旁，变成"域"字。

战国以后在"或"的外面加了个"囗"，繁体字为"國"。"国"字的大"囗"表示疆土地域的境界和范围，并表示国家周边应该有防，小"口"为国境线里的人口。"戈"为古代的兵器：对外抵御侵略，对内维持治安。所以，"戈"部署在国境线和人口之间。"或"字下方的"一"表示土地，表明国家与土地、农业之密切关联。

《说文解字》说:"国,邦也;从囗从或。"按照古人的理解,一个国家必须具备四个条件:一是人口,以小"口"代表;二是土地,以"一"代表;三是军队组织,以"戈"代表;四是范围,以大"囗"代表。把这四个条件组合起来,便成了"国"字。显然,此乃极富哲理的造字创意。也就是说,"国"字至少有两个子系统组成:"空间"与"内容",即代表以武力保护的范围与生活在这片土地上的人。以国为本原至少有四个元素:戈(军队)—域(范围)—"国"—土(生存之地)—口(人),如图 11-10 所示。

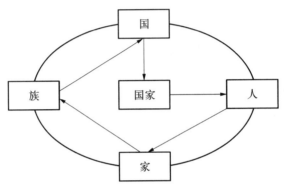

图 11-10 "国家"的四象结构图

在这一系统中,我们又可以把元素进行分解,得到一个更细化的系统结构,如图 11-11 所示。

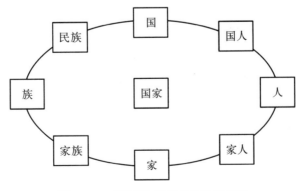

图 11-11 "国家"的四象结构细化图

按照纠缠发展论的观念,上图中的每一元素可按其内涵可把分为孙系统、重孙系统,还可以逐级细分,例如,把家族细分为"族"与"家"两个子系统,这又产生了相应的元素,如把这些元素补充到上图,在"族"与"家族"中加入"亲族",在"国人"与"人"之间加入"族人"。如图 11-12、图 11-13 所示。

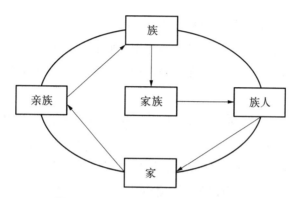

图 11-12 "家族"的四象结构细化图

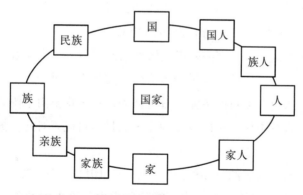

图 11-13 "国家"的四象结构进一步细化图

我们可进一步体会中国哲学中的纠缠发展,这里的"亲族"是"族人"的"映像",反之亦然。按同样的原理,我们可以把"国家"这一系统进一步细分。可见,中国的文字非常伟大,所包含的信息量远远地超过了现存的所有文字。

二、中国围棋黑白世界中的纠缠发展思维

下棋是中国人很喜欢的一项体育运动。世界上的四大棋类（围棋、中国象棋、国际象棋、将棋）均与中国有关，围棋和中国象棋起源于中国，这是无可争议的。按现在的主流观点国际象棋和将棋也是由中国的棋类演变而成。

围棋是中华民族传统文化中的瑰宝，它体现了中华民族对智慧的追求，古人常以"琴棋书画"论及一个人的才华和修养，其中的"棋"指的就是围棋。围棋在我国古代称为弈，在整个古代棋类中可以说是棋之鼻祖，相传已有4 000多年的历史。

英国著名学者李约瑟博士在其所著《中国科学文化史》中明确提出，象棋是中国人的创造。他详尽地分析了中国古代游戏——六博与天文、象术、数学的关系，他说："只有在中国，阴阳理论的盛行促使象棋雏形的产生，带有天文性质的占卜术得以发明，继而发展成带有军事含义的一种游戏。"后来，陆续有原苏联学者发表文章，批驳印度起源说。1972年，南斯拉夫历史学家比吉夫的专著《象棋——宇宙的象征》断定象棋首先出现在公元569年的中国（象戏），然后才逐渐传播开来。

有一种观点认为，将棋的始祖是印度的恰图兰卡，主流观点认为将棋从东南亚传入，又受唐代的宝象棋的影响而以文字表示棋子，演变成与泰国象棋类同的平安将棋。但目前主流的看法认为，日本将棋由中国唐代的大象戏演变而成，传入日本后经过修改成为今天的日本将棋。对此，据说日本棋院也不否认。

关于国际象棋的起源有多种说法，一说是印度，另一说法认为是由阿拉伯人发明的。但更多的专家认为，国际象棋也是受中国的象戏影响发展而来。原苏联科学院远东研究所研究员切列夫考博士在1984年1月号的《苏联棋艺》上发表文章，根据他的研究，国际象棋起源于易经的思想：六十四格对应六十四卦，黑白对应阴阳。

作为一种健脑的逻辑游戏，中国人的棋当然反映中国人的文化和哲学。先看斗兽棋。斗兽棋的整个游戏画面分为两块区域，中间有河流分割两块区域，有桥梁可以让彼此的动物过河，要取得胜利，必须占领那一边动物的巢穴。斗兽棋的棋子共有十六个，分为红黄两组，各八个，由双方各执一组，兽类是一样的，分为八种。红方：象、狮、虎、豹、狗（犬）、狼、猫、鼠；黄方：象、狮、虎、豹、狗（犬）、狼、猫、鼠。狮子和老虎可以跳跃过河流，老鼠则可以游过河流，不一定非要从桥梁过河，而且当老鼠在河中的时候，可以阻挡狮子和老虎跳过。你可以捕食在你旁边格子里比你小的动物，唯一例外且最体现中国哲学观念的是，老鼠可以"捕食"大象。也就说世界上不存在一个绝对的"老大"。物极必反，最大的大象却斗不过小小的老鼠，所以，最小的老鼠有时能起到关键的作用。想想我们十二生肖中老鼠排在第一，是否与此有关，看来有待进一步考证。

围棋可谓全球棋类之冠，其思想最具中国特色。被人们形象地比喻为黑白世界的围棋，是我国古人喜爱的娱乐竞技活动，同时也是人类历史上最悠久的一种棋戏。由于它将科学、艺术和竞技三者融为一体，有着发展智力、培养意志品质和机动灵活的战略战术思想意识的特点，因而几千年来长盛不衰。

围棋黑白世界的规则十分简单，却拥有十分广阔的落子空间，使得围棋变化多端，比其他棋类复杂深奥。这就是围棋的魅力所在。目前，国际象棋和中国象棋的软件，不说最厉害的，就是一般水准的软件，你要赢它都很难，软件棋手能够杀败目前为止最厉害的国际象棋棋手。而只有最厉害的围棋软件才能与顶尖的围棋棋手对弈。一般的围棋软件别说赢不了有业余初段棋力的人，估计对付三级都很困难。这全面体现围棋黑白世界中黑白纠缠发展的变化多端。

先看"围棋"这一词组，它由"围"与"棋"二字组合在一起，十分形象地说明了围棋的魅力是由"空"（围空）与"子"（棋子）两个子系统的纠缠发展所决定的。先看围空，与日韩规则的"唯目是地"不同，中国的规则是"子空皆地"，所谓"子目皆空"，子就是棋盘上的活子，目就是围住的空点。"空"在这里是一个宽泛的概念，是指你围的地盘，不单单表示围住的空点。盘面有纵横各十九条等距离、垂直交叉的平行线，共构成 $19 \times 19 = 361$ 个交叉点，也就是有 361 个空，围空多者为胜。围空靠的是棋子，因此，怎样用最少的棋子围最大的空，成为"围空"与"棋子"间的首要纠缠关系。围棋中有"金角银边草腹"之说，意指围取同样多的地，在棋盘角上可利用棋盘的两条边，所需子力（手数）最少；在棋盘边上只能利用棋盘的一条边，所需子力（手数）较多；在棋盘中腹没有边可利用，所需子力（手数）最多。所以，主流弈法多优先在棋盘角和边上围地。但棋子要能围空，必须自己是活棋，围棋的下法规定没有两只真眼的棋都是死棋。这样，在围最大空的前提下又要使自己存活，成为围棋中的重要任务。这样，正确处理宏观上的围空与微观上的死活，使围棋变化万千，从而造成一般计算机至今难以模仿到较高水平。

奕围棋有五大基本功：死活、定式、布局、中盘、官子。中国古代的棋也是收官子的，否则，无法判断胜负（除了中盘胜），只不过一般收官的部分都不计入谱中，这和古人对棋的概念有关。剩下的四项基本功，正好形成弈棋的四象（四个元素）。加上弈棋这一"中"，也可以把收官看作弈棋的结果的计算过程，这就形成了弈棋的五行（见图11-14、图11-15，图中的单线为生，双线为克）。

很显然，在这个弈围棋的五行中，棋盘为土，为本原，为弈棋而生。棋子为金，土生金，有棋盘方有棋子的生存（死活）。定式为水，定式建筑在棋子死活的基础上，又为布局打好基础。定式看似有固定的下法，但它必须按大局的要求进行选择与改进。因此，下好围棋必须要掌握好定式的"水"属性。布局属木，在定式的基础上进行全盘的均衡。木生火，布局的结果往

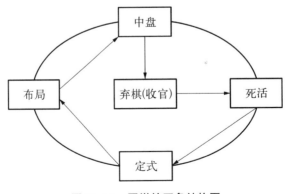

图 11-14 围棋的四象结构图

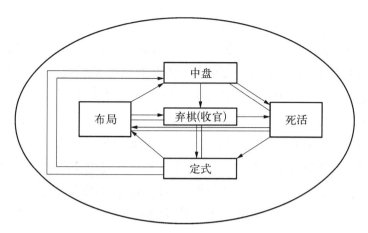

图 11-15　围棋四象系统中的相生相克结构图

往带来不同的中盘厮杀。中盘为火，轰轰烈烈，这或许也是中国古人喜欢中盘、重视中盘的原因。火生土，中盘直接影响弈棋的输赢。

土克水，我国围棋之制在历史上曾发生过两次重要变化，主要是局道的增多。中国隋代以前是 17 道棋盘，并长期采用座子制，这最大限度地限制了先手优势，也影响了定式的使用。后来座子制被日本废除，为了限制先手增加了贴目。水克火，定式的大量使用，使现代的棋下得越来越细。在很长一段时期内，李昌镐的细棋占了很大优势。火克金，中盘的厮杀会影响原有棋子的死活。金克木，将来棋子的死活空间会影响布局。木克土，布局的优劣会影响全局的围空情况，"金角银边草肚皮，先占角，后占边，最后才是腹"是棋理的一个常式，布局好，退可守，进可攻，布局如管理企业中的定位，正确的定位往往能成为一种天然的战略优势。

可见，根据五行原理下好围棋必须记住五个字：健、新、机、稳、慎。或者说要记住五句话：死活是基础；定式吃功夫；布局识大局；中盘会运筹；收官要慎重。

死活是基础是指健康、良好的棋型十分重要，有了健康的棋型才能做眼，才能有如毛泽东所说的有根据地。定式吃功夫是指下好围棋是要做功课的，这功课就是要读谱。读谱中特别要推敲定式的使用，这样才能在前人的基础上创新。创新不仅是创造一个全新的定式，更主要的是要学会已有定式的创新性使用。布局识大局是指识大局才能抓住机会。中盘会运筹是指最激烈的战斗主要发生在中盘，这是对棋手心理的考验，棋逢对手时，谁在临场博弈中的心理素质好，谁就有更大的胜算。中盘的时候，要临危不乱、虚实结合，奋力搏杀，顾大局而弃小利，集中精力发挥自己的水平，攻击对方的弱点，懂得势地、攻守的均衡，不战而屈人之兵，才是真正的高手的体现。收官要慎重是指围棋的收官阶段，应当步步小心，时时在意。虽大局已定，但也不可等闲视之，谨防功亏一篑，如果你已有胜算，在成功来临时更应小心谨慎，无论你占有多大胜面，一时的疏忽可能将前面的优势全部葬送，这叫"一着不慎，满盘皆输"。当然，收官阶段可设法制造对方的不慎，以救最后一搏。

人生如棋，上述"五字诀"也可用于人生和企业发展。也就是儿童要"健"，少年求"新"，青年寻"机"，中年思"稳"，老年应"慎"。儿童要有一个健康的身体和智力，这是一生发展的基础；少年要认真学习新知识，"少壮不努力，老大徒悲伤"；青年要善于抓机会，正确地选择自己的发展方向；中年要经得起五彩缤纷世界的迷惑，踏踏实实做人，稳稳健健发展；老年要保好晚节。

棋也如人生。围棋寄托了中国人的宇宙观，人在天地中下棋。棋盘为地，下棋时要覆盖着天，人在下天在看。19×19=361个交叉点，又表示着361天，加上四个角上的四个星（在下围棋时，四颗星上分别各加上黑白二子，然后才开始下），这是在春夏秋冬上面各加了一天，这就成了365天。棋盘中央还有一个太极点，由春夏秋冬平分，这又成了1/4。这样围棋上面就覆盖着365又1/4天。这就形成了围棋的天、地、人结构。黑白的纠缠发展就在这个结构中进行。

第三节 纠缠发展原理在四象管理中的应用

一、社会经济发展四象：生产力与生产关系的纠缠发展

在政治经济学的研究中，生产力、生产关系、经济基础、上层建筑、生

产方式以及它们之间的相互关系既是最基本的概念，也存在不少的争议。关于争议在这里就不一一论述了。我们用四象管理哲学谈谈自己的观点（见下图11-16）。我们认为，在社会经济发展当中存在四象：生产力、生产关系、生产方式和上层建筑。

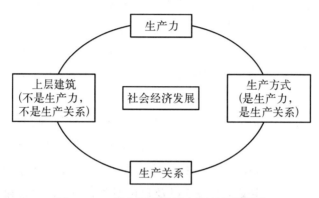

图11-16　社会经济发展中的四象结构图

为了说清楚它们之间的关系，先简单论述一下它们的概念。我们同意目前对这四个概念基本含义的主流观点的理解，这里我们主要分析它们之间的关系。生产力是指社会成员共同改造自然、改造社会获取生产资料和生产资料的能力。生产关系是指劳动者在生产过程中所结成的相互关系，包括生产资料的所有关系、生产过程的组织与分工关系、产品的分配关系三个方面。经济基础是指由社会一定发展阶段的生产力所决定的生产关系的总和，是构成一定社会的基础，因此，可以把经济基础看成经济发展的状况指标。上层建筑是建立在经济基础之上的意识形态以及与其相适应的制度、组织和设施，在阶级社会主要指政治法律制度和设施。生产方式是指社会生活所必需的物质资料的谋取方式，在生产过程中形成的人与自然界之间和人与人之间的相互关系的体系。人们一般把物质资料生产的物质内容称作生产力，把其社会形式称作生产关系，这两者都是生产方式的建设性内容——物质生产方式（物质谋取方式）和社会生产方式（社会经济活动方式）。换言之，生产方式是在物质资料生产过程中的物质资料生产的物质内容和物质资料生产的社会形式的纠缠体（叠加体）。因此，生产力、生产关系、生产方式和上层

建筑构成社会经济发展的四象。

在这四象中，最基本的两个因素是生产力和生产关系。这两个因素不仅是同根同生的，也就是说，生产力和生产关系反映的现实的象同处在一个社会经济状态中，而且在这样一个社会经济状态中，它们是纠缠发展的。纠缠表现在生产力和生产关系彼此促进，不断互动，这种互相促进、互动变化促使了生产方式的发展和上层建筑的变化。从四象结构来看，生产方式是生产力和生产关系的叠加态。上层建筑不是生产力不是生产关系，它随着生产力和生产关系的互相促进、互动变化，不断地进行开放式的发展变化。

社会经济发展四象的动态变化很重要，特别是理解生产方式是生产力和生产关系的叠加态非常重要。因此，政治经济学的研究对象应该是体现生产力和生产关系的叠加态的生产方式。马克思在《资本论》中指出："我要在本书研究的，是资本主义生产方式以及和它相适应的生产关系和交换关系。"《资本论》界定了政治经济学研究的总体性，其中包括的规定是：（1）生产方式作为历史对象和基础范畴；（2）生产关系作为社会对象和中心范畴；（3）交换关系作为生产关系的必然的社会实现形式和运行方式。这是研究对象上的"基础论"与"中心论"的统一分析，即确立以一定的生产力为基础的社会生产关系。因此，根据历史唯物主义原理，生产力和生产关系是对立统一的关系，从来不存在没有生产力的生产关系，也不存在没有生产关系的生产力，所以，研究生产关系必须联系生产力的发展状况，它们是纠缠发展的，决不能孤立地研究生产关系。

从生产方式的角度，马克思在《资本论》中里要分析的不是全部人类历史，而是包括资本主义阶段在内的广泛的商品生产体系的发展，他从事这一工作所采取的特殊方式，大部分决定于这个事实，就是，他主要是想把资本主义自由竞争时期商品生产的基本特征同简单商品生产条件下的商品生产的基本特征进行对比。因此，这个特点我们一定要注意。注意当今社会与简单商品生产条件下、资本主义初期条件下的主要区别在于当今社会的生产力发展非常非常快。在当今的社会主义政治经济学研究中有个十分错误的倾向，就是认为社会主义政治经济学只研究生产关系，而把生产力研究排除在外，这就造成了这门学科发展中的严重缺陷和研究瓶颈。

当今社会的生产力发展日新月异，变化极快。一个商品年初的价值（年初生产该商品的社会必要劳动量）与该商品年末的价值（年末生产该商品的社会必要劳动时间）之间量的差别已能明显地反映出来了，这一点在马克思那个年代是极缓慢的，年初与年末的生产该商品的社会必要劳动时间几乎是没有变化的，可以忽略不计，这种不计并不影响马克思对整个社会发展的研究。今天不行了，任何一个企业家或消费者都必须重视这一变化，这一变化确确实实地影响着企业的投资趋向，影响着消费者的购买及其购买预期。这一变化也使商品经济中产生了以时间契约为基础的虚拟商品。这促使我们必须思考一个问题：人们在交换商品时，是以该商品生产时的社会必要劳动时间计量价值呢，还是以交换商品时再生产该商品生产所需要的社会必要劳动时间来计量。很明显是后者，而不是前者。关于这一点，马克思并不是没有察觉，而是在当时这一区别对整个理论体系的建立并没有实质性的影响。在当前是不行了，只有进一步强调生产力发展在当今的重要性，才能正确地研究生产力与生产关系相叠加的生产方式。

由于马克思主要是想把资本主义自由竞争时期商品生产的基本特征同简单商品生产条件下的进行对比。因此，很多基本概念马克思是放在简单商品条件下论述的，例如，关于社会必要劳动时间的定义。马克思说："社会必要劳动时间是在现有的社会正常的生产条件下，在社会平均的劳动熟练程度和劳动强度下制造某种使用价值所需要的劳动时间"。[①] 这个定义是马克思在《资本论》第一卷分析简单商品时说的，这个定义适用于生产力变化不大的简单商品时期和资本主义初期。而不适用于发展非常迅速的今天。有不少学者以这个定义为基础来分析社会主义社会，这就造成了政治经济学的研究对象只是生产关系。这当然没办法建立以生产方式为研究对象的社会主政治经济学。

生产力发展的速度使马克思主义政治经济学必须重视社会必要劳动时间

---

① 《资本论》（第一卷），人民出版社1975年版，第52页。

的动态变化，而且随着科学技术的发展，尤其是微积分在数学中的应用等科学的发展，为我们能够更好地理解这种即时的动态性提供了理论基础。社会必要劳动时间的计量是随生产力发展在变化的。为此，我们把社会必要劳动时间定义为：社会必要劳动时间是在社会正常的再生产条件下，在社会平均的劳动熟练程度和劳动强度下制造某种使用价值所需要的劳动时间。商品的价值量决定于再生产该商品的社会必要劳动时间的定义，直接把生产力包含在这个概念里面，体现了生产力和生产关系的纠缠发展。也使得社会价值发展规律成为价值规律的三大内容之一。在这个基础上建立的社会主义政治经济学就能真正地把生产方式作为研究对象了。详细的论述可以查阅笔者所著的《价值发展论》一书。

还要说明的是，商品价值量决定于再生产该商品的社会必要劳动时间的规律并没有否定在一定条件下价值量可由生产该商品的社会必要劳动时间决定的规律，而是前者的研究以后者的结论为基础，只是通过引入并强调生产力发展的因素来进一步研究问题，采用的是马克思惯用的由简单到复杂的研究方法，把后者作为前者的一个特例，即当生产力发展比较缓慢或者在暂时不考虑生产力发生变化的情况下，由生产该商品的社会必要劳动时间决定的价值量与由再生产该商品的社会必要劳动时间决定的价值量基本一致。在简单商品生产条件下，为了研究问题的简单化与渐进性，我们应该首先研究商品价值量决定于生产该商品的社会必要劳动时间的规律。然后在复杂的商品经济条件下进一步研究商品价值量决定于再生产该商品的社会必要劳动时间的规律。可见，商品价值量决定于生产该商品的社会必要劳动时间的规律只是商品价值量决定于再生产该商品的社会必要劳动时间的规律在简单商品生产条件下的、暂时不考虑生产率发展的理论表述。商品价值量决定于再生产该商品的社会必要劳动时间的规律，则是商品价值量决定于生产该商品的社会必要劳动时间的规律在复杂商品经济条件下的发展，它是一个更为普遍的规律，是马克思主义理论在社会主义阶段的继承与发展。以生产力和生产关系的纠缠发展理论为基础的社会必要劳动时间的再生产决定论，为建立社会主义政治经济学的新体系奠定了最根本的理论基础。

二、劳动四象：创造价值的劳动和促进价值发展的劳动的纠缠发展

按照价值发展论，劳动可以分为创造价值的劳动和促进价值发展的劳动，创造价值的劳动和促进价值发展的劳动都是创造商品的价值和使用价值的渊泉。这样的分类可以很好地解释知识分子、民营企业家的劳动属性，以及他们在社会主义社会的贡献。创造价值的劳动，促进价值发展的劳动，社会必要劳动时间的量（劳动的量）和社会必要劳动时间的质（劳动的质）构成了劳动四象（见图11-17）。

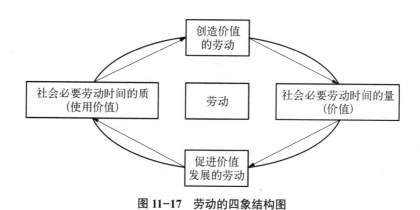

图 11-17 劳动的四象结构图

从静态的某一个时段来看，创造价值的劳动对社会必要劳动时间的量的增加起到了正向的作用，促进价值发展的劳动对社会必要劳动时间的量的增加起到了反向的增加作用。也就是说，从瞬间看，促进价值发展的劳动会使得社会必要劳动时间的量减少。他们的这种作用机制形成了阴阳结构。从长远看，促进价值发展的劳动，能使创造价值的劳动在单位时间里创造出更多的使用价值。可见，所有的劳动（包括体力劳动和脑力劳动）都是创造价值的劳动和促进价值发展的劳动的叠加体。体力劳动是一种以创造价值为主的劳动，它的操作熟练程度的增加也会促进价值的发展。脑力劳动是一种以促进价值发展为主的劳动，在一般的场合下，它同时也在创造着价值。

创造价值的劳动和促进价值发展的劳动的纠缠发展关系,使创造价值的劳动、促进价值发展的劳动、社会必要劳动时间的量(劳动的量)和社会必要劳动时间的质(劳动的质)构成了劳动四象,并与劳动一起构成了相生相克的五行结构。这个结构构成四者之间的关系结构(见图11-18,图中的单线为生,双线为克)。

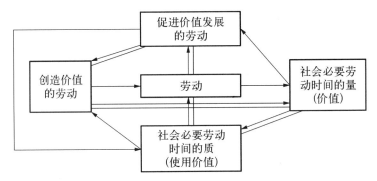

图11-18 劳动四象系统中的相生相克结构图

在这里,创造价值的劳动是主体,所以,创造价值的劳动"生"劳动。社会必要劳动时间的价值量由生产和再生产该商品的社会必要劳动时间决定,所以,创造价值的劳动"克"社会必要劳动时间的量。促进价值发展的劳动会改变社会必要劳动时间的质,所以,促进价值发展的劳动"生"社会必要劳动时间的质。促进价值发展的劳动在瞬间会使得创造价值的劳动缩水,所以,促进价值发展的劳动"克"创造价值的劳动。社会必要劳动时间的质的提高,提高了劳动生产力,促进了创造价值的劳动在单位时间内可以生产更多的使用价值,所以,社会必要劳动时间的质"生"创造价值的劳动。社会必要劳动时间的质的提高,会使人们有更多的休闲时间。所以,从这个角度讲,社会必要劳动时间的质"克"劳动,就产生了社会主义社会最主要的人民内部矛盾。

三、基于纠缠发展的四象管理原理

从上面分析可见,基于纠缠发展的包括方向管理、议事管理、安人管理、行事管理的四象管理是一个新的理论体系。它是一个处理议事（阳管理）与安人（阴管理）之间的纠缠发展关系的新的理论体系，是中国文化与纠缠发展思想在管理领域的体现。它有非常扎实的中国哲学基础。下面简要概括一下本书的四象管理的基本思想。

1. 面对复杂管理系统的把握方向和议事能力

就其本质来说，企业是一个复杂的系统，企业管理是一项复杂的管理工作。企业管理的复杂性在于该系统是一个复杂的全息系统，又有一个似隐实在的"中"和循环因果的多象结构。四象管理揭示了全息的同基因性，这个全息是围绕"中"运转的，这个全息的多象是可以掌握的循环因果构成的。可见四象管理理论是一个化繁为简的管理理论。企业四象管理的目的，就是要通过议事化繁为简，在了解这一复杂系统的结构基础上管理好企业。

（1）同基因的全息过程。虽然企业管理是个复杂系统，但是企业最基本的特征之一是企业具有由纠缠发展确定的全息的同基因性。全息的同基因性这个特征使得只要分析全息的某一个部分，就能了解事物的全息。这是中国人有全局观的本质原因，也是四象管理强调的全局观。四象管理强调在企业管理中，每一个人都是企业的一个细胞，他的一言一行都会产生蝴蝶效应。

（2）似隐实在的"唯中"目标。四象管理淡化管理过程，重视管理的目的和结果，这与中国文化当中的"唯中"有密切的关系。中国人一旦有了目标，往往会不忘初心，不怕困难，勇往直前，实现愿景。

（3）循环因果的多象结构。四象管理强调世界不仅仅是多因素（多象）的，管理必须考虑多象因素才能作出正确的决定，而且这些多因素（多象）是循环因果的，在它们的共同作用下，决定了事物的发展。正如本书第四章中分析的，类管理重视的是单一因素在分类中的精确性，型管理重视的是多因素循环因果的共同作用。企业管理是个复杂系统，要学会利用型管理思想。

2. 以人为本的安人管理能力

以人为本体现了中国管理理念与西方的本质不同。四象管理强调管理的本质就是安人，或者说，管理的本质就是以人为本的关系管理。

（1）全方位的关系管理。四象管理认为构成企业结构的是关系，关系是一种企业系统固有的结构，企业管理应该首先是见人而不是见物。人间的关系应该和谐，和谐关系应是人间的正常关系。只有有了和谐的企业内部关系，企业才能正常运行，企业才有良好的经营环境。竞争只是关系中的一种非主要形式，争或不争都是为了更好地和谐相处。因此，正常的争应以和为前提。以和为前提的争有很多方法，尽可能采用超越竞争的方法，使关系的各方能更好地共存共赢。

（2）生生不息的族（群）圈组织。以人为本就是依靠人的力量，一个集体就是依靠群体的力量。在近代的企业管理中，族圈是最主要的群体力量。因此，中国近代的企业管理就是族经营管理，它的最高、最典型的形式就是族垄断经营。可以这么说，族垄断经营是继市场垄断、国家垄断后的第三种垄断形式。它通过族圈在某一个经济领域形成生产和再生产的经营垄断。这种经营思想在现代的中国经济发展中有很大的影响。如温州的炒房团以及某些行业的同一地区性人员间滚雪球的发展方式等。

（3）优势互补的群体组合。人有五商，即智商、情商、财商、技商、谋商等。在不同的群体中，个体的这五商经常是相克相生的，在不同的情境中所表现出来的重点也不一样，因此，要善于发挥每一个人的优势。

领导集体的结构都是由不同的部分通过不同的方式搭配而成的。部分的作用是通过整体发挥出来的，每一个领导成员都是作为领导班子整体的一员发挥作用，最优的个体素质简单相加，并不一定会产生最佳的领导效果。只有合理组合、优势互补、实现领导班子结构的平衡，才能凝成巨大的内聚力，发挥领导班子的整体功能。我们强调领导者素质以及领导结构的合理性和平衡性，就是要求不同"商"型的领导成员在展现某些"商"时需要注意与其他"商"型的领导成员的"商"相互补充，相互影响，从而实现领导结构内部"五商人"的动态平衡。

3. 天人合一的行事能力

四象是从两仪发展过来的，分析四象，就是为了强调管理对象的活力，强调正确处理管理对象的内外关系，强调全息下的组合策略所应用的中国智慧。可见，四象管理理论，不仅具有理论性，而且具有可操作性。

（1）以度为限的辩证施策。在中国四象管理中，规矩是显规则和潜规则的叠加态，度是规矩中处理显规则和潜规则的叠加态的最高准则和技巧。中国四象管理的高可操作性，首先表现在它的灵活性上，只要围绕"中"，为了达到"中"的目标，可以根据情况，在一定的度下，采用不同的策略。因此，辩证施策主要遵守的原则就是度。

度即指处理事情会保留一定的程度，追求处事的得当，尽量不去追求极端，只要做到令大家都满意即可。也就是说，如果想达到适度的状态，就应该适可而止。满意决策的核心在于适度。适度的满意决策强调刚柔并济，并不是毫无原则的过犹不及。适度的满意决策承认并鼓励模糊的存在。适度的满意决策接纳并利用事物的极端。

辩证施策在中国古代军事战略和传统医学中早已广泛地应用，做到适度，就能使辩证施策在显规则和潜规则的叠加态中发挥作用，做到事半功倍，把事情做得圆满。否则，辩证施策和利用潜规则很容易成为部分人闯红灯的借口。

（2）顺天而动的运势管理。运势指的是一个人或企业未来的走向。在企业运势四象中，把所有的事物分析归纳分成四大类（企业的环境四象）：第一类，是其他企业的存在，将有利于本企业的发展，即生我；第二类，本企业的存在，将有利于其他企业的发展，即我生；第三类，由于其他企业的存在，将不利于本企业的发展，即克我；第四类，由于本企业的存在，将不利于其他企业的发展，即我克。这四大类形成了本企业生存环境的整体。而且这四大类（四象）是循环因果的，在它们的循环因果共同作用下，决定了本企业的运势的发展。四象与"中"形成一个五行。循环因果的四象按照五行的生克规律运行。因此，企业运势四象模型是一个运势动态调节模型。企业运势四象具有动态性。企业运势四象模型描述了这几种力量之间的相生相克关系，运用五行的哲学思想来分析和调节几种力量相生相克的辩证关系，对我们及时进行市场分析、竞争对手分析、建立战略联盟以及调节决策方案等都有着非常有益的指导意义。

（3）巧夺天工的胜势战略。不少西方专家对中国古代军事的研究，往往

只注意对一般胜势策略的研究。其实,中国胜势战略的巧夺天工之处不是局部的策略的技巧性,而是追求全胜的长期战略优势。从四象管理来说,就是一切象间的关系处理,都是第二层面的策略问题,胜势就是要达到"中"的目的。

胜势的着眼点是政治、军事、经济在内的综合效益最大化(全胜),而不仅仅是战场上的军事胜利,并且讲求战争的经济性,用最小的代价换取最大的胜利。两者的结合形成了其不战而屈人之兵的全胜思想。其中的关键在"屈"而不是"战",充分体现了中国儒家的人本的"仁",既是保全自己,使我方的损失最小,士兵牺牲最少,也要保全敌方,使敌方损失最小,士兵牺牲最少。即使是百战百胜,也是追求胜于先胜、胜于易胜、胜于无形、胜于速胜,这是胜势战略追求的最高目标。虽然这些有关战争的哲学思想源于战争,但对企业管理具有很好的借鉴价值。

胜势就是要保持企业的长期优势。不是把企业的资源消耗在与对手的恶性竞争上,而是通过满足顾客未曾被满足的需求,为顾客创造价值,获得生存与发展,最好的胜势战略是以自身为对手,围绕"中",超越自我,像近代徽州的茶商一样,在生产和再生产的全过程中,自强而不是攻敌之弱,超越竞争,进行全方位的价值创新,创造出一种前所未有的价值,例如,采用族垄断的经营网形式,获得经营垄断,以保持企业的长期经营垄断优势。

(4)循序渐进的短板管理。阴阳纠缠是指世间一切事物或现象都存在着相互纠缠的两个方面(两仪),如上与下。纠缠的阴阳双方互相依存,任何一方都不能脱离另一方而单独存在。如上为阳,下为阴,没有上也就无所谓下。所以,阳依存于阴,阴依存于阳,每一方都以其相对的另一方的存在为自己存在的条件。这就是阴阳互根。阴阳之间的纠缠制约、互根互用并不是一成不变的,始终处于一种消长变化过程中,阴阳在这种消长变化中达到动态的平衡。因此,在这个过程中,短板是始终存在的,短板管理的作用表现在两个方面:一是防止底线风险;二是滚动发展。

治短板就是治未病。治未病是中医学的一贯思想,防重于治更是中医预防医学的思想核心。在今天这个亚健康的时代,如果我们能参透治未病的精髓,将之践行于平时的日常生活中,我们便能激发生命潜能,从而达到增强体质、防病抗衰的目的。治未病是企业最好的风险管理。

　　补短板更是一种中国式的发展思维。在强调发挥长处和补短板中，与西方的传统管理不同，中国管理更加重视后者。这样可以通过补短板来不断改善自己的核心能力，从而达到滚动发展的目的。中医讲究"标本缓急"，高度概括了应对疾病发展变化过程中应采取的治疗措施。在一般情况下，治本是治疗疾病的根本。在某些情况下，标病急于本病，可以先治其标，后图治本。这就是"急则治标、缓则治本"的原则。如大出血的病人，不论属于何种出血，均应采取应急措施，先止血以治标，待血止后，病情缓解了再治本病。中医常讲"治标"与"治本"，"标"与"本"既是两个相对的概念，也是一个可以转化的关系。如果不是标病急于本病这种情况，就应该通过补短板来不断地治本，这样可以不断地改善身体素质。所以，补短板追求的最终目的不是补漏洞，而是更好地发展。从这种意义上讲，补短板管理更是一种中国式的滚动发展管理。

主要参考文献

［1］〔宋〕徐子平.渊海子平［M］.海口：海南出版社，2002.

［2］〔明〕万民英.三命通会［M］.北京：中国广播电视出版社，2006.

［3］郭彧.京氏易传导读［M］.济南：齐鲁书社，2002.

［4］〔唐〕李鼎祚.周易集解［M］.北京：九州出版社，2003.

［5］〔清〕李道平.周易集解纂疏［M］.上海：上海古籍出版社，1994.

［6］胡建绩，余自武.论东方管理的"变"哲学［J］.江海学刊（第十三届世界管理论坛暨东方管理论坛论文专辑），2009：45—50.

［7］苏东水.东方管理学［M］.上海：复旦大学出版社，2005.

［8］胡祖光，朱明伟.东方管理学导论［M］.上海：上海三联书店，1998.

［9］颜世富.东方管理学［M］.北京：中国国际广播出版社，2000.

［10］胡建绩，余自武.东方"五行"哲学与管理学"五力模型"［J］.经济管理，2011（Z1）：164—168.

［11］胡建绩，严清清.论五商——智、情、财、技、谋［J］.载苏勇.东方管理评论（第2辑）.上海：复旦大学出版社，2008.

［12］刘会齐，胡建绩.企业组织智商新探［M］.上海：复旦大学出版社，2013.

［13］吴思.潜规则：中国历史中的真实游戏［M］.上海：复旦大学出版社，2019.

［14］曾仕强.赢在中国式管理［M］.广州：广东经济出版社，2010.

［15］曾仕强.说不尽的中国人——曾仕强谈民族精神［M］.北京：中国工人出版社，2013.

［16］胡建绩，陆雄文.企业经营战略管理（第三版）［M］.上海：复旦大

学出版社，2004.

［17］ 南怀瑾.易经杂说［M］.上海：东方出版社，2015.

［18］ 成中英.C理论——中国管理哲学［M］.上海：东方出版社，2011.

［19］ 徐绪松.复杂科学管理［M］.北京：科学出版社，2010.

［20］ 胡建绩.现代公司理论（第二版）［M］.北京：首都经济贸易大学出版社，2016.

［21］ ［美］彼得·圣吉.第五项修炼［M］.郭进隆译.台北：北天下文化出版社，1994.

［22］ 吴稼祥.企业风云人物马失前蹄 体制障碍还是人格障碍［J］.乡镇企业科技，1999（03）：12.

［23］ 高敏.徽州文化［M］.北京：时事出版社，2012.

［24］ 唐力行.明清以来徽州区域社会经济研究［M］.合肥：安徽大学出版社，1999.

［25］ 赵华富.徽州宗族论集［M］.北京：人民出版社，2011.

［26］ 《上庄村志》编委会.上庄村志［M］.宣城：宣城市新闻出版局，2009.

［27］ 李现翠.河南方言"中"的文化阐释［J］.濮阳职业技术学院学报，2010，23（06）：65—67+78.

［28］ 程遂营.从"天下之中"到"中庸之道"——河南"中"文化现象解读［J］.中原文化研究，2015，3（01）：88—94.

［29］ 张勃.中国古代的"首都"观［N］.北京日报，2017-10-16（027）.

［30］ 董敏耀.试论人缘关系网络及其应用［C］.世界管理论坛暨东方管理论坛——上海管理教育学会创立25周年大会，2006.

［31］ 戴俐秋.人缘管理研究［D/OL］.上海：复旦大学，2005［2021-01-21］.https：//kreader.cnki.net/Kreader/CatalogViewPage.aspx?dbCode=cdmd&filename=2005121041.

［32］ 林其锬.五缘文化论［DB/CD］.超星电子图书，1994.

［33］ 吴申元."五缘"关系与华人管理模式［J］.世界经济文汇，2005（Z1）：62—66.

[34] 刘艳巧.如何进行有效的人岗匹配[J].商场现代化，2005（25）：261—262.

[35] 李朋波.基于人-岗匹配理论的竞争性选拔原理研究[J].中国人力资源开发，2014（14）：54—60.

[36] 范宸瑞.浅议合理的人力资源结构配置[J].甘肃科技，2011，27（03）：87—88+39.

[37] 张富强.企业改革中的人力资源结构调整[J].山西财经大学学报，2014，36（S1）：79.

[38] 周南，丁孝智.基于能力的人力资源优化配置与企业竞争优势[J].商业研究，2006（10）：96—99.

[39] 周南.要钱还是要命——道德经的启示[M].北京：北京大学出版社，2012.

[40] 胡建绩.价值发展论[M].上海：复旦大学出版社，2004.

[41] 张汝伦.《存在与时间》释义[M].上海：上海人民出版，2012.

[42] Daniel Goleman. *Emotional Intelligence*[M]. Bantam，Inc.，1995.

[43] Druskat V U, Wolff S B. Building the emotional intelligence of groups[J]. *Harvard Business Review*, 2001, 79(3).

[44] Stephen P Robbins. *Organizational Behavior*[M]. 9th Edition. Prentice-hall International Inc., 2001.

图书在版编目(CIP)数据

黄灯:破译四象管理/胡建绩,张青著. —上海:复旦大学出版社,2021.4
ISBN 978-7-309-15579-2

Ⅰ.①黄… Ⅱ.①胡… ②张… Ⅲ.①管理学 Ⅳ.①C93

中国版本图书馆 CIP 数据核字(2021)第 065593 号

黄灯——破译四象管理
胡建绩 张 青 著
责任编辑/朱 枫

复旦大学出版社有限公司出版发行
上海市国权路 579 号 邮编:200433
网址:fupnet@fudanpress.com http://www.fudanpress.com
门市零售:86-21-65102580   团体订购:86-21-65104505
出版部电话:86-21-65642845
上海四维数字图文有限公司

开本 787×960 1/16 印张 22.75 字数 348 千
2021 年 4 月第 1 版第 1 次印刷

ISBN 978-7-309-15579-2/C·409
定价:78.00 元

如有印装质量问题,请向复旦大学出版社有限公司出版部调换。
版权所有 侵权必究